“十二五”国家重点出版物出版规划项目
铁路科技图书出版基金资助出版

铁路工务技术手册

线路养护·大修

中国铁路总公司运输局工务部

中国铁道出版社有限公司

2023年·北 京

图书在版编目(CIP)数据

线路养护:大修/中国铁路总公司运输局工务部组织编写. —北京:中国铁道出版社,2017.9(2023.4 重印)
(铁路工务技术手册)
ISBN 978-7-113-23886-5

Ⅰ.①线… Ⅱ.①中… Ⅲ.①铁路养护-技术手册
Ⅳ.①U216.42-62

中国版本图书馆 CIP 数据核字(2017)第 252946 号

书　　名: 铁路工务技术手册
线路养护·大修
作　　者: 中国铁路总公司运输局工务部

责任编辑: 邱金帅　　**编辑部电话:** (010)51873347　　**电子邮箱:** shuai827@gmail.com
封面设计: 崔　欣
责任校对: 王　杰
责任印制: 高春晓

出版发行: 中国铁道出版社有限公司(100054,北京市西城区右安门西街 8 号)
网　　址: http://www.tdpress.com
印　　刷: 中煤(北京)印务有限公司
版　　次: 2017 年 9 月第 1 版　2023 年 4 月第 2 次印刷
开　　本: 787 mm×1 092 mm　1/16　**印张:** 16.25　**插页:** 16　**字数:** 380 千
书　　号: ISBN 978-7-113-23886-5
定　　价: 120.00 元

前　　言

中国铁道出版社出版发行的《铁路工务技术手册》(以下简称《手册》)是20世纪70年代中期开始由原铁道部工务局陆续组织编写出版的,90年代初期曾进行过一次修编。原《手册》共十个分册,涵盖了工务主要专业领域,多年来一直是工务系统广泛使用的应用类工具书,在生产实践、业务指导、技术培训等方面发挥了重要作用。近年来,随着高速、重载铁路的快速发展和路网规模的不断扩大,工务设备结构、技术标准、维修体制和维护技术等方面均发生了巨大变化,原《手册》已不能满足工务工作需要。为此,中国铁路总公司运输局工务部组织对《手册》进行全面修编。

新版《手册》共十二个分册,在基本保留《轨道》《道岔》《路基》《桥涵》《隧道》《线路业务》《养路机械》《防洪》《造林与绿化》《采石》等十个分册基础上,将《线路业务》更名为《线路养护》,《养路机械》更名为《工务机械》,《造林与绿化》更名为《绿化》,新增《线路检测与测量》和《房建》两个分册。

本次修编本着"科学严谨、实事求是"的态度,以及"注重延续性和发展性,确保科学性和规范性,突出全面性和实用性,具备可扩充性"的原则,组织了各铁路局以及有关科研机构、高等院校,设计、制造和施工等单位的专家编写而成。在原版框架基础上,充分吸收了高速、重载和提速有关研究成果及成功实践经验,体现了当前工务设备结构、技术标准、维护技术的现状、特点与发展方向,内容与现行国家标准、行业标准,中国铁路总公司规章及企业标准保持一致,内容全面,实用性强,体现了工具书的特点,可指导铁路工务养护维修、管理工作,亦可作为相关技术、技能人员学习培训之用。

《铁路工务技术手册》修编委员会名单:

主　任:康高亮

副主任:曾宪海　牛道安　吴景海　张大伟　钟加栋

委　员:沈　榕　万　坚　吴细水　付　锋　许建明　姚　冬
王　敏　杨忠吉　杨梦蛟　徐其瑞　洪学英　时　博

《线路养护·大修》是线路修理的重要组成部分,线路大修是体现工务“作业机械化”的主战场,是实现铁路“线路结构现代化”的重要途径,也是实现工务“管理科学化”的基础。近年来,铁路工务系统在大修技术装备、施工工艺、施工管理等方面均取得了长足进步,积累了丰富的经验,为铁路运输安全做出了突出贡献。线路大修施工面向集中化、机械化、专业化快速发展,逐步形成安全、高效、优质的施工工艺或工艺流程。参加本书的编写人员均为工务系统大修管理和生产一线的同志,对大修管理及施工有着丰富的经验。本书按照现代铁路工务大修管理的实际,从线路大修工作范围及周期、线路大修计划、线路大修设计及预算、线路大修施工、线路大修施工安全管理等方面做了较为全面、系统的介绍,是结合近年来大型养路机械的发展、施工工艺的改变及大修管理新要求编写的,与上一版相比,有较大的改变,具有很强的指导意义,体现了现代化铁路线路大修管理、施工工艺及发展方向。

本次修编的《线路养护·大修》是在传承前两版风格基础上完成的,其中的许多内容都凝聚着工务前辈们的心血,在此对前辈们表示由衷的敬意。修编过程中得到了各参编单位的大力支持,在此一并表示感谢。

主　编:杨忠吉

主要编写人员:

第一章:赵忠海(沈阳铁路局)
杨忠吉(中国铁路总公司运输局工务部)

第二章:赵忠海　李　伟(沈阳铁路局)
杨忠吉(中国铁路总公司运输局工务部)

第三章:杨忠吉(中国铁路总公司运输局工务部)
宗德波(南昌铁路局)
崔福欣(济南铁路局)
黄　行　吴勇锋　楼军达(上海铁路局)
詹文华　严韩超　张国华(昆明铁路局)
李　伟　赵忠海(沈阳铁路局)

第四章:杨忠吉(中国铁路总公司运输局工务部)
张奉奎(济南铁路局)
滕旭升　王孝承　楼军达(上海铁路局)
詹文华　严韩超　杨　雄　张国华(昆明铁路局)
张昌宗　宗德波　黄　波(南昌铁路局)

李　伟　郝　静　周立冬（沈阳铁路局）

安兰福（北京铁路局）

第五章：仉　春　马忠福（哈尔滨铁路局）

主　审：詹文华　龚佩毅

主要审定人员：

詹文华（昆明铁路局）

龚佩毅（上海铁路局）

万　坚　姚　冬（中国铁路总公司运输局工务部）

王忠伟（西安铁路局）

黄锦江（武汉铁路局）

中国铁路总公司运输局工务部

2017年8月

前　　言

(1991 年版)

为适应广大工务职工学习和工作的需要,“五五”期间,曾组织编写《铁路工务技术手册》,共分:《轨道》、《线路业务》、《路基》、《桥涵》、《隧道》、《防洪》、《林业》、《采石》、《道岔》、《养路机械》等 10 册。除《道岔》、《养路机械》2 册于最近出版外,其余各册自 1978 年起已陆续出版,历经 10 年的应用,深受读者欢迎。对提高工务技术管理水平,贯彻铁路主要技术政策和有关规范规章,提高线桥设备质量,起到了积极作用。

十年来,随着科学技术的进步和发展,新技术、新工艺、新材料在工务部门的广泛应用,以及《铁路技术管理规程》、《铁路工务规则》和有关规章已经修改,因此手册内容亦应有进一步的修改和充实,以适应当前生产需要。为此,决定于“七五”期间,对《铁路工务技术手册》作一次全面修订。

这次修订工作,组织了路局和院校的专家,在对初版进行全面总结的基础上,又做了大量的调查研究,并广泛征集各路局的经验资料的基础上,作了修改和补充,使它更具有实用、简明、准确的特点。对统一技术用语、统一规范标准,都具有现实的指导作用。

这套手册是技术应用工具书,在内容上广收博取,选材具有理论根据,且经过实践证明是切实可行的,故提供给读者,据以指导生产。达到正确贯彻现行规章的目的。主要读者对象是工务技术管理领导者和专业技术人员,包括领工员、工长均可适用。也可为广大工务职工技术学习之用。

在修订过程中,得到了各铁路局的积极支持,在此表示感谢。为便于读者和编者之间沟通信息,特将初版及修订版的编者名单,以及主持本次修订工作的编委会名单列出如下:

《铁路工务技术手册》修订版编委会名单

主　任:游进发

副主任:丁益民

委　员:吴兆桐　刘振铎　童夏根　高鹤江　张定德　孙锦馨
刘馨文　税国勤　李德浚　陈　健　蒋传漪

本书初版由原锦州铁路局工务处组织编写,参加编写人员有:曾宗旺(主编)、张秉伦、吕书义、申风琴(均为原锦州铁路局)。

本修订版由铁道部工务局组织编写,参加编写人员有:

主　编:童夏根(上海铁路局)

副主编:盛光祖(济南铁路局)、杜功立(上海铁路局)

编写人员:廖先鸾(上海铁路局)、曹鹤年(北京铁路局)、许重光、黎佐松、梁金余(上海铁路局)、蔡晨光(广州铁路局)。

铁道部工务局
1991 年

目　　录

第一章　线路大修工作范围及周期

线路大修是根据运输需要及线路设备损耗规律，有计划、周期性地对线路设备进行更新和修理，恢复和提高设备结构强度，增强轨道承载能力。

线路设备大修应贯彻“运营条件匹配，轨道结构等强，修理周期合理，线路质量均衡”的原则，坚持“全面规划、适度超前、区段配套”的方针，并应采用无缝线路等现代化轨道结构形式。

线路设备大修的基本任务：一是提高轨道结构强度，随着铁路的发展，速度、轴重、牵引定数和通过总重不断增大，原有的轨道结构已不能与新的运营条件相匹配，需要进一步强化，以增强轨道的承载能力；二是恢复轨道结构强度和轨道弹性，原有的轨道经过一个大修周期以后，轨道部件老化，失效、伤损率较高，道床板结，弹性降低，仅依靠线路维修技术经济性差，因此要通过对线路进行大修，更换轨道部件、清筛道床以恢复或提高轨道结构强度和轨道弹性，适应不断发展的运输需求。

第一节　线路大修工作范围

一、工作分类

线路上的钢轨疲劳伤损达到一定程度，轨型不符合要求，轨枕失效严重或枕型不符合要求，道床脏污严重、排水不良、失去弹性，道岔和道口等设备状态不良或轨道结构不能满足铁路运输需要时，应适时安排线路大修。线路大修工作分类见表1—1—1。

表1—1—1　线路大修工作分类

<table>
<tr><th>序　号</th><th colspan="3">工　作　类　型</th></tr>
<tr><td rowspan="3">1</td><td rowspan="3">成段更换钢轨</td><td colspan="2">铺设新钢轨无缝线路</td></tr>
<tr><td rowspan="2">成段更换再用轨(整修轨)</td><td>铺设普通线路</td></tr>
<tr><td>铺设无缝线路</td></tr>
<tr><td rowspan="3">2</td><td rowspan="3">成段更换混凝土轨枕</td><td colspan="2">木枕更换为混凝土枕</td></tr>
<tr><td colspan="2">更换同类型新混凝土枕</td></tr>
<tr><td colspan="2">更换新型混凝土枕</td></tr>
<tr><td rowspan="2">3</td><td rowspan="2">道床清筛</td><td colspan="2">全断面道床清筛</td></tr>
<tr><td colspan="2">全断面更换道砟</td></tr>
<tr><td rowspan="2">4</td><td rowspan="2">道岔大修</td><td colspan="2">成组更换新道岔和新岔枕(含道岔道床清筛、换砟)</td></tr>
<tr><td colspan="2">成组更换新道岔(不含岔枕)</td></tr>
<tr><td>5</td><td>道口大修</td><td colspan="2">道口轨道结构大修</td></tr>
<tr><td>6</td><td>其他大修</td><td colspan="2">成段改锚轨枕螺栓、成段更换扣件、成组更换钢轨伸缩调节器等</td></tr>
<tr><td>7</td><td>线路中修</td><td colspan="2">道床边坡清筛、道岔全断面清筛或换砟、站线设备股道成组更换再用扣配件等</td></tr>
</table>

二、工作内容

线路大修主要工作内容见表1—1—2。

表1—1—2　线路大修主要工作内容

分类 工作内容	成段更换钢筋混凝土轨枕	道床清筛	成段更换钢轨(含再用轨和整修轨)		成组更换道岔
			铺设普通线路	铺设无缝线路	
线路平面	保持原状或校正、改善线路平面	校正、改善线路平面	保持原状	保持原状	校正、改善道岔地段线路平面
线路纵断面	保持原状或校正、改善线路纵断面	校正、改善线路纵断面	保持原状	保持原状	校正、改善道岔地段线路纵断面
钢　　轨	无缝线路钢轨应力放散、锁定线路	无缝线路钢轨应力放散、锁定线路	更换普通线路钢轨	焊接、铺设长钢轨，长钢轨和无缝道岔应力放散、锁定线路	1. 道岔位于跨区间无缝线路地段应进行长钢轨和无缝道岔应力放散 2. 更换道岔前后一根同型引轨
零 配 件	1. 更换全部或失效扣件 2. 改锚或整修再用枕螺旋道钉 3. 螺栓涂油	1. 整修、补充或更换失效扣件 2. 螺栓涂油	1. 更换绝缘接头及导接线 2. 更换钢轨、轨枕、全部零配件或失效零配件 3. 螺栓涂油	1. 更换绝缘接头或胶接绝缘接头，更换导接线 2. 更换钢轨、轨枕、全部零配件或失效零配件 3. 螺栓涂油	1. 更换绝缘接头或胶接绝缘接头，更换导接线 2. 更换道岔零配件 3. 更换岔枕零配件 4. 螺栓涂油
轨　　枕	1. 更换混凝土枕 2. 补足轨枕配置根数 3. 封闭宽枕间的缝隙	1. 更换失效轨枕和严重伤损混凝土枕 2. 补足轨枕配置根数	1. 方正接头轨枕 2. 更换失效轨枕	1. 方正接头轨枕 2. 更换失效轨枕	更换新岔枕或保留既有岔枕，更换失效岔枕
道　　床	1. 补充道砟 2. 整理道床，恢复道床断面	1. 全断面清筛碎石道床，补足道砟 2. 改其他材料道床为碎石道床 3. 整理道床，改善或恢复道床断面	1. 整理道床，恢复道床断面 2. 整修线路	1. 整理道床，恢复道床断面 2. 加宽道床和堆高砟肩 3. 整修线路	1. 全断面清筛道岔道床，补足道砟 2. 整理道床，改善或恢复道床断面 3. 做好排水工作
路　　基	保持原状	1. 铲低或填补路肩 2. 整治基床翻浆、整修路基面排水横坡（另列件名） 3. 清理侧沟 4. 清除路堤、路堑边坡上弃土	保持原状	保持原状	保持原状
道　　岔	保持原状	1. 破底清筛道岔道床 2. 按设计起落道、整修道岔，改善道岔平纵断面	整修道岔或保持原状	1. 铺设跨区间无缝线路：无更换道岔计划时，应对既有道岔进行整修，并进行道岔无缝化；有更换道岔计划时，由道岔大修进行无缝化 2. 铺设普通无缝线路和区间无缝线路：整修道岔或保持原状	1. 调整道岔位置 2. 成组更换新道岔及新岔枕或成组更换岔枕 3. 整修道岔及其前后影响范围内的线路（包括附带曲线）

续上表

工作内容 \ 分类	成段更换钢筋混凝土轨枕	道床清筛	成段更换钢轨（含再用轨和整修轨）		成组更换道岔
			铺设普通线路	铺设无缝线路	
桥　梁	1. 更换混凝土桥枕 2. 明桥面换枕大修（另列件名）	1. 清筛有砟桥道床 2. 加高或更换桥梁挡砟块（板） 3. 更换混凝土梁桥失效的纵向梁缝钢筋混凝土盖板 4. 清理泄水孔 5. 加装挡砟板	改变基本轨轨型或桥枕类型时更换桥梁护轨	更换基本轨轨型或桥枕类型时更换桥梁护轨	
隧　道	保持原状	1. 清筛隧道内有砟道床 2. 整修隧道整体道床（件名单列） 3. 清理隧道排水设备	保持原状	保持原状	
道　口	更换或整修道口铺面、护轨	整修或恢复道口铺面、护轨	更换或整修道口铺面、护轨	更换或整修道口铺面、护轨	
轨道加强	恢复、补充或更新轨道加强设备	恢复轨道加强设备	恢复、补充或更新轨道加强设备	恢复、补充或更新轨道加强设备	恢复、补充或更新轨道加强设备
标　志	保持原状	补充、更换、修理和刷新工务管理的线路标志、信号标志等	1. 埋设线路位移观测桩 2. 设置备用钢轨架	1. 埋设线路位移观测桩 2. 设置备用钢轨架	埋设道岔位移观测桩
常备材料	备用轨枕及零配件		备用钢轨及零配件	备用钢轨及零配件	
旧料及场地	1. 回收旧料 2. 清理施工场地	1. 回收旧料 2. 清理施工场地	1. 回收旧料 2. 清理施工场地	1. 回收旧料 2. 清理施工场地	1. 回收旧料 2. 清理施工场地

注：单项道口大修的工作内容包括更换或整修道口铺面、平台、护轨，按标准设置道口铺面宽度，改善平台长度、道路坡度、瞭望条件和道口交角；清筛道床或全断面换砟，更换轨枕，整修线路；增设或改善排水设备；刷新、修理或改善防护设备。

第二节　线路大修周期

一、大修周期影响因素

线路设备损耗规律具有周期性特征，是线路大修的主要依据。

钢轨是线路最重要的结构部件，其疲劳伤损是线路大修的重要依据之一。由于钢轨直接承受车轮的作用力，长期作用会使钢轨产生疲劳伤损，因此，累计通过总重是影响钢轨疲劳伤损的重要因素，除此之外，钢轨等线路设备技术状态还受轨道结构类型、曲线、坡道、道床材质、路基状态、日常修理情况等因素的影响，同时受线路条件和机车类型、行车速度、车流密度、散装货物种类等运输条件以及风沙雨雪、冻结情况等自然因素的影响。

线路设备大修周期的确定除了考虑上述钢轨伤损等线路设备技术状态外，还必须对线路修理投入及设备运营等经济指标作综合分析。

二、大修周期现行规定

表1—2—1为2006年版《铁路线路修理规则》制定的线路大修周期。通常我国铁路线路的大修周期，参考线路累计通过总重(Mt)确定，一般情况下按规定执行，并可根据各线的实际设备状况、线路条件(小半径曲线、大坡道或隧道等集中地段)、运输条件(煤、砂、矿建等散装货物运输集中地段)和自然条件(风沙危害地段)等具体情况进行调整。

表1—2—1　铁路线路大修周期

轨道条件			大修周期(累计通过总重，Mt)
轨　型	轨　枕	道　床	
75 kg/m 无缝线路	混凝土枕	碎　石	900
75 kg/m 普通线路	混凝土枕	碎　石	700
60 kg/m 无缝线路	混凝土枕	碎　石	700
60 kg/m 普通线路	混凝土枕或木枕	碎　石	600
50 kg/m 无缝线路	混凝土枕或木枕	碎　石	550
50 kg/m 普通线路	混凝土枕或木枕	碎　石	450
43 kg/m 普通线路	混凝土枕或木枕	碎　石	250

现行规定也引入了累计疲劳伤损指标，从安全性和修理的经济性上给出了确定大修的控制参数，即当钢轨累计疲劳重伤平均每千米达到2～4根时，应安排线路大修，这样才能做到既保证列车以规定的速度安全、平稳、不间断地运行，又具有较高的经济性。

正在修订的《普速铁路线路修理规则》(送审稿)引用了钢轨延长使用寿命的研究结果，规定条件较好的线路(直线或曲线半径2 000 m及以上)及新铺设钢轨或铺设后累计通过总重大于2亿t的线路，通过开展周期性打磨等钢轨保护措施，大修周期可延长；其中60 kg/m钢轨无缝线路可按1 000 Mt掌握，75 kg/m钢轨无缝线路可按1 500 Mt掌握。同时，为提高线路大修的针对性和经济性，根据线路设备各部件变化规律，将线路设备大修划分为钢轨大修、道岔大修、道床大修、轨枕大修、扣件大修、道口大修、其他大修和线路中修。除了可以明确的大修周期外，更加注重状态修，依据设备状态评定结果来安排大修。

三、大修周期确定

钢轨疲劳、轨道结构其他部件伤损、道床失去弹性是安排线路大修的重要依据。研究大修周期是确定修程修制的重要依据和内容。线路大修是以解决钢轨疲劳伤损为重点，按周期、有计划地对设备进行更新、改善和全面修理。由于铁路线路设备中钢轨状态的优劣直接关系到铁路运输安全，一般情况下，钢轨的使用寿命远低于钢筋混凝土枕的使用寿命，且钢轨的费用占线路设备投资的比重很大，研究钢轨的使用寿命、确定钢轨大修周期是线路大修的重要工作。钢轨的使用寿命通常以其铺入后至更换前累计通过总重表示。一方面，由于钢轨磨耗程度及疲劳伤损发生率不一致，在达到平均使用寿命以前，将会有部分钢轨先期磨耗逾限或发生疲劳伤损，必须进行单根抽换，从而增大线路的养护难度。为了避免这种情况，线路大修的周期，即成段更换钢轨的期限，应该短于钢轨的平均使用寿命。另一方面，考虑到钢轨的再利用，按照运营条件匹配的原则，分级使用钢轨，既延长钢轨使用寿命，又节省线路修理费用。显然，若想获取这种明显的经济效益，钢轨第一次使用通过总重对第二次使用寿命影响极大，钢轨在第一次使用换下以前，应具备较好的技术状态，否则，再次使用后伤损发展迅速，再用价值就不大。从合理使用钢轨角度而言，线路大修的周期也应短于钢轨的平均使用寿命。

应当指出，在确定线路修理周期时，必须从实际出发，既要考虑线路的具体运营特点，又要考虑技术经济条件和路情，同时还需考虑随着钢轨修理技术的进步，采用钢轨打磨列车按周期进行钢轨修理，保持钢轨廓形，改善钢轨受力状态，减少轮轨作用的附加应力，从而延长钢轨使用寿命，增加钢轨的累计通过总重。因此，在确定线路大修周期时，要以钢轨的实际状态为主要依据。

更换混凝土枕的大修周期应根据线路上轨枕状态，参考线路累计通过总重确定；清筛道床的大修周期应根据线路上道床的弹性状态、脏污率和板结程度，参考线路累计通过总重确定。

四、大修管理要求

1. 进行各项线路大修而影响其他专业设备（包括给水设备、通信信号设备、电力设备、电气化设备、机务设备和车辆设备等工务以外其他单位的设备）变动时，由铁路局统筹安排。

2. 大修地段如涉及站场改造、改线、落坡等有关工程，由铁路局统筹安排，设计和施工标准按基建规定办理。

3. 线路大修地段改善、新建路基排水、防护和加固设备以及整治路基病害等工作，由路基大修安排，但要尽量和线路大修同步进行。

4. 因线路起道引起桥梁、邻线道岔和邻线道口抬高，其工作量和费用可包含在线路大修件名内。

5. 铁路线路设备大修应由专业设计和施工队伍承担，装备必要的施工机械和工程运输车辆，合理安排施工天窗。

6. 线路设备大修必须加强管理，积极发展施工机械化，采用经过鉴定的新技术、新工艺、新材料、新设备，不断改进施工方法，开展标准化作业，不断提高职工素质，提高劳动生产率和施工质量，降低成本，减轻劳动强度，改善职工生活条件。

7. 线路设备大修，必须严格遵守《铁路技术管理规程》《铁路无缝线路设计规范》以及铁路线路修理规则等规章的相关规定。

第二章　线路大修计划

第一节　计 划 内 容

线路大修计划分为建议计划和正式计划，在提报建议计划时需同时提交建议计划编制说明。

1. 成段更换钢轨（新钢轨、再用轨、整修轨）计划包括线名、行别、区段、起终点里程、换轨工程数量、上次换轨时间、累计通过总重、年通过总重、钢轨伤损情况、既有线路类型、钢轨及材质、轨枕类型及配置、线路允许速度、道床清筛年度、拟换钢轨类型及材质、淬火钢轨数量、拟换线路类型等。

2. 成段更换混凝土轨枕计划包括线名、行别、区段、起终点里程、换枕工程数量、是否本年度清筛地段、既有轨枕类型及配置根数、拟换轨枕类型及配置根数。

3. 道床清筛计划包括线名、行别、区段、起终点里程、清筛工程数量、轨枕类型及数量、轨枕配置数、上次清筛年度、主要病害情况等。

4. 成组更换道岔及岔枕计划包括线名、车站、更换道岔数量、原道岔类型及编号、铺设年度、拟换道岔类型、过渡段既有钢轨及轨枕类型。

5. 其他大修计划提报根据具体情况确定。

第二节　计划编制依据

线路大修计划应依据铁路线路修理规则和《线路大修技术条件》等相关规定进行编制。

编制线路大修计划应按照“运行条件匹配、轨道结构等强、修理周期合理、线路质量均衡”的原则，坚持“全面规划、适度超前、区段配套”的方针，积极推广新技术、新设备、新材料、新工艺，提高或恢复轨道结构强度和弹性。

道岔大修计划安排的原则应比照新轨大修计划，并结合道岔设备技术状态、运营需要等情况进行编制，原则上正线新轨大修通过地段，应同步安排道岔大修。

第三节　计划编制程序

计划编制应做好调查研究，掌握设备现状，满足运营需要，统筹考虑投资、设计、材料供应、施工能力、基建和更改计划等因素来确定。

1. 工务段（设备管理单位）按照铁路线路修理规则及《线路大修技术条件》，结合本段设备状态及重点病害情况，向铁路局提出下一年度线路大修建议计划及编制说明。

2. 工务处对工务段提报的大修建议计划及编制说明进行审查，编制本部门的年度建议计划，纳入铁路局年度大修建议计划。

3. 铁路局确定年度大修计划费用后，按照“轻重缓急”的原则统筹安排，下达年度线路大修计划。

线路大修计划下达后，各单位必须按计划严格执行，原则上不准随意调整和变更。

第四节 施 工 计 划

线路大修施工计划分为年度施工轮廓计划、月度施工计划和施工日计划。

一、年度施工轮廓计划

以中国铁路总公司管理的全路繁忙干线集中修施工安排为主线，根据年度大修任务、施工能力、季节特点等，研究确定年度施工轮廓计划。

二、月度施工计划

根据年度施工轮廓计划安排，由施工单位提报月度施工计划申请表，相关配合单位会签后，报工务处及相关业务处室审核，运输部门集中编制下达月度施工计划。

三、施工日计划

施工单位依据月度施工计划，按施工管理办法要求提报施工日计划，由铁路局审核后下达。

第三章　线路大修设计及预算

第一节　线路大修技术条件

线路大修技术条件是线路大修设计、预算编制的基础和依据。

一、平面设计技术条件

线路大修平面设计应按照铁路线路修理规则要求，原则上在不低于原技术标准的前提下，全面校正线路平面。

1. 大修平面设计时，应消除直线地段漫弯。

2. 有条件时，应尽可能改善线路对桥梁的偏心及建筑物的限界等，使其符合相关规定。

3. 线路条件困难或建筑物限制情况下，同一曲线两端可设置不等长缓和曲线。

4. 允许速度大于 120 km/h 的线路，不得采用复曲线；其他线路不宜采用复曲线，在个别特殊困难情况下可保留复曲线。复曲线两圆曲线的曲率差大于表 3—1—1 规定的数值时，应设置中间缓和曲线。中间缓和曲线的长度应根据计算确定，不得短于 20 m。复曲线每个圆曲线的长度不得短于 50 m，其超高应在正矢递减范围内，从较大超高向较小超高均匀顺坡。

表 3—1—1　复曲线可不设中间缓和曲线的两圆曲线最大曲率差

线路允许速度(km/h)	140	120	100	80
可不设中间缓和曲线的两圆曲线最大曲率差	1/6 000	1/4 000	1/2 000	1/1 000

5. 两线路中心距离在 5 m 以下的曲线地段，内侧曲线超高不得小于外侧曲线超高的一半，否则，必须根据计算加宽两线的中心距离。

6. 曲线超高顺坡。

(1)曲线超高应在整个缓和曲线内顺完，允许速度大于 120 km/h 的线路，顺坡坡度不应大于 $1/10v_{max}$，其他线路不应大于 $1/9v_{max}$；如缓和曲线长度不足，顺坡可延伸至直线上；如无缓和曲线，允许速度大于 120 km/h 的线路，在直线上顺坡坡度不应大于 $1/10v_{max}$，其他线路不应大于 $1/9v_{max}$；允许速度大于 160 km/h 的线路，超高必须在整个缓和曲线内顺完；允许速度为 120(不含)~160 km/h 的线路，在直线上顺坡的超高不应大于 8 mm；其他线路，有缓和曲线时不应大于 15 mm，无缓和曲线时不应大于 25 mm。

在困难条件下，可适当加大顺坡坡度，但允许速度大于 120 km/h 的线路不应大于 $1/8v_{max}$；其他线路不应大于 $1/7v_{max}$，且不得大于 2‰。

(2)同向曲线两超高顺坡终点间的夹直线长度应满足表3—1—2的规定,允许速度不大于160 km/h的特殊困难地段不应短于25 m;允许速度不大于120 km/h的线路在极个别情况下不足25 m时,可在直线部分设置不短于25 m的相等超高段,如设置相等超高段困难可在直线部分从较大超高向较小超高均匀顺坡。

表3—1—2　圆曲线或夹直线最小长度

线路允许速度(km/h)		200	160	140	120	100	80
圆曲线或夹直线最小长度(m)	一　般	140	130	110	80	60	50
	困　难	100	80	70	50	40	30

(3)反向曲线两超高顺坡终点间的夹直线长度应满足表3—1—2的规定,允许速度不大于160 km/h的特殊困难地段不应短于25 m。允许速度不大于120 km/h的线路在极个别情况下不足25 m时,正线不应短于20 m,站线不应短于10 m;困难条件下可按不大于$1/7v_{max}$顺坡,特殊困难条件下超高顺坡可延伸至圆曲线上,但圆曲线始终点未被平衡欠超高不得超过铁路线路修理规则的规定。

允许速度不大于120 km/h的线路在特殊条件下的超高顺坡,铁路局可根据具体情况规定,但不得大于2‰。

二、纵断面设计技术条件

1. 线路大修时,应改善线路坡度。如既有线路超过限制坡度且改善困难时,可保持原状。线路大修纵断面设计,应符合下列规定。

(1)应设计长坡段。允许速度大于160 km/h的线路最小坡段长度不应小于600 m,特别困难条件下最小坡段长度不应小于400 m;其他线路坡段长度不应小于该区段到发线有效长度的一半,个别困难地段不应小于200 m。

(2)相邻坡段的连接,应按原线路标准设计为抛物线形或圆曲线形竖曲线。

允许速度不大于160 km/h的线路,采用抛物线形竖曲线时,若相邻坡段的坡度代数差大于2‰时,应设置竖曲线。20 m范围内竖曲线的变坡率,凸形不应大于1‰,凹形不应大于0.5‰。采用圆曲线形竖曲线时,若相邻坡段的坡度代数差大于3‰时,应设置竖曲线。竖曲线半径应为20 000 ~ 10 000 m,困难地段不应小于5 000 m。

允许速度大于160 km/h的线路,坡度代数差大于等于1‰时,应设置圆曲线形竖曲线,竖曲线半径不应小于15 000 m,且长度不应小于25 m。

竖曲线不得与竖曲线、缓和曲线重叠,不得侵入道岔及无砟桥梁上。

2. 在电气化铁路区段进行线路设备大修时,为了改善既有线路坡度,应适当调整接触网高度。

3. 两线路中心距不大于5 m时,其轨面高程应设计为同一水平,困难地段高度差可不大于300 mm,但易被雪埋地段的轨面高程差不应大于150 mm,道口处不应大于100 mm。

4. 大修地段与非大修地段的连接顺坡,应设在大修地段以外,其顺坡率为:允许速度不大于120 km/h的线路不应大于2.0‰,允许速度为120(不含)~160 km/h的线路不应大于1.0‰,允许速度大于160 km/h的线路不应大于0.8‰。

三、钢轨大修总体要求

1. 年通过总重大于 30 Mt(含)的线路应使用新钢轨。

2. 年通过总重小于 30 Mt 且大于 15 Mt 的线路应使用整修轨或新轨。

3. 年通过总重小于 15 Mt(含)的线路应使用再用轨或整修轨。

4. 客货混运线路应采用强度等级为 980 MPa 热轧钢轨,半径小于等于 1 000 m 的曲线地段、重载线路应采用强度等级更高的热轧钢轨。高原铁路应采用中、下限含碳量的热轧钢轨。

5. 道岔(钢轨伸缩调节器)使用的钢轨应采用强度等级为 980 MPa 及以上的热轧钢轨。

6. 钢轨选型应与运量、线路允许速度和轴重相适应。允许速度 120 km/h 及以上线路须使用百米轨,其他铺设 60 kg/m 钢轨的线路宜使用百米定尺轨;铺设 75 kg/m 钢轨的线路应使用 75 m 定尺轨。

四、更换新钢轨大修技术条件

1. 更换新钢轨应同步安排道床清筛;不能同步安排时,应在换轨前一年度安排道床清筛。

2. 采用无缝线路轨道结构,铺设跨区间或区间无缝线路。

3. 全部使用新配件。

4. 现场焊应采用移动焊轨车焊接。

五、更换再用轨大修技术条件

1. 宜采用无缝线路轨道结构。

2. 正线再用轨大修,宜选用Ⅰ级或Ⅱ级再用轨。

3. 再用轨宜使用大修下道的长轨条。使用单根旧钢轨时,要严格挑选,长度不得小于 12.5 m,允许保留 1 个闪光焊(或气压焊)焊接接头,其焊缝中心距轨端不应小于 4.5 m。

4. 再用轨焊接接头的检验应按照《钢轨焊接》(TB/T 1632.1 ~ TB/T 1632.4)的规定执行,60 kg/m 再用轨焊接检验要求按 50 kg/m 新钢轨焊接接头标准执行。焊接时应以轨底对齐为准,轨面及作用边整修平顺。

5. 同类型钢轨应成段铺设。不同强度等级钢轨焊接时应采用铝热焊,选用低强度等级的焊剂,按低强度等级的性能要求检验。

6. 再用轨上道前须经探伤检查,轻伤及以上伤损的钢轨不得上道使用。

六、更换整修轨大修技术条件

1. 采用无缝线路轨道结构。

2. 再用轨应经钢轨整形机整修(含在线铣磨)。

3. 其他条件与更换再用轨技术条件相同。

七、无缝线路基本技术条件

1. 允许速度为120(不含)~160 km/h 的线路,应铺设跨区间或区间无缝线路;允许速度大于160 km/h 的线路应铺设跨区间无缝线路。

2. 温度应力式无缝线路,一般由固定区、伸缩区和缓冲区3部分构成。固定区长度不得短于50 m。伸缩区长度应根据年轨温差幅值、道床纵向阻力、钢轨接头阻力等参数计算确定,一般为50~100 m。缓冲区一般由2~4节25 m标准轨(含厂制缩短轨)组成,普通绝缘接头为4节,采用胶接绝缘接头时,可将胶接绝缘钢轨插在2节或4节标准轨中间。缓冲区钢轨接头必须使用不低于10.9级螺栓,螺栓扭矩应保持在700~1 100 N·m。绝缘接头轨缝不得小于6 mm。

3. 无缝线路必须具有足够的强度和稳定性。铺设无缝线路应采用标准轨道结构,根据各地轨温幅度并按表3—1—3~表3—1—5所列允许温升[Δt_u]和允许温降[Δt_d]计算中和轨温,确定设计锁定轨温。特殊情况需加强轨道结构时,应根据行车条件和线路平纵断面情况进行强度、稳定性及缓冲区轨缝检算。中和轨温按式(3—1—1)计算。

$$t_{中} = \frac{T_{max} + T_{min}}{2} + \frac{[\Delta t_d] - [\Delta t_u]}{2} + [\Delta t_k] \qquad (3—1—1)$$

式中　T_{max},T_{min}——当地历史最高轨温、最低轨温;

[Δt_k]——中和轨温修正值,取0 ℃~5 ℃。

4. 曲线半径小于400 m或当地最大轨温幅度超过表3—1—3~表3—1—5中允许铺设无缝线路最大轨温幅度时,应作特殊设计。长大坡道、制动地段及行驶重载列车区段铺设无缝线路时,可采取加强措施。

5. 桥上铺设无缝线路应满足下列要求。

(1)位于无缝线路固定区时跨度不大于32 m的简支梁桥。

(2)当地最大轨温变化幅度、桥长及其采用轨枕、扣件符合表3—1—6规定。

(3)无缝线路在桥梁两端路基上,每端锁定长度均不应小于100 m。

不在上述规定之列的桥梁,应对钢轨、墩台的受力状态和冬季钢轨折断时断缝的大小进行检算。若各项检算结果未超过允许值则可铺设。

桥梁有浅基、孔径不足、偏心超限、载重等级不足或支座、墩台病害等,铺设无缝线路前必须进行严格检算。

6. 无缝线路轨道结构应具备的条件。

(1)路基:稳定,无翻浆冒泥、冻害及下沉挤出等路基病害。

(2)道床:一级碎石道砟,碎石材质、粒径级配应符合标准,道床清洁、密实、均匀;跨区间无缝线路道岔范围内道床肩宽450 mm,有砟桥上应设置挡砟板。

(3)轨枕及扣件:混凝土枕、混凝土宽枕或有砟桥面混凝土枕,特殊情况可使用木枕;混凝土枕、混凝土宽枕应使用弹条扣件,木枕应使用分开式扣件。

(4)钢轨:普通无缝线路应采用50 kg/m及以上钢轨,跨区间及区间无缝线路应采用60 kg/m及以上钢轨。

表 3—1—3　CHN75 型钢轨无缝线路允许温差

钢轨强度等级（MPa）	轨枕类型及间距（cm）	道床肩宽	参照机车类型	行车速度（km/h）	允许温降[Δt_d]（℃）								允许温升[Δt_u]（℃）							
					直线及 $R \geqslant 2\,000$ m 曲线	曲线半径 R（m）							直线及 $R \geqslant 2\,000$ m 曲线	曲线半径 R（m）						
						1 000	800	700	600	500	400	300		1 000	800	700	600	500	400	300
≥883	Ⅲ型混凝土枕，60	标准	韶山 5 型和韶山 8 型等电力机车	140	82								62							
				120		82								56						
				110			78	77							52	50				
		加宽		90					77	74							45	40		
				80							72								34	
				60								70								27
	Ⅲ型混凝土枕，57	标准		140	83								65							
				120		82								59						
				110			78	77							55	52				
		加宽		90					77	74							47	42		
				80							73								37	
				60								71								30
	Ⅲ型混凝土枕，60	标准	韶山 4 型等电力机车	120	81	77							62	56						
				110			73	72							52	50				
		加宽		90					72	70							45	40		
				80							67								34	
				60								65								27
	Ⅲ型混凝土枕，57	标准		120	82	78							65	59						
				110			74	72							55	52				

续上表

钢轨强度等级（MPa）	轨枕类型及间距（cm）	道床肩宽	参照机车类型	行车速度（km/h）	允许温降[Δt_d]（℃）								允许温升[Δt_u]（℃）							
					直线及 $R \geq 2\,000$ m 曲线	曲线半径 R(m)							直线及 $R \geq 2\,000$ m 曲线	曲线半径 R(m)						
						1 000	800	700	600	500	400	300		1 000	800	700	600	500	400	300
≥883	Ⅲ型混凝土枕,57	加宽	韶山4型等电力机车	90					72	70							47	42		
				80							68								37	
				60								66								30
	Ⅲ型混凝土枕,54	标准		120	84	80							68	61						
				110			76	75							55	52				
		加宽		90					75	72							49	43		
				80							70								38	
				60								68								31
	Ⅱ型混凝土枕,60	标准	东风4型和东风9型等内燃机车	140	78								47							
				120		76								42						
				110			75	73							41	39				
		加宽		90					72	69							34	31		
				80							67								26	
				60								64								22
	Ⅱ型混凝土枕,57	标准		140	79								48							
				120		77								43						
				110			76	74							43	41				
		加宽		90					73	70							36	33		
				80							68								30	
				60								65								24

表 3—1—4　CHN60 型钢轨无缝线路允许温差

钢轨强度等级(MPa)	轨枕类型及间距(cm)	道床肩宽	参照机车类型	行车速度(km/h)	允许温降[Δt_d](℃)								允许温升[Δt_u](℃)							
					直线及 $R\geqslant2\,000$ m 曲线	曲线半径 R(m)							直线及 $R\geqslant2\,000$ m 曲线	曲线半径 R(m)						
						1 000	800	700	600	500	400	300		1 000	800	700	600	500	400	300
≥883	Ⅲ型混凝土枕,60	标准	韶山 5 型和韶山 8 型等电力机车	140	71								62							
				120		70								58						
				110			65	64							54	52				
		加宽		90					64	61							50	44		
				80							59								38	
				60								57								32
	Ⅲ型混凝土枕,57	标准		140	72								65							
				120		72								60						
				110			66	65							56	54				
		加宽		90					65	61							52	46		
				80							60								40	
				60								57								34
	Ⅲ型混凝土枕,60	加宽	电动车组	200	74								62							
				160	72								62							
	Ⅲ型混凝土枕,57	标准	韶山 4 型等电力机车	120	72	67							65	60						
				110			63	62							56	54				
		加宽		90					62	58							52	46		
				80							56								40	
				60								53								34

续上表

钢轨强度等级(MPa)	轨枕类型及间距(cm)	道床肩宽	参照机车类型	行车速度(km/h)	允许温降[Δt_d](℃)								允许温升[Δt_u](℃)							
					直线及 $R\geqslant2\,000$ m 曲线	曲线半径 R(m)							直线及 $R\geqslant2\,000$ m 曲线	曲线半径 R(m)						
						1 000	800	700	600	500	400	300		1 000	800	700	600	500	400	300
≥883	Ⅲ型混凝土枕,54	标准	韶山4型等电力机车	120	73	68							68	62						
				110			63	62							57	54				
		加宽		90					62	59							51	46		
				80							57								41	
				60								54								34
	Ⅱ型混凝土枕,57	标准	东风11型等内燃机车	160	65								48							
				140		64								46						
				120			63								46					
	Ⅱ型混凝土枕,60	标准	东风4型和东风9型等内燃机车	140	68								47							
				120		66								45						
				110			62	60							45	43				
		加宽		90					59	57							41	34		
				80							55								30	
				60								51								26
	Ⅱ型混凝土枕,57	标准		140	68								48							
				120		66								46						
				110			62	61							46	43				
		加宽		90					60	57							40	36		
				80							56								32	
				60								51								28

续上表

钢轨强度等级（MPa）	轨枕类型及间距（cm）	道床肩宽	参照机车类型	行车速度（km/h）	允许温降[Δt_d]（℃）								允许温升[Δt_u]（℃）							
					直线及 $R \geqslant 2\,000$ m 曲线	曲线半径 R(m)							直线及 $R \geqslant 2\,000$ m 曲线	曲线半径 R(m)						
						1 000	800	700	600	500	400	300		1 000	800	700	600	500	400	300
≥883	Ⅱ型混凝土枕,54	标准	东风4型和东风9型等内燃机车	140	70								50							
				120		67								48						
				110			63	62							47	44				
		加宽		90					61	58							42	38		
				80							56								33	
				60								53								29

表 3—1—5　CHN50 型钢轨无缝线路允许温差

钢轨强度等级（MPa）	轨枕类型及间距（cm）	道床肩宽	参照机车类型	行车速度（km/h）	允许温降[Δt_d]（℃）								允许温升[Δt_u]（℃）							
					直线及 $R \geqslant 2\,000$ m 曲线	曲线半径 R(m)							直线及 $R \geqslant 2\,000$ m 曲线	曲线半径 R(m)						
						1 000	800	700	600	500	400	300		1 000	800	700	600	500	400	300
≥883	Ⅱ型混凝土枕,57	标准	东风4型和东风9型等内燃机车	120	57	52							48	47						
				110			47	45							46	45				
				90					45	40							42	37		
		加宽		80							38								33	
				60								33								29
	Ⅱ型混凝土枕,54	标准		120	58	52							50	48						
				110			47	45							47	46				
				90					45	41							44	39		
		加宽		80							38								34	
				60								34								30

表 3—1—6　桥上铺设无缝线路条件

<table>
<tr><th rowspan="2">钢轨类型
(kg/m)</th><th rowspan="2">最大轨温
幅度(℃)</th><th rowspan="2">允许桥梁
长度(m)</th><th colspan="2">扣件类型与扭矩</th></tr>
<tr><th>钢梁桥和混凝土梁无砟桥</th><th>混凝土梁有砟桥</th></tr>
<tr><td rowspan="4">50</td><td>60～70</td><td>≤300</td><td rowspan="8">钢梁桥:K 型扣件
混凝土梁无砟桥:WJ-2 型扣件
扣件扭矩:60～80 N·m
加强桥头线路的锁定</td><td rowspan="8">YJ-1 型扣件扭矩:60～80 N·m
弹条Ⅰ型、Ⅱ型扣件扭矩:与线路上相同
加强桥头线路的锁定</td></tr>
<tr><td>71～80</td><td>≤240</td></tr>
<tr><td>81～90</td><td>≤200</td></tr>
<tr><td>91～100</td><td>≤160</td></tr>
<tr><td rowspan="4">60</td><td>60～70</td><td>≤220</td></tr>
<tr><td>71～80</td><td>≤200</td></tr>
<tr><td>81～90</td><td>≤160</td></tr>
<tr><td>91～100</td><td>≤100</td></tr>
</table>

7. 普通无缝线路轨条长度应考虑线路平纵断面条件及道岔、道口、桥梁、隧道所处的位置。总长度不足 1 km 的桥梁、隧道,轨条应连续布置;但在小半径曲线,列车制动、停车、起动,钢轨顶面擦伤严重等地段,应单独布置轨条。轨条长度不应短于 200 m,特殊地段不应短于 150 m。

8. 缓冲区和伸缩区不应设置在道口或不作单独设计的桥上。有砟桥跨度不大于 16 m 时,伸缩区可设置在桥上,但轨条接头必须在护轨范围以外。

9. 联合接头不得设置在道口、桥台、桥墩或不作单独设计的桥上,距桥台边墙不应小于 2 m。位于中跨度桥上的联合接头应布置在 1/4～1/2 桥跨处,并避开边跨;在大跨度桥上,应远离纵梁断开处。允许速度大于 160 km/h 的线路,铝热焊缝距轨枕边不得小于 100 mm,其他线路不得小于 40 mm。

10. 跨区间无缝线路内铺设的道岔必须设在固定区。跨区间、区间无缝线路和无缝道岔上的绝缘接头必须采用胶接绝缘联结,其质量应符合《钢轨胶接绝缘接头技术条件》(TB/T 2975)要求。不同类型的钢轨应采用异型钢轨联结,异型钢轨应符合《异型钢轨技术条件》(TB/T 3066)要求。

11. 无缝道岔应做单独设计。无缝道岔设计应满足跨区间无缝线路的允许温升和允许温降要求,桥上无缝道岔设计应满足道岔转辙器、辙叉与桥梁相对位移的限值要求。

12. 桥上无缝线路设计锁定轨温宜与桥梁两端的无缝线路设计轨温一致。

13. 钢轨伸缩调节器所采用的钢轨宜与相连钢轨同轨型、同钢种;连续长大坡道不宜设置钢轨伸缩调节器。

八、更换轨枕大修技术条件

1. 同型号轨枕应成段铺设。

2. 年通过总重大于 25 Mt,或允许速度 120 km/h 及以上的线路应铺设Ⅲ型混凝土枕(既有Ⅱ型混凝土枕状态良好的可保留)。

3. 其他线路,直线及半径大于 800 m 的曲线地段可铺设 XⅡ 型混凝土枕,半径小于等于

800 m 的曲线地段应铺设Ⅲ型混凝土枕。

4. 需设护轨的桥上应铺设$Ⅲ_{qa}$型混凝土枕。

九、成段清筛(更换)道床技术条件

1. 清筛道床应做到全断面清筛。

2. 大修使用的道砟应为一级或特级道砟。

十、成组更换新道岔和新岔枕技术条件

1. 线路运营速度大于 160 km/h 时,应采用可动心轨道岔,跨区间无缝线路区段的道岔应无缝化。

2. 线路运营速度大于 120 km/h 且小于等于 160 km/h 时,应采用固定型辙叉提速道岔,并同步使用合金钢组合辙叉,跨区间无缝线路区段的道岔应无缝化。

3. 线路运营速度小于等于 120 km/h 时,应采用混凝土岔枕道岔,优先采用合金钢组合辙叉。

4. 更换新混凝土岔枕道岔时,过渡段应铺设Ⅲ型混凝土轨枕,道岔前后应铺设新钢轨过渡。

5. 更换新道岔时,应同步更换道砟。

6. 大修使用的道岔图号应使用有效的设计图纸。

十一、道口及轨道加强设备技术条件

1. 线路大修经过道口时,应更换失效及不符合要求的道口铺面板和护轨,整修两侧平台及排水设备。

2. 道口铺面应优先采用橡胶或混凝土材质铺面板。

3. 正线混凝土枕线路曲线地段,在行驶电力机车区段半径为 600 m 及以下的曲线,其他区段半径为 350 m 及以下的曲线可根据需要按表 3—1—7 安装轨距杆和轨撑,或采用保持轨距能力较强的弹性扣件。其他线路半径为 350 m 及以下的曲线,可根据需要同时安装轨距杆和轨撑。

表 3—1—7　轨距杆或轨撑安装数量

曲线半径(m)	轨距杆(根)	轨　撑(对)
	25 m 钢轨	25 m 钢轨
$R \leqslant 350$	10	14
$350 < R \leqslant 450$	10	10
$450 < R \leqslant 600$	6 ~ 10	6 ~ 10
$600 < R \leqslant 800$	根据需要安装	

十二、轨道准静态强度计算

1. 作用在钢轨上的各种应力总和不得大于钢轨钢的容许应力。

$$\sigma_d + \sigma_t + \sigma_f \leqslant [\sigma] \tag{3—1—2}$$

式中　σ_d——钢轨动弯应力(MPa);

σ_t——钢轨温度应力(MPa);

σ_f——钢轨附加应力(MPa);

$[\sigma]$——钢轨钢的容许应力(MPa)。

2. 轨道强度计算允许温降$[\Delta T_d]$应按式(3—1—3)计算。

$$[\Delta T_d] = \frac{[\sigma] - \sigma_d - \sigma_f}{E\alpha} \tag{3—1—3}$$

式中　E——钢轨钢的弹性模量,取2.1×10^5 MPa;

α——钢轨线膨胀系数,取0.011 8 mm/(m·℃)。

第二节　线路大修调查与勘测

大修设计的外业勘测与调查工作是做好大修设计的基础,外业勘查工作质量的好坏,将直接影响大修设计的质量。外业勘查工作主要是全面了解和掌握大修地段线路的平面、纵断面、分界点及线路设备的详细情况,取得翔实的原始资料。勘查工作必须有组织、有计划,在勘查之前,应有计划的从以下几方面收集和研究大修区段的相关资料。

1. 熟悉设计任务书内容,包括大修技术标准、施工单位、施工工艺、工料定额和费用概算等。

2. 通过线路设备台账资料了解既有线路设备状态;通过现场调查和设备管理单位反映,掌握目前存在的病害。

3. 收集和研究大修区段的桥隧(含上跨桥)、纵向坡度、曲线、站场、道岔、道口、水准点、旧线复测资料以及相关电气化等技术资料。

4. 收集大修区段上次大修的日期、年通过总重、行车速度、长短链、线路改建及使用的机车类型等有关运营资料。

5. 制定外业勘查工作计划,备好外业勘查仪器和用具,根据计划组织外业勘查人员并组织实施。

一、外业调查

外业调查应会同设备管理单位(工务段、桥工段)中熟悉现场设备的工作人员一起深入现场进行,并根据调查内容做好书面记录,作为设计的依据。

1. 钢轨调查

了解线路上铺设钢轨的轨型及钢种、铺设年月,分公里调查钢轨伤损情况及数量,按轨号左、右股记录损伤钢轨位置,轨号不清时填写具体里程,便于在施工中更换。

2. 轨枕调查

记录线路上轨枕类型及其变化点的位置,注明轨枕类型、配置数,分公里调查失效轨枕数量及伤损情况。

3. 扣配件调查

钢轨扣件的类型、规格、位置及延展长度,分公里抽查弹条、轨距挡板及螺纹道钉的锈蚀状况、轨下胶垫失效状况。

4. 道床调查

在轨枕间靠近轨底实挖道床(曲线以下股为基准),一般地段按200~300 m开挖一处,有砟桥梁地段、隧道地段、站内线路、道床厚度明显变化区段等应适当加密,挖探深度35~50 cm,调查道床的厚度、道床板结、翻浆冒泥情况,察看道床的不清洁度,并根据翻浆情况加点找出翻浆分界处。重点调查排水不良地段(如路堑、车站)和工务段、车间反映的路基及道床翻浆地段。

5. 轨道加强设备调查

调查防爬设备的配置与状态,轨距杆及轨撑等轨道加强设备的配置与状态。

6. 道岔调查

道岔头尾里程、道岔类型及开向、与道岔前后衔接的钢轨和轨枕类型、道岔间的配轨情况、道岔内胶接焊接及冻结情况。

7. 道口调查

调查道口宽度、道口板的类型及失效状况、道口板下的轨枕类型、护轨类型及状态、道口两侧平台路面状况、排水情况、有无看守、既有道口轨面与两侧路面平台的高差。

8. 桥隧涵调查

调查桥梁长度、起讫或中心里程、桥上道砟厚度、桥枕及护轨情况、扣件类型、挡砟板情况、明桥面钢桁梁结构,向设备管理单位了解并核实桥梁偏心情况;涵渠孔数、结构及长度;隧道长度、轨道类型、状态、排水设施、照明通风设备等有关资料及中心里程。

9. 线路标志调查

分公里调查公里标、半公里标、曲线标、坡度标及备轨架,缺损部分在预算中补齐。

10. 清运弃土调查

道床清筛后有大量弃土需清理,调查时须根据线路两侧的地形地貌记录路堤路堑交汇点、建筑物、围墙、绿化带和其他构筑物或障碍物情况,分析弃土的清运位置,评估出土工率。

11. 路基及排水设备调查

对路基病害的发展、工程量及水文地质情况实地调查,进行必要的勘探及土工试验。调查片石水沟、盖板水沟、盖板暗沟、纵向土水沟、横向土水沟等排水设备情况,记录其起讫位置。线路排水不良地段需增设片石水沟或开挖土水沟,路肩若有影响排水的外高内低情形,则需铲除外高部分。轨面与路肩高差过大或过小处,需考虑填、落路肩,落路肩、铲外高符合以下要求:

(1)距同侧钢轨头部外侧2 m以内,属清筛范围。

(2)距同侧钢轨头部外侧2~3 m,属填、落路肩范围。

(3)距同侧钢轨头部外侧3~4 m,仍有数量不大的铲外高工作量,应一次铲平,若土方数量大,则进行开挖横向、纵向土水沟处理。

12. 其他设备

其他设备如红外线探测仪、电容枕、上跨立交、隔离网、沿线备用轨、绝缘接头、信号机等分别调查记录。相邻股道线间距,站台的长度、高度(由站台帽至轨顶),与现有轨道中心距离,以及信号机、警冲标、灰坑、水鹤、天桥、地道、雨棚、架空电线站场排水等设备、建筑物的位置和建筑限界。电化区段应收集相关供电设备资料。

二、外业测量

外业测量为技术设计提供技术数据，主要工作是丈量线路里程、测量线路纵断面和平面。

（一）里程丈量

1. 确定丈量方向及基准里程

单线线路，一般按顺里程方向沿左侧钢轨丈量；双线线路，应迎列车方向沿路肩侧钢轨丈量。以件名始点附近的公里标或桥涵、道岔等设备里程为基准里程。

2. 人员分工

里程丈量需 5 人（不含防护人员），前、中、后链各 1 人，记录 1 人，核对和写标号 1 人。线路清筛工程等需要抄平时，增加 1 人在路肩上打桩或写桩号。

3. 丈量原则

丈量过程中，坚持前后链呼应制，写桩号者须复核每一链的桩号；中链护住钢尺，确保尺子贴住钢轨面，以保证测量精度。

在件名的起讫点，应各向外丈量不小于 200 m（线路速度 160 km/h 以上区段不小于 400 m），作为顺坡地段。

4. 丈量方法

距离丈量常采用沿线路钢轨轨面丈量的方法。具体丈量时，直线和曲线上丈量处理方式不同。

（1）直线地段

直线上丈量时，从选定的起点开始，以 25 m 为一链，用纤维尺或钢尺贴住钢轨顶面往前丈量。每 25 m 处，在轨头外侧标一竖线；每 50 m 处设一测点：整公里处记为 0，其后每隔 50 m 依次记点号或里程 1，2，…，19，0（整公里），1，2，…，如此往复，在钢轨外侧轨腰上，用白漆标记。需要抄平时，在丈量钢轨一侧的硬化路肩上，正对点号选取一固定、平坦的位置，用红漆标记桩点。若无硬化路肩，可打入木桩，桩顶需水平。

（2）曲线地段

曲线上丈量时，应考虑曲线相对于线路中线的缩短量。以单个曲线为例，外业测量前先计算该曲线的放长（缩短）总量，将其平均分配到该曲线的每一链（按 25 m）上，计算出每一链的放长（缩短）量。丈量时，曲线上股每链应加上缩短量，曲线下股每链应减去缩短量。对于半径较小的曲线，前后链之间的中间位置宜安排 1 人扶尺。需要抄平时，为方便测量，单线地段路肩上的桩点宜设置在曲线下股一侧。

曲线上内股轨线相对于线路中线的缩短量按式（3—2—1）计算。

$$\Delta l = \frac{Sl_{s1}}{4R} + \frac{Sl_{c}}{2R} + \frac{Sl_{s2}}{4R} \quad (\text{mm}) \qquad (3—2—1)$$

式中 S——内外两股轨线中线间距离，不计曲线轨距加宽量，取 1 500 mm；

l_{s1}，l_{s2}——前、后缓和曲线长度；

l_{c}——圆曲线长度。

(3)有断链区段

根据断链的台账,拉链要及时断链,重新以新的起点开始拉链。

5. 既有设备位置的记录

现场勘测调查的资料,一定要全面、准确,才能保证设计质量。

既有设备位置的记录,目的是为了把线路上相关的设备定格到设计图上,以便在纵断面图中综合考虑各相关设备处的坡度及线路起落道量,或在无缝线路设计中综合考虑钢轨的配轨及各种接头状况。线路大修所要调查的主要设备有:大修地段的起讫点,正线道岔首尾,长钢轨头尾,道口两端,桥梁中心及两端、钢梁或明桥面两端,桥梁护轨两端梭头,明渠两端,隧道两端,跨线桥中心或两端,车站中心、站台两端、灰坑两端及水鹤,信号机、绝缘接头,侧沟及排水沟两端,路堤与路堑交汇点、需整治路基病害地段及一些与大修施工有关的建筑物等,车辆等其他相关专业设备。

(二)曲线测量

线路经过长期的列车运行和维修作业,其平面曲线位置必然会产生错动。线路大修曲线测量,就是要测出既有线路曲线的几何形状,判定曲线转角的大小、曲线的圆顺度,以及线路与既有建筑物(桥隧、站台等)的位置关系。在取得外业曲线测量资料的基础上,设计出满足限界、桥梁偏心和拨道量小等多种因素综合要求的相对最优曲线半径和缓和曲线,并计算出曲线要素和拨道量。为便于大修施工和日常维修作业,还需计算出设计正矢和曲线起讫点、缓圆点、曲中点“五大桩”放桩里程。

线路大修的曲线测量工作与新线测量有所不同,它是在保证不间断行车安全的前提下进行施测,又是在原有路基和固定建筑物的限制条件下来改善曲线条件或校正原曲线的。在行车密度较大的线路上,不仅测量仪器不能长时间安置于轨道中心线上,而且新曲线的中心桩亦难以打入和正确保持在原轨道中心线上。为了适应这些特点,必须尽可能地提高测量工作的效率。

1. 坐标法测量

坐标法是一种方法简单、行车干扰少、安全可靠的精确测量方法。现场建立临时导线点,用已知方位角法建站,具体操作如图 3—2—1 所示。

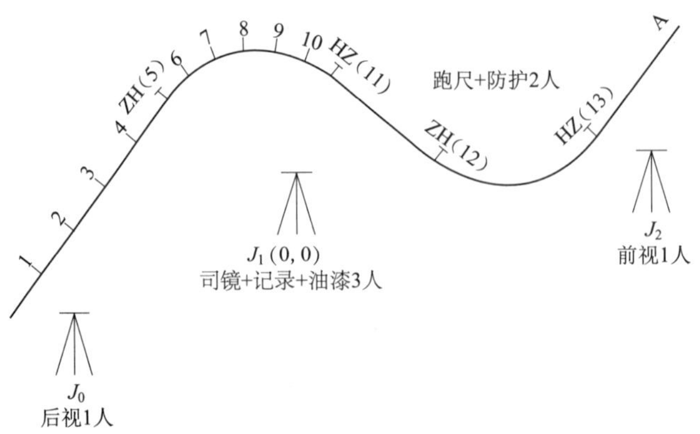

图 3—2—1　坐标法测量示意

(1)置镜 J_1点，以 J_1点为坐标(0,0)，建站：顺里程，后视 J_0点，设定方位角 270°00′00″；逆里程，后视 J_0点，设定方位角 90°00′00″，建站完成。在笔记本上记下测量是顺里程还是逆里程，测点是顺里程方向的左股还是右股，现场曲线走向示意图，作业里程，线别。重点要记清楚现场测点名称、线路设备控制点。

(2)跑尺：测点 1 ~5 间距为 200 ~300 m，点 4 避开“鹅头”，作为定基线点，测量一个曲线范围内，测点要求有两个点与现场百米桩或公里标对应，直线上点间距要求 50 m 左右，曲线上点间距要求 20 m 左右，所有测点无须拉链，在跑尺之前用油漆在轨腰处标注好，建议测点放在靠路肩的一股。夹直线长度短时要求至少测量 4 个点，以便拟合曲线时选择最佳方向。曲线上 ZH、HY、YH、HZ 点必须测量。

(3)司镜：角度相差大于 3″时，要求重新建站。扫描到点 12，测 J_2点，要求两个测回重复测 J_2点，转镜。

(4)置镜 J_2点，置镜点号为 13 号，输入 J_2 点的测量坐标，后视 J_1点坐标(0,0)，后视 J_1点读数，记下方位角度。建站完成，扫描点 12，与前一棱镜读数相差 5 mm(X、Y 值)以上要求返工。

(5)前视人员，选点要求两置镜点 350 m 左右。在转镜之前先选好转点，并观测是否通视，司镜人员测量距离报于前视人员。

(6)若两个曲线夹直线长度小于 400 m 时要求联测，夹直线上定基线的测点选择须避开大方向或“鹅头”。

(7)第一棱镜扫描到点 12，若有邻线也需要测量，切换文件夹重新建站，做好记录。这样上下行可以同时观测，减少架镜次数，大大提高测量效率。

(8)曲线前后 300 m 测量范围内，遇到特征点(接触网立柱、道岔、桥梁、道口、公里标等)必须加测。

2. GPS-PPK 技术在铁路线路测量中的应用

随着 GPS 技术的迅速发展，GPS 在测量定位领域(GPS-PPK)已得到了较为广泛的应用。GPS 测量具有高精度、全天候、快速、所需控制点少、外业作业量小等优点，从而有效地克服常规地面测量技术不能很好解决的通行、通视等困难。GPS 技术为铁路工程测量开辟了一种全新的、高效的测量模式。

(1)工作原理

GPS 动态后处理是利用载波相位进行事后差分的 GPS 定位技术，其系统由基准站和流动站组成。在外业基准站和流动站进行同步观测，事后在计算机中利用 GPS 处理软件进行线性组合，形成虚拟的载波相位测量值，从而使基准站和流动站之间的相对位置可以达到毫米级精度。

(2)作业过程及注意事项

整个作业过程分为两个部分：外业数据观测和内业数据处理。整个作业过程应保证至少 2 台 GPS(基准站和参考站)。

①在已知控制点架设基准站，进行连续静态观测；在未知点架设流动站，通过开始20 min 以上的动态数据采集(称之为“初始化”)，求得整周模糊度。之后依次在其他点进行数据采集。

②参考站位置的选择:点位应易于安装 GPS 接收设备;点位应地势较高且视野开阔,视场周围 15°以上不应有障碍物;点位应远离大功率无线电发射源,避免磁场对 GPS 信号的干扰;点位附近不应有大面积水域或有强烈干扰卫星信号接收的物体,减弱多路径效应影响。

③曲线测量为 20 m 一点,有条件时曲线头尾以外直线段测量 200 ~ 400 m;夹直线段较短时应按里程均匀增加测点,至少保证 4 点以上。

④曲线头尾距道岔不足 200 m 时,应将道岔头尾分别采点;如道岔距曲线特别短时,可在道岔内直线段几何尺寸较好的位置增加点位。

⑤当曲线内有桥梁时,应保证桥上有一个以上测点。

⑥测量曲线时,如有立交桥、大树等遮挡,则避开建筑物,在不被遮挡处将点补齐。

⑦每天的外业数据应当天处理,如发现拨量异常的曲线,次日立即重新测量。

⑧测量时不断观测数值,符合观测精度后气泡居中方可观测。

⑨测量曲线时,由于在钢轨轨面上观测,利用自制分中片可更加方便。

⑩进行测量前应检查仪器状态,尤其是电瓶、电池的电量情况,及时充电。

⑪在线路上方有遮挡的地段不得进行测量。

⑫下雨打雷天气禁止测量。

⑬为达到更好的精度,参考站和流动站公共初始化时段应保证 20 min 以上。

⑭作业基线不宜超过 15 km,距离过长会降低基线解算的精度。

3. 偏角法施测方法

线路大修既有曲线的施测,通常采用正矢法、矢距法、偏角法、极坐标法及坐标法等。

一般地,正矢法精度较差,矢距法较繁,用测距仪的极坐标解析法,虽不受行车干扰,但受测点多、通视差的影响大。偏角法精度较高,仅需普通的全站仪或经纬仪,误差小,速度快,操作简单,便于计算,故用之较多。

偏角法可沿线路中心线、外轨顶面中心及外移桩进行。一般既有曲线偏角法测量中系根据测点间长度与实地位置来量取偏角。因为在丈量里程中已将既有曲线全长及曲线头尾外方直线 40 ~ 60 m 范围内的每 20 m 测点标出,故可在曲线控制点附近的整测点上置镜,读取各测点的偏角。

偏角法施测步骤如下:

(1)偏角法测量既有曲线如图 3—2—2 所示,首先置镜于直缓(ZH)点外方 20 m 或 40 m 的整测点 O 上,整平对中轨道中心(定点方尺)或外轨顶面中心(定点木块),正镜后视距置镜点 100 m 左右直线方向的一点,照准直立在方尺小孔上的长测针,读角记录,然后松开上盘,顺时针转镜照准前视点 A 点,读角记录。

(2)盘左倒镜重复上述过程。正倒镜两次所测之误差要求在 40″内。如果满足精度要求,则取其平均值,然后便可进行中间测点的测角工作。此时,固定下盘,松开上盘,依次读取各 20 m 测点的偏角,即切线方向与置镜点到各测点弦线间的夹角,同时做好记录。

(3)移动置镜点于 A 点,正倒镜后视 O 点,前视 B 点,满足精度后,测出该置镜点与前点 B 点间弦线和该置镜点到本测段的各 20 m 测点弦线间的偏角。再移镜于 B 点,重复上述工作;最后一个置镜点置于缓直(HZ)点外方 20 m 或 40 m 的整测点 C 点上,正倒镜后视 B 点,前视直线方向的轨道中心一点，测出置镜点间弦线与终切线方向的夹角 φ_{zh}。

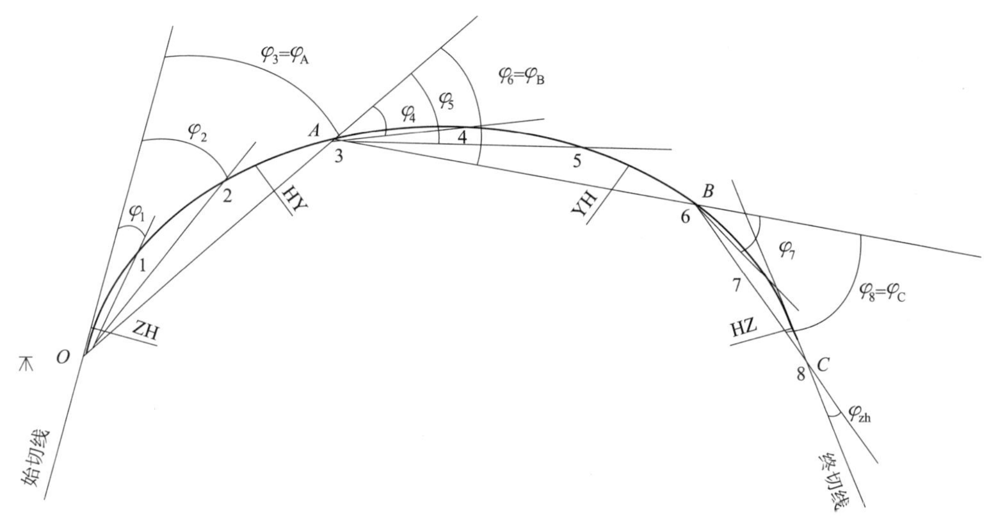

图 3—2—2　偏角法测量既有曲线

若各置镜点处的夹角分别为 $\varphi_A,\varphi_B,\varphi_C,\cdots,\varphi_{zh}$，则曲线总偏角 α 为

$$\alpha=\varphi_A+\varphi_B+\varphi_C+\cdots+\varphi_{zh} \tag{3—2—2}$$

在现场曲线测量中，如遇有桥梁、隧道等控制曲线拨量的建筑物时，应加测控制点的里程和偏角，此类测点称为加桩点。如遇有夹直线较短的同向或反向曲线，为提高施测效率，减少置镜次数，在测完前一条曲线后，经纬仪可保持在终点不动，开始另一条曲线的测量工作。

(4)关于置镜点的要求。

因缓和曲线和圆曲线的偏角计算不同，故有缓和曲线的既有曲线应分段测量，即应在曲线控制点直缓(ZH)、缓圆(HY)、圆缓(YH)、缓直(HZ)点处置镜。然而在实际测量中，前视点可视曲线的长短及通视条件而定，若曲线长度小于 300 m，且通视条件好，前视点可定在缓直(HZ)点外方的整测点上；若大于 300 m，前视点可设在曲中(QZ)点附近的整测点上。

由于既有曲线控制点一般不在整 20 m 标上，因此实际是在曲线控制点附近的整 20 m 标上置镜，但置镜点距曲线控制点不宜大于 60 m，这样，一般不影响计算精度。

为满足线路大修施工精度的要求，每一置镜点观测的测点数不宜太多，以免增大误差；但也不能太少，避免增加转镜次数，影响测量进度。一般置镜点间的距离，当曲线半径 R 小于等于 600 m 时，视线长不应大于 200 m；曲线半径 R 大于 600 m 时，视线长不应大于 300 m。

在既有曲线外业测量中，为使记录和计算方便，在置镜点上，有的使度盘对零后视，直接测出偏角；有的不使度盘对零，而是对该置镜点的偏角，这样测得的各测点偏角值，就等于该置镜点偏角加上测点偏角，即各测点弦线与始切线的夹角。

(三)纵断面测量

1. 测量内容

纵断面测量的主要内容是丈量里程内各测点(50 m 标及加标)的正线轨面(曲线测下股)及路肩高程，并作为纵断面设计的主要依据。与正线相邻的站线及在同一路基上的复线，其线间距小于5 m时，应同时测量两线相对的轨面高程差，作为纵断面设计的参考。对与起道有关的建筑物，如隧道、上跨立交桥、横过线路的架空线、信号机等，均应测量其限界。

2. 技术要求

（1）以CPⅡ或沿线水准基点资料为准。

（2）水平仪等抄平工具，应定期校验和检查，并做好经常保养工作，维持其完好状态，每次外出测量前，要先行熟悉仪器及塔尺刻度，而后使用。

（3）仪器置于适当地点，安放平稳，不宜侵入限界。每一置镜的施测长度一般不超过250 m，前后视距大致相等。

（4）采用双转点，每一转点误差不得大于5 mm，水准点闭合差为$30\sqrt{L}$（mm）（L为水准线路总长度，单位为千米）。

（5）转点读尺数，夏季不得少于0.2 m，冬季不得少于0.1 m。

（6）抄平测量时，直线抄有标号的一侧，曲线一律抄曲线下股，读数均至毫米。

3. 施测方法

纵断面测量需5人，其中司仪1人、记录1人、跑尺3人。

施测方法采用双转点法，以图3—2—3所示为例，跑尺3人分别为甲、乙、丙，每人负责2个点位（50 m标）的立尺。每镜的施测长度为250 m，置镜点Ⅰ位于测点2、3之间。

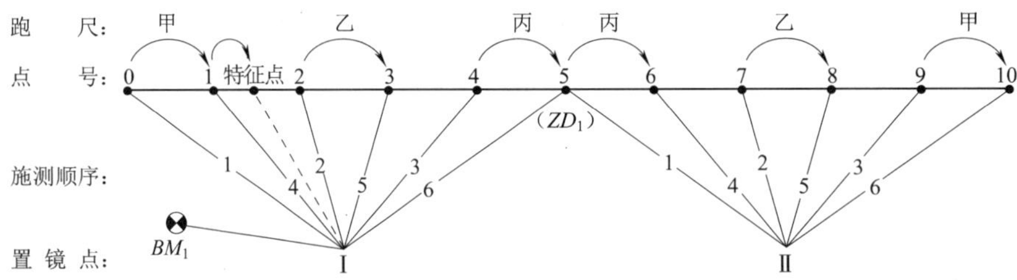

图3—2—3　纵断面测量示意

4. 跑尺

（1）采用3人跑尺，可有效提高测量速度。每人各跑相邻桩号，其中2人专跑转点附近两桩号，1人专跑中间两桩号。

（2）竖尺应正直，不得左右、前后倾斜，扶尺时手不得遮没塔尺上的刻度。

（3）拉尺应拉足插牢。

（4）经过道口、桥梁（钢梁桥头、尾）、道岔前后、灰坑、明渠、邻线道岔及邻线道口等控制点，均要加点，并报知测点名称。

（5）在转点和水准点施测时，应做轻微摇动，让司仪读出最小数值。

5. 抄平记录

（1）坚持与司仪读数呼应制，相互核对，并与跑尺核对测点。

（2）及时计算转点前后视高差，发现双转点误差和水准点闭合差超过规定时，要求重测。

（3）发现跑尺漏点，要求立即补测。

（4）测至CPⅡ或水准点附近，告知跑尺，注意寻找并做好记录。

第三节　线路大修平面设计

线路大修平面设计基本技术条件见第三章第一节所述。线路大修平面设计的主要任务是校正和改善线路平面位置，根据平面测量所收集的资料，先校正直线方向，后整正曲线方向。

一、校正直线方向方法

1. 确定直线上出现折角的位置、大小和方向。

2. 折角的位置靠近曲线，又无建筑物限制拨动方向，则将折角移至曲线上，改变曲线的交角，一并校正曲线方向。

3. 折角的位置远离曲线，且有建筑物限制拨动方向，则将折角保留在原位置上，必要时，可设计为一个大半径曲线或减小折角。

二、整正曲线方向方法

（一）角图法

常用整正曲线的方法有矢距法、偏角法和绳正法，矢距法和偏角法多用于线路改建和线路大修，绳正法则多在维修养护中应用。不管是哪种方法，均以渐伸线原理为其理论基础。曲线拨距是由既有曲线和同切线的设计曲线在相应点的渐伸线长度之差确定的，它主要是根据偏角法外业测量所得的既有曲线计算资料，算出既有曲线的渐伸线长度，并据此选配设计曲线半径及缓和曲线长度，计算出设计曲线的渐伸线长度，两者之差值即为既有曲线各点的拨道量。

下面以现场常用的偏角法为例介绍曲线整正计算方法。

1. 既有曲线渐伸线长度的计算

（1）渐伸线长度 E_j 的计算公式

①渐伸线长度 E_j 基本计算公式为

$$E_j = \varphi \cdot l \tag{3—3—1}$$

式中　φ——测点偏角（rad）；

l——测点至置镜点间曲线长度（m）。

由式（3—3—1）可知，无论既有线是直线、缓和曲线或圆曲线，其渐伸线长度均为

E_j = 测点偏角的弧度值 × 测点至置镜点的弧线长

②第一置镜点 A（在始端直线上测量起点）范围内各点的渐伸线长（图 3—3—1）为

$$E_A = \varphi_A \cdot l_A \tag{3—3—2}$$

在曲线的起始线段内，因其曲率很小，故弦长 OA 近似等于弧长 l_A；渐伸线长度 E_A 也近似等于相应的圆弧长。

③曲线上任意测点范围内各测点的渐伸线长度如图 3—3—2 所示，置镜点于 A 点时，前视测点 B 的偏角为 φ_B，曲线长为 l_B，则 B 点的渐伸线长度为

$$E_B = E_A + l_B \beta_B \tag{3—3—3}$$

式中　β_B——弦线 AB 与始切线间夹角(rad)，

$$\beta_B = \beta_A + \varphi_B \tag{3—3—4}$$

其中　β_A——弦线 OA 与始切线间夹角(rad)。

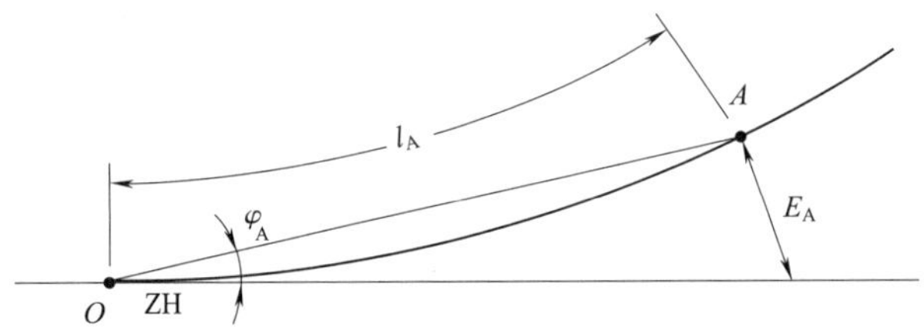

图 3—3—1　置镜点在始切线 O 点上渐伸线

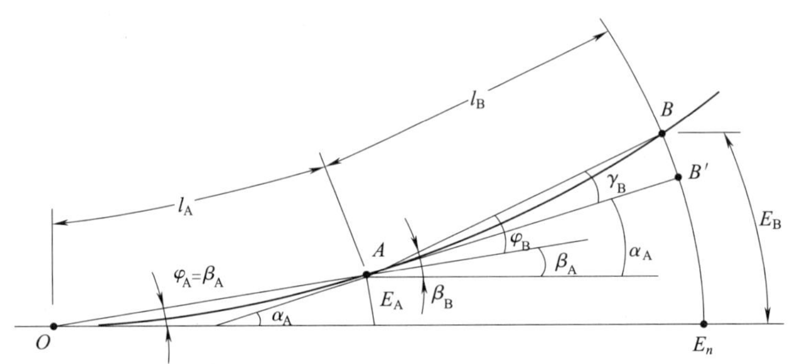

图 3—3—2　置镜点在曲线的 A 点上渐伸线

④通用计算公式。

假设曲线被分成 n 段进行计算，第 n 测段中各测点的渐伸线长度的通用计算公式为

$$E_{nj} = E_n + l_j \beta_j \tag{3—3—5}$$

式中　l_j——第 n 测段中置镜点 n 至测点 j 的曲线长；

β_j——测点 j 至置镜点 n 间弦线与始切线间的夹角(rad)。

(2)一次差值 ΔE_j、二次差值 $\Delta^2 E_j$ 的计算

既有曲线渐伸线长度 E_j 的二次差值 $\Delta^2 E_j$，可用于曲线半径的选择、线路长度与正矢图(即 f—L 图)的绘制中。

一次差值 ΔE_j 等于测点$(i+1)$的渐伸线长度 E_{i+1} 减去本测点 i 的渐伸线长度 E_i 之值；二次差值 $\Delta^2 E_j$ 等于 i 点的一次差值 ΔE_i 减去上一测点$(i-1)$的一次差值 ΔE_{i-1} 之值。

(3)既有曲线的 f—L 图

为便于了解既有曲线，掌握计算中的一些因素，有时需要绘制 f—L 图，f—L 图是以线路的长度为横坐标，以二次差值 $\Delta^2 E_j$ 为纵坐标的表示图。因既有线渐伸线长度的二次差值等于弦长正矢值的两倍 $2\Delta l$，与曲线半径成反比，所以 f—L 图也可看成是曲率图。

2. 曲线半径选配

(1)选配原则

设计曲线半径的选用，既要反映既有曲线的真实情况，又要使其拨量最小，同时还要考

虑既有路基等建筑物限界,应遵循下列基本原则与要求:

①曲线拨正前后其曲线长度基本不变。

②曲线拨正前后的终切线方向不变。为使既有曲线拨正前后曲线两端切线方向不变,其条件是应保证设计曲线与既有曲线的转向角相等,即 $\alpha_s = \alpha_j$。

③曲线拨正前后的终切线位置不变。设计曲线与既有曲线的转向角相等还不能保证终切线的平移,故还应使曲线终点的拨距为零,亦即应使终点的设计曲线与既有曲线的渐伸线长度相等,即 $E_{sn} = E_{jn}$。

④若 $E_s < E_j$,表明既有曲线要向外挑,为减少外挑量,应适当增大设计曲线半径;若 $E_s > E_j$,表明既有曲线要向内压,为减少内压量,应适当减小设计曲线半径。

⑤选配方法。选配设计曲线半径的方法很多,过去常用既有曲线半径法和角图法;现多用平均偏角法、三点法和二阶差分法等。

(2)既有曲线半径法

经过长期运营,既有曲线均有不同程度的变形,但变形不会很大,因此,可以利用既有曲线半径作为设计曲线半径。这种方法虽然比较简单,但还应试算曲线上几点或控制点的拨量,观察拨量大小和拨动方向是否符合现场要求。否则,应用其他方法另行选配设计曲线半径。

(3)平均偏角法

外业测量时,在圆曲线范围内一置镜点 A 上,测出了圆曲线内各测点 1,2,3,…,n 点的偏角 $\varphi_1,\varphi_2,\varphi_3,\cdots,\varphi_n$,如图 3—3—3 所示,两测点间的弦长为 $\Delta L = 20$ m,则两测点间的平均偏角为

$$\Delta\varphi = \frac{\varphi_n - \varphi_1}{n - 1} \tag{3—3—6}$$

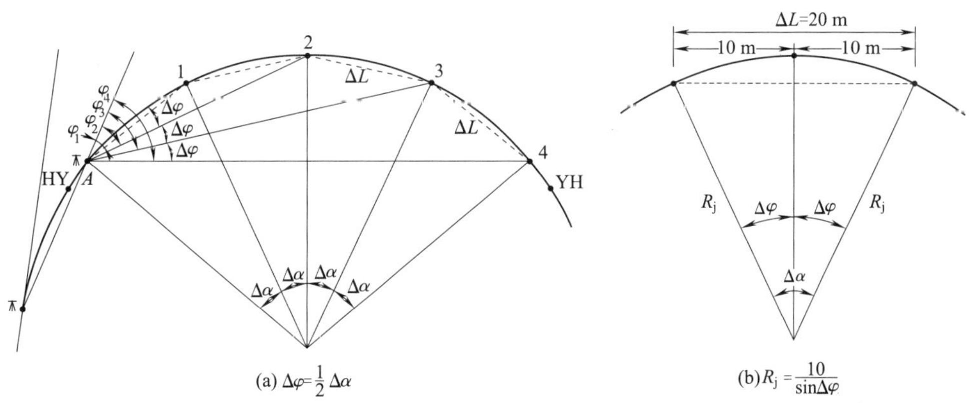

图 3—3—3　平均偏角法

$\Delta\varphi$ 为 ΔL 短弦所对之圆周角,应等于 ΔL 短弦所对圆心角 $\Delta\alpha$ 之半,即 $\Delta\varphi = \Delta\alpha/2$。从而估算的既有曲线半径 R_j 为

$$R_j = \frac{\Delta L/2}{\sin(\Delta\alpha/2)} = \frac{10}{\sin\Delta\varphi} \approx \frac{\Delta L}{2\Delta\varphi} \quad (\text{m}) \tag{3—3—7}$$

式中　ΔL——圆曲线范围内等长的测点间距(m)。

如圆曲线范围内有两个置镜点，则 $\Delta\varphi$ 值应取两置镜点平均偏角的平均值，即

$$\Delta\varphi=\frac{\Delta\varphi_1+\Delta\varphi_2}{2} \tag{3—3—8}$$

显而易见，在圆曲线范围内，置镜点 A 所观测的测点越多，平均偏角法所估算的 R_j 值也就越准确。若有多个置镜点，则先求出每一个置镜点的平均值，再累计各置镜点平均值，最后将累计值除以置镜次数，即为平均偏角 $\Delta\varphi$。

(4)理论曲线半径法

所谓理论曲线半径，是根据外业测量资料算得转向角 α，各 $\Delta L=20$ m 测点的既有渐伸线长 E_j 及其总和 $\sum E_{ji}$，以及选定缓和曲线长度为 l_s 的条件下，以外挑与内压的拨量代数和为零作为设计曲线半径函数，求出理论半径，其计算公式为

$$R_s=\frac{\Delta L}{\alpha}\sqrt{\frac{24\sum E_{ji}}{\Delta L\cdot\alpha}-12\left(\frac{X_{QZ}}{\Delta L}\right)^2-12\left(\frac{X_{QZ}}{\Delta L}\right)-\left(\frac{l_s}{\Delta L}\right)^2-2}\quad(\mathrm{m}) \tag{3—3—9}$$

式(3—3—9)即为两端缓和曲线等长时的理论曲线半径。当两端缓和曲线不等长时，其理论曲线半径为

$$R_s=\frac{\Delta L}{\alpha}\sqrt{\frac{24\sum E_{ji}}{\Delta L\cdot\alpha}-12\left(\frac{X_{QZ}}{\Delta L}\right)^2-12\left(\frac{X_{QZ}}{\Delta L}\right)-\frac{1}{2\Delta^2 L}(l_{s1}^2+l_{s2}^2)-2}\quad(\mathrm{m}) \tag{3—3—10}$$

式中 α——曲线总转角(rad)；

$\sum E_{ji}$——各测点既有曲线渐伸线长的总和(m)；

X_{QZ}——测量终点至曲中(QZ)点的距离(m)，$X_{QZ}=E_{nj}/\alpha$；

E_{nj}——终点既有渐伸线长(m)；

l_s——设计缓和曲线全长(m)；

l_{s1}——设计前端缓和曲线长(m)；

l_{s2}——设计后端缓和曲线长(m)。

(5)三点法

如图 3—3—4，在既有曲线的圆曲线范围内，连续选取三个间距相等的测点 A、B、C，即 $AB=BC=L$，设计曲线半径为

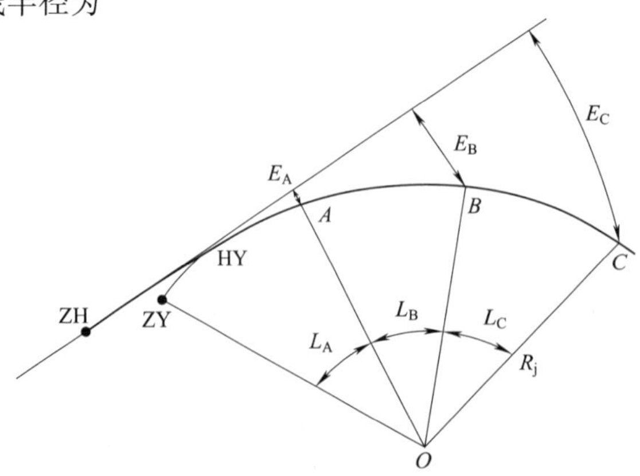

图 3—3—4 三点法

$$R_j = \frac{L^2}{\Delta^2 E_A} = \frac{L^2}{E_A - 2E_B + E_C} \quad (\text{m}) \tag{3—3—11}$$

式中 E_A, E_B, E_C——A、B、C 三个测点的渐伸线长度。

(6)二次差值平均值法

式(3—3—11)中分母($E_A - 2E_B + E_C$)实际是三个渐伸线长度的一次差值,三点法仅反映所用三个测点的情况,不能全面体现既有圆曲线的线形,若既有圆曲线失修严重变形,则选用不同的三点组合,求出的半径必有差异。为使所选配的曲线半径符合既有曲线实际情况,可利用圆曲线范围内各测点渐伸线长度二次差分值的平均值来估算既有曲线设计半径。

设圆曲线范围内各测点二次差值的个数为 n,二次差值的累计值为 $\sum_1^n(\Delta^2 E_j)$,其平均值为 $\frac{\sum_1^n(\Delta^2 E_j)}{n}$,则既有曲线半径为

$$R_j = \frac{400n}{\sum_1^n(\Delta^2 E_j)} \quad (\text{m}) \tag{3—3—12}$$

一般通过计算所求得的曲线半径不是整数,为便于计算和测设,应取为整数,取整值可参考表 3—3—1 所列数据。

表 3—3—1 曲径取整值范围

曲线转角(°)	<10	10 ~ 20	20 ~ 30	30 ~ 50	>50
半径取整值(m)	±25	±10	±5	±2 ~ ±1	视情况选定

3. 缓和曲线长度选配

在圆曲线范围内选取 HY、QZ、YH 点附近的点共三个,分别计算各点拨距 Δ' 为

$$\Delta' = E_j - \frac{L^2}{2R_s} \tag{3—3—13}$$

式中 L——测点里程 - ZY 点里程;

R_s——根据 R_j 取整后的设计曲线半径(m)。

观测三个点的拨距值,若其大小相差不大,可按两端缓和曲线为等长设计。

$$l_0 = \sqrt{24\Delta'_P R_s} \tag{3—3—14}$$

式中 l_0——设计缓和曲线长度(m);

Δ'_P——圆曲线范围内 HY、QZ、YH 三点拨距平均值,$\Delta'_P = \frac{\Delta'_{HY} + \Delta'_{QZ} + \Delta'_{YH}}{3}$。

若三个点拨距相差较大,应按不等长缓和曲线计算。

$$l_1 = \sqrt{24\Delta'_{HY} R_s}$$
$$l_2 = \sqrt{24\Delta'_{YH} R_s} \tag{3—3—15}$$

式中 l_1, l_2——HY、YH 点计算设计缓和曲线长度(m);

$\Delta'_{HY}, \Delta'_{YH}$——圆曲线 HY、YH 点拨距。

将计算结果取为 10 m 整数,即为选定的缓和曲线长度。

若曲线不圆顺,用一个点拨距值求出的缓和曲线长不准确,需结合 f—L 图分析估算。

4. 既有曲线上有控制点

既有曲线上有控制点时，曲线半径及缓和曲线长度的选择，现以缓和曲线等长叙述如下。

(1)控制点在圆曲线上

①一个控制点

限制拨道地段长度小于20 m时，作为一个控制点考虑。

$$l_0 = \sqrt{24R_s(E_{ja} + \Delta_a - E'_{sa})} \tag{3—3—16}$$

式中 E_{ja}——控制点渐伸线长；

Δ_a——控制点的限定拨距，为代数值；

E'_{sa}——控制点设计拨距，$E'_{sa} = l_a^2/2R_s$，l_a = 控制点里程 - ZY 点里程；

R_s——根据 R_j 取整选定的设计曲线半径，控制地段中心为整桩测点时，$R_j = \dfrac{\Delta^2 L}{\Delta^2 E_{ja}}$；控制点在相邻 b 与 c 之间时，$R_j = \dfrac{2\Delta^2 L}{\Delta^2 E_{jc} - \Delta^2 E_{jb}}$。

②两个控制点

圆曲线上两个独立控制点间距大于20 m或控制地段长度大于20 m时，按两个控制点考虑，在两个控制点 a、b 前后各选一个测点 a'、b'(选圆曲线较为圆顺一侧点)，可用式(3—3—17)计算 R_j，再检算两拨距和选择 l_0。

$$R_j = \frac{\Delta L \cdot l_c}{\Delta E_{jb'} - \Delta E_{ja'}} \tag{3—3—17}$$

式中 l_c——a'、b'两测点间曲线长(m)；

ΔL——取20 m；

$\Delta E_{ja'}$，$\Delta E_{jb'}$——a'、b'两测点渐伸线长。

③曲线半径调整

试算控制点拨距不满足要求时，可按式(3—3—18)调整曲线半径。

$$R'_s = R_s + \frac{8\Delta'}{\left(\alpha + \dfrac{2X_a}{R_s}\right)\left(\alpha - \dfrac{2X_a}{R_s}\right)} \tag{3—3—18}$$

式中 Δ'——控制点拨距与试算所得拨距之差(m)；

X_a——QZ 点里程与控制点里程之差(代数值)。

(2)控制点在缓和曲线上

①一个控制点

在始端缓和曲线上时，设计缓和曲线为

$$l_0 = \frac{1}{R}\sqrt{6R_a^3(E_{ja} + \Delta_a)} \tag{3—3—19}$$

式中 Δ_a——控制点处限制拨量；

R_a——控制点处缓和曲线的曲率半径，$R_a = \dfrac{\Delta^3}{\Delta^2 E_{ja}}$；

E_{ja}——a 点处渐伸线长度。

在终端缓和曲线上时，设控制点序号为 a，其相应于始切线的既有渐伸线长为 E_{ja}，将其换算为终切线的渐伸线 E'_{ja}。

$$E'_{ja}=E_{ja}-\alpha X_a \tag{3—3—20}$$

以 E'_{ja}代 E_{ja}，代入式(3—3—19)求得 l_0。

②两个控制点

以一个主要控制点求算 l_0，再试算拨距，检算另一控制点，如有不符，可调整缓和曲线长。

5. 各主要点(QZ、ZY、YZ、ZH、HY、YH、HZ)里程

(1)两端缓和曲线不等长时

$$\left.\begin{aligned}
&\text{QZ 点里程}=\text{测量终点里程}-[E_{jn}-(p_1-p_2)]/\alpha\\
&\text{ZY 点里程}=\text{QZ 点里程}-R_s\alpha/2\\
&\text{YZ 点里程}=\text{QZ 点里程}+R_s\alpha/2\\
&\text{ZH 点里程}=\text{ZY 点里程}-l_1/2\\
&\text{HY 点里程}=\text{ZH 点里程}+l_1/2\\
&\text{YH 点里程}=\text{YZ 点里程}-l_2/2\\
&\text{HZ 点里程}=\text{YH 点里程}+l_2/2
\end{aligned}\right\} \tag{3—3—21}$$

式中　p_1,p_2——HY、YH 点内移值。

(2)两端缓和曲线等长时

$$\text{QZ 点里程}=\text{测量终点里程}-E_{jn}/\alpha \tag{3—3—22}$$

其他主要点算式中，以点 l_0 代入 l_1、l_2 即可。

6. 计算设计曲线各测点的渐伸线长度 E_s及拨距 Δ

(1)一步法

根据曲线的圆曲线和缓和曲线特性，其设计渐伸线长度实用计算式见表 3—3—2。

表 3—3—2　渐伸线长度的实用计算式

测点范围	渐伸线长度计算式	符号意义
ZH ~ HY	$E=\dfrac{l^3}{6Rl_1}$	l = 测点里程 − ZH 里程
HY ~ YH	$E=\dfrac{L^2}{2R}+p_1$	L = 测点里程 − ZY 里程
YH ~ HZ	$E=\dfrac{L^2}{2R}+p_1-\dfrac{l^3}{6Rl_2}$	L = 测点里程 − ZY 里程 l = 测点里程 − YH 里程
HZ 以后	$E=X\cdot\alpha$	X = 测点里程 − QZ 里程
R——曲线半径(m)；α——转角(rad)；l_1,l_2——缓和曲线长(m)；$p_1=\dfrac{l_1^2}{24R}$，$p_2=\dfrac{l_2^2}{24R}$		

测点的拨距 $\Delta=E_s-E_j$。

(2)两步法

计算圆曲线 ZY 至 YZ 范围内及 YZ 至测量终点范围内各测点相对于 ZY 点切线渐伸线长度 E'_s 得初拨距 $\Delta' = E'_s - E_j$，再计算各位置的内移距 p 值，最后得拨距 $\Delta = \Delta' + p$。

①E'_s 计算

ZY ~ YZ

$$E'_s = l_y^2/2E \tag{3—3—23}$$

YZ ~ 终点

$$E'_s = \alpha \cdot X \tag{3—3—24}$$

式中 l_y——测点里程 - ZY 点里程；

X——测点里程 - QZ 点里程。

测量起点至 ZY 点的 E_s 为零。

②内移距 p 计算

测量起点 ~ ZH

$$p = 0$$

ZH ~ ZY

$$p = l^3/6Rl_1 \tag{3—3—25}$$

ZY ~ HY

$$p = p_1 - (l_1 - l)^3/6Rl_1 \tag{3—3—26}$$

式中 l——测点里程 - ZH 点里程。

HY ~ YH

$$p = p_1 \tag{3—3—27}$$

YZ ~ HZ

$$p = p_1 - p_2 + l^3/6Rl_2 \tag{3—3—28}$$

式中 l——HZ 点里程 - 测点里程。

Δ 为正值，表示 $E_s > E_j$，测点向曲线内方拨动（内压）；Δ 为负值，表示 $E_s < E_j$，测点向曲线外方拨动（外挑）。测量终点 $\Delta = 0$。

7. 算例

(1)测量数据

测量数据见表 3—3—3。

第 1 栏：测点序号以测量起点为 0 号，顺号编至测量终点。

第 2、3、4 栏：测量记录本数据，最后一行为终直线上远方前视点的偏角。

(2)既有渐伸线长度计算

第 5 栏：第 4 栏偏角 φ 换算为弧度值。

第 6 栏：置镜点偏角 β 与测点 φ 偏角之和，即各测点的弦线与始切线之夹角 β。

第一测段，置镜点 $\beta = 0$，所以各测点 $\beta = \varphi$ 同第 5 栏数值。

第二测段，置镜点 $\beta = 0.039\ 837$，各测点 $\beta = 0.039\ 837 + \varphi$。

最后一个置镜点（测量终点）的 β 与 i_m 弧度值之和，即为曲线总转向角 α 值：

$$\alpha = 0.406\ 909 + 0.033\ 510 = 0.440\ 419(\text{rad}) = 25°14'03''$$

表 3—3—3　角图法整正曲线计算

测点序号	测量资料			既有渐伸线长度							设计圆曲线渐伸线长度计算				拨距计算			
	测站标记	测点里程	φ (° ′ ″)	φ (rad)	β (rad)	L (m)	$\beta \cdot L$	E_j	ΔE_j	$\Delta^2 E_j$	设计曲线主点里程	$l_y(X)$	$1/2R$ (α)	E'_s	$\Delta' = E'_s - E_j$	l	p	Δ
1	2	3	4	5	6	7	8	9	10	11	12	13	14	15	16	17	18	19
0	⊼	K616+480							0.004				$1/2R = 0.000625$　$\alpha = 0.440419$					
1		+500	0 00 42	0.000204	0.000204	20	0.004	0.004	0.005	0.001					−0.004			−0.004
2		+520	0 00 48	0.000233	0.000233	40	0.009	0.009	0.055	0.050	ZH K616+500.771				−0.009	19.229	0.010	0.001
3		+540	0 03 39	0.001062	0.001062	60	0.064	0.064	0.186	0.131					−0.064	39.229	0.084	0.020
4		+560	0 11 03	0.003214	0.003124	80	0.250	0.250	0.423	0.237	ZY K616+575.771				−0.250	59.229	0.289	0.039
5		+580	0 23 08	0.006729	0.006729	100	0.673	0.673	0.700	0.277		4.229		0.0112	−0.662	79.229	0.680	0.018
6		+600	0 39 20	0.011442	0.011442	120	1.373	1.373	1.013	0.313		24.229		0.3669	−1.006	99.229	0.990	−0.016
7		+620	0 58 35	0.017041	0.017041	140	2.386	2.386	1.409	0.396		44.229		1.2226	−1.163	119.229	1.132	−0.032
8		+640	1 21 32	0.023717	0.023717	160	3.795	3.795	1.835	0.426	HY K616+650.771	64.229		2.5784	−1.217	139.229	1.170	−0.046
9		+660	1 47 32	0.031280	0.031280	180	5.630	5.630	2.337	0.502		84.229		4.4341	−1.196		1.172	−0.024
10	⊼	+680	2 16 57	0.039837	0.039837	200	7.967	7.967	2.849	0.512		104.229		6.7898	−1.177		1.172	−0.005
11		+700	5 52 42	0.102596	0.142433	20	2.849	10.816	3.361	0.513		124.229		9.6455	−1.170		1.172	0.002
12		+720	6 36 46	0.115415	0.155252	40	6.210	14.177	3.862	0.501		144.229		13.001	−1.176		1.172	−0.004
13		+740	7 20 09	0.128034	0.167871	60	10.072	18.039	4.352	0.490	QZ K616+751.939	164.229		16.857	−1.182		1.172	−0.010
14		+760	8 02 54	0.140470	0.180307	80	14.425	22.392	4.859	0.507		184.229		21.213	−1.179		1.172	−0.007
15		+780	8 45 58	0.152998	0.192835	100	19.283	27.250	5.362	0.503		204.229		26.068	−1.182		1.172	−0.010

续上表

测点序号	测量资料			既有渐伸线长度							设计圆曲线渐伸线长度计算				拨距计算			
	测站标记	测点里程	φ (° ′ ″)	φ (rad)	β (rad)	L (m)	$\beta \cdot L$	E_j	ΔE_j	$\Delta^2 E_j$	设计曲线主点里程	$l_y(X)$	$1/2R$ (α)	E'_s	$\Delta' = E'_s - E_j$	l	p	Δ
1	2	3	4	5	6	7	8	9	10	11	12	13	14	15	16	17	18	19
16		+800	9 29 05	0.165540	0.205377	120	24.645	32.612	5.848	0.487		224.229	$1/2R$ = 0.000625 α = 0.440419	31.424	-1.188		1.172	-0.016
17		+820	10 11 50	0.177975	0.217812	140	30.494	38.461	6.354	0.506		244.229		37.280	-1.181		1.172	-0.009
18	⊤	+840	10 54 50	0.190464	0.230301	160	36.848	44.815	6.862	0.507	YH K616+853.107	264.229		43.636	-1.180		1.172	-0.008
19		+860	6 27 47	0.112802	0.343103	20	6.862	51.677	7.327	0.465		284.229		50.491	-1.186	143.107	1.172	-0.014
20		+880	7 07 42	0.124413	0.354714	40	14.189	59.004	7.729	0.402		304.229		57.847	-1.157	123.107	1.145	-0.012
21		+900	7 44 04	0.134992	0.365293	60	21.918	66.733	8.083	0.354		324.229		65.703	-1.030	103.107	1.029	-0.001
22		+920	8 17 27	0.144702	0.375003	80	30.000	74.815	8.361	0.278	YZ K616+928.107	344.229		74.059	-0.757	83.107	0.756	0.000
23		+940	8 47 02	0.153308	0.383609	100	38.361	83.176	8.577	0.216		188.061		82.826	-0.350	63.107	0.349	-0.001
24		+960	9 12 57	0.160847	0.391148	120	46.938	91.753	8.705	0.128		208.061		91.634	-0.119	43.107	0.111	-0.007
25		+980	9 34 37	0.167149	0.397450	140	55.643	100.458	8.785	0.080		228.061		100.440	-0.016	23.107	0.017	0.002
26		K617+000	9 52 35	0.172376	0.402677	160	64.428	109.243	8.815	0.030	HZ K617+003.107	248.061		109.250	0.008	3.107	0.000	0.008
27	⊤	+020	10 07 10	0.176608	0.406909	180	73.244	118.059		5.027		268.061		118.060	0.001		0.000	0.001
28		+040	1 55 12	0.033510	0.440419	20	8.808											
$JD_{56}: \alpha = 25°14'03'', R = 800$ m, $l = 150$ m, $T = 254.312$ m, $L = 502.335$ m																		

第 7 栏：各测点距置镜点的曲线长 l。

第 8 栏：$\beta \cdot l$ = 第 6 栏数值 × 第 7 栏数值，最后一行为 20α 之值。

第 9 栏：既有曲线渐伸线长 E_j。

$$E_j = \text{置镜点的渐伸线长度} + \text{测点的} \beta \cdot l$$

第一测段各测点 $E_j = \beta \cdot l$，即第 8 栏数值。

第二测段 $E_j = 7.967 + \beta \cdot l$，如 12 号点 $E_j = 7.967 + 6.210 = 14.177$。

(3) E_j的差值计算

绘制 f—L 图或用二次差值法选半径时计算，否则可不计算此项。

第 10 栏：下一测点的 E_j减去本测点的 E_j值为一次差值 ΔE_j。

第 11 栏：本测点的 ΔE_j 减去上一测点的 ΔE_j 为二次差值 $\Delta^2 E_j$。

(4) f—L 图点绘

用横向 1∶2 000、纵向 1∶10 比例尺绘制 f—L 图，如图 3—3—5 所示。

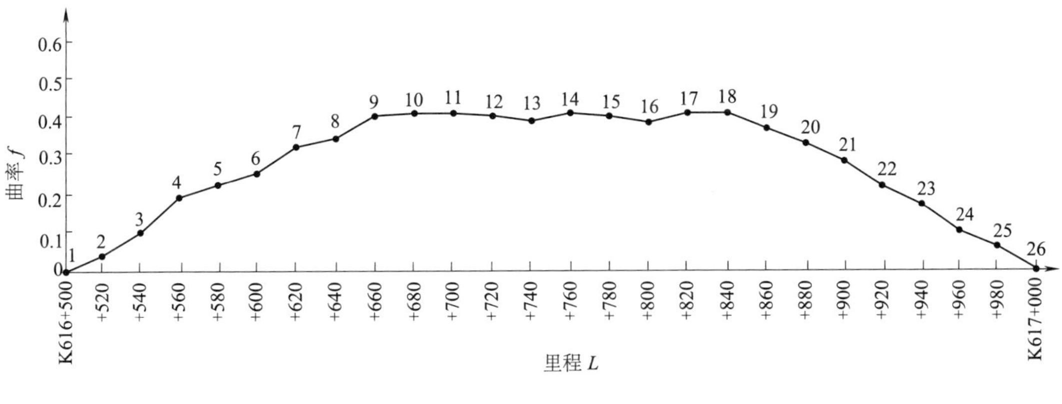

图 3—3—5　f—L 图

(5) 曲线半径选择

用二次差值法估算既有曲线半径。由 f—L 图可知 9 ~ 18 号点为圆曲线范围，取此十点之 $\Delta^2 E_j$累加得

$$\sum_{9}^{18} \Delta^2 E_j = 5.027$$

$$R_s = \frac{400n}{\sum_{1}^{n} (\Delta^2 E_j)} = \frac{400 \times 10}{5.027} = 795.703\ (\text{m})$$

取整得设计曲线半径 $R_s = 800$ m。

(6) 计算 QZ、ZY 点里程

$$\text{QZ 点里程} = \text{曲线测量终点里程} - \frac{E_n}{\alpha} = \text{K617} + 020 - \frac{118.059}{0.440419} = \text{K616} + 751.939$$

$$\text{ZY 点里程} = \text{QZ 点里程} - \frac{R_s \alpha}{2} = \text{K616} + 751.939 - \frac{800 \times 0.440419}{2} = \text{K616} + 575.771$$

(7) 缓和曲线长度选配

由 f—L 图可知，曲线内两端点为 9 号、18 号，中点为 13 号、14 号，选 10 号、14 号、18 号分别计算拨距。

10 号点:$\Delta' = E_j - \dfrac{L^2}{2R} = 7.967 - \dfrac{(680 - 575.771)^2}{2 \times 800} = 1.177$

14 号点:$\Delta' = E_j - \dfrac{L^2}{2R} = 22.392 - \dfrac{(760 - 575.771)^2}{2 \times 800} = 1.179$

18 号点:$\Delta' = E_j - \dfrac{L^2}{2R} = 44.815 - \dfrac{(840 - 575.771)^2}{2 \times 800} = 1.179$

根据以上三点拨距值相等和f—L图,两端缓和曲线长相等。

$$\Delta' = \frac{\Delta'_{HY} + \Delta'_{QZ} + \Delta'_{YH}}{3} = \frac{1.177 + 1.179 + 1.179}{3} = 1.178$$

$$l_0 = \sqrt{24\Delta' R_s} = \sqrt{24 \times 1.178 \times 800} = 150.391\ (\mathrm{m})$$

取 $l_0 + \dfrac{R_s \alpha}{2} = \mathrm{K}616 + 751.939 + \dfrac{800 \times 0.440419}{2} = \mathrm{K}616 + 928.107 = 150\ (\mathrm{m})$

(8)设计曲线要素及主点里程(第十二栏)

$$p = 1.172\ \mathrm{m} \qquad m = 74.978\ \mathrm{m}$$

$$T = 254.312\ \mathrm{m} \qquad L = 502.335\ \mathrm{m}$$

QZ 点里程 = 曲线测量终点里程 $- \dfrac{E_n}{\alpha} = \mathrm{K}617 + 020 - \dfrac{118.059}{0.440419} = \mathrm{K}616 + 751.939$

ZY 点里程 = QZ 点里程 $- \dfrac{R_s \alpha}{2} = \mathrm{K}616 + 751.939 - \dfrac{800 \times 0.440419}{2} = \mathrm{K}616 + 575.771$

YZ 点里程 = QZ 点里程 $+ \dfrac{R_s \alpha}{2} = \mathrm{K}616 + 751.939 + \dfrac{800 \times 0.440419}{2} = \mathrm{K}616 + 928.107$

ZH 点里程 $= \mathrm{K}616 + 575.771 - \dfrac{l_0}{2} = \mathrm{K}616 + 500.771$

HY 点里程 $= \mathrm{K}616 + 575.771 + \dfrac{l_0}{2} = \mathrm{K}616 + 650.771$

YH 点里程 $= \mathrm{K}616 + 928.107 - \dfrac{l_0}{2} = \mathrm{K}616 + 853.107$

HZ 点里程 $= \mathrm{K}616 + 928.107 + \dfrac{l_0}{2} = \mathrm{K}617 + 003.107$

(9)拨距计算

①第 13 栏 ZY ~ YZ 为测点至 ZY 的距离;YZ ~ 测量终点为测点至 QZ 的距离。如 10 号测点 $l_y = 616680 - 616575.771 = 104.229\ (\mathrm{m})$。

②第 14 栏为 $1/2R = 0.000625$,$\alpha(\mathrm{rad}) = 0.440419$。

③第 15 栏 ZY ~ YZ 为 $1/2R = 0.000625$ 与第 13 栏数值平方的积;YZ ~ 测量终点为 $\alpha(\mathrm{rad}) = 0.440419$ 与第 13 栏数值的积;如 10 号测点 $E'_s = 104.229^2 \times 0.000625 = 6.7898$,又如 24 号测点 $E'_s = 208.061 \times 0.440419 = 91.634$。

④第 16 栏为第 15 栏与第 9 栏差值,如 10 号测点 $\Delta' = 6.7898 - 7.967 = -1.177\ (\mathrm{m})$。

⑤第 17 栏:测点 2 ~ 8 为测点至 ZH 点的距离,如 8 号测点 $l = 616640 - 616500.771 =$

139.229(m);测点 19～26 为测点距 HZ 点距离,如 25 号测点 $l=617\,003.107-616\,980=23.107$(m)。

⑥第 18 栏,根据曲线上不同位置计算 p 值。

测量起点～ZH:$p=0$

ZH～ZY:3 号测点 $p=\dfrac{l^3}{6Rl_1}=\dfrac{59.229^3}{6\times800\times150}=0.289(\text{m})$

ZY～HY:6 号测点 $p=p_1-\dfrac{(l_1-l)^3}{6Rl_1}=1.172-\dfrac{(150-99.229)^3}{6\times800\times150}=0.990(\text{m})$

HY～YH:$p=p_1=1.172(\text{m})$

YZ～HZ:23 号测点 $p=p_1-p_2+\dfrac{l^3}{6Rl_2}=150-150+\dfrac{63.107^3}{6\times800\times150}=0.349(\text{m})$

⑦第 19 栏为第 16 栏与第 18 栏之和。

(二)坐标法

1. 测量方法

坐标法采用能直接显示测点坐标的光电测距仪、全站仪和人工记录各测点坐标的方法,如图 3—3—6 所示。

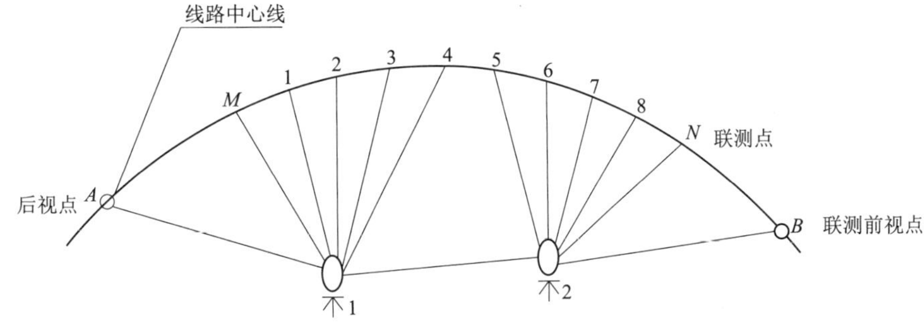

图 3—3—6　坐标法测量示意

与其他方法一样,先定出测量的起终点,图 3—3—6 中的 M、N 点,在其间每 20 m 处设一测点,并标记在钢轨外侧的轨腰上,此外在两端各定一点 A、B,AM、BN 一般宜在 200～300 m 之间,最少不得小于 50 m。

仪器安置在轨道外通视条件较好位置(如路肩),第 1 置镜点的 X_N 坐标、Y_N 坐标可设置为任一数字(例如 $X=50\,000$;$Y=50\,000$)或国家统一坐标(采用 GPS-RTK)。将反光镜精密对准线路中心(如精度要求不高,也可置于外轨中心)的测点上,照准后视点 A 后,设置方位角为 0°00′00″,按图 3—3—6 依次测记后视点 A、1、2、3、…、联测点 N、联测前视点 B 的里程、X、Y 坐标三项。

如感觉视线远或整个曲线不能全部通视,另测记第 2 置镜点的坐标及方位角。移镜后,第 2 置镜点的坐标用上一置镜点记录的第 2 置镜点坐标设置,后视上一置镜点后,用上一置镜点记录的本点方位角 ±180°输入,又可对其他测点进行观测。若有需要,同理还可设置第 3置镜点等。

2. 拨量计算

(1)既有曲线曲率图的绘制

曲率图是以曲线测量起点为原点,曲线长度为横轴,既有曲线的曲率 $K'=1/R$ 为纵坐标的直角坐标图。曲率图能很直观的表现曲线的组合情况(夹直线、缓和曲线、圆曲线),在图中可以很直观地看出 ZH、HY、YH、HZ 点的大概位置,利于曲线半径的选择和缓和曲线长度的确定。

①曲率 $K'=1/R$ 的计算

曲线上每两点连线的斜率为

$$\beta=\arctan\frac{\Delta y}{\Delta x}=\arctan\frac{y_{i+1}-y_i}{x_{i+1}-x_i} \qquad (3—3—29)$$

曲线上各点的曲率为

$$K'=\frac{\beta_i-\beta_{i-1}}{K_{i+1}-K_{i-1}} \qquad (3—3—30)$$

式中 K_{i+1}, K_{i-1}——计算点 i 前、后方里程。

②曲率图的绘制

根据曲线全长、曲线范围内曲率 K' 的最大正值和最小负值的绝对值之和分别确定横、纵向比例尺,以里程为横轴、K' 值为纵轴标出各点在坐标中的位置、编号,用直线段将各点逐一相连就形成了曲率图,如图 3—3—7 所示。

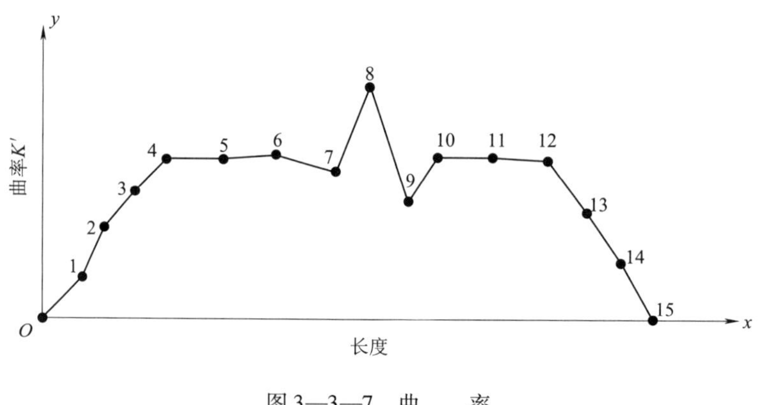

图 3—3—7 曲 率

③曲率图的运用

在曲率图中,一个曲线为正梯形,两个同向曲线为并列的两个梯形,一对反向曲线为正、反两个梯形,复曲线则为一高一低相连的梯形,所有梯形的上底边均平行于横轴;曲率图的梯形斜边为缓和曲线、上底部分为圆曲线,在曲率图中可以清楚地显示圆曲线、缓和曲线、夹直线的位置和长短;曲率图清楚地显示了曲线的圆顺情况,既有曲线较为圆顺则曲率图的连线较为平直,波纹起伏较大则表示既有曲线不圆顺。根据曲率图可以帮助选择曲线半径和缓和曲线的近似值,求出正确控制点的位置;利用曲率图可以便于同向曲线或反向曲线转角的划分及确定夹直线分界点的位置;一般情况下,曲率图上的线条只有小的波纹,若出现较大的突变，则说明测量、记录或计算有误，如图 3—3—7 中的 8 号测点。

(2)曲线半径的选择

①曲线半径 R_c 的计算

a. 设既有圆曲线上 a、b、c 三点的坐标分别为 (X_a, Y_a)、(X_b, Y_b)、(X_c, Y_c)，过 a、b、c 三点之圆曲线计算半径为 R_c，圆心坐标为 X_0、Y_0。如图 3—3—8 所示，E、F 分别为弦 ab、ac 的中点，则计算公式如下：

$$\left.\begin{aligned}\beta &= \arctan\frac{Y_c - Y_a}{X_c - X_a}\\ \delta &= \arctan\frac{Y_b - Y_a}{X_b - X_a}\\ \eta &= \arctan\frac{Y_c - Y_b}{X_c - X_b}\\ R_c &= \left|\frac{X_b - X_a}{2\cos\delta\cdot\sin(\eta - \beta)}\right|\end{aligned}\right\}\qquad(3—3—31)$$

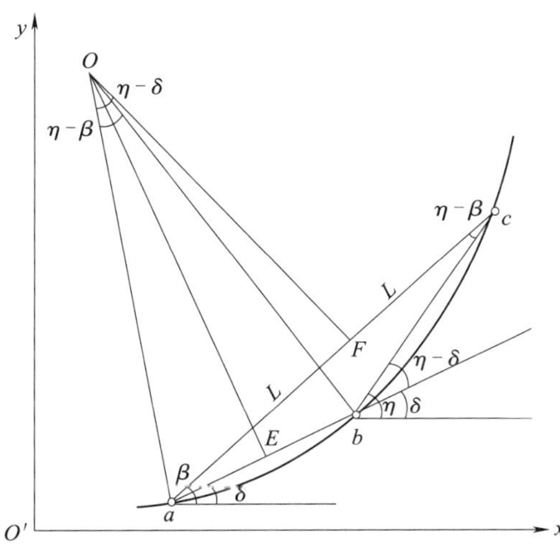

图 3—3—8　半径示意

b. 将计算值 R_c 取整为 R，应尽量使用较小的取整幅度，力求使取整后计算拨量最小和最接近计算值，并检算取整后曲线的最大拨移量 Δ_m 是否合适，如 Δ_m 为 0.05 ~0.1 时，应降低取整幅度。

$$\left.\begin{aligned}&\tau = |\eta - \beta|\\ &L = \frac{X_c - X_a}{2\cdot\cos\beta}\\ &\mu = \arcsin\frac{L}{R}\text{，当 }\tau > 90^\circ\text{ 时，}\mu = 180 - \arcsin\frac{L}{R}\\ &\Delta_m = R_c(1 - \cos\tau) - R(1 - \cos\mu)\end{aligned}\right\}\qquad(3—3—32)$$

c. 取整半径 R 的圆心坐标计算(图 3—3—9)。

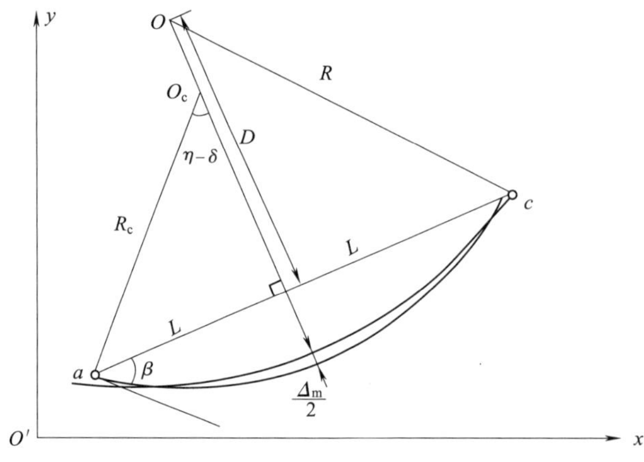

图 3—3—9　圆心示意

$$\left.\begin{aligned}
D &= R \cdot \cos\mu - \frac{\Delta_m}{2} \\
X_0' &= \frac{X_c + X_a}{2} + D \cdot \cos(\beta \pm 90°) \\
Y_0' &= \frac{Y_c + Y_a}{2} + D \cdot \sin(\beta \pm 90°)
\end{aligned}\right\} \tag{3—3—33}$$

式(3—3—33)中,反向曲线的第二圆曲线圆心坐标计算时“ ± ”用“ - ”,其余情况均为“ + ”。

②设计曲线半径 R_s 的选择

圆曲线中一般有多个测点,可以组合成多个“三点一组”,算得多个大小不等曲线半径值 R_c,此时则需要从数据中筛选相对满足要求的半径作为设计曲线半径,原则和方法如下所述。

a. “三点一组”的组合原则

一般采用两端固定,与中间各点分别组合计算的方法。两端固定点的选取不宜取 HY、YH 点附近及圆曲线中突变的点,否则将对计算结果产生较大影响。因此,应充分利用曲率图,在曲率图梯形上底作一条与下底的平行线,此线基本平均分割上底的波纹图形,沿此直线在圆曲线两端各选取一个与分割线重合较好的点作为固定点(a,c),分别与中间各点组合计算 R_c 值;若曲线较长,则可选择隔一点或二、三点组合计算。

b. 半径的优选

在既有线整正计算中,选择的曲线半径原则上应与既有曲线接近重合,计算拨动量最小。衡量设计与既有曲线接近重合的条件通常依据以下三种条件:

$f = \sum_{1}^{n} \Delta = 0$,即曲线的全部测点拨距之代数和为 0;

$f = \sum_{1}^{n} \Delta^2 = \min$,即曲线的全部测点拨距之平方和为最小;

$f = \sum_{1}^{n} |\Delta| = 0$,即曲线的全部测点拨距绝对值之和为最小。

据上述参数选定曲线半径后,尚需根据缓和曲线进一步进行曲线计算优化,一般分为整体优化和局部优化。

(a)整体优化:圆曲线和缓和曲线均进行优化并同时选配,根据选定的半径 R_c 取整后计算其圆心坐标(X'_0,Y'_0),再选配两端的缓和曲线长度,根据选配的缓和曲线分别计算得出 $f=\sum_{1}^{n}|\Delta|$ 的值;不断地重复上述筛选计算,得出多组 f 值后选取值最小一组的 R、l_1、l_2、X_0、Y_0 作为设计采用值。

(b)局部优化:仅仅在圆曲线范围内对 R_c、X'_0、Y'_0 进行计算,然后根据计算的拨距和 f 值进行比选,在多组 f 值中选取值最小的一组作为设计要素,最后再配算相应的缓和曲线长度值。

c. 既有曲线上有控制点时的半径选择

(a)当圆曲线上有 1 ~ 3 个控制点时,可根据控制点拨距为零的原则直接采用三点组合计算,计算后取整再配上缓和曲线进行优化计算,力求使控制点拨量趋向于零或最小。

(b)圆曲线上有桥、隧、涵等建筑物,需要控制拨量时,通常选择该控制区段的两端和中间点进行组合计算,进行曲线要素匹配试算,根据不同试算数据,选择最符合或接近要求的一组要素作为设计要素。

(3)缓和曲线长度选配

在 R_s、X'_0、Y'_0 算出后即可直接确定两端缓和曲线的长度 l_1、l_2。

始(终)缓和曲线方程为

$$\left.\begin{aligned} p' &= D' - R_s \\ l' &= \sqrt{24R_s p'} \end{aligned}\right\} \tag{3—3—34}$$

式中 D'——圆心到始(终)切线距离,可由点到直线的距离求出。

始(终)切线方程为

$$\left.\begin{aligned} y = kx + b \text{ 时}, D' &= \frac{|kX'_0 - Y'_0 + b|}{\sqrt{k^2+1}} \\ Ax + By + C \text{ 时}, D' &= \frac{|AX'_0 + BY'_0 + C|}{\sqrt{A^2+B^2}} \end{aligned}\right\} \tag{3—3—35}$$

将计算值 l' 取整为 l_1、l_2。

(4)设计曲线要素计算

①设计圆心的坐标计算

由于缓和曲线长度 l' 取整为 l 后,其内移距 $p \neq p'$,圆心位置产生变化,因此需重新计算由 R_s、l_1、l_2 所定位的圆心坐标(X_0、Y_0)。

p、m、Δp、T、L 详见相关书籍。α 为终切线方位角减去始切线方位角。

$$\left.\begin{aligned} X_0 &= X_{JD} + (R + E_0) \cdot \cos(180 - \gamma_1 - \alpha_{JD\sim ZH}) \\ Y_0 &= Y_{JD} + (R + E_0) \cdot \sin(180 - \gamma_1 - \alpha_{JD\sim ZH}) \end{aligned}\right\} \tag{3—3—36}$$

式中 X_{JD},Y_{JD}——交点的坐标;

$\alpha_{JD\sim ZH}$——交点到直线的方位角;

E_0,γ_1——曲线要素:$E_0 = \dfrac{R+p_1}{\sin\gamma_1} - R$,$\gamma_1 = \arctan\dfrac{R+p_1}{T_1 - m_1}$。

②JD 坐标计算

在始、终端直线上分别取两点求出两端直线方程,然后联立解方程可求出交点坐标 JD,设交点坐标为(X_j,Y_j),根据两点直线的性质列方程计算如下。

$$(Y_j - Y_2)/(X_j - X_2) = (Y_2 - Y_1)/(X_2 - X_1)$$

$$(Y_j - Y_3)/(X_j - X_3) = (Y_3 - Y_4)/(X_3 - X_4)$$

③直线的方位角计算

$$\left.\begin{aligned}\alpha_{JD\sim ZH} &= \arctan\frac{Y_{JD} - Y_1}{X_{JD} - X_1}\\ \alpha_{JD\sim ZH} &= \arctan\frac{Y_{JD} - Y_n}{X_{JD} - X_n}\end{aligned}\right\} \tag{3—3—37}$$

④ZH、HZ 点的坐标计算

$$\left.\begin{aligned}X_{ZH} &= X_{JD} + T_1\cos\alpha_{JD\sim ZH}\\ Y_{ZH} &= Y_{JD} + T_1\sin\alpha_{JD\sim ZH}\\ X_{HZ} &= X_{JD} + T_2\cos\alpha_{JD\sim HZ}\\ Y_{HZ} &= Y_{JD} + T_2\sin\alpha_{JD\sim HZ}\end{aligned}\right\} \tag{3—3—38}$$

$$\left.\begin{aligned}D_{1\sim ZH} &= \sqrt{(X_{ZH} - X_1)^2 + (Y_{ZH} - Y_1)^2}\\ D_{n\sim HZ} &= \sqrt{(X_{HZ} - X_n)^2 + (Y_{HZ} - Y_n)^2}\end{aligned}\right\} \tag{3—3—39}$$

⑤设计曲线主点里程推算

$$\left.\begin{aligned}&\text{ZH 点里程} = \text{测量起点里程} + \text{测点距 ZH 点的距离 } D_{1\sim ZH}\\ &\text{HY 点里程} = \text{ZH 点里程} + l_1\\ &\text{HZ 点里程} = \text{ZH 点里程} + L\\ &\text{YH 点里程} = \text{HZ 点里程} - l_2\end{aligned}\right\} \tag{3—3—40}$$

⑥设计曲线与既有曲线长度之差 Δl 计算

$$\Delta l = \text{测量终点里程} - D_{n\sim HZ} - \text{HZ 点里程} \tag{3—3—41}$$

式中 $D_{n\sim HZ}$——测量终点距 HZ 点的距离。

Δl 过大应进行平差计算。

(5)拨距计算

①直线地段

$$\Delta = \sqrt{X_j^2 + (Y_j - b)^2} \cdot \tan\left[\arctan\left(\frac{Y_j - b}{X_j}\right) - \arctan k\right] \tag{3—3—42}$$

式中 X_j, Y_j——计算点实测坐标；

k, b——直线的斜率、截距；可通过直线上对两点坐标求得，如图 3—3—10 所示通过 a、M 点求得始端直线 k、b，通过 N、B 点求得终端直线 k、b。

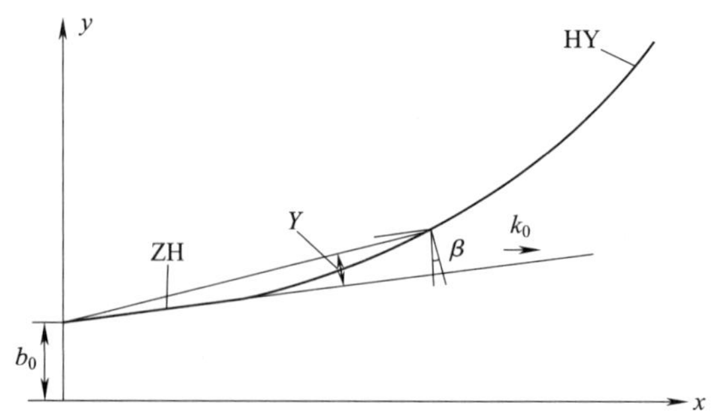

图 3—3—10 单曲线计算拨距示意

②缓和曲线段

a. 单曲线如图 3—3—10 所示。

$$\left.\begin{aligned}\Delta &= \frac{Y - Y'_{\mathrm{j}}}{\cos\beta}\\ \beta &= \frac{90S^2}{\pi R_{\mathrm{s}} l}\end{aligned}\right\} \tag{3—3—43}$$

式中 Y'_{j}, Y——既有和设计测点至切线的垂直距离，

$$\left.\begin{aligned}Y'_{\mathrm{j}} &= \sqrt{X_{\mathrm{j}}^2 + (Y_{\mathrm{j}} - b)^2}\cdot\tan\left[\arctan\left(\frac{Y_{\mathrm{j}} - b}{X_{\mathrm{j}}}\right) - \arctan k\right]\\ Y &= \frac{S^3}{6Rl} - \frac{S^7}{336\ (Rl)^3}\end{aligned}\right\} \tag{3—3—44}$$

S——测点至 ZH 或 HZ 点的里程差。

b. 复曲线如图 3—3—11 所示。

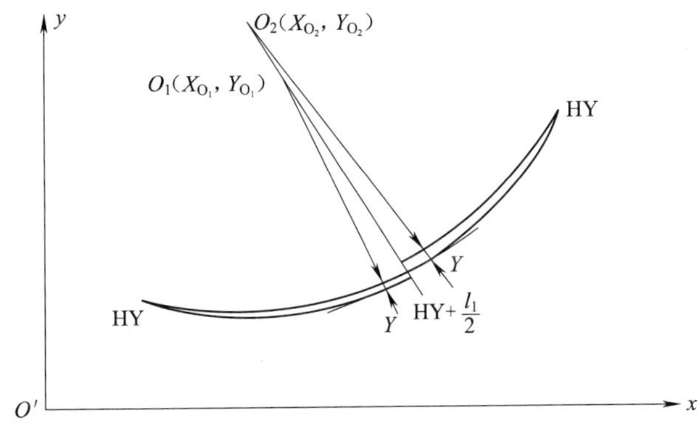

图 3—3—11 复曲线及两圆曲线中间缓和曲线

$$\Delta = Y - Y'_{\mathrm{j}} \tag{3—3—45}$$

式中 Y'_{j}, Y——既有和设计测点至对应圆曲线切线的距离，

$$\left.\begin{aligned}Y'_{\mathrm{j}} &= R_{\mathrm{s1}} - \sqrt{(X_{O_1} - X_{\mathrm{j}})^2 + (Y_{O_1} - Y_{\mathrm{j}})^2}\\ Y &= \frac{S^3}{6\left(\dfrac{R_{\mathrm{s1}}R_{\mathrm{s2}}}{|R_{\mathrm{s1}} - R_{\mathrm{s2}}|}\cdot l_1\right)} - \frac{S^7}{336\left(\dfrac{R_{\mathrm{s1}}R_{\mathrm{s2}}}{|R_{\mathrm{s1}} - R_{\mathrm{s2}}|}\cdot l_1\right)^3}\end{aligned}\right\} \tag{3—3—46}$$

③圆曲线段

$$\Delta = \sqrt{(X_{\mathrm{j}} - X_O)^2 + (Y_{\mathrm{j}} - Y_O)^2} - R_{\mathrm{s}} \tag{3—3—47}$$

拨距说明：计算值为“+”则曲线向下压，“-”则曲线向上挑。计算中也可以将公式写成 $\Delta = R_{\mathrm{s}} - \sqrt{(X_{\mathrm{j}} - X_{\mathrm{O}})^2 + (Y_{\mathrm{j}} - Y_{\mathrm{O}})^2}$，计算值为“+”则曲线向上挑，计算值为“-”则曲线向下压。

3. 坐标法整正算例

现场里程为人工丈量（每 20 m 一点），勘测时采取线下任意点置镜的方法，以线路两端夹直线为基线，实测线路中心坐标数据参见表 3—3—4 和表 3—3—5。

表 3—3—4　曲线半径选择计算

测点序号	测点里程	实测坐标		β	δ	η	R_c	τ	L	μ	Δ_m	D	圆心坐标	
		X_j	Y_j										X'_0	Y'_0
17	K3 +760	2 758 877. 167	501 816. 497 6	15. 627 21										
19	+800	2 758 842. 834	501 795. 978 6	15. 627 21	30. 864 51	13. 722 49	601. 687 18	17. 142 02	177. 342	17. 191 72	-0. 079	573. 232	2 758 551. 965	502 320. 768
21	+840	2 758 807. 210	501 777. 793 6	15. 627 21	28. 953 74	11. 819 46	601. 950 48	17. 134 29	177. 342	17. 191 72	-0. 091	573. 238	2 758 551. 963	502 320. 774
23	+880	2 758 770. 466	501 762. 008 5	15. 627 21	27. 052 08	9. 914 91	601. 852 20	17. 137 17	177. 342	17. 191 72	-0. 086	573. 236	2 758 551. 964	502 320. 772
25	+920	2 758 732. 746	501 748. 684 1	15. 627 21	25. 152 60	8. 006 38	601. 544 09	17. 146 22	177. 342	17. 191 72	-0. 072	573. 229	2 758 551. 966	502 320. 765
27	+960	2 758 694. 229	501 737. 895 5	15. 627 21	23. 251 52	6. 095 90	601. 224 50	17. 155 62	177. 342	17. 191 72	-0. 057	573. 221	2 758 551. 968	502 320. 758
29	K4 +000	2 758 655. 083	501 729. 675 6	15. 627 21	21. 352 62	4. 174 76	600. 469 29	17. 177 87	177. 342	17. 191 72	-0. 022	573. 204	2 758 551. 972	502 320. 741
31	+040	2 758 615. 482	501 724. 083 0	15. 627 21	19. 450 78	2. 243 12	599. 461 00	17. 207 66	177. 342	17. 191 72	0. 025	573. 180	2 758 551. 979	502 320. 718
33	+080	2 758 575. 594	501 721. 161 3	15. 627 21	17. 543 31	0. 297 22	598. 165 51	17. 246 09	177. 342	17. 191 72	0. 086	573. 150	2 758 551. 987	502 320. 689
35	+120	2 758 535. 594	501 720. 953 8	15. 627 21										

表 3—3—5　坐标法曲线整正拨距计算

实测资料				既有曲线计算				设计曲线主点里程	拨距计算						附　注
测点序号	既有线路中心测量坐标			曲率图纵坐标 K' 的值											
	测点里程	X_j	Y_j	β	$\Delta\beta$	ΔK	K'			Y_j	S	β	Y	Δ	
1	2	3	4	5	6	7	8	9	10	11	12	13	14	15	
1	K3 +420	2 759 110. 259 0	502 061. 103 8			ΔK = 40 m			k_1 = 1. 311 979 553 1 b_1 = -3 117 835. 140 802 24					0. 000	
2	+440	2 759 098. 130 0	502 045. 190 8	52. 670 393			0							0. 000	
3	+460	2 759 085. 995 0	502 029. 278 4	52. 608 873	-0. 061 520		-0. 001 5							0. 005	
4	+480	2 759 073. 850 0	502 013. 388 3	52. 549 362	-0. 059 511		-0. 001 5	ZH　K3 + 481. 929 3						0. 032	
5	+500	2 759 061. 982 0	501 997. 894 0	52. 352 139	-0. 197 223		-0. 004 9			0. 078 01	18. 070 1	0. 111 36	0. 011 71	-0. 066	

续上表

实测资料				既有曲线计算				设计曲线主点里程	拨距计算						附注
	既有线路中心测量坐标			曲率图纵坐标 K' 的值											
测点序号	测点里程	X_j	Y_j	β	$\Delta\beta$	ΔK	K'			Y_j	S	β	Y	Δ	
1	2	3	4	5	6	7	8	9	10	11	12	13	14	15	
6	+520	2 759 049. 465 0	501 981. 668 4	51. 904 893	−0. 447 246	ΔK = 40 m	−0. 011 2		k_1 = 1. 311 979 553 1 b_1 = −3 117 835. 140 802 24	0. 197 09	38. 070 1	0. 494 29	0. 109 48	−0. 088	
7	+540	2 759 037. 131 0	501 965. 935 5	51. 157 673	−0. 747 220		−0. 018 7			0. 469 31	58. 070 1	1. 150 05	0. 388 52	−0. 081	
8	+560	2 759 024. 592 0	501 950. 363 7	50. 068 285	−1. 089 388		−0. 027 2			1. 002 22	78. 070 1	2. 078 66	0. 944 02	−0. 058	
9	+580	2 759 011. 751 0	501 935. 023 3	48. 792 645	−1. 275 639		−0. 031 9			1. 915 59	98. 070 1	3. 280 10	1. 871 02	−0. 045	
10	+600	2 758 998. 578 0	501 919. 979 8	47. 152 640	−1. 640 005		−0. 041 0		X_0 = 2 758 552. 031 0 Y_0 = 502 320. 745 4	3. 272 99	118. 070 1	4. 754 37	3. 264 19	−0. 009	
11	+620	2 758 984. 981 0	501 905. 320 7	45. 239 791	−1. 912 849		−0. 047 8	HY K3 + 621. 929 3		5. 200 62	138. 070 1	6. 501 49	5. 217 58	0. 017	
12	+640	2 758 970. 895 0	501 891. 116 3	43. 344 743	−1. 895 048		−0. 047 4							0. 024	
13	+660	2 758 956. 354 0	501 877. 392 1	41. 385 374	−1. 959 369		−0. 049 0							0. 033	
14	+680	2 758 941. 350 0	501 864. 171 1	39. 479 833	−1. 905 542		−0. 047 6							0. 025	
15	+700	2 758 925. 907 0	501 851. 450 0	37. 572 820	−1. 907 013		−0. 047 7							0. 018	
16	+720	2 758 910. 058 0	501 839. 256 6	35. 658 363	−1. 914 456		−0. 047 9							0. 012	
17	+740	2 758 893. 803 0	501 827. 594 1	33. 703 974	−1. 954 389		−0. 048 9							0. 005	
18	+760	2 758 877. 167 0	501 816. 497 6	31. 784 260	−1. 919 714		−0. 048 0							−0. 017	
19	+780	2 758 860. 161 0	501 805. 959 9	29. 944 296	−1. 839 964		−0. 046 0							−0. 043	
20	+800	2 758 842. 834 0	501 795. 978 6	28. 002 618	−1. 941 679		−0. 048 5							−0. 045	
21	+820	2 758 825. 159 0	501 786. 579 6	26. 081 657	−1. 920 961		−0. 048 0							−0. 057	

续上表

测点序号	实测资料			既有曲线计算				设计曲线主点里程	拨距计算						附注
	既有线路中心测量坐标			曲率图纵坐标 K' 的值											
	测点里程	X_j	Y_j	β	$\Delta\beta$	ΔK	K'			Y_j	S	β	Y	Δ	
1	2	3	4	5	6	7	8	9	10	11	12	13	14	15	
22	+840	2 758 807. 210 0	501 777. 793 6	24. 211 546	−1. 870 111	ΔK = 40 m	−0. 046 8		X_0 = 2 758 552. 031 0 Y_0 = 502 320. 745 4					−0. 073	JD_{56} $\alpha = 82°44'12''$ $R = 600$ $l_1 = 140$ $l_2 = 130$ $T_1 = 599.3577$ $T_2 = 594.5770$ $L = 1\,001.4139$ JD 坐标 $X = 2\,758\,709.3898$ $Y = 501\,535.1716$
23	+860	2 758 788. 972 0	501 769. 592 7	22. 284 988	−1. 926 558		−0. 048 2							−0. 075	
24	+880	2 758 770. 466 0	501 762. 008 5	20. 382 874	−1. 902 114		−0. 047 6							−0. 083	
25	+900	2 758 751. 699 0	501 755. 035 5	18. 526 679	−1. 856 194		−0. 046 4							−0. 088	
26	+920	2 758 732. 746 0	501 748. 684 1	16. 568 359	−1. 958 320		−0. 049 0							−0. 073	
27	+940	2 758 713. 576 0	501 742. 980 8	14. 726 900	−1. 841 460		−0. 046 0							−0. 076	
28	+960	2 758 694. 229 0	501 737. 895 5	12. 856 500	−1. 870 399		−0. 046 8							−0. 055	
29	+980	2 758 674. 719 0	501 733. 442 7	10. 860 049	−1. 996 451		−0. 049 9							−0. 019	
30	K4 +000	2 758 655. 083 0	501 729. 675 6	9. 024 308	−1. 835 741		−0. 045 9							−0. 014	
31	+020	2 758 635. 331 0	501 726. 538 6	7. 052 458	−1. 971 849		−0. 049 3							0. 017	
32	+040	2 758 615. 482 0	501 724. 083 0	5. 168 239	−1. 884 220		−0. 047 1							0. 027	
33	+060	2 758 595. 559 0	501 722. 281 0	3. 209 965	−1. 958 274		−0. 049 0							0. 045	
34	+080	2 758 575. 594 0	501 721. 161 3	1. 263 698	−1. 946 267		−0. 048 7							0. 047	
35	+100	2 758 555. 616 0	501 720. 720 6	−0. 667 305	−1. 931 002		−0. 048 3							0. 036	
36	+120	2 758 535. 594 0	501 720. 953 8	−2. 576 801	−1. 909 496		−0. 047 7							0. 017	
37	+140	2 758 515. 618 0	501 721. 852 8	−4. 406 061	−1. 829 260		−0. 045 7							−0. 002	
38	+160	2 758 495. 664 0	501 723. 390 3	−6. 385 642	−1. 979 581		−0. 049 5							0. 009	
39	+180	2 758 475. 797 0	501 725. 613 7	−8. 241 279	−1. 855 637		−0. 046 4							−0. 006	
40	+200	2 758 455. 990 0	501 728. 482 5	−10. 182 890	−1. 941 612		−0. 048 5							−0. 001	
41	+220	2 758 436. 299 0	501 732. 019 4	−12. 145 243	−1. 962 352		−0. 049 1							−0. 007	

续上表

实测资料				既有曲线计算				设计曲线主点里程	拨距计算						附注
	既有线路中心测量坐标			曲率图纵坐标 K' 的值											
测点序号	测点里程	X_j	Y_j	β	$\Delta\beta$	ΔK	K'			Y_j	S	β	Y	Δ	
1	2	3	4	5	6	7	8	9	10	11	12	13	14	15	
42	+240	2 758 416. 756 0	501 736. 225 2	−13. 986 554	−1. 841 311	$\Delta K=40$ m	−0. 046		$X_0=2\ 758\ 552.031\ 0$ $Y_0=502\ 320.745\ 4$					−0. 031	
43	+260	2 758 397. 326 0	501 741. 064 8	−15. 888 780	−1. 902 227		−0. 047 6							−0. 031	
44	+280	2 758 378. 100 0	501 746. 537 4	−17. 801 547	−1. 912 767		−0. 047 8							−0. 028	
45	+300	2 758 359. 062 0	501 752. 650 4	−19. 730 650	−1. 929 104		−0. 048 2							−0. 026	
46	+320	2 758 340. 230 0	501 759. 404 6	−21. 618 161	−1. 887 510		−0. 047 2							−0. 031	
47	+340	2 758 321. 635 0	501 766. 773 7	−23. 439 288	−1. 821 127		−0. 045 5	YH K4 + 353. 343 2	$k_2=-0.578\ 545\ 454\ 6$ $b_2=2\ 097\ 573.949\ 510\ 22$					−0. 028	
48	+360	2 758 303. 273 0	501 774. 734 6	−25. 316 167	−1. 876 879		−0. 046 9			3. 986 93	123. 343 7	5. 587 69	4. 006 91	0. 020	
49	+380	2 758 285. 196 0	501 783. 285 8	−26. 822 214	−1. 506 047		−0. 037 7			2. 336 13	103. 343 7	3. 922 53	2. 357 55	0. 022	
50	+400	2 758 267. 341 0	501 792. 313 7	−28. 080 748	−1. 258 534		−0. 031 5			1. 209 12	83. 343 7	2. 551 19	1. 236 83	0. 028	
51	+420	2 758 249. 703 0	501 801. 723 9	−28. 980 671	0. 000 000		0			0. 521 69	63. 343 7	1. 473 69	0. 543 06	0. 021	
52	+440	2 758 232. 201 0	501 811. 417 7	−29. 691 726	0. 000 000		0			0. 147 85	43. 343 7	0. 690 00	0. 173 99	0. 026	
53	+460	2 758 214. 826 0	501 821. 324 9	−29. 980 303						0. 022 32	23. 343 7	0. 200 14	0. 027 18	0. 005	
54	+480	2 758 197. 503 0	501 831. 318 4	−30. 055 882				HZ K4 + 483. 343 2						−0. 003	
55	+500	2 758 180. 181 0	501 841. 341 8	−30. 054 184										−0. 001	
56	+520	2 758 162. 877 0	501 851. 354 1	−30. 051 333										0. 000	
57	+540	2 758 145. 552 0	501 861. 377 4											0. 000	

第 1 栏:测点编号,为每 20 m 一点的丈量里程。

第 3、4 栏:线路中心实测坐标值 X_{j}、Y_{j}。

(1)曲率 K'的计算和曲率图的绘制

第 5 栏:以 K3 +600 为例。

$$\beta = \arctan \frac{y_{i+1} - y_i}{x_{i+1} - x_i} = \arctan\left(\frac{501\,905.320\,7 - 501\,919.979\,8}{2\,758\,984.981\,0 - 2\,758\,998.578\,0}\right) = 47.152\,640°$$

计算到倒数第二行为止,结果以度(°)为单位。

第 6 栏:以 K3 +860 为例。

$$\Delta\beta = \beta_i - \beta_{i-1} = 22.284\,987\,950\,8 - 24.211\,545\,607\,1 = -1.926\,558°$$

从 2 行开始计算至倒数第二行为止。

第 7 栏:下一里程减去上一里程,以 K3 +860 为例。

$$\Delta K = K_{i+1} - K_{i-1} = (\mathrm{K3} + 880) - (\mathrm{K3} + 840) = 40(\mathrm{m})$$

第 8 栏:K'等于第 6 栏除以第 7 栏,单位为度(°),以 K3 +860 为例。

$$K' = \frac{\Delta\beta}{\Delta K} = \frac{-1.926\,557\,66}{40} = -0.048\,163\,941\,5 \approx -0.048\,2(°)$$

由于本例中 ΔK 为常数,可以用 $\Delta\beta$ 代替 K',直接用 $\Delta\beta$ 值绘制成曲率图。

曲率图绘制:横坐标 1∶2 000,纵坐标 1∶0.5,以第 1 栏为横坐标、第 8 栏为纵坐标进行绘制,如图 3—3—12 所示。

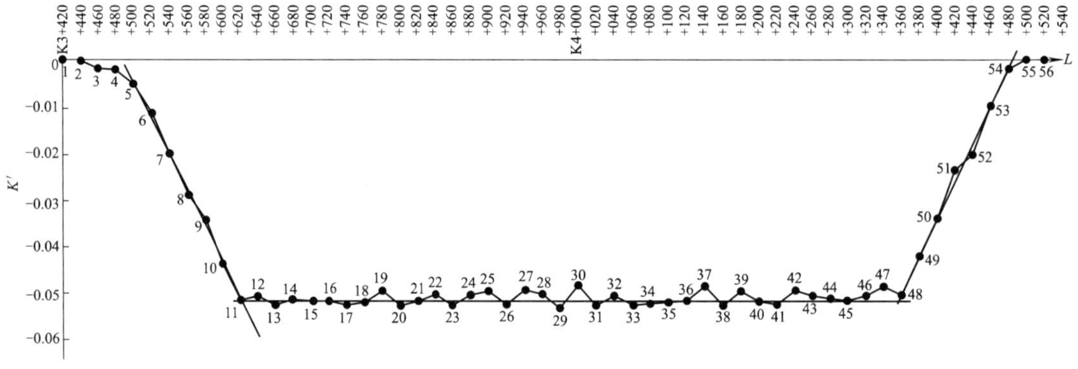

图 3—3—12　曲　　率

观察全部 K'值,此曲线变形较小、基本圆顺;根据圆曲线各点位的曲率值,可求此曲线的参考半径值,如 14 号测点,$K' = -0.047\,6$,$R = \dfrac{90}{\pi|K'|} = \dfrac{90}{\pi \times 0.047\,6} = 596.831\,036\,6$。

(2)曲线半径选择

由曲率图可知:11 ~48 号点范围为圆曲线,选用局部优化进行半径选择计算。计算采用 17(K3 +760)、35(K4 +120)号点为固定点,与中间每隔 40 m 一点进行组合计算方式。

$$\beta = \arctan \frac{Y_{\mathrm{c}} - Y_{\mathrm{a}}}{X_{\mathrm{c}} - X_{\mathrm{a}}} = \arctan\left(\frac{501\,720.953\,8 - 501\,816.497\,6}{2\,758\,535.594\,0 - 2\,758\,877.167\,0}\right) = 15.627\,213\,37(°)$$

$$L = \frac{|X_{\mathrm{c}} - X_{\mathrm{a}}|}{2 \cdot \cos\beta} = \frac{|2\,758\,535.594\,0 - 2\,758\,877.167\,0|}{2 \times \cos 15.627\,073\,36} = 177.341\,994\,5(\mathrm{m})$$

以图中 26 号点 K3 +920 为例，计算 δ、η、Δ_m。

$$\delta=\arctan\frac{Y_b-Y_a}{X_b-X_a}=\arctan\left(\frac{501\,748.684\,1-501\,816.497\,6}{2\,758\,732.746\,0-2\,758\,877.167\,0}\right)=25.152\,604\,11(°)$$

$$\eta=\arctan\frac{Y_c-Y_b}{X_c-X_b}=\arctan\left(\frac{501\,720.953\,8-501\,748.684\,1}{2\,758\,535.594\,0-2\,758\,732.746\,0}\right)=8.006\,381\,744(°)$$

$$R_c=\left|\frac{X_b-X_a}{2\cos\delta\cdot\sin(\eta-\beta)}\right|=\left|\frac{2\,758\,732.746\,0-2\,758\,877.167\,0}{2\times\cos25.152\,604\,11\times\sin(8.006\,381\,744-15.627\,213\,37)}\right|$$

$$=601.544(\mathrm{m})\text{，取整为 }R=600\ \mathrm{m}$$

$$\mu=\arcsin\left(\frac{L}{R}\right)=\arcsin\left(\frac{177.341\,994\,5}{600}\right)=17.191\,719\,66(°)$$

$$\tau=|\eta-\delta|=|8.006\,381\,744°-25.152\,604\,11°|=17.146\,222\,37(°)$$

$$\Delta_m=R_c(1-\cos\tau)-R(1-\cos\mu)$$

$$-601.544\times(1-\cos17.146\,222\,37°)-600(1-\cos17.191\,719\,66°)=-0.072\,0(\mathrm{m})$$

$$D=R\cdot\cos\mu-\frac{\Delta_m}{2}=600\times\cos17.191\,707\,54°+\frac{0.072\,0}{2}=573.228\,662\,20(\mathrm{m})$$

$$X_0'=\frac{X_c+X_a}{2}+D\cdot\cos(\beta+90°)$$

$$=\frac{2\,758\,535.594\,0+2\,758\,877.167\,0}{2}+573.228\,662\,20\times\cos105.627\,213\,37°$$

$$=2\,758\,551.966(\mathrm{m})$$

$$Y_0'=\frac{Y_c+Y_a}{2}+D\cdot\sin(\beta+90°)$$

$$=\frac{501\,720.953\,8+501\,816.497\,6}{2}+573.228\,662\,20\times\sin105.627\,213\,37°$$

$$=502\,320.765(\mathrm{m})$$

从表 3—3—4 中可以看出，计算半径 R_c 取整后均为 600 m，不需再进行组合优化计算。以图 3—3—12 中 30 号点 K4 + 000 拨距最小，选取其圆心坐标为设计坐标，即 $X_0'=2\,758\,551.972$、$Y_0'=502\,320.741$。

(3)选配缓和曲线长度

始端直线方程：

$$k=\frac{502\,045.190\,8-502\,061.103\,8}{2\,759\,098.130\,0-2\,759\,110.259\,0}=1.311\,979\,553\,1$$

由线性方程的性质，b 值为直线与 Y 轴相交的点的纵坐标值，故 $X=0$；由相似三角形原理求 b 值：

$$(Y_1-b)/(X_1-0)=(Y_2-b)/(X_2-0)$$

则 $(502\,045.190\,8-b)/(2\,759\,098.130\,0-0)=(502\,061.103\,8-b)/(2\,759\,110.259\,0-0)$

得 $b=37\,816\,222.42/(-12.129)=-3\,117\,835.140\,8$

由此得始端直线方程：

$$y=1.311\,979\,553\,1x-3\,117\,835.140\,8$$

圆心 O'到始端切线距离：

$$D' = \frac{|1.3119795531 \times 2758551.973 - 502320.741 - 3117835.1408|}{\sqrt{1.3119795531^2 + 1}}$$

$$= 601.4045(\mathrm{m})$$

$$p_1' = D' - R_s = 601.4045 - 600 = 1.4045$$

$$l_1' = \sqrt{24R_s p_1'} = \sqrt{24 \times 600 \times 1.3875} = 142.2139(\mathrm{m})$$

取 $l_1 = 140$ m。

同理可求终端缓和曲线：

$$b_2 = 2097573.94951022$$

$$k_2 = -0.5785454546$$

$$y_2 = -0.5785454546x + 2097573.9495$$

$$p_2' = 601.1403678 - 600 = 1.1404$$

$$l_2' = \sqrt{24R_s p_2'} = 128.1474(\mathrm{m})$$

取整后 $l_2 = 130$ m。

(4)设计曲线要素计算

①交点坐标

$$\begin{cases} y_1 = 1.3119795531x_1 - 3117835.14080224 \\ y_2 = -0.5785454546x_2 + 2097573.94951022 \end{cases}$$

解得 JD 坐标为(2 758 709.389 8,501 535.171 6)

②曲线转角计算

$$\alpha_{JD\sim ZH} = \arctan\frac{Y_{JD} - Y_1}{X_{JD} - X_1} = \arctan\frac{501535.1716 - 502061.1038}{2758709.3898 - 2759110.2590} = 52.68509665(°)$$

$$\alpha_{JD\sim HZ} = \arctan\frac{Y_{JD} - Y_{57}}{X_{JD} - X_{57}} = \arctan\frac{501535.1716 - 501861.3774}{2758709.3898 - 2758145.5520} = -30.05133273(°)$$

$$\alpha = \alpha_{JD\sim ZH} - \alpha_{JD\sim HZ} = 82.73642938(°)$$

③曲线要素

$$p_1 = \frac{l_1^2}{24R_s} = \frac{140^2}{24 \times 600} = 1.36111111(\mathrm{m})$$

$$p_2 = \frac{l_2^2}{24R_s} = \frac{130^2}{24 \times 600} = 1.17361111(\mathrm{m})$$

$$\Delta P = p_2 - p_1 = 1.173611111 - 1.36111111 = -0.1875(\mathrm{m})$$

$$m_1 = \frac{l_1}{2} - \left(\frac{l_1^3}{240R_s^2}\right) = \frac{140}{2} - \left(\frac{140^3}{240 \times 600^2}\right) = 69.96824074(\mathrm{m})$$

$$m_2 = \frac{l_2}{2} - \left(\frac{l_2^3}{240R_s^2}\right) = \frac{130}{2} - \left(\frac{130^3}{240 \times 600^2}\right) = 64.97457176(\mathrm{m})$$

$$T_1 = m_1 + (R_s + p_1)\tan\frac{\alpha}{2} + \frac{\Delta p}{\sin\alpha}$$

$$= 69.968 + (600 + 1.311)\tan\frac{82.73642938}{2} + \frac{-0.1875}{\sin 82.73642938} = 599.3577(\text{m})$$

$$T_2 = m_2 + (R_s + p_2)\tan\frac{\alpha}{2} - \frac{\Delta p}{\sin\alpha}$$

$$= 64.975 + (600 + 1.174)\tan\frac{82.73642938}{2} - \frac{-0.1875}{\sin 82.73642938} = 594.5770(\text{m})$$

$$L = \frac{R_s\alpha\pi}{180} + \frac{l_1 + l_2}{2} = \frac{600 \times 82.73642938 \times \pi}{180} + \frac{140 + 130}{2} = 1\,001.4139(\text{m})$$

$$\gamma_1 = \arctan\frac{R + p_1}{T_1 - m_1} = \frac{600 + 1.36111}{599.3577 - 69.9682} = 48.64195131(°)$$

$$E_0 = \frac{R + p_1}{\sin\gamma_1} - R = \frac{600 + 1.36111}{\sin 48.64195131} - 600 = 201.1791(\text{m})$$

④设计圆心坐标

$$X_0 = X_{JD} + (R + E_0) \cdot \cos(180 - \gamma_1 - \alpha_{JD\sim ZH})$$

$$= 2\,758\,709.3898 + (600 + 201.1791) \times \cos(180 - 48.64195131 - 52.68509665)$$

$$= 2\,758\,552.0310$$

$$Y_0 = Y_{JD} + (R + E_0) \cdot \sin(180 - \gamma_1 - \alpha_{JD\sim ZH})$$

$$= 501\,535.1716 + (600 + 201.1791) \times \sin(180 - 48.64195131 - 52.68509665)$$

$$= 502\,320.7454$$

⑤主点坐标

$$X_{ZH} = X_{JD} + T_1 \cdot \cos\alpha_{JD\sim ZH} = 2\,758\,709.3898 + 599.3577 \times \cos 52.68509665 = 2\,759\,072.714$$

$$Y_{ZH} = Y_{JD} + T_1 \cdot \sin\alpha_{JD\sim ZH} = 501\,535.1716 + 599.3577 \times \sin 52.68509665 = 502\,011.8533$$

$$D_{1\sim ZH} = \sqrt{(X_{ZH} - X_1)^2 + (Y_{ZH} - Y_1)^2}$$

$$= \sqrt{(2\,759\,072.714 - 2\,759\,110.2590)^2 + (502\,011.8533 - 502\,061.1038)^2}$$

$$= 61.9293(\text{m})$$

则第 9 栏中

ZH 点里程 = K3 + 420 + 61.9293 = K3 + 481.9293

HY 点里程 = K3 + 481.9293 + 140 = K3 + 621.9293

HZ 点里程 = K3 + 481.9293 + 1 001.4139 = K4 + 483.3432

YH 点里程 = K4 + 483.3432 − 130 = K4 + 353.3432

⑥设计曲线与既有曲线长度之差 Δl

$$X_{HZ} = X_{JD} + T_2 \cdot (\cos\alpha_{JD\sim HZ} + 180)$$

$$= 2\,758\,709.3898 + 594.5770 \times \cos(-30.05133273 + 180) = 2\,758\,194.738$$

$$Y_{HZ} = Y_{JD} + T_2 \cdot \sin(\alpha_{JD\sim HZ} + 180)$$

$$= 501\,535.1716 + 594.5770 \times \sin(-30.05133273 + 180) = 501\,833.9213$$

$$D_{n\sim ZH}=\sqrt{(X_{ZH}-X_n)^2+(Y_{ZH}-Y_n)^2}$$

$$=\sqrt{(2\,758\,194.738-2\,758\,145.552\,0)^2+(501\,833.921\,3-501\,861.377\,4)^2}$$

$$=56.824\,4$$

Δl = HZ 点里程 − 测量终点里程 + $D_{n\sim HZ}$ = (K4 + 483.343 2) − (K4 + 540) − 56.824 4 = 0.167 6(m)

应进行平差重新计算里程：先以 ZH 点为零点，切线方向为 X 轴计算各测点坐标，然后用 JD 坐标换算为统一坐标后再计算里程（计算略）。

（5）拨量计算

①直线段：

1 ~ 4 号测点，54 ~ 56 号测点用下式计算，如 3 号测点：

$$\Delta=\sqrt{X_j^2+(Y_j-b)^2}\cdot\tan\left[\arctan\left(\frac{Y_j-b}{X_j}\right)-\arctan k\right]$$

$$=\sqrt{2\,759\,085.995\,0^2+(502\,029.278\,4+3\,117\,835.140\,802\,24)^2}\times$$

$$\tan\left[\arctan\left(\frac{502\,029.278\,4+3\,117\,835.140\,802\,24}{2\,759\,085.995\,0}\right)-\arctan 1.311\,979\,553\,1\right]$$

$$=0.005\,2(\text{m})$$

②缓和曲线段：

5 ~ 10 号测点，47 ~ 53 号测点用下式计算，如 52 号测点：

第 11 栏：$Y_j'=\sqrt{X_j^2+(Y_j-b)^2}\cdot\tan\left[\arctan\left(\frac{Y_j-b}{X_j}\right)-\arctan k\right]$

$$=\sqrt{2\,758\,232.201\,0^2+(501\,811.417\,7-2\,097\,573.949\,510\,220\,0)^2}\times$$

$$\tan\left[\arctan\left(\frac{501\,811.417\,7-2\,097\,573.949\,510\,22}{2\,758\,232.201\,0}\right)-\arctan(-0.578\,545\,454\,6)\right]$$

$$=0.147\,85(\text{m})$$

第 12 栏：测点里程减去 ZH 或 HZ 点里程减去测点里程 4 483.343 7 − 4 440 = 43.343 7(m)

第 13 栏：$\beta=\dfrac{90S^2}{\pi R_s l}=\dfrac{90\times 43.343\,7^2}{\pi\times 600\times 130}=0.690\,0(°)$

第 14 栏：$Y=\dfrac{S^3}{6Rl}-\dfrac{S^7}{336(Rl)^3}=\dfrac{43.343\,7^3}{6\times 600\times 130}-\dfrac{43.343\,7^7}{336\times(600\times 130)^3}=0.173\,99(\text{m})$

第 15 栏：$\Delta=\dfrac{Y-Y_j'}{\cos\beta}=\dfrac{0.173\,99-0.147\,85}{\cos 0.690\,0}=0.026\,1(\text{m})$

③圆曲线段：

11 ~ 46 号测点，第 14 栏：如 30 号测点

$$\Delta=\sqrt{(X_j-X_0)^2+(Y_j-Y_0)^2}-R_s$$

$$=\sqrt{(2\,758\,655.083\,0-2\,758\,552.031\,0)^2+(501\,729.675\,6-502\,320.745\,4)^2}-600$$

$$=0.014(\text{m})$$

第四节　线路大修纵断面设计

一、设计特点和原则

（一）设计特点

线路大修纵断面设计是在既有建筑设备的基础上进行，并在保持原线路限制坡度的条件下，修正和改善既有纵断面。纵断面的改善设计，必然会受到原有建筑物的限制，不能随意抬道或落道。过多的抬道，会造成隧道净空、接触网导高不满足要求，路肩宽度不足，复线及并行地段两线高差不满足要求等问题。因此，线路大修纵断面设计是在原有建筑设备的基础上，寻求最合理、最经济的设计方案。

（二）设计原则

线路大修纵断面设计必须充分了解线路设备的技术状态，认真考虑设计纵断面与原有设备间的协调性和适应性，应遵守以下几项原则。

1. 确保行车安全，消除线路纵断面上不符合技术要求的地段。
2. 改善列车运行条件，保证或提高牵引定数。
3. 保证施工条件，确保施工安全。
4. 减小工程量和施工难度，应尽量避免落道或过高抬道。

二、设计基本原理

（一）线路坡度

线路大修纵断面设计的目的在于改善原有设备的技术状态。对于坡度设计方面，应尽可能改善该区段的原有坡度，在任何情况下，每一坡段的加算坡度都不得超过原线路的限制坡度（或加力牵引坡度），以保证或提高现有的列车牵引定数。

1. 最大坡度

限制坡度是单机牵引普通货物列车、在持续上坡道上、最后以机车计算速度等速运行的坡度，它是限制坡度区段的最大坡度，是确定列车牵引质量的坡度。

加力牵引坡度是一台以上机车牵引普通货物列车、在持续上坡道上、最后以机车计算速度等速运行的坡度，它是加力坡度路段的最大坡度，是确定该路段按相应限制坡度上一台机车牵引货物列车时的牵引质量的坡度。

我国铁路限制坡度的最大值见表3—4—1规定。而限制坡度的最小值一般采用4‰，若小于4‰，虽然牵引质量可增大，但受到列车起动条件和到发线有效长度（1 050 m）的限制而不能实现。

表3—4—1　限制坡度最大值（‰）

铁路等级		Ⅰ			Ⅱ			Ⅲ		
地形地别		平原	丘陵	山区	平原	丘陵	山区	平原	丘陵	山区
牵引种类	电力	6.0	12.0	15.0	6.0	15.0	20.0	9.0	18.0	25.0
	内燃	6.0	9.0	12.0	6.0	9.0	15.0	8.0	12.0	15.0

2. 设计坡度

纵断面上两个坡段的连接点即坡度变化点，称为变坡点。一个坡段两个变坡点间的水平距离，称为坡段长度。

设计坡度是指纵断面图上两个变坡点间的坡度（图 3—4—1），其值为

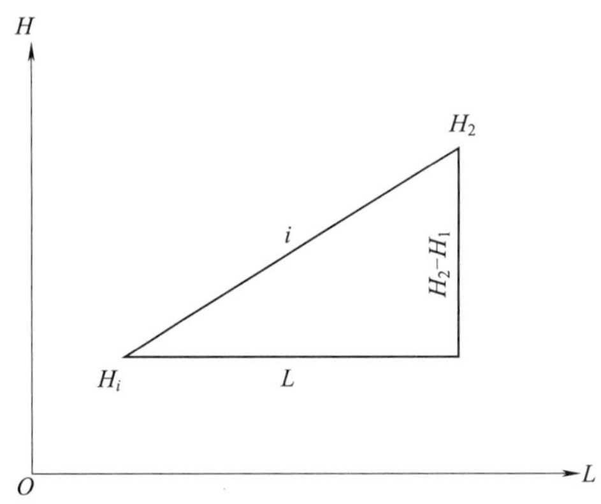

图 3—4—1　设计坡度示意

$$i=\frac{H_2-H_1}{L}\times 1\,000 \quad (‰) \qquad (3—4—1)$$

式中　H_1,H_2——两变坡点的高程（m）；

L——坡段的水平距离（m）。

i 为正值时表示上坡，负值时表示下坡。例如 $i=4‰$，即表示每千米高差为 4 m。

3. 曲线阻力坡度折减

在曲线地段，因列车运行阻力比直线大，可视曲线附加阻力为一个坡度 i_r，也就是需将其换算为相应的坡度折减值，以保证货物列车不低于计算速度运行。

（1）当圆曲线长度（系指加缓和曲线前的圆曲线长度，下同）大于或等于货物列车长度时，曲线阻力换算坡度 i_r 为

$$i_r=\frac{600}{R} \quad (‰) \qquad (3—4—2)$$

（2）当圆曲线长度小于货物列车长度时，i_r 为

$$i_r=\frac{10.5\alpha}{L} \quad (‰) \qquad (3—4—3)$$

式中　α——曲线偏角（°）；

L——折减坡段长度（m），若 L 大于货物列车长度时，L 为货物列车长度。

（3）当几段圆曲线长度小于货物列车长度时，i_r 为

$$i_r=\frac{10.5\sum\alpha}{L} \quad (‰) \qquad (3—4—4)$$

式中　$\sum\alpha$——折减坡度范围内的曲线偏角总和（°）。

4. 小半径曲线粘降坡度折减

电力牵引铁路，列车通过长大坡道上的小半径曲线时，在小半径曲线范围内可引起机车

粘着系数降低，为了保证货物列车不低于计算速度运行，在长大坡道的小半径曲线地段，还需要进行曲线粘着系数降低的坡度折减。内燃和电力牵引小半径曲线粘降坡度折减值 i_{μ} 列于表 3—4—2 及表 3—4—3 中。折减范围应包括曲线前方一个货物列车长度。

表 3—4—2　内燃和电力牵引小半径曲线粘降坡度折减值(‰)

曲线半径 R(m) \ 最大坡度 i_{max}(‰)	4	6	9	12	15	20	25	30
450	0.20	0.25	0.35	0.45	0.55	0.70	0.90	1.05
400	0.35	0.50	0.65	0.85	1.05	1.35	1.65	1.95
350	0.50	0.70	1.00	1.25	1.50	2.00	2.45	2.90
300	0.70	0.90	1.30	1.65	2.00	2.60	3.20	3.80
250	0.85	1.15	1.60	2.05	2.50	3.25	4.00	4.70

注：当采用表列数值间的最大坡度或曲线半径时，相应折减值可线性内插取得，下表同。

表 3—4—3　蒸汽牵引小半径曲线粘降坡度折减值(‰)

曲线半径 R(m) \ 最大坡度 i_{max}(‰)	4	6	9	12	15	18	20
500	0.15	0.20	0.30	0.35	0.45	0.55	0.60
450	0.30	0.40	0.60	0.75	0.90	1.10	1.20
400	0.45	0.60	0.90	1.15	1.40	1.65	1.80
350	0.60	0.85	1.15	1.50	1.85	2.20	2.40
300	0.75	1.05	1.45	1.90	2.30	2.75	3.00
250	0.90	1.25	1.75	2.25	2.80	3.30	3.65

5. 隧道阻力坡度折减

列车位于长大坡道上，且隧道长度大于 400 m 的路段上运行时，会产生隧道空气附加阻力，因此最大坡度需相应进行折减。蒸汽和内燃牵引时，为防止煤烟、废气进入司机室，列车通过隧道的速度不能低于表 3—4—4 所列的最低速度。为保证列车的过洞速度，最大坡度也应进行折减。电力和内燃牵引铁路隧道内线路坡度折减系数见表 3—4—5，位于曲线地段的隧道，应先进行隧道坡度折减，再进行曲线坡度折减。

表 3—4—4　蒸汽和内燃牵引的列车过洞最低速度(km/h)

隧道长度 L_s(m) \ 牵引种类	蒸汽牵引		内燃牵引
	单线隧道单机牵引 双线隧道单双机牵引	单线隧道双机牵引	
$L_s \leqslant 400$	v_j	v_j	v_j
$400 < L_s \leqslant 1000$	$25 \geqslant v_j$	30	v_j
$1000 < L_s \leqslant 4000$	30	35	25
$L_s > 4000$	35	40	25

注：(1) 表中 v_j 为机车计算速度。

(2) 蒸汽牵引时，列车在相邻两隧道间走行不足 30 s 时，应作为一个隧道长度选取过洞速度。

表 3—4—5　电力和内燃牵引铁路隧道内线路坡度折减系数

隧道长度 L_s(m)	电力牵引	内燃牵引
$401 < L_s \leqslant 1\,000$	0.95	0.90
$1\,001 < L_s \leqslant 4\,000$	0.90	0.80
$L_s > 4\,000$	0.85	0.75

隧道阻力换算坡度 i_s 为

$$i_s = \frac{\omega_s}{10} \quad (‰) \tag{3—4—5}$$

当隧道内为限制坡度时,平均单位隧道附加阻力 ω_s 为

$$\omega_s = 0.001 L_s v_s^2 \quad (\text{N/t}) \tag{3—4—6}$$

式中　v_s——列车在隧道内运行速度(km/h)。

隧道内为非限制坡度时,ω_s 为

$$\omega_s = 1.3 L_s \quad (\text{N/t}) \tag{3—4—7}$$

6. 加算坡度

线路纵断面上每一坡段的设计坡度 i 与该坡道上的曲线、隧道等的附加阻力换算坡度之和,即加算坡度 i_z 为

$$i_z = i + i_r + i_s \quad (‰) \tag{3—4—8}$$

大修纵断面拉坡设计时,每一坡段的加算坡度均不能超过线路的限制坡度(或加力牵引坡度)。

(二)坡段长度

坡段的长短,对列车运行的平稳性是有影响的,列车通过变坡点时,其前后运行阻力不同,使局部列车的受力状态发生变化,而产生车钩的附加应力和车辆的局部加速度。当列车跨越一个以上的变坡点时,每个变坡点产生的附加应力和局部加速度,就会因叠加而影响列车运行的平稳性。坡段过短,列车跨越变坡点过多,不利于列车平稳运行。

运营实践表明,列车不宜同时跨越两个以上的变坡点,即坡段长度不宜短于半个列车长度,以保证叠加后的附加应力和局部加速度不致过大,影响列车的平稳运行。

一般情况下,最小坡段长度见表 3—4—6 所列。大修纵断面设计时,应尽可能设计较长的坡段,并取为 50 m 的整倍数。允许速度大于 160 km/h 的线路,最小坡段长度不应小于 600 m,特别困难条件下不应小于 400 m;其他线路坡度长度不应短于该区段到发线有效长度一半,个别困难地段应不短于 200 m。

表 3—4—6　最小坡段长度(m)

远期到发线有效长度	1 050	850	750	650	550
最小坡段长度	400	350	300	250	200

(三)坡段连接

1. 坡度代数差

纵断面上的坡段有上坡、下坡和平坡。上坡的坡度为正值,下坡的坡度为负值,相邻坡

段坡度差的大小，是以代数差的绝对值 Δi 表示的，即

$$\Delta i=|i_1-i_2| \tag{3—4—9}$$

若前一坡段的坡度 $i_1=4‰$下坡，后一坡段的坡度 $i_2=2‰$上坡，则坡度代数差 Δi 为

$$\Delta i=|(-4‰)-(+2‰)|=6‰$$

坡度代数差不应大于重车方向的限制坡度。因为列车通过变坡点时所产生的车钩附加应力和车辆局部加速度，其值与坡度代数差成正比。若坡度代数差过大，不但车钩应力增大，并且局部加速度增大，会引起旅客不舒适和货物的位移。在凸形纵断面的坡顶，还会缩短司机的瞭望距离，影响行车安全。

2. 竖曲线

(1)设置缘由

列车通过变坡点所产生的车辆振动和局部加速度，将引起旅客的不舒适；当机车重心未过变坡点而使导向轮悬空时，若其悬空高度超过导向轮轮缘高度，就有可能脱轨；当相邻车辆的连接处位于变坡点近旁时，车钩将发生上下错动，若超过允许值，就可能引起脱钩。因此，超过一定的坡度代数差，须在变坡点处用竖曲线把折线断面平顺的连接起来，以保证行车的安全和平顺。

(2)竖曲线线形

竖曲线的线形分为抛物线和圆曲线两种。大多数国家采用圆曲线形，但也有采用抛物线形的。

《铁路线路设计规范》规定，新建、改建铁路均应按圆曲线形竖曲线设计，当相邻坡段的坡度代数差大于 2‰时，应设置抛物线形竖曲线，当相邻坡段的坡度代数差大于 3‰时，应设置圆曲线形竖曲线，并应根据旅客舒适条件和列车运行安全条件确定竖曲线半径，其规定为Ⅰ、Ⅱ级铁路用 20 000 ~ 10 000 m，Ⅲ级铁路用 5 000 m。允许速度大于 160 km/h 的线路，坡度代数差大于等于 1‰时，应设置圆曲线形竖曲线，竖曲线半径不应小于 15 000 m，且长度不应小于 25 m。

(3)竖曲线几何要素

①圆曲线形竖曲线

圆曲线形竖曲线示意如图 3—4—2 所示。

a. 竖曲线切线长 T_{sy}

由图 3—4—2 得

$$T_{sy}=R_{sy}\tan\frac{\alpha}{2}$$

因为 α 角很小，故 $\tan\frac{\alpha}{2}\approx\frac{1}{2}\tan\alpha$，则

$$\begin{aligned}T_{sy}&\approx\frac{R_{sy}}{2}\tan\alpha=\frac{R_{sy}}{2}\tan|\alpha_1-\alpha_2|=\frac{R_{sy}}{2}\left|\frac{\tan\alpha_1-\tan\alpha_2}{1+\tan\alpha_1\tan\alpha_2}\right|\\&\approx\frac{R_{sy}}{2}|\tan\alpha_1-\tan\alpha_2|=\frac{R_{sy}}{2}\left|\frac{i_1}{1\,000}-\frac{i_2}{1\,000}\right|\\&=\frac{R_{sy}}{2\,000}\cdot\Delta i\quad(\text{m})\end{aligned} \tag{3—4—10}$$

式中　α——竖曲线的转角(°)；

α_1,α_2——前、后坡段与水平线的夹角(°)，上坡为正值，下坡为负值；

i_1,i_2——前、后坡段的坡度(‰)，上坡为正值，下坡为负值；

Δi——坡度代数差的绝对值(‰)；

R_{sy}——竖曲线半径(m)。

若 $R_{sy}=20000\sim10000$ m，则 $T_{sy}=(10\sim5)\cdot\Delta i$(m)；若 $R_{sy}=5000$ m，则 $T_{sy}=2.5\cdot\Delta i$(m)。

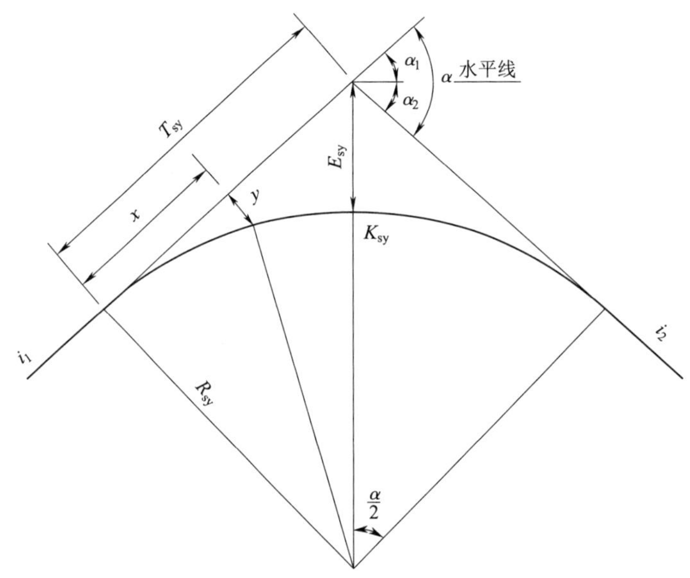

图 3—4—2　圆曲线形竖曲线示意

b. 竖曲线长度 K_{sy}

$$K_{sy}=2T_{sy}\quad(\mathrm{m})\tag{3—4—11}$$

c. 竖曲线纵距 y

$$y=\frac{x^2}{2R_{sy}}\quad(\mathrm{m})\tag{3—4—12}$$

式中　x——切线上计算点至竖曲线起点的距离，亦即曲线横距(m)。

d. 竖曲线外矢距 E_{sy}

当 $x=T_{sy}$时，即变坡点处的纵距称为竖曲线的外矢距，计算式为

$$E_{sy}=\frac{T_{sy}^2}{2R_{sy}}\quad(\mathrm{m})\tag{3—4—13}$$

e. 竖曲线高程 H_{sy}

$$H_{sy}=h_1\pm y\quad(\mathrm{m})\tag{3—4—14}$$

式中　h_1——计算点的轨面设计高程(m)；

y——计算点的纵距(m)，凹形竖曲线取正号，凸形竖曲线取负号。

不同半径的竖曲线要素和纵距见表 3—4—7 及表 3—4—8 所列。

表 3—4—7　竖曲线要素

R_{sy}(m)	要素	Δi(‰)											
		4	5	6	7	8	9	10	11	12	13	14	15
5 000	T_{sy}	10.0	12.5	15.0	17.5	20.0	22.5	25.0	27.5	30.0	32.5	35.0	37.5
	K_{sy}	20	25	30	35	40	45	50	55	60	65	70	75
	E_{sy}	0.01	0.02	0.02	0.03	0.04	0.05	0.06	0.08	0.09	0.11	0.12	0.14
10 000	T_{sy}	20.0	26.0	30.0	35.0	40.0	45.0	50.0	55.0	60.0	65.0	70.0	75.0
	K_{sy}	40	50	60	70	80	90	100	110	120	130	140	150
	E_{sy}	0.02	0.03	0.05	0.06	0.08	0.10	0.13	0.15	0.18	0.21	0.25	0.28
20 000	T_{sy}	40.0	50.0	60.0	70.0	80.0	90.0	100.0	110.0	120.0	130.0	140.0	150.0
	K_{sy}	80	100	120	140	160	180	200	220	240	260	280	300
	E_{sy}	0.04	0.06	0.09	0.12	0.16	0.20	0.25	0.30	0.36	0.42	0.49	0.56

表 3—4—8　竖曲线纵距 y(m)

曲线横距 x	竖曲线半径 R_{sy}		
	5 000	10 000	20 000
10	0.010	0.005	0.003
20	0.040	0.020	0.010
30	0.090	0.045	0.023
40	0.160	0.080	0.040
50	0.250	0.125	0.063
60		0.180	0.090
70		0.245	0.123

②抛物线形竖曲线

抛物线形竖曲线，其曲率变化非常小，故在工程实施上与圆曲线形竖曲线无甚差别，亦即实质上是大半径的圆曲线形竖曲线，其换算半径为

$$R_{sb}=1\,000\frac{\Delta l}{\gamma}\quad (\mathrm{m}) \tag{3—4—15}$$

式中　Δl——竖曲线分段长度，一般 $\Delta l=20$ m；

γ——每 Δl(20 m)竖曲线长度的变化率(‰)，凸形应不大于 1‰，凹形应不大于 0.5‰。

$\Delta l=20$ m 时，R_{sb}与 γ 的对应关系见表 3—4—9 所列。

表 3—4—9　抛物线形竖曲线每 20 m 短坡边坡率与换算半径对应关系

γ(‰)	0.3	0.4	0.5	0.6	0.7	0.8	0.9
R_{sb}(m)	66 667	50 000	40 000	33 333	28 571	25 000	22 222
γ(‰)	1.0	1.1	1.2	1.5	1.6	2.0	
R_{sb}(m)	20 000	18 182	16 667	13 333	12 500	10 000	

用换算半径代入式(3—4—10)~式(3—4—14)即可求得抛物线形竖曲线的几何要素及高程。

(4)竖曲线设置条件

竖曲线的设置不应与缓和曲线重叠。因为在竖曲线范围内,轨面高程随曲率在变化,而在缓和曲线范围内,外轨高程是以一定的坡度升高的,如果两者重叠,势必会造成轨道铺设和养护时外轨高程的不易控制,并影响行车的平稳。

竖曲线不应设置在无砟桥的桥面上。因为在无砟桥面上设竖曲线时,其曲率需要用木枕的高度来调整则给施工、养护带来困难。

竖曲线不宜与道岔重叠。道岔的尖轨和辙叉应位于同一平面上,如将其设在竖曲线的曲面上,则将会给道岔的铺设与运用带来困难,同时道岔的导曲线和竖曲线重合,列车通过道岔的平稳性就更差。

为了避免上述重叠现象,纵断面设计时,变坡点距无砟桥两端、道岔两端和缓和曲线始终点前后的距离,不应小于竖曲线的切线长,即在按式(3—4—16)算出的距离内,不得设置变坡点。

$$L = T = 5\Delta i \quad (\mathrm{m}) \tag{3—4—16}$$

式中 L——距离(m);

Δi——坡段坡度代数差(‰)。

三、设计方法和步骤

纵断面设计是线路大修设计的综合性文件。设计时,应以外业勘测资料为依据。大修纵断面设计一般可分为三个步骤,即绘制纵断面设计图、拉坡设计及复核。

(一)纵断面设计图

线路大修纵断面设计示意如图3—4—3 所示,其图幅宽度一般为420 mm,长度视大修线路长短而定。纵断面图的比例,一般为竖向 1∶100,即 1 cm 代表 1 m;横向 1∶10 000,即 1 cm 代表 100 m。

为了方便设计与施工指导,纵断面图自下向上依次应包括里程、线路平面、既有轨枕布置、桩顶高程、既有轨顶高程、设计坡度、设计轨顶高程、设计轨面至桩顶高差、既有道床厚度(含垫层)、道床处理及清筛深度、轨面起落道量等内容,并将所有实测资料,分别填入纵断面图有关栏目内,作为设计时参考和计算。设计依据及重点应附注说明。

1. 里程栏

以外业丈量里程作为设计里程,并按纵向比例尺,绘制出公里标和百米标。

2. 线路平面栏

根据线路大修平面设计计算资料,绘制线路平面示意图。栏内中间线为直线方向,曲线按其转向分别绘制在直线的上方或下方。当曲线为右转角时绘在曲线的上方,为左转角时绘在曲线的下方。如有缓和曲线,以斜线表示。同时注明曲线起点与终点的里程,并在曲线内侧填写曲线转向角 α、设计曲线半径 R、曲线长度 L 和缓和曲线长度 l 等曲线要素。此外,还应在线路中心线两侧标出道岔中心、道岔开向,注明旅客站台位置等。

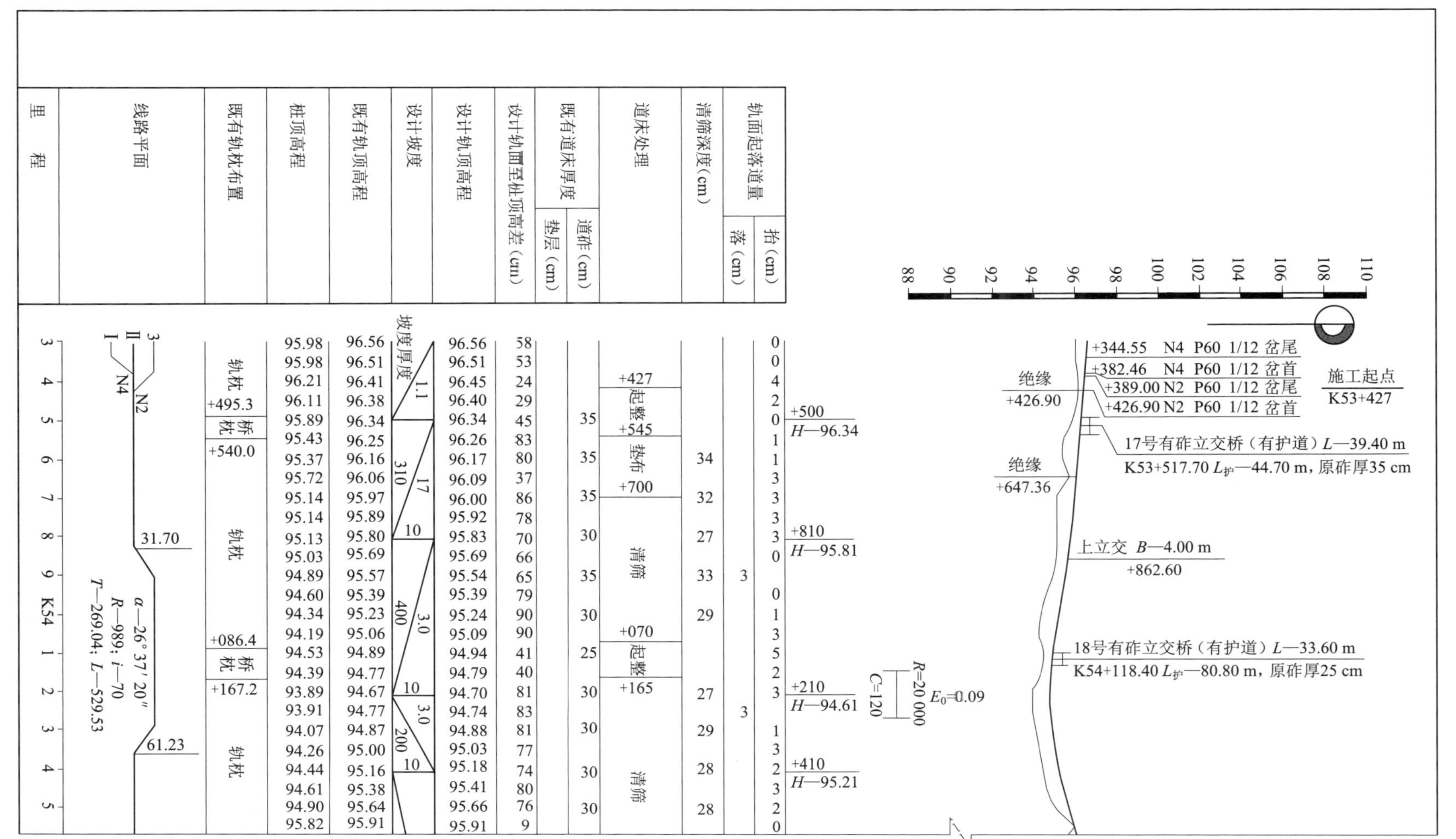

图3—4—3　纵断面设计示意

3. 既有轨枕布置栏

填写大修地段内所铺设的轨枕类型、起终点里程。

4. 既有轨顶高程栏

填写纵断面水准测量实测出的每 50 m 处之轨面高程值,以及与纵断面设计有关的各控制点的轨面高程。

5. 既有道床厚度栏

在既有道床厚度一栏内,根据实测填写既有道床厚度。一般地,既有道床厚度可根据实测轨面与道床坡脚的高差减去计算路拱高度与原有钢轨、垫板及轨枕等高度之和(包括磨损)来算出。

6. 绘制既有轨面线

根据实测资料按比例绘出既有轨面线,并在既有轨面线上用各种不同的图例符号标出现场调查的有关线路上各类工程建筑物的名称、位置及结构组成等。例如,车站等级及中心里程,道岔首端里程、型号及编号,信号机类型及绝缘接头的里程,各类道口宽度及中心里程,桥梁中心及端部里程,桥梁长度及桥跨类型,涵洞类型及里程,灰坑端部里程及长度,隧道洞口里程及长度,跨线桥、天桥、高压电线路等建筑物中心对应于线路位置的里程,电力牵引接触网始终点及机车车辆检查设备等中心里程,以及水准基点编号、里程及位置等。

仔细研究线路既有轨面纵断面图的基本情况,明确拉坡设计的控制点,为拉坡设计提供必要的前提条件。

(二)拉坡设计

线路大修纵断面拉坡设计,就是确定线路纵断面的设计坡段长度、坡度值及坡段连接方式,并绘制出设计轨面线。

线路大修纵断面设计高程,一律以轨顶高程为准。拉坡设计是在既有轨面线上进行的,全部设计过程始终是设计轨面高程与既有轨面高程相互比较的过程。经过比较,最后选定一条满足纵断面设计技术条件的设计轨面线。

拉坡设计一般可从控制点开始,分别向两侧进行。所谓控制点,通常是指其高程和坡度不能改变的地点,如站台、天桥、跨线桥、地道、灰坑、水鹤、雨棚及架空线等建筑净空限制抬道与落道的控制点,以及道岔咽喉、道岔群、深路堑、高路堤、站场排水设备、大中桥梁及道口等位置,如有变动可能引起工作量过大的点。

在上述控制点的高程与坡度确定后,应绘入纵断面图上,以便进一步进行拉坡工作。

在各个控制点间,根据既有道床厚度与设计道床厚度的要求,绘出设计轨面线和设计坡度,计算并填写纵断面图中其余各栏数据。

1. 设计轨面高程

任意点 n 设计轨面高程 H_n 为

$$H_n = H_{n-1} \pm L \cdot i \tag{3—4—17}$$

式中 H_{n-1}——前一点设计轨面高程;

L——两测点间距;

i——设计坡度(‰)。

2. 起道高度

任意点 n 的起道高度 ΔH_n 为

$$\Delta H_n = H_n - H'_n - e \tag{3—4—18}$$

式中 H'_n——既有轨面高程；

e——新旧钢轨、垫板和轨枕总厚度之差。

3. 设计道床厚度

任意点 n 设计道床厚度 h_n 为

$$h_n = h'_n + \Delta H_n \tag{3—4—19}$$

式中 h'_n——原有 n 点道床厚度。

在上述初步拉坡设计后，有可能发生设计道床厚度不符合规定要求或变坡点过多、坡段零碎等缺点。如果设计道床厚度在较大范围内与规定的道床厚度相差很大，应重新设计坡度，再计算设计道床厚度，反复计算，直到符合要求为止。某些地段的设计道床厚度如果小于规定的最小道床厚度，考虑挖路基时应慎重。一般情况，应尽量避免采取挖路基的办法来满足道床的厚度，以免增加施工难度。

如果变坡点过多，坡段又零碎，首先应消除不符合技术要求的短坡，将坡度值相近的坡段适当合并，或者将变坡点前后挪动，以调整变坡点与曲线起讫点及桥梁间的最短距离，或将坡度适当改变，以调整抬道与落道量。

（三）复核

为了消除设计中的缺点，提高设计质量，应认真进行设计复核。复核工作应由较高一级工程技术人员担任。

1. 技术复核重点

（1）为保证行车安全条件，应检查设计中不合理的坡段连接，着重检查坡度代数差及变坡点位置；检查站台、道岔、道口、桥梁、隧道等设备抬落道量是否合理，并消除不安全因素。

（2）为有利于列车运行，应检查竖曲线设置及长大坡段处的坡度是否合理。

（3）为保证新旧线路设备的协调性，应消除高差及顺坡间的脱节现象。

（4）为保证计算无误，应抽查某段起讫点处的高程差是否等于该段范围内若干坡段长度乘以坡度的代数和。

2. 经济复核重点

（1）为节省道砟，应检查设计的平均道床厚度及抬道量。

（2）为节约劳力，应检查路堑及站场落道情况，过多的落道会造成施工困难和劳力过度消耗。

（3）为便于施工和节省费用，应检查道岔、桥梁、隧道、道口等设备处抬道与落道量是否过大，以及配合工作是否合理等。

通过技术及经济核对后，再进行方案比较，必要时应赴现场复查，以便得出理想的方案。

第五节　无缝线路设计

厂制定尺轨焊接成的长钢轨称为焊接长钢轨，简称长钢轨。无缝线路是将多根长钢轨在现场焊接成长轨条后铺设的线路。无缝线路与普通线路相比，大幅度减少钢轨接头，降低维修费用，延长修理周期，改善行车条件和提高旅客舒适度，是轨道结构的发展方向。

根据处理无缝线路钢轨内部温度应力方式的不同，无缝线路分为温度应力式和放散温度应力式两种。在我国铁路上铺设的无缝线路，除特大桥梁的个别梁跨外，一般均为温度应力式无缝线路。温度应力式无缝线路，由固定区、伸缩区和缓冲区三部分构成。固定区（每段无缝线路的中间部分）不因轨温变化而伸缩；伸缩区（长轨条两端部分）允许有一定的伸缩；缓冲区（两段长轨条之间的标准轨部分）钢轨的伸缩量也比普通线路小。无缝线路固定区的长度，一般认为愈长愈好，随着技术的进步，我国已开始大力发展区间和跨区间无缝线路。区间无缝线路是指两相邻车站咽喉道岔之间的无缝线路，取消了缓冲区，其长轨条贯穿整个区间；跨区间无缝线路是指区间无缝线路上的长轨条与车站内的道岔和线路全部焊联成一体，道岔焊成无缝道岔（无缝道岔检算方法见本章“第六节　成组更换道岔设计”部分），整个区段的无缝线路彻底取消了钢轨接头。

一、无缝线路外业调查及设计文件

（一）设计前外业调查

做好外业调查是无缝线路正确设计和铺设的前提。外业调查，应收集下列资料：

1. 铺设无缝线路地段的起讫里程、线路平纵断面状况。

2. 铺设区段使用的机车类型、行车速度和运量等。

3. 铺设区段的历史最高气温和最低气温，最高、最低气温出现次数，持续时间段及最大日温差等。

4. 既有轨道设备状况：钢轨类型、长度；轨枕类型、配置数、失效数量；零配件类型及失效情况；道床顶宽、厚度、边坡坡度、道砟材质级别、脏污程度、病害情况；道岔类型、里程；绝缘接头里程；轨道加强设备情况等。

5. 桥梁情况：桥梁里程、长度、结构类型、孔数、跨度、墩高、支座类型和布置方式。

6. 隧道情况：隧道里程、长度，洞内外温度变化情况，轨下基础类型、使用状态，扣件、防爬设备情况。

7. 曲线情况：曲线里程、半径、缓和曲线长度和圆曲线长度；钢轨磨耗情况。

8. 坡道情况：坡度、坡长、变坡点里程和竖曲线半径，制动地段里程、防爬设备状况和钢轨爬行情况。

9. 路基情况：路基是否稳定、病害地点及病害状况、路基肩宽。

10. 道口情况：道口里程、铺面类型和宽度，有无看守。

（二）设计文件

1. 技术设计内容

（1）选择轨道类型，进行强度检算和稳定性检算。

(2)选择无缝线路结构型式，确定锁定轨温，温度力峰检查。

(3)结构计算：伸缩区长度、预留轨缝和防爬设备的布置。

(4)个别设计：大中桥上、长大隧道内、小半径曲线和长大坡道铺设无缝线路的设计。

2. 施工设计内容

(1)长轨条长度及布置。

(2)施工材料及数量。

(3)施工预算及设计说明。

3. 设计文件组成

(1)长轨布置图，包括轨条长度、位置，缓冲区设置、预留轨缝，线路平、纵断面。

(2)无缝线路设计计算资料。

(3)个别设计的计算资料。

(4)材料表及预算表。

(5)设计说明书。

(6)其他。

二、普通无缝线路设计

本节介绍普通无缝线路的设计，有关钢轨强度及稳定性的具体计算方法请参考《铁路工务技术手册　轨道》，本节仅阐述检算方法。

(一)强度检算

无缝线路钢轨须保证在动弯应力、温度应力和附加应力共同作用下不被破坏，并据此确定钢轨强度条件容许的轨温变化幅度。

1. 钢轨动弯应力

$$\sigma_{gd}=\frac{M_d}{W_g}f=\frac{M_0(1+\alpha+\beta)f}{W_g} \tag{3—5—1}$$

$$\sigma_{jd}=\frac{M_d}{W_j}f=\frac{M_0(1+\alpha+\beta)f}{W_j} \tag{3—5—2}$$

式中　σ_{gd},σ_{jd}——轨底、轨头边缘动弯应力最大可能值(MPa)；

M_d,M_0——钢轨动弯矩、钢轨静弯矩(N·mm)；

W_g,W_j——钢轨底、头部对水平中性轴的截面模量(mm^3)；

f——横向水平力系数；

α，β——速度系数、偏载系数。

2. 钢轨温度应力

$$\sigma_t=E\alpha\Delta t=2.5\Delta t \tag{3—5—3}$$

式中　σ_t——无缝线路固定区钢轨温度应力(MPa)；

E——钢轨弹性模量，$E=2.1\times10^5$ MPa；

α——钢轨线膨胀系数，$\alpha=0.0118$ mm/(m·℃)；

Δt——最大温度差(℃)，压应力 $\Delta t=T_{max}-t_s$，拉应力 $\Delta t=t_s-T_{min}$，其中 t_s 为无缝线路锁定轨温，T_{max}、T_{min} 为当地最高、最低轨温。

3. 钢轨强度条件

$$\sigma_{gd}+\sigma_{t}+\sigma_{fL}\leqslant[\sigma] \tag{3—5—4}$$

$$\sigma_{jd}+\sigma_{t}+\sigma_{fE}\leqslant[\sigma] \tag{3—5—5}$$

式中 σ_{fL},σ_{fE}——附加拉、压应力,一般路基上为0,制动区段为10 MPa;

$[\sigma]$——钢轨容许应力,$[\sigma]=\sigma_s/K$,其中 σ_s 为钢轨的屈服强度,K 为安全系数,取1.3,再用轨取1.35。

4. 钢轨强度条件容许的最大轨温变化幅度

$$[\Delta t_L]=\frac{[\sigma]-\sigma_{gd}-\sigma_{fL}}{E\alpha} \tag{3—5—6}$$

$$[\Delta t_E]=\frac{[\sigma]-\sigma_{jd}-\sigma_{fE}}{E\alpha} \tag{3—5—7}$$

式中 $[\Delta t_L]$,$[\Delta t_E]$——钢轨强度条件容许的从锁定轨温算起的轨温下降、升高幅度(℃)。

(二)稳定性检算

无缝线路锁定后,须保证在轨温升高时轨道仍保持原来的状态。无缝线路稳定性检算的目的,在于计算在给定的道床横向阻力和轨道框架刚度条件下,保证轨道稳定的容许温升幅值,并据此确定无缝线路的锁定轨温。

1. 钢轨温度压力

为确保行车安全,以使长钢轨产生弯曲变形矢度 $f=1\sim2$ mm(4 m弦测量)时的温度压力 P_N 作为计算压力,再考虑安全系数 K,得出无缝线路稳定的允许温度压力 $[P]$。

$$P_N=\frac{\beta EJ_y\pi^2\dfrac{(f+f_{oe})}{l^2}+\dfrac{4}{\pi^3}Ql^2}{f+f_{oe}+\dfrac{4}{\pi^3R'}l^2} \tag{3—5—8}$$

$$l^2=\frac{1}{Q}\left[\frac{\beta EJ_y\pi^2}{R'}+\sqrt{\left(\frac{\beta EJ_y\pi^2}{R'}\right)^2+\beta EJ_y\pi^2\times\frac{\pi^3}{4}(f+f_{oe})Q}\right] \tag{3—5—9}$$

式中 β——轨道框架水平刚度换算系数,取值为2;

J_y——钢轨对垂直中性轴的惯性矩(mm^4);

f,l——变形曲线矢度、弦长,f 取值为2 mm;

f_{oe}——原始弹性弯曲矢度,取值为2 mm;

Q——当 f 为2 mm时的等效道床横向阻力(N/mm);

$\frac{1}{R'}$——合成曲率(mm^{-1}),$\frac{1}{R'}=\frac{1}{R}+\frac{1}{R_0}$,其中 R 为曲线半径(mm),R_0 为原始塑性弯曲半径(mm),

$$\frac{1}{R_0}=\frac{8f_{op}}{l_0^2} \tag{3—5—10}$$

其中 l_0——原始弯曲半波长,取值为4 000 mm,

f_{op}——原始塑性弯曲矢度,取值为2 mm。

计算时，先按式（3—5—9）求得变形曲线弦长 l，若 l 与 l_0 不接近，再令 $l_0 = l$，按式（3—5—11）重算 f'_{oe}。

$$f'_{oe} = l_0^2 \frac{f_{oe}}{4\,000^2} \quad (\text{mm}) \tag{3—5—11}$$

将计算出的 f'_{oe} 再代入式（3—5—9）重新计算 l，若与假设的 l_0 不接近，则重复上述步骤计算，直至相符，然后将计算得出的 f'_{oe} 和相应的 l 代入式（3—5—8）计算 P_N。

2. 钢轨容许温度压力

钢轨容许温度压力按式（3—5—12）计算。

$$[P] = \frac{P_N}{K} \tag{3—5—12}$$

式中　$[P]$——容许温度压力（N）；

P_N——一定变形条件下的计算临界力（N）；

K——安全系数，取值为 1.25～1.30。

3. 稳定性条件容许的轨温升高幅度

为防止高温季节胀轨跑道，就要求产生的纵向压力不大于容许温度压力 $[P]$，由此计算出容许的轨温升高幅度 $[\Delta t_w]$。

$$[\Delta t_w] = \frac{[P]}{2\alpha EF} \tag{3—5—13}$$

式中　F——钢轨截面积（mm^2）。

（三）无缝线路类型选择

某一地区由轨道条件允许的最大温差大于当地历史上最高、最低轨温差，可铺设温度应力式无缝线路，即

$$[\Delta t_L] + [\Delta t_W]（或[\Delta t_E]）\geqslant T_{max} - T_{min} + [\Delta t_s] \tag{3—5—14}$$

式中　$[\Delta t_L]$，$[\Delta t_E]$——钢轨强度条件容许的从锁定轨温算起的轨温下降、升高幅度（℃）；

$[\Delta t_W]$——稳定性条件容许的轨温升高幅度（℃），$[\Delta t_W]$ 与 $[\Delta t_E]$ 两者取最小值代入公式，一般情况 $[\Delta t_W]$ 值较小，采用该值；

T_{max}，T_{min}——当地最高、最低轨温（℃），$T_{max} = t_{max} + 20$，$T_{min} = t_{min}$，其中 t_{max}、t_{min} 为当地最高、最低气温；

$[\Delta t_s]$——设计锁定轨温范围，一般取值 10 ℃，困难条件下取值 6 ℃～8 ℃。

（四）锁定轨温的确定

无缝线路应保证轨温降低时不拉断钢轨，轨温升高时不胀轨跑道。由轨道条件允许的轨温变化幅度可求得容许铺轨轨温范围，即

$$t_{上} = T_{min} + [\Delta t_L] \tag{3—5—15}$$

$$t_{下} = T_{max} - [\Delta t_W] \tag{3—5—16}$$

式中　$t_{上}$，$t_{下}$——容许铺轨的轨温上、下限（℃）。

理论上，在 $t_上$、$t_下$ 容许铺轨轨温范围均可铺设锁定无缝线路，实际施工时，为使长轨所受温度拉力和压力大致平衡，又不受过大的温度压力，一般取较中间轨温 $t_中$ 高 5 ℃左右的轨温作为无缝线路设计锁定轨温 t_s，再根据设计锁定轨温范围 $[\Delta t_s]$ 确定设计锁定轨温上、下限 $t_{s_上}$、$t_{s_下}$。

$$t_中 = \frac{T_{max} + T_{min}}{2} \tag{3—5—17}$$

$$t_{s_上} = t_s + [\Delta t_s]/2 \tag{3—5—18}$$

$$t_{s_下} = t_s - [\Delta t_s]/2 \tag{3—5—19}$$

采用标准轨道结构的情况，可参照《铺设无缝线路允许温差表》（表 3—1—3 ~ 表 3—1—5），按式（3—1—1）计算设计锁定轨温。一般情况下，各地区最高轨温、最低轨温可按表 3—5—1 取值；特殊情况下，应对当地气温资料做补充调查，统计分析后确定合理值。设计锁定轨温范围宜为 ±5 ℃，困难条件下可取 ±3 ℃。

表 3—5—1　全国各地区最高、最低气温及最高、最低轨温资料

省/直辖市	地　名	最高气温	最低气温	最高轨温	最低轨温
北　京	北　京	41.9	-27.4	61.9	-27.4
天　津	天　津	40.5	-22.9	60.5	-22.9
上　海	上　海	39.6	-10.1	59.6	-10.1
重　庆	重　庆	43.0	-1.8	63.0	-1.8
	万　州	42.3	-3.7	62.3	-3.7
	涪　陵	43.5	-2.2	63.5	-2.2
黑龙江	哈尔滨	39.2	-38.1	59.2	-38.1
	漠　河	39.3	-52.3	59.3	-52.3
	塔　河	38.0	-46.8	58.0	-46.8
	加格达奇	39.7	-45.4	59.7	-45.4
	嫩　江	40.0	-47.3	60.0	-47.3
	北　安	39.1	-42.2	59.1	-42.2
	富　裕	40.7	-40.3	60.7	-40.3
	齐齐哈尔	40.8	-39.5	60.8	-39.5
	明　水	39.0	-40.1	59.0	-40.1
	伊　春	38.2	-43.1	58.2	-43.1
	鹤　岗	37.7	-34.5	57.7	-34.5
	佳木斯	38.1	-41.1	58.1	-41.1
	宝　清	38.3	-37.2	58.3	-37.2
	鸡　西	37.6	-35.1	57.6	-35.1
	虎　林	38.2	-36.1	58.2	-36.1
	牡丹江	38.4	-38.3	58.4	-38.3
	绥芬河	35.3	-37.5	55.3	-37.5

续上表

省/直辖市	地　　名	最高气温	最低气温	最高轨温	最低轨温
吉　林	长　春	38.0	-36.5	58.0	-36.5
	白　城	40.7	-38.1	60.7	-38.1
	四　平	37.3	-34.6	57.3	-34.6
	烟筒山	35.7	-41.7	55.7	-41.7
	吉　林	36.6	-40.3	56.6	-40.3
	梅河口	36.1	-38.4	56.1	-38.4
	靖　宇	34.3	-42.2	54.3	-42.2
	通　化	35.6	-36.3	55.6	-36.3
	延　吉	37.7	-32.7	57.7	-32.7
	集　安	37.7	-36.2	57.7	-36.2
辽　宁	沈　阳	38.3	-32.9	58.3	-32.9
	阜　新	40.9	-30.9	60.9	-30.9
	朝　阳	43.3	-34.4	63.3	-34.4
	锦　州	41.8	-24.8	61.8	-24.8
	鞍　山	36.9	-30.4	56.9	-30.4
	本　溪	37.5	-34.5	57.5	-34.5
	抚　顺	37.7	-37.3	57.7	-37.3
	岫　岩	37.7	-31.6	57.7	-31.6
	丹　东	35.5	-28.0	55.5	-28.0
	庄　河	36.0	-28.1	56.0	-28.1
	大　连	35.5	-21.1	55.5	-21.1
内蒙古	呼和浩特	38.9	-32.8	58.9	-32.8
	图里河	37.9	-50.2	57.9	-50.2
	满洲里	40.5	-43.8	60.5	-43.8
	海拉尔	39.5	-48.5	59.5	-48.5
	新巴尔虎右旗	42.5	-40.1	62.5	-40.1
	新巴尔虎左旗	40.9	-40.8	60.9	-40.8
	扎兰屯	40.2	-35.5	60.2	-35.5
	乌兰浩特	40.3	-34.0	60.3	-34.0
	额济纳旗	43.7	-35.3	63.7	-35.3
	阿拉善右旗	41.5	-28.2	61.5	-28.2
	二连浩特	42.6	-40.2	62.6	-40.2
	满都拉	39.8	-35.6	59.8	-35.6
	苏尼特左旗	41.5	-36.9	61.5	-36.9
	包　头	40.4	-31.4	60.4	-31.4
	集　宁	35.7	-33.8	55.7	-33.8

续上表

省/直辖市	地　　名	最高气温	最低气温	最高轨温	最低轨温
内蒙古	临　河	39.4	-35.3	59.4	-35.3
	东　胜	36.7	-29.8	56.7	-29.8
	锡林浩特	39.4	-42.4	59.4	-42.4
	通　辽	39.1	-33.9	59.1	-33.9
	赤　峰	42.5	-31.4	62.5	-31.4
河　北	石家庄	42.9	-19.8	62.9	-19.8
	邢　台	42.4	-22.4	62.4	-22.4
	张家口	41.1	-25.7	61.1	-25.7
	承　德	43.3	-27.0	63.3	-27.0
	遵　化	40.5	-25.7	60.5	-25.7
	秦皇岛	39.9	-26.0	59.9	-26.0
	霸　州	41.3	-28.2	61.3	-28.2
	唐　山	40.1	-25.2	60.1	-25.2
	保　定	43.3	-22.0	63.3	-22.0
	沧　州	42.9	-20.6	62.9	-20.6
	黄　骅	41.8	-19.0	61.8	-19.0
山　西	太　原	39.4	-25.5	59.4	-25.5
	大　同	39.2	-29.1	59.2	-29.1
	五台山	29.6	-44.8	49.6	-44.8
	原　平	41.1	-27.2	61.1	-27.2
	介　休	40.6	-24.5	60.6	-24.5
	临　汾	42.3	-25.6	62.3	-25.6
	运　城	42.7	-18.9	62.7	-18.9
新　疆	乌鲁木齐	42.1	-41.5	62.1	-41.5
	吉木乃	39.0	-38.8	59.0	-38.8
	阿勒泰	37.6	-43.5	57.6	-43.5
	富　蕴	42.2	-49.8	62.2	-49.8
	塔　城	41.6	-39.2	61.6	-39.2
	阿拉山口	44.2	-33.0	64.2	-33.0
	克拉玛依	44.0	-35.9	64.0	-35.9
	精　河	42.3	-36.4	62.3	-36.4
	伊　宁	39.2	-40.4	59.2	-40.4
	巴仑台	34.5	-26.4	54.5	-26.4
	达坂城	40.8	-31.9	60.8	-31.9
	吐鲁番	47.8	-28.0	67.8	-28.0

续上表

省/直辖市	地　名	最高气温	最低气温	最高轨温	最低轨温
新　疆	拜　城	38.3	-32.0	58.3	-32.0
	库　车	41.5	-27.4	61.5	-27.4
	库尔勒	40.0	-28.1	60.0	-28.1
	吐尔尕特	23.8	-36.6	43.8	-36.6
	喀　什	40.1	-24.4	60.1	-24.4
	巴　楚	42.7	-25.1	62.7	-25.1
	阿拉尔	40.6	-28.4	60.6	-28.4
	若　羌	43.8	-27.2	63.8	-27.2
	和　田	41.1	-21.6	61.1	-21.6
	哈　密	43.9	-32.0	63.9	-32.0
青　海	西　宁	36.5	-26.6	56.5	-26.6
	格尔木	35.5	-33.6	55.5	-33.6
	都　兰	32.2	-29.8	52.2	-29.8
	茶　卡	31.6	-31.3	51.6	-31.3
甘　肃	兰　州	39.8	-21.7	59.8	-21.7
	敦　煌	43.6	-30.5	63.6	-30.5
	张　掖	39.8	-28.7	59.8	-28.7
	威　武	40.8	-32.0	60.8	-32.0
	天　水	38.2	-19.2	58.2	-19.2
宁　夏	银　川	39.3	-30.6	59.3	-30.6
	惠　农	38.7	-28.4	58.7	-28.4
	中　卫	37.6	-29.2	57.6	-29.2
	同　心	39.0	-28.3	59.0	-28.3
陕　西	西　安	41.8	-20.6	61.8	-20.6
	榆　林	39.0	-32.7	59.0	-32.7
	绥　德	40.5	-25.4	60.5	-25.4
	延　安	39.7	-25.4	59.7	-25.4
	宝　鸡	41.6	-16.7	61.6	-16.7
	华　山	29.0	-25.3	49.0	-25.3
	汉　中	38.4	-10.1	58.4	-10.1
	安　康	41.7	-9.7	61.7	-9.7
河　南	郑　州	43.0	-17.9	63.0	-17.9
	安　阳	43.2	-18.1	63.2	-18.1
	新　乡	42.7	-21.3	62.7	-21.3
	三门峡	43.2	-16.5	63.2	-16.5

续上表

省/直辖市	地　　名	最高气温	最低气温	最高轨温	最低轨温
河　南	洛　阳	44.2	-18.2	64.2	-18.2
	许　昌	41.9	-19.6	61.9	-19.6
	开　封	42.9	-16.0	62.9	-16.0
	南　阳	41.4	-21.2	61.4	-21.2
	驻马店	41.9	-18.1	61.9	-18.1
	信　阳	40.9	-20.0	60.9	-20.0
	商　丘	43.0	-18.9	63.0	-18.9
山　东	济　南	42.5	-19.7	62.5	-19.7
	德　州	43.4	-27.0	63.4	-27.0
	东　营	41.3	-20.8	61.3	-20.8
	龙　口	39.2	-21.3	59.2	-21.3
	烟　台	38.0	-13.1	58.0	-13.1
	威　海	38.4	-13.8	58.4	-13.8
	泰　山	29.7	-27.5	49.7	-27.5
	泰　安	40.7	-22.4	60.7	-22.4
	淄　博	42.1	-23.0	62.1	-23.0
	青　岛	38.9	-14.3	58.9	-14.3
	石　岛	36.8	-14.6	56.8	-14.6
	菏　泽	42.0	-20.4	62.0	-20.4
	兖　州	41.1	-19.3	61.1	-19.3
	临　沂	40.0	-16.5	60.0	-16.5
	日　照	41.4	-14.5	61.4	-14.5
江　苏	南　京	40.7	-14.0	60.7	-14.0
	徐　州	40.6	-22.6	60.6	-22.6
	南　通	39.5	-10.8	59.5	-10.8
	常　州	39.4	-15.5	59.4	-15.5
浙　江	杭　州	40.3	-9.6	60.3	-9.6
	金　华	41.2	-9.6	61.2	-9.6
	衢　州	40.9	-10.4	60.9	-10.4
	温　州	39.6	-4.5	59.6	-4.5
安　徽	合　肥	41.0	-20.6	61.0	-20.6
	阜　阳	41.4	-20.4	61.4	-20.4
	蚌　埠	41.3	-19.4	61.3	-19.4
	六　安	41.0	-18.9	61.0	-18.9
	芜　湖	39.5	-13.1	59.5	-13.1

续上表

省/直辖市	地　　名	最高气温	最低气温	最高轨温	最低轨温
安　徽	安　庆	40.9	-12.5	60.9	-12.5
	黄　山	28.0	-22.7	48.0	-22.7
江　西	南　昌	40.6	-9.7	60.6	-9.7
	吉　安	40.9	-8.0	60.9	-8.0
	赣　州	41.2	-6.0	61.2	-6.0
	九　江	40.3	-9.7	60.3	-9.7
	景德镇	41.8	-10.9	61.8	-10.9
湖　北	武　汉	39.6	-18.1	59.6	-18.1
	麻　城	41.5	-15.3	61.5	-15.3
	恩　施	41.2	-12.3	61.2	-12.3
	老河口	41.0	-17.2	61.0	-17.2
	荆　州	38.7	-14.9	58.7	-14.9
	宜　昌	41.4	-9.8	61.4	-9.8
湖　南	长　沙	40.6	-10.3	60.6	-10.3
	石　门	40.9	-13.0	60.9	-13.0
	岳　阳	39.3	-11.8	59.3	-11.8
	常　德	40.4	-13.2	60.4	-13.2
	邵　阳	40.2	-10.5	60.2	-10.5
	永　州	43.7	-7.0	63.7	-7.0
	衡　阳	41.3	-7.9	61.3	-7.9
	郴　州	41.2	-9.0	61.2	-9.0
福　建	福　州	41 7	-1.7	61.7	-1.7
	南　平	41.8	-5.8	61.8	-5.8
	长　汀	39.5	-8.0	59.5	-8.0
	永　安	40.5	-7.6	60.5	-7.6
	龙　岩	39.0	-5.6	59.0	-5.6
	厦　门	39.2	1.5	59.2	1.5
广　东	广　州	39.1	0.0	59.1	0.0
	韶　关	42.0	-4.3	62.0	-4.3
	梅　州	39.5	-7.3	59.5	-7.3
	汕　头	38.8	0.3	58.8	0.3
	罗　定	39.3	-1.3	59.3	-1.3
	深　圳	38.7	0.2	58.7	0.2
	汕　尾	38.5	1.6	58.5	1.6

续上表

省/直辖市	地　名	最高气温	最低气温	最高轨温	最低轨温
广　东	湛　江	38.1	2.8	58.1	2.8
	珠　海	38.5	2.5	58.5	2.5
	阳　江	38.3	-1.4	58.3	-1.4
广　西	南　宁	40.4	-2.1	60.4	-2.1
	桂　林	39.5	-4.9	59.5	-4.9
	河　池	39.7	-2.0	59.7	-2.0
	柳　州	39.2	-3.8	59.2	-3.8
	百　色	42.5	-2.0	62.5	-2.0
	梧　州	39.7	-3.0	59.7	-3.0
	玉　林	38.4	-2.1	58.4	-2.1
	钦　州	37.9	-1.8	57.9	-1.8
	北　海	37.1	2.0	57.1	2.0
四　川	成　都	37.3	-5.9	57.3	-5.9
	阿　坝	28.0	-33.9	48.0	-33.9
	都江堰	35.5	-7.1	55.5	-7.1
	绵　阳	38.8	-7.3	58.8	-7.3
	峨眉山	23.9	-20.9	43.9	-20.9
	宜　宾	40.7	-3.0	60.7	-3.0
	西　昌	36.6	-3.8	56.6	-3.8
	广　元	40.5	-8.2	60.5	-8.2
	巴　中	40.6	-5.3	60.6	-5.3
	达　州	42.3	-4.7	62.3	-4.7
	遂　宁	40.3	-3.8	60.3	-3.8
	内　江	41.1	-3.0	61.1	-3.0
	泸　州	40.3	-1.9	60.3	-1.9
	叙　永	43.5	-1.5	63.5	-1.5
云　南	昆　明	31.5	-7.8	51.5	-7.8
	香格里拉	26.0	-27.4	46.0	-27.4
	邵　通	33.5	-13.3	53.5	-13.3
	丽　江	32.3	-10.3	52.3	-10.3
	保　山	32.4	-3.8	52.4	-3.8
	大　理	34.0	-4.2	54.0	-4.2
	沾　益	33.2	-9.2	53.2	-9.2
	瑞　丽	36.6	1.2	56.6	1.2
	玉　溪	34.4	-5.5	54.4	-5.5

续上表

省/直辖市	地　　名	最高气温	最低气温	最高轨温	最低轨温
云　南	临　沧	34.6	-1.3	54.6	-1.3
	景　洪	41.1	1.9	61.1	1.9
	元　江	42.5	-0.1	62.5	-0.1
贵　州	贵　阳	37.5	-7.8	57.5	-7.8
	毕　节	36.2	-10.9	56.2	-10.9
	遵　义	38.7	-7.1	58.7	-7.1
西　藏	拉　萨	30.4	-16.5	50.4	-16.5
	狮泉河	32.1	-36.6	52.1	-36.6
	安　多	23.5	-36.7	43.5	-36.7
	那　曲	24.2	-41.2	44.2	-41.2
	日喀则	29.0	-25.1	49.0	25.1
	聂拉木	22.4	-20.6	42.4	-20.6
	江　孜	28.7	-23.9	48.7	-23.9
	波　密	31.2	-20.3	51.2	-20.3
	林　芝	31.4	-15.3	51.4	-15.3
海　南	海　口	39.6	2.8	59.6	2.8
	儋　州	40.2	0.4	60.2	0.4
	三　亚	35.9	5.1	55.9	5.1
台　湾	台　北	38.6	-2.0	58.6	-2.0
	台　南	39.0	2.0	59.0	2.0
香　港	香　港	36.1	0.0	56.1	0.0

注:(1)本表温度单位为℃。

(2)最高气温和最低气温摘自国家气象信息中心各地有历史记录以来的气温资料;最高轨温为最高气温加20℃,最低轨温与最低气温相同。

(五)温度压力峰检算

因无缝线路锁定轨温 t_s 高于中间轨温 $t_中$,在长轨伸缩区内会产生比固定区更大的温度压力,为避免胀轨跑道,应检算温度压力峰,要求其不得超过允许轨温升高值$[\Delta t_W]$,即

$$P_{峰,max} = EF\alpha\Delta t_中 \tag{3—5—20}$$

$$\Delta t_中 = \frac{(T_{max} - T_{min})}{2} < [\Delta t_W] \tag{3—5—21}$$

式中　$P_{峰,max}$——最大温度压力峰值(N);

$\Delta t_中$——中间轨温 $t_中$ 到 T_{max}(或 T_{min})的轨温变化幅度(℃)。

(六)伸缩区长度计算及防爬设备布置

无缝线路铺设锁定后,长轨两端随着轨温变化存在少量的伸缩,该区域称为伸缩区。当

设计锁定轨温高于中间轨温，降温时长轨伸缩量最大，其长度计算式为

$$l_s = \frac{EF\alpha(t_{s上} - T_{min}) - R_j}{r} \tag{3—5—22}$$

式中 l_s——长轨伸缩区长度(mm)，取钢轨标准长度的整倍数；

R_j——接头阻力(N)；

r——道床纵向阻力(N/mm)。

无缝线路要防止钢轨爬行，故设计应考虑布置足够的防爬设备，保证扣件阻力大于道床纵向阻力。目前，无缝线路基本采用 ω 型弹条扣件，由于弹条扣件阻力较大，可不布置防爬设备。

(七)缓冲区预留轨缝计算

无缝线路缓冲区的接头轨缝应满足冬季轨温降低时不大于构造轨缝，夏季轨温升高时不致顶严。缓冲区长轨与短轨预留轨缝应满足下述公式：

$$\lambda_j' + \lambda_d' < \lambda \leqslant [\lambda] - (\lambda_j + \lambda_d) \tag{3—5—23}$$

$$\lambda_j' = \frac{[EF\alpha(T_{max} - t_{锁}) - R_j]^2}{2EFr} \tag{3—5—24}$$

$$\lambda_d' = \frac{[EF\alpha(T_{max} - t_{锁}') - R_j]l}{2EF} - \frac{rl^2}{8EF} \tag{3—5—25}$$

$$\lambda_j = \frac{[EF\alpha(t_{锁} - T_{min}) - R_j]^2}{2EFr} \tag{3—5—26}$$

$$\lambda_d = \frac{[EF\alpha(t_{锁}' - T_{min}) - R_j]l}{2EF} - \frac{rl^2}{8EF} \tag{3—5—27}$$

式中 λ_j'，λ_d'——由锁定轨温至最高轨温时长、短轨一端伸长量(mm)；

λ——预留轨缝(mm)；

$[\lambda]$——构造轨缝(mm)；

λ_j，λ_d——由锁定轨温至最低轨温时长、短轨一端缩短量(mm)；

$t_{锁}$，$t_{锁}'$——长轨、短轨锁定轨温(℃)；

l——缓冲区短轨长度(mm)。

(八)轨条布置

普通无缝线路长轨条的布置应遵守以下要求：

1. 轨条长度应考虑线路平纵断面条件及道岔、道口、桥梁、隧道的位置，长度通常为 2 000 m 左右，困难时可减少，但其固定区不得短于 50 m。总长度不足 1 000 m 的桥梁、隧道，轨条应连续布置。在小半径曲线，列车制动、停车、起动，钢轨顶面擦伤严重等地段，轨条应单独布置，便于伤损钢轨更换。

2. 在长轨之间、长轨与道岔之间、长轨与绝缘接头之间设置缓冲区，缓冲区采用2～4节标准轨，绝缘接头插在 2 节或 4 节标准轨中间。缓冲区和伸缩区不应设置在道口或不做单独设计的桥上，并尽量避免设置在曲线上。有砟桥跨度不大于 16 m 时，伸缩区可设在桥上，但轨条接头必须在护轨范围以外。

3. 在长隧道内(大于1 000 m)宜单独铺设一节长轨,伸缩区应设在隧道口内侧;对于长度较短的隧道群,可设一节长轨通过,但需在每座隧道口内侧50 m范围内按伸缩区办理,加强锁定;个别长隧道应单独设计。

4. 联合接头不得设置在道口、桥台、桥墩或不作单独设计的桥上,距桥台边墙不应小于2 m。位于中跨度桥上的联合接头应布置在1/4 ~ 1/2 桥跨处,并避开边跨;在大跨度桥上,应远离纵梁断开处。

5. 无缝线路的锁定轨温必须准确、均匀,左右股轨条的实际锁定轨温相差不应超过5 ℃,跨区间和区间无缝线路的两相邻单元轨条的锁定轨温相差不应超过5 ℃,同一区间内单元轨条的最低、最高锁定轨温相差不应超过10 ℃。

三、无缝线路设计示例

××线某一铺设无缝线路区段,地区历年最高轨温为61.8 ℃,最低轨温为 -10.9 ℃,轨道条件见表3—5—2,牵引类型为东风4型内燃机车,行车速度90 km/h,试求锁定轨温。

表3—5—2 轨道条件

钢轨		轨枕		道床			扣件		平纵面		路基
类型(kg/m)	垂直磨耗(mm)	类型	配置(根/km)	道砟等级	厚度(mm)	肩宽(mm)	中间	接头	最小曲线半径(m)	限制坡度(‰)	
60	6	Ⅱ型混凝土枕	1 840	一级	300 ~ 350	450	弹条Ⅱ型	夹板、10.9级螺栓	600	6	砂黏土

(一)强度检算

已知条件:轨枕间距 a 为543 mm;钢轨弹性模量 E 为 2.1×10^5 MPa;钢轨支座刚度 D 为30 000 N/mm;钢轨容许应力 $[\sigma]$ 为312 MPa;当60 kg/m钢轨垂直磨耗为6 mm时,钢轨对水平轴的惯性矩 J_x 为 $2\,879\times10^4\ \text{mm}^4$,钢轨头部对水平中性轴的截面模量 W_j 为291 cm^3,钢轨底部对水平中性轴的截面模量 W_g 为375 cm^3;东风4型内燃机车的轮重和轴距如图3—5—1所示。

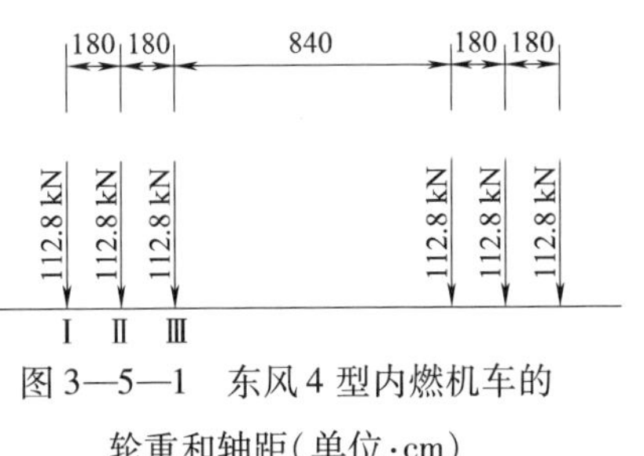

图3—5—1 东风4型内燃机车的轮重和轴距(单位:cm)

1. 计算轨道刚比系数 K

$$u=\frac{D}{a}=\frac{30\,000}{543}=55.25\ (\text{MPa})$$

$$K=\sqrt[4]{\frac{u}{4EJ_x}}=\sqrt[4]{\frac{55.25}{4\times2.1\times10^5\times2\,879\times10^4}}=0.001\,229\ (\text{mm}^{-1})$$

2. 计算静弯矩 M_0

东风4型内燃机车前后转向架距离超过5 m,彼此间的弯矩影响可略而不计,且一、二转向架各车轮轴距和轴重相同,同一转向架中Ⅰ、Ⅱ、Ⅲ轮的静重和间距也一样,故只计算Ⅰ、Ⅱ轮放在计算截面产生的 M_0,计算值列入表3—5—3。

表 3—5—3　东风 4 型内燃机车对应 M_0

计算轮位 \ 项目			P (10^3N)	x (mm)	K (mm^{-1})	Kx	u	Pu (10^3N)	$\sum Pu$ (10^3N)
D = 30 000 N/mm	Ⅰ轮	Ⅰ	112.8	0	0.001 229	0	1.000 0	112.800 0	96.432 7
		Ⅱ	112.8	1 800		2.212 2	−0.153 2	−17.281 0	
		Ⅲ	112.8	3 600		4.424 4	0.008 1	0.913 7	
	Ⅱ轮	Ⅰ	112.8	1 800		2.212 2	−0.153 2	−17.281 0	78.238 0
		Ⅱ	112.8	0		0	1.000 0	112.800 0	
		Ⅲ	112.8	1 800		2.212 2	−0.153 2	−17.281 0	

由表 3—5—3 可知，东风 4 型内燃机车最不利轮位为Ⅰ轮。

$$M_0 = \frac{\sum Pu}{4K} = \frac{96\,432.7}{4 \times 0.001\,229} = 19\,616\,090\ (\text{N} \cdot \text{mm})$$

3. 计算动弯矩 M_d

$$\text{速度系数}\ \alpha = \frac{0.4v}{100} = \frac{0.4 \times 90}{100} = 0.36$$

$$\text{偏载系数}\ \beta = \frac{2\Delta h \times H}{S_1^2} = \frac{2 \times 75 \times 2\,300}{1\,500^2} = 0.15$$

$$M_d = M_0(1 + \alpha + \beta) = 19\,616\,090 \times (1 + 0.36 + 0.15) = 29\,620\,296\ (\text{N} \cdot \text{mm})$$

4. 计算动弯应力 σ_{gd}、σ_{jd}

当曲线半径 $R = 600$ m，$f = 1.6$ 时

$$\sigma_{gd} = \frac{M_d}{W_g} f = \frac{29\,620\,296}{375\,000} \times 1.6 = 126.38\ (\text{MPa})$$

$$\sigma_{jd} = \frac{M_d}{W_j} f = \frac{29\,620\,296}{291\,000} \times 1.6 = 162.86\ (\text{MPa})$$

5. 计算钢轨强度条件容许的最大轨温下降$[\Delta t_L]$和轨温升高$[\Delta t_E]$

考虑为非制动区段 $\sigma_f = 0$，则

$$[\Delta t_L] = \frac{[\sigma] - \sigma_{gd}}{E\alpha} = \frac{312 - 126.38}{2.1 \times 10^5 \times 0.000\,011\,8} = 74.9\ (℃)$$

$$[\Delta t_E] = \frac{[\sigma] - \sigma_{jd}}{E\alpha} = \frac{312 - 162.86}{2.1 \times 10^5 \times 0.000\,011\,8} = 60.2\ (℃)$$

（二）稳定性检算

1. 计算有关参数

原始塑性弯曲矢度 f_{op} 为 2 mm；原始弹性弯曲矢度 f_{oe} 为 2 mm；允许股道变形矢度 f 为 2 mm；一根钢轨对垂直轴的惯性矩 J_y 为 $524 \times 10^4 mm^4$；轨道框架刚度换算系数 β 为 2；等效道床横向阻力 Q 为 6.93 N/mm；安全系数 K 为 1.25；

$$\text{换算曲率}\ \frac{1}{R'} = \frac{1}{R} + \frac{1}{R_{op}} = \frac{1}{600\,000} + \frac{8 \times 2}{(4\,000)^2} = 2.67 \times 10^{-6}\ (\text{mm}^{-1})$$

$$\beta E J_y \pi^2 = 2 \times 2.1 \times 10^5 \times 524 \times 10^4 \times \pi^2 = 2.172 \times 10^{13}\ (\text{N} \cdot \text{mm}^{-2})$$

2. 用统一公式求 P_N

$$l^2=\frac{1}{Q}\left[\frac{\beta EJ_y\pi^2}{R'}+\sqrt{\left(\frac{\beta EJ_y\pi^2}{R'}\right)^2+\beta EJ_y\pi^2\times\frac{\pi^3}{4}(f+f_{oe})Q}\right]=21\,299\,224(\text{mm}^2)$$

则，$l=4\,615.1$ mm，计算得到的 l 与原假定 $l_0=4\,000$ mm 不符。设 $l_0=4\,615.1$ mm，代入式（3—5—11）重新计算 f'_{oe}。

$$f'_{oe}=l_0^2\frac{f_{oe}}{(4\,000)^2}=21\,299\,224\times\frac{2}{(4\,000)^2}=2.66(\text{mm})$$

以 $f'_{oe}=2.66$ mm 再次试算 $l=4\,680.3$ mm，l 与第二次设的 $l_0=4\,615.1$ mm 仍不符。再设 $l_0=4\,680.3$ mm，重新计算 f''_{oe}。

$$f''_{oe}=21\,905\,045\times\frac{2.66}{(4\,615.1)^2}=2.74(\text{mm})$$

以 $f''_{oe}=2.74$ mm 再算 $l=4\,688$ mm，满足要求。

$$P_N=\frac{\beta EJ_y\pi^2\frac{(f+f_{oe})}{l^2}+\frac{4}{\pi^3}Ql^2}{f+f_{oe}+\frac{4}{\pi^3R'}l^2}=\frac{2.172\times10^{13}\times\frac{(2+2.74)}{4\,688^2}+\frac{4}{3.14^3}\times6.93\times4\,688^2}{2+2.74+\frac{4}{3.14^3}\times2.67\times10^{-6}\times4\,688^2}=1\,976\,644(\text{N})$$

$$[P]=\frac{P_N}{K}=\frac{1\,976\,644}{1.25}=1\,581\,315(\text{N})$$

3. 计算允许轨温升高 $[\Delta t_W]$

$$[\Delta t_W]=\frac{[P]}{2\alpha EF}=\frac{1\,581\,315}{2\times0.000\,011\,8\times2.1\times10^5\times7\,745}=41.2(℃)$$

（三）确定结构型式

取 $[\Delta t_E]$、$[\Delta t_W]$ 中较小值进行计算。

$[\Delta t_s]=[\Delta t_L]+[\Delta t_W]-(T_{max}-T_{min})=74.9+41.2-(61.8+10.9)=43.4(℃)$

$[\Delta t_s]>10$ ℃，符合铺设应力式无缝线路条件。

（四）确定锁定轨温

1. 容许锁定轨温上下限及中间轨温

$$t_{上}=T_{min}+[\Delta t_L]=-10.9+74.9=64.0(℃)$$

$$t_{下}=T_{max}-[\Delta t_W]=61.8-41.2=20.6(℃)$$

$$t_{中}=\frac{T_{max}+T_{min}}{2}=\frac{(61.8-10.9)}{2}=25.45(℃)$$

2. 设计锁定轨温上下限

选 t_s 高于 $t_{中}$，设 $t_s=31$ ℃，设计锁定轨温范围为 $t_s\pm5$ ℃，即设计锁定轨温范围为26 ℃～36 ℃。

（五）检算温度力峰

$$\Delta t_{中}=\frac{T_{max}-T_{min}}{2}=\frac{(61.8+10.9)}{2}=36.35(℃)$$

$\Delta t_{中}<[\Delta t_W]=41.2$ ℃，满足稳定要求。

（六）伸缩区长度及防爬设备布置

1. 伸缩区长度计算

$$l_s = \frac{EF\alpha(t_{s上} - T_{min}) - R_j}{r}$$

$$= \frac{2.1 \times 10^5 \times 7\,745 \times 0.000\,011\,8 \times (36 + 10.9) - 400\,000}{9.1} = 54\,957(\text{mm})$$

l_s 应取 25 m 标准轨长度的整数倍，因此取 l_s 为 75 m。

2. 防爬设备布置

该段无缝线路采用弹条Ⅱ型扣件，一根轨枕上的扣件阻力大于其道床纵向阻力，故可不设防爬设备。

（七）缓冲区预留轨缝计算

缓冲区采用 25 m 标准轨，按锁定轨温上下限计算预留轨缝，计算结果见表 3—5—4。

表 3—5—4　预留轨缝计算

t_s (℃)	Δt (℃)	P_t (N)	λ_j (mm)	$\frac{(P_t - R_j)l}{2EF}$ (mm)	$\frac{rl^2}{8EF}$ (mm)	λ_d (mm)	$\lambda_j + \lambda_d$ (mm)	$[\lambda]$ (mm)	$\lambda_{计}$ (mm)	$\lambda_{允许}$ (mm)
36	$\Delta t_E = 25.8$	495 160	0.3	0.7	0.4	0.3	0.6	18		1 ~ 6
	$\Delta t_L = 46.9$	900 110	8.4	3.8	0.4	3.4	11.8	18	6.2	
26	$\Delta t_E = 35.8$	687 080	2.8	2.2	0.4	1.8	4.6	18		5 ~ 12
	$\Delta t_L = 36.9$	708 190	3.2	2.4	0.4	2.0	5.2	18	12.8	

四、特殊无缝线路设计

（一）桥上无缝线路

桥上无缝线路钢轨除受温度力作用之外，还受其他的纵向力作用，即温度变化或列车荷载作用，使梁产生位移。随着梁的位移，桥面系带动轨枕及扣件纵向移动，并通过扣件对长钢轨施加纵向力，钢轨受力变形后，对桥梁作用大小相等、方向相反的作用力，此力通过梁、支座传递至墩台，因而需要对钢轨、墩台的受力状态、冬季钢轨折断时断缝的大小进行检算，各项检算达到规范规定要求方许铺设。若是位于无缝线路固定区跨度不大于32 m的简支梁桥，无缝线路在桥梁两端路基上每端锁定长度均不小于 100 m，且当地最大轨温变化幅度、桥长及其采用轨枕、扣件符合表 3—1—6 规定的桥上无缝线路可不做单独设计。

（二）小半径曲线无缝线路

在半径 R 小于 600 m 的曲线上铺设无缝线路应满足轨道的强度和稳定性要求，并综合考虑经济合理性，铺设的无缝线路应注意以下事项：

1. 无缝线路原则上允许铺设最小曲线半径为 300 m（标准轨道结构的无缝线路铺设条件见第三章第一节中“七、无缝线路基本技术条件”部分），半径小于 300 m 的曲线地段铺设无缝线路应单独检算，但应根据具体线路的运量、机车类型、行驶速度、轨温变化幅度等因素，参考原线路钢轨磨耗情况，衡量其经济效益后确定。

2. 轨道结构要适当加强：钢轨不低于 50 kg/m，铺设Ⅱ型（1 840 根/km）、Ⅲ型混凝土枕，道床肩宽 45 cm，并堆高 15 cm。

3. 一个小半径曲线最好单独铺一根长轨条，伸缩区设置在直线上。几个总长不长的连续曲线可采用一根长轨通过。

4. 合理设置轨距、超高等几何参数，采用曲线钢轨润滑，延长钢轨使用寿命。

（三）长大坡道无缝线路

长大坡道（线路坡度超过 6‰，长度为 8 km 及以上；线路坡度超过 12‰，长度为 5 km 及以上；线路坡度超过 20‰，长度为 2 km 及以上）线路位于山区的双机或多机牵引地段，列车频繁制动，铺设的无缝线路应注意以下事项：

1. 调查原有线路机车牵引、制动及钢轨爬行情况，以便在设计时予以充分考虑。

2. 在强度和稳定性计算中，充分考虑制动力的影响，只要强度和稳定性满足要求，其铺设坡度可不受限制。

3. 在长大坡道变坡点的凹形纵断面处，可能由于线路爬行而增加轴向力，降低轨道稳定性，为此，长轨节可在凹形变坡点断开，设置缓冲区，缓冲轨根数应比一般情况增加 1 倍；在长大坡道变坡点的凸形纵断面处，应按规定设置曲线半径较大的竖曲线，以降低纵向压力的竖向分力，增加轨道稳定。

4. 加强观测，随时注意爬行状况，检查竖曲线半径的变化，防止不均匀爬行的积累而出现压力峰。

（四）长大隧道无缝线路

长大隧道内温度变化不直接受日照影响，年温度变化幅度远小于隧道之外，隧道内年轨温变化幅度一般比隧道外约低 20 ℃，利于铺设无缝线路，其气温和轨温的变化，由隧道内向隧道外有一个过渡段，铺设的无缝线路应注意以下事项：

1. 隧道口内侧轨温过渡段应加强锁定，按伸缩区条件处理。

2. 隧道内无缝线路的锁定轨温，应根据隧道内的气温、轨温特性和实测资料合理确定。

3. 隧道内钢轨应选用抗腐蚀性能好的钢轨，曲线隧道宜选用耐磨轨焊接铺设。

4. 隧道长度 1 km 及以上者，宜将隧道内单独铺设一段长轨，伸缩区设于隧道洞口内侧，缓冲区尽量设置在隧道洞口外；对于长度小于 1 km 的隧道或隧道群，可设一根长轨通过，但应根据隧道内外的最大轨温差，在洞口内侧 50 m 范围加强锁定。

（五）寒冷地区无缝线路

年轨温变化幅度超过 90 ℃的地区称为寒冷地区。年轨温变化幅度越大，无缝线路承受的温度拉力或压力越大，钢轨更易折断或胀轨跑道，铺设的无缝线路应注意以下事项：

1. 寒冷地区无缝线路温度力大，长轨节的伸缩量也大，因此，根据不同的情况，确定采取温度应力式或定期放散温度应力式。寒冷地区无缝线路的基本结构形式一般采取温度应力式，困难时可将铺设锁定轨温范围缩至 6 ℃ ~8 ℃，如仍不能满足强度和稳定性要求，也可以采用定期放散温度应力式。

2. 加强轨道结构，对于使用 50 kg/m 钢轨、混凝土枕配置 1 840 根/km、碎石道床、肩宽 45 cm、砟肩堆高 15 cm、年轨温变化幅度小于等于 100 ℃地区，可铺设温度应力式无缝线路。

3. 加强线路养护，注意矫直钢轨硬弯，凡矢度超过 3 mm 的硬弯要有计划地矫直，保持扣件的紧固状态，彻底整治冻害和翻浆冒泥，以保持路基、道床完好，提高轨道强度和稳定性。

第六节　成组更换道岔设计

一、概　　述

成组更换道岔是铁路线路设备大修主要项目之一。

(一)主要工作内容

1. 铺设新道岔和新岔枕;铺设无缝道岔时,含焊接钢轨、铺设胶接绝缘钢轨(接头)并按设计锁定轨温锁定道岔,埋设位移观测桩。

2. 更换道砟。

3. 整修道岔及其前后线路,做好排水工作。

4. 回收旧料,清理场地。

(二)确定因素

成组更换道岔是为了适应运输需要,有计划地对不能满足运输需要和保证运输安全的既有道岔进行更新及替换,主要分为以下几种情况。

1. 钢轨通过总重已达大修周期或道岔钢轨及配件、岔枕因长期使用,磨耗或伤损严重,难于保证行车安全,需整组更换。

2. 轨道结构匹配更新要求,如木枕道岔更换为混凝土枕道岔,43 kg/m 钢轨道岔更换为50 kg/m 或 60 kg/m 钢轨道岔等。

3. 不满足运输需要时,如更换速度更高等级的道岔、改变站场进路等。

(三)分类

从技术要求上分为以下几类。

1. 图号、道岔类型及岔枕类型没有变化,道岔总长及前长、后长不变。

2. 辙叉角不变,图号改变,道岔类型及岔枕类型发生改变,道岔总长及道岔前后长度全部或部分发生变化,如 92 型木岔枕 60-1/12 道岔(专线 4190、专线 4220)更换为混凝土岔枕道岔(SC330、专线 4249)。

3. 辙叉角改变,如 9 号道岔更换为 12 号道岔。

根据技术要求的不同,更换道岔应根据站场条件及设计道岔的要求逐组勘测设计,道岔更换涉及工务(线路设备)、电务(转辙设备、信号)、电力(电力增容)、车务(联锁关系改变或调整、岔内减速顶等)、供电(接触网调整)、其他设备影响(如轨道衡、红外探测仪、轴温测量仪)等多专业配合,其设计是一项比较复杂而又细致的工作。做好前期调查及资料收集等工作对于进行下一步勘测设计具有积极意义。

二、更换道岔设计内容

成组更换道岔设计按照件名计划书(或任务书)的要求,先进行收集资料、现场勘查、内业设计(图纸、工程量、预算),提出完整设计文件,经过铁路局有关部门审批后,发送各有关单位执行。道岔大修设计文件按照专业类别,一般分为工务设计文件和电务设计文件、供电设计文件及其他专业设计文件等。

(一)工务设计文件

道岔大修设计应由专业设计单位或部门承担,也可由设备管理单位承担。

1. 设计说明书

设计说明书主要说明计划更换道岔的件名依据、既有设备状况(轨道结构、平纵断面条件、相关设备情况)、主要设计标准及要求(设计图号、岔间线路配套轨道要求)、相关专业配合要求(电务、供电等)及预算编制说明等。

2. 设计图纸

(1)平面设计布置图:其内容应包括全部或局部站场示意,设计道岔的配轨设计,计划更换道岔及相邻道岔的平面位置关系,设计道岔所在股道及相邻股道的线路参数(线间距、股道有效长等),道岔影响范围的其他设备位置变动等(如信号机、其他专业设备等),道岔及其连接线路的曲线标注等,对个别位置因图例关系表述不清的可采用局部放大图例标示。

(2)纵断面布置图:整个道岔区统一设计或改变道岔位置有可能引起新换道岔位置处于变坡点或竖曲线时,应增加纵断面设计图,对相邻股道统一考虑抬落道设计。

(3)横断面图:涉及需要一并考虑路基病害处理时,应进行横断面设计,对路基分层换填填料及设计标准进行标示。

3. 工程量计算单

(1)更换道岔材料表:各设计图号的道岔组数、类型,具体配轨计算、统计,轨枕及扣件计算,补充石砟计算。

(2)附属工程计算表:土石方、应力放散、焊头和线路拨移等。

(3)平面拨量计算表:引起线路拨移的,应进行拨量计算,并考虑线路移位引起的其他工程。

(4)其他专业的配合及费用分列说明。

(5)其他。

(二)电务、供电及其他专业设计文件

电务、供电专业设计文件及其他专业设计文件由铁路局相关处室委托设计单位按规范规定进行编制。

三、道岔大修勘测设计

(一)工作流程

1. 资料收集

道岔大修一般在既有线上进行,为保证道岔勘测设计工作顺利进行,应针对更换道岔的计划件名进行资料收集,主要包括以下几方面。

(1)件名计划书。

(2)技术标准要求。

(3)站场配线图。

(4)线路综合图。

(5)轨道、站场设计规范及设计资料等。

(6)拟换道岔铺设图。

(7)邻近线路及道岔的设计文件或资料。

资料收集应尽量齐全,满足现场查阅技术参数或指标的要求,避免现场调查遗漏或数据缺失。

2. 现场勘察测量

现场勘察测量包括计划更换道岔的既有平面及高程测量、相关站场资料的调查及测量。

(1)平面测量:主要包括里程丈量、股道线间距测量、计划更换道岔邻近建筑物限界丈量。平面测量的目标是形成待更换道岔及邻近运输设备的平面位置坐标图,图上既有道岔、邻近道岔、各影响区的设备及建筑限界标注清楚。平面坐标的纵坐标一般引入道岔所在正线的里程系统,连续丈量,标记并记录道岔岔前位置、岔后位置、绝缘位置、信号机位置、轨道结构形式变化点等(轨枕分界、钢轨类型分界、扣件分界)的里程;更换多组道岔时,应沿一股线路的直线方向进行丈量作为纵坐标,其垂直方向作为横坐标,其他股道的设备里程投影至丈量线路,形成换算里程坐标。

(2)高程测量:对道岔及邻近线路进行高程测量,一般要接入铁路沿线水准点高程,接入困难时,可假定临时水准点进行闭合测量。

(3)现场调查:绘制平面草图,标注既有道岔及设计涉及的线路设备里程资料(道岔全长、道岔前后配轨长度、岔前里程、岔后里程、各类分界里程、绝缘里程、信号机里程及限界、接触网杆里程及限界、曲线起终点及要素等)。调查计划更换道岔所处路基状况(宽度、高度);勘查计划更换道岔附近电缆盒、信号机、电杆、各类标志等固定设备的影响;勘查计划更换道岔及相邻影响道岔的设备情况,主要为道岔类型、图号、保护轨轨型及长度、异型接头位置、警冲标位置、信号机位置及限界、股道间距、股道有效长、轨枕岔枕类型、扣件分布、附带曲线位置及曲线要素、道岔绝缘设在直侧股等情况;现场核对资料准确性,曲线偏角,道岔渡线方正程度(道岔渡线直股两股线路方向是否平行),岔前接头是否方正,以经纬仪测量曲线的两个切线方向定出曲线交角与既有曲线资料对比判断曲线资料有无问题,分股进行里程丈量,形成闭合测量圈验证里程丈量的准确性,道岔渡线直股两股线路不平行时,应现场查找原因并确定结合改造拨移的可行性方案。

(4)根据拟换新道岔尺寸及位置要求,现场初步确定影响道岔设备勘测的范围。如路基加宽、桥涵接长、站台拆除恢复、排水沟改造、线路拨移、接触网移设及其他设备拆除、还建等。无法一次确定方案时,可在内业方案确定时再次补充勘察。

(5)相关专业调查:所换道岔是否涉及供电、车辆、电务等专业配合工程量,是否涉及专业设备迁改、还建、拆复问题,是否涉及行车径路改变或股道有效长变动等问题,若存在,应逐项与设备管理单位联合调查,明确影响范围,在设计中具体考虑。

(6)场地调查:新道岔预铺场所及拉入径路,旧道岔出料径路,影响栅栏及绿化设施,机械化施工条件(轨道车、风动卸砟车、物料运输车、道岔换铺设备、挖掘机进出径路)调查。

3. 内业计算

(1)新道岔位置计算

按照新设计道岔标准图号的尺寸,对比既有旧道岔的实际尺寸,进行新设道岔的位置计算。分为两种情况:

①第一种情况是既有道岔理论岔心不变(中交点不变)。根据新设道岔和既有道岔实际尺寸的位置差异又可分为三类:根据道岔标准设计图的尺寸,道岔始端(轨缝中心或焊点中

心)至道岔理论中心的距离称为道岔前部实际长度(简称道岔前长),道岔终端(轨缝中心或焊点中心)至道岔理论中心的距离称为道岔后部实际长度(简称道岔后长)。

a. 道岔前长不变

按照既有道岔岔首位置不变的原则布置新道岔,岔首轨缝位置若存在绝缘及信号机,在不改变转辙设备的前提下,可以减少电缆铺设、信号改移等电务工作量。若既有道岔为无缝道岔,应根据既有道岔岔首位置的钢轨焊头位置考虑锯轨、焊接等因素。

b. 道岔后长不变

若辙叉跟后配轨受限,道岔不宜向后方移动,可按道岔后长不变进行道岔布置,其优点为道岔辙叉跟后的钢轨配轨长度不变,换岔后不影响道岔辙叉后轨道设备。若既有道岔为无缝道岔,应根据既有道岔辙叉类型(合金钢组合辙叉、锰钢整铸辙叉、可动心轨辙叉)特点,实测道岔辙叉外方位置的钢轨焊头位置考虑锯轨、焊接、施工过渡等因素。

c. 道岔前长、后长改变

此种情况适用于道岔辙叉角不变、设计前后长均改变的情况,道岔前后配轨长度均改变,更换引起的工程量最小;也适用于道岔侧向位置不变时的情况,当道岔移位引起侧向线路拨移,一并引起连带线路及岔群移动时,应优先考虑岔心不动的方案。既有道岔为无缝道岔时新设道岔前长、后长的处理原则同以上两种情况。

②第二种情况是既有道岔理论岔心改变(中交点改变)。新设道岔位置全部移动,新设道岔进路关系改变,新设道岔转辙角变动,新设道岔前后长尺寸变化达不到设计目标时,应考虑新设道岔的位置移动,其方案仍然要考虑理论岔心的位置移动量较小为最佳方案,当道岔位置移动时,应统筹考虑岔群布置关系、引起改造工程量、相关专业配套的总体协调。

(2)配轨计算

新设道岔的设计位置一般以既有岔首轨缝、焊点位置或理论岔心为基准进行计算,单组道岔更换时,应根据新设道岔位置与相邻道岔的位置坐标关系计算新旧道岔间的配轨长度,配置短轨时,与新设道岔相接的保护轨应尽量设计为标准轨,出现轨型不一致时,应设计为异型轨。异型轨的使用应考虑其使用条件限制(岔尾辙叉跟处直侧向位置不宜出现变截面)。多组道岔同步更换时,应整体考虑道岔间配轨的配套,减少杂短轨,减少接头数量。

岔区采用无缝线路结构时,应将道岔设计为无缝道岔,岔间设计为无缝线路,综合采用焊接、胶接、冻结等手段实现岔区无缝化。

(3)工程量计算

按照设计图及调查资料,对更换道岔引起的工程量及材料数量进行分类计算。更换道岔设计需要计算的主要工程量一般为更换钢轨长度及根数,更换轨枕、扣件类型及根数,补充石砟数量(方数),钢轨接头类型及个数等。钢轨总长度材料计算应按照“就近综合锯配、节省轨料”的原则,一般以一个车站或一个咽喉区为单位综合考虑适量的配轨损耗量。更换轨枕应考虑新换道岔过渡Ⅲ型枕的数量,咽喉区连续更换道岔时应按同一单元设计,实现轨道结构等强匹配。补充石砟按照实方计算。

(4)常用道岔图号及尺寸资料

设计常用道岔主要技术参数详见表3—6—1。

表 3—6—1　设计常用道岔主要技术参数

道岔类别	岔枕类别	道岔型号	图号	直向通过速度(km/h) 客车	直向通过速度(km/h) 货车	侧向通过速度(km/h) 客货车	辙叉角	导曲半径 R (m)	道岔全长 L_Q (m)	始端至道岔中心距离 a (m)	中心至辙跟距离 b (m)	至末跟岔枕距离 L' (m)	尖轨尖端至基本轨轨缝长 q (m)	尖轨长 L_o (m)	岔枕 配套图号	岔枕 根数(根)	岔枕 体积(m^3)	岔枕 延长米(m)	扣件类型	金属件总重(t)	锁闭方式	批准文号
单开道岔	木枕	50-9	SC531(CZ2287)	90	80	30	6°20′25″	180	28. 848	13. 839	15. 009	5. 810	2. 646	6. 450	GB 154—59	60	7. 74		Ⅰ型弹条	12. 141	内锁 1 牵	CZ2287JD
		50-12	专线 4147(CZ207)	120		55	4°45′49″	350	37. 907	16. 853	21. 054	6. 868	2. 850	11. 300	GB 154—84	83	10. 806		刚性可调	13. 7	内锁 2 牵	专设标(87)273 号
	混凝土枕	50-9	CZ2209	100	80	35	6°20′25″	180	28. 848	13. 839	15. 009	8. 700	2. 646	6. 450	CZ2209Z	69		217. 7	Ⅰ型弹条	11. 524	内锁 1 牵	运基线路〔2003〕207 号
		50-12	专线 4257(CZ2227)	120		50	4°45′49″	350	37. 907	16. 853	21. 054	10. 500	3. 220	13. 080	专线(01)3423	88		217. 1	Ⅰ型弹条	15. 832	内锁 2 牵	专设标〔2000〕194 号
		60-9	SC390c(CZ577)	120		35	6°20′25″	190	29. 569	13. 839	15. 730	7. 500	2. 646	12. 400	CZ577Z	69		222. 32	Ⅱ型弹条	13. 429	内锁 3 牵	运基线路〔2002〕289 号
		60-9	SC402	160		35	6°20′25″	400 180	30. 340	14. 015	16. 325	7. 500	2. 596	14. 120	SC402-500	69		223. 76	Ⅱ型弹条	15. 23	外锁 2 牵	运基线路〔2003〕231 号
		60-12 固定辙叉	SC330(CZ560)	120	80 90	50	4°45′49″	350	37. 907	16. 853	21. 054	11. 100	3. 220	12. 480	SC330-500	90		286. 22	Ⅱ型弹条	17. 818	内锁 2 牵	运基线路〔2002〕92 号
		60-12 固定辙叉	专线 4249(CZ545)	160	90	50	4°45′49″	350	37. 800	16. 592	21. 208	11. 100	4. 395	12. 400	专线 3399	88		296	Ⅱ型弹条	16. 585	外锁 2 牵	专设标〔2000〕082 号
		60-12 可动心轨	GLC(06)01(CZ2612) GLC(08)01(替换)	200	120	50	4°45′49″	450 350	43. 200	16. 592	26. 608	5. 100	1. 950	14. 250	GLC(06)01-300	87		286. 88	Ⅱ型弹条	23. 955	外锁 4 牵	运基线路〔2007〕246 号 运基线路〔2009〕262 号
		60-18	GLC(09)04	200	120	80	3°10′47. 4″	950	61. 800	24. 544	37. 256	10. 500	2. 525	17. 270	GLC(07)04-300	131		432. 48	Ⅱ型弹条	33. 986	外锁 5 牵	运基线路〔2011〕297
		60-18	客专线(07)004(CZ2602)	250	120	80	3°10′47. 4″	1 100	69. 000	31. 729	37. 271	8. 700	1. 951	21. 450	客专线(07)005	140		463. 29	Ⅱ型弹条	38. 603	外锁 5 牵	科技基〔2006〕160 号

续上表

道岔类别	岔枕类别	道岔型号	图号	直向通过速度(km/h)		侧向通过速度(km/h)	辙叉角	导曲半径 R (m)	道岔全长 L_Q (m)	始端至道岔中心距离 a (m)	中心至辙跟距离 b (m)	至末跟岔枕距离 L' (m)	尖轨尖端至基本轨轨缝长 q (m)	尖轨长 L_o (m)	岔枕				扣件类型	金属件总重(t)	锁闭方式	批准文号
				客车	货车	客货车									配套图号	根数(根)	体积(m^3)	延长米(m)				
对称道岔	混凝土枕	50-6	SC384	35			9°27′44″	180	17.457	7.437	10.020	5.691	1.420	4.630	SC384-500	45		145.1	弹性可调	8.327	内锁闭	运基线路〔2004〕409 号
		60-6	SC382	35			9°27′44″	180	17.457	7.437	10.020	6.300	1.420	4.630	SC382-500	47		156.3	弹性可调	8.62	内锁闭	运基线路〔2004〕409 号
复式交分道岔	木枕	50-9	专线 6054(CZ230)	80		30	6°20′25″		30.050	2.051	12.974			5.310	GB 154—84	78	11.72		刚性可调	19.302	内锁闭	专设标(89)231 号
		50-12	专线 6058(CZ252)	80		45	4°45′49″		42.132	3.801	17.265			7.450	GB 154—84	104	15.56		刚性可调	26.606	内锁闭	专设标(89)307 号
		60-9	专线 6077(CZ2518)	80	80	35	6°20′25″		31.490	2.771	12.974			5.310	GB 154	30	12.1		刚性可调	22.379	内锁闭	专设标(97)051 号
		60-12	SC512(CZ2664)	90		45	4°45′49″		42.132	3.801	17.265			7.450		104	15.6		Ⅱ型弹条	30.57	内锁闭	CZ2664JD
	混凝土枕	50-9	CZ2237	90		35	6°20′25″		30.050	2.051	12.974			5.280	CZ2237Z	92		331.8	Ⅰ型弹条	22.3	内锁闭	CZ2237JD
		50-12	CZ2220	80		45	4°45′49″		42.132	3.801	17.265			7.630	CZ2220Z	108		399.4	B 型弹条	26.976	内锁闭	运基线路〔2003〕207 号
		60-9	CZ2504			35	6°20′25″		31.490	2.771	12.974			5.280	CZ2504Z	88		318.6	Ⅱ型弹条	24.92	内锁闭	运基线路〔2003〕270 号
		60-12	SC350(CZ2651)	120	90	45	4°45′49″		42.132	3.801	17.265			10.040	SC350-500	118		433.52	Ⅱ型弹条	33.555	外锁闭	运基线路〔2003〕313 号
交叉渡线道岔(5 m 间距)	木枕	50-9	专线 7512(CZ210)	90		30	6°20′25″	180	72.678	13.839	45.000		2.646	6.450	GB 154—84	274	33.2		刚性可调	54.062	内锁闭	专设标(89)337 号
		50-12	专线 7516	120		50	4°45′49″	350	93.706	16.853	60.000		2.850	11.300	GB 154—84		43.217		刚性可调	69.3	内锁闭	专设标(87)273 号
		60-9	专线 7578(CZ2524)	95		30	6°20′25″	180	72.678	13.839	45.000		2.650	6.450	GB 154—84	280	33.88		刚性可调	59.836	内锁闭	CZ2524JD

续上表

道岔类别	岔枕类别	道岔型号	图号	直向通过速度(km/h)		侧向通过速度(km/h)	辙叉角	导曲半径 R(m)	道岔全长 L_Q(m)	始端至道岔中心距离 a(m)	中心至辙跟距离 b(m)	至末跟岔枕距离 L'(m)	尖轨尖端至基本轨轨缝长 q(m)	尖轨长 L_o(m)	岔枕				扣件类型	金属件总重(t)	锁闭方式	批准文号
				客车	货车	客货车									配套图号	根数(根)	体积(m^3)	延长米(m)				
交叉渡线道岔(5 m间距)	木枕	60-12	专线7562(CZ558)	120		50	4°45′49″	350	93.706	16.853	60.000		2.850	11.300	GB 154—84	358	43.38		刚性可调	77.452	内锁闭	专设标〔1995〕043号
	混凝土枕	50-9	CZ2210	100	80	35	6°20′25″	180	72.678	13.839	45.000		2.646	6.450	CZ2210Z	230		787.2	Ⅰ型弹条	54.612	内锁闭	运基线路〔2003〕207号
		50-12	CZ2216	120		50	4°45′49″	350	93.706	16.853	60.000		3.216	12.480	CZ2216Z	288		1 033	Ⅰ型弹条	73.268	内锁闭	运基线路〔2003〕207号
		60-9	SC391C(CZ580)	120		35	6°20′25″	360 190	72.678	13.839	45.000		2.650	12.400	CZ580Z	234		804.48	Ⅱ型弹条	64.662	内锁闭	运基线路〔2003〕269号
		60-12	SC340(CZ569)	120	90	50	4°45′49″	350	93.706	16.853	60.000		3.216	12.480	SC340-500	276		1 007	Ⅱ型弹条	83.006	内锁闭	运基线路〔2002〕290号

注:(1)参数主要选用中铁宝桥集团有限公司主编《铁路道岔参数手册》,实际采用时应以标准图为准。

(2)复式交分道岔的 a 值指道岔始端至辙叉理论中心距离,b 值指辙叉理论中心至菱形中轴线距离。

(3)组合道岔:按单开道岔、复式交分道岔、交叉渡线道岔的标准图号组合设计为标准图号组合道岔或根据现场实际情况单独设计为非标准图号组合道岔。

4. 绘制设计图纸

更换道岔应绘制设计平面布置图，涉及纵断面及横断面设计时应绘制相应地段的纵断面设计图、横断面设计图。

设计平面图一般包括站场平面示意图（更换道岔所在局部站场或全部站场）、设计道岔配轨图、设计道岔坐标表、设计道岔主要数量表和更换轨枕范围数量表（图）等内容。主要的设计道岔配轨图应按照规定的制图比例进行制图，制图比例一般为纵向 1∶2 000，横向1∶500，也可采用纵横向比例一致 1∶500。个别处所可采用局部放大图进行绘制。

纵、横断面设计图一般按照线路大修设计格式适当修改进行绘制。

5. 编制设计文件

道岔大修设计文件一般包括设计说明书、预算费用、工程量表、材料表和道岔设计图等内容。根据道岔设计图，进行更换道岔工程量计算，对涉及的材料数量进行统计，编制工程量计算表、材料数量计算详细表、附属工程量计算表，按照工程量、材料数量编制预算费用文件，根据有关标准、依据编制说明书。

经过审批后的设计文件按照规定分发各有关部门及单位，作为工程实施、验收考核和费用结算的依据。

设计文件案例：详见本节成组更换道岔设计算例。

6. 技术交底

批准后的设计文件下达后，为保证工程实施按照设计标准进行，一般由设计单位或部门组织技术交底，较为复杂的应由工务处组织设计、项目执行（施工）、设备管理单位及有关部门进行技术交底，对设计中的有关标准及要求、重点事项进行宣贯及布置。工程项目的实施单位在接到设计文件后应进行现场调查及设计核对，发现问题应及时与设计单位进行沟通，技术交底时一并提出。需要调整设计或变更时必须征得上级业务主管部门的同意。

（二）测设桩位

设计单位完成设计后，对道岔设计中关键控制性基础数据应进行放桩测设。该项工作也可由项目执行单位结合现场放桩工作一并实施。测设桩位的方法可根据新道岔引用的参照坐标与旧道岔的关系分为相对法和绝对法两类。

四、新道岔计划长度计算

更换道岔时，如果长度变化较小，可用匀轨缝的办法解决。如变更道岔型号，道岔中心点位置也要发生变化，变动道岔位置，新道岔曲股方向与原道岔曲股方向不一致，附带曲线的位置和半径也发生变化，需要重新配轨和计算计划长度，且左右两股钢轨的计划长度各不相同，还应分开计算。

由图 3—6—1 可得左右两股轨的计划长度 $L_{左计}$ 和 $L_{右计}$ 分别为

$$L_{左计} = L_{左岔} + L_{夹} + L_{左附} \tag{3—6—1}$$

$$L_{右计} = L_{右岔} + L_{夹} + L_{右附} \tag{3—6—2}$$

$$L_{夹} = \frac{e}{\sin\alpha} - b - T_{附} \tag{3—6—3}$$

$$L_{左附}=(R_{附}+\frac{S}{2})\cdot\alpha\cdot\frac{\pi}{180} \tag{3—6—4}$$

$$L_{右附}=(R_{附}-\frac{S}{2})\cdot\alpha\cdot\frac{\pi}{180} \tag{3—6—5}$$

$$T_{附}=R_{附}\tan\frac{\alpha}{2} \tag{3—6—6}$$

式中 $L_{左岔}$,$L_{右岔}$——道岔侧向左、右股从基本轨前端至辙叉尾端的长度(包括轨缝)(mm);

$L_{夹}$——岔后直线段长度(mm)。

$L_{左附}$,$L_{右附}$——道岔附带曲线外股长、里股长(mm);

e——线间距(mm);

α——辙叉角(°);

b——道岔后长(mm);

$R_{附}$——附带曲线半径(mm);

$T_{附}$——附带曲线切线长(mm);

S——轨距,取 1 435 mm。

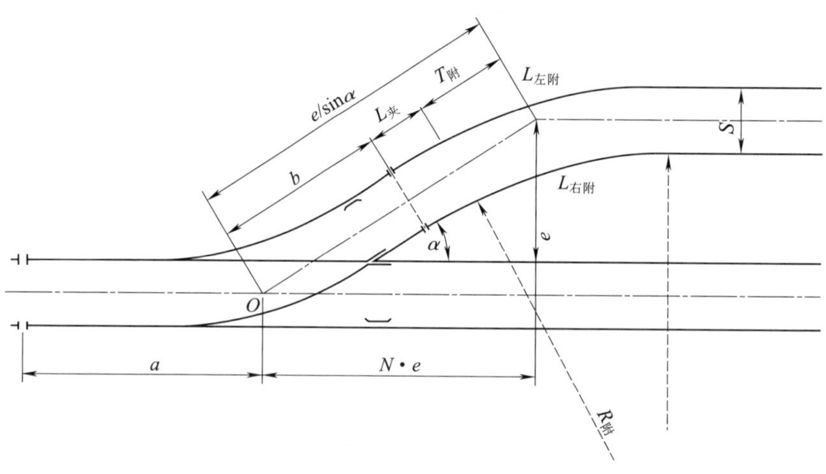

图 3—6—1　新道岔计划长度计算示意

五、配轨原则及计算

1. 配轨原则

更换道岔时,新道岔前后连接钢轨应与道岔钢轨类型相同。在有轨道电路区段,道岔内的配轨还应符合轨道电路的有关规定。配轨时应考虑以下原则:

(1)道岔与线路的钢轨类型不一致时,应在道岔前后至少铺设一节与道岔钢轨类型相同的钢轨。

(2)道岔前后配置的短轨长度应符合有关规定,正线上不短于 6 m,在站线不得短于 4. 5 m,特殊情况应单独设计。有条件时应配一节标准轨,短轨尽量布置在标准轨的外方,离开道岔首尾位置,有利于提高道岔过车平稳性,避免或减少病害的发生。

(3)道岔前后如有爬行和接头相错现象,应在更换道岔的同时方正。配轨时,应保证接头方正,还应考虑到轨枕的排列,轨枕配置根数不应低于原有标准。

(4)道岔区涉及绝缘和信号机位置变动，应征得电务部门同意。一般情况下，有轨道电路区段应注意将钢轨绝缘接头的位置放在距警冲标 3.5 ~ 4.0 m 的地方，如图 3—6—2(a)所示；如果信号机与绝缘接头位置不一致时，为避免窜轨、换轨或锯轨，允许信号机位于绝缘接头前方(按发车方向)不大于 1 m 处，如图 3—6—2(b)所示，或位于绝缘接头后适当距离，如图 3—6—2(c)所示。

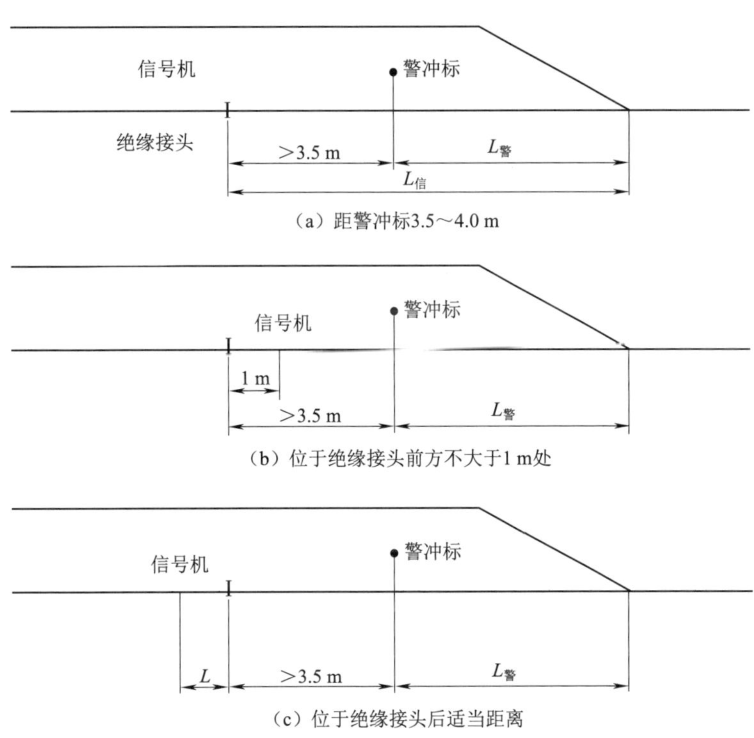

图 3—6—2　绝缘接头、警冲标、信号机位置示意

2. 配轨计算

在确定了新道岔号码、附带曲线半径和线间距后，据前述算式，确定新道岔的道岔前端和附带曲线的位置。而既有道岔在上述范围内的钢轨长度可以直接量出来，称为既有道岔的实际长度。如果考虑原有轨缝及计划轨缝，则新旧道岔长度之差，便是锯轨量 ΔL，可按式(3—6—7)计算。

$$\Delta L = (L_{实} - \sum \delta_{实}) - (L_{计} - \sum \delta_{计}) \tag{3—6—7}$$

式中　$L_{实}$——既有道岔钢轨实际长度(自新道岔基本轨前端至新道岔附带曲线尾)；

$\sum \delta_{实}$——既有道岔轨缝总和；

$L_{计}$——新道岔钢轨计划长度；

$\sum \delta_{计}$——新道岔计划轨缝总和。

3. 无缝线路区段配轨

按照上述原则，计算新设道岔与既有道岔的位移量，按照岔前、岔后、直向和侧向分别计算配轨的长度。

六、无缝道岔设计

(一)无缝道岔设计的内容

无缝道岔设计应按照《铁路无缝线路设计规范》(TB 10015—2012)中第7章的相关规定进行。路基地段和桥上无缝道岔应根据该规范中相应要求分别设计。

无缝道岔设计包括无缝道岔的结构设计及设计检算。结构设计主要包括焊联方式的选择、配轨设计、锁定范围的设计和关键联结件的加强设计等内容;设计检算主要包括既有岔群分布情况分析、设计参数选用、纵向力和位移量计算、稳定性和允许温升计算、轨道强度及允许温降计算、设计轨温计算等内容。

1. 基本理论

无缝道岔岔内所有钢轨接头均焊接或冻结,并与无缝线路长轨条进行焊接或冻结。在跨区间无缝线路上,道岔处于无缝线路固定区,其基本轨为无限长,而导轨为半无限长。随着轨温的变化,导轨在有限长的一端克服阻力而伸缩,相应放散部分温度力,并通过联结件(限位器)、岔枕和扣件对基本轨施加纵向力,因而基本轨除承受温度力外,还承受导轨的作用而产生附加纵向力并产生纵向位移,无缝道岔的纵向力和位移量计算是无缝道岔设计的重要内容,也是施工和养护维修管理的理论基础。相关理论可参阅有关专著《无缝线路研究与应用》(卢耀荣著,第二版)。

2. 结构标准

接头焊接、胶接或冻结,固定辙叉或可动心轨辙岔,应与相邻无缝线路钢轨类型匹配,且要求辙叉心与翼轨有效锁定,联结件及配件强度足够,尖轨不承受纵向力、能有效限定纵向位移量。

3. 结构设计

(1)焊联方式的选择

道岔的焊联应根据实际条件,选择最能保证道岔整体强度和稳定性、经济合理的方式。通常道岔区的钢轨接头宜采取焊接为主,并辅助胶接和冻结。

①焊接

钢轨接头的焊接方式视具体条件选择,高速铁路、客运专线和客运繁忙干线宜采取接触焊、数控气压焊和铝热焊相结合的方式;有条件时,均应优先采用移动焊轨车焊接。接触焊和数控气压焊用于道岔区内钢轨接头的道下焊接,而铝热焊则用于道岔铺设后的线上焊接。固定辙叉道岔其锰钢辙叉更换为可焊接辙叉时,可以实现辙叉与两端钢轨的焊接。

②胶接

钢轨的绝缘接头主要用于构成单元轨道电路的隔离和闭塞。胶接绝缘接头是实现岔区无缝化的有效方法。

③冻结

锰钢固定辙叉与长轨条的接头因钢种不同,不能直接焊接。可采用摩擦冻结或常温固化胶冻结,实现锰钢辙叉与长轨条固定联结。此外,侧线和渡线上的钢轨接头也可采用冻结。

(2)配轨设计

道岔区内钢轨焊接前,应经实地勘测,进行配轨设计。

①调查设计道岔及外方一定范围内钢轨、尖轨、辙叉和道岔联结零件的状态,一般应调查至道岔外与之相连的长轨端或道岔保护轨外的焊头。应调查现有道岔的类型,钢轨、轨枕、扣件类型及数量,各类接头的现有联结方式(普通、焊接、胶接、冻结)及数量分布,道岔侧向 75 m 范围内的轨道结构,尖轨与基本轨的联结方式(间隔铁、限位器)及其结构方式。根据调查结果计算并确定需要更换的钢轨、零配件数量和无缝道岔配轨设计中钢轨接头采取的接头类型和数量,根据检算结果确定需要强化或改造的联结件数量及部位。

②测量线路上设计范围内现存的各类钢轨长度、轨缝大小,结合已调查确定的钢轨接头类型,绘制轨条布置图作配轨设计。轨条布置图中一般应包括单元轨条编号、钢轨配置、各类型接头配置、轨缝调整大小和纵向位移观测桩设置等内容。

③接头顶锻量、焊缝、冻结或胶接缝设计预留。接触焊和数控气压焊每一接头需考虑 30 mm 的顶锻量,铝热焊接头需考虑每一接头预留量(其中,德国铝热焊按照 28 mm $^{+2}_{-1}$ mm 预留焊缝;法国铝热焊按照 25 mm ± 2 mm 或产品说明预留焊缝)。钢轨冻结接头,要求轨缝顶严,或因配轨需要也可用厚度分别为 6 mm、8 mm、10 mm 的玻璃钢端板填充。

④无缝道岔与前后轨条的焊联。新换无缝道岔内部钢轨焊联一般在预铺阶段进行,根据道岔类型、无缝化实施标准、焊接设备确定道岔内部各钢轨接头的具体焊接方式,提前预留与前后轨条的连接条件(道岔两端钢轨是否带螺栓孔),辙叉需要焊接时应更换为合金钢组合辙叉或具有端部可焊性能过渡段的辙叉。道岔端部进行一次性焊接上道时应考虑适当的钢轨预留量。无缝道岔与前后轨条的焊联一般在天窗内进行,无法一次焊接到位时应考虑二次过渡方案。无缝道岔与其连接钢轨类型应一致。

⑤无缝道岔与前后长轨条的连接,根据天窗条件可采用无缝夹板、加长道岔钢轨(带螺栓孔)、一次焊接上道等多种过渡方式。

具体过渡方案可参考以下做法:成组更换道岔,因天窗条件限制需要过渡时,首次铺设上道时按照岔尾、岔首的钢轨加长 60 cm 设计,可动心轨道岔的心轨跟端成型段加长 5 cm (即成型段长 50 cm),再临时焊接一段长 300 cm 短轨,并在轨端钻螺栓孔,以便铺设上道后与线路上的钢轨临时联结。待最终与线路上长钢轨焊联时,锯掉岔尾、岔首延长的 60 cm 钢轨,锯掉心轨跟端长出的 5 cm 及临时焊接的钢轨(即长度为 305 cm)。单独换铺导轨和辙叉,设计应将导轨加长 5 ~ 10 cm,施工时,视轨温变化引起钢轨长度的变化,切除多余长度的钢轨。

以混凝土枕 60 kg/m 钢轨 12 号道岔(图号 SC330)为例,无缝道岔配轨示意如图 3—6—3 所示。

(3)锁定范围的设计

无缝道岔直向设计应分别与长轨条焊联或胶接,以使道岔位于无缝线路固定区。

无缝道岔的侧线或渡线,必须锁定一定长度,否则易导致直、曲基本轨和直、曲尖轨的位移。直、曲基本轨和尖轨的相错量过大,将影响道岔的转换和锁闭。按照规范,道岔的侧线或渡线锁定长度不应短于 75 m,困难条件下也不应短于 50 m。若侧线在近距离内(不到 50 m)连接邻线道岔辙叉,应加强邻线道岔辙叉的锁定。

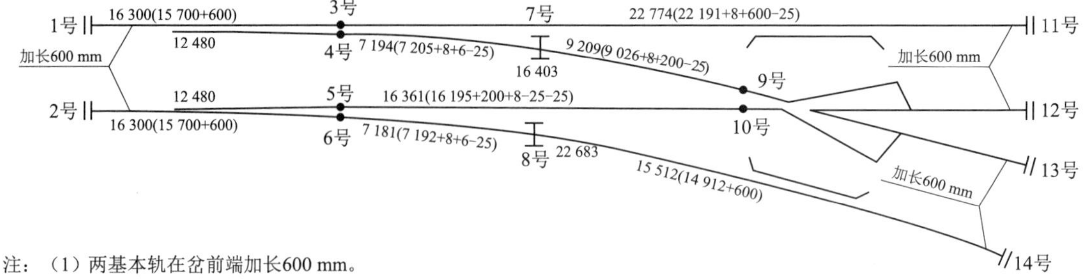

注：（1）两基本轨在岔前端加长600 mm。

（2）3～6号、9号、10号接头采用铝热焊现场焊接，预留轨缝25 mm，接头两端不钻螺栓孔。

（3）7号、8号接头为厂制胶接绝缘接头（轨缝6 mm）。

（4）辙叉采用奥贝氏叉心，叉跟加长600 mm，叉心翼轨材质采用U75V。

（5）本图单位为mm，材质为U75V-60 kg/m轨。

（6）图例：● 表示焊接接头，I 表示绝缘接头。

（7）当尖轨跟接头焊接完成，经探伤检查确认无伤损后，内直钢轨长度自尖轨尖端量取12 480+8+16 195+8-25=28 666 mm，锯切后焊轨即可；曲上股钢轨的长度自尖轨尖端量取12 480+8+7 205+6+9 026+8-25=28 708 mm，锯切后焊轨即可。法国铝热焊减掉25 mm；德国铝热焊减掉28 mm。

图 3—6—3　混凝土枕 60 kg/m 钢轨 12 号道岔(图号 SC330)无缝道岔配轨示意

4. 设计检算

无缝道岔设计应满足跨区间无缝线路的允许温升和允许温降要求，道岔各联结部件应牢固、耐久、可靠。道岔尖轨位移、心轨位移应满足道岔结构及转换设备正常使用的要求。

(1)道岔编号、型号、布置及相邻道岔间距的整理分析统计

道岔型号：指设计道岔的型号，主要包括岔枕类型、辙叉号数及辙叉类型等。

道岔布置：指设计道岔在所在岔群中的布置方式，主要包括单组、前前对接、前后对接、后后对接、交叉渡线、复式交分等类型。

相邻道岔间距：指按以上道岔布置方式的相邻两道岔间连接钢轨的长度及线间距。

(2)轨道结构标准

轨道结构标准主要包括钢轨、岔枕、轨枕、扣件、道床和绝缘接头等结构相关规范要求。

(3)设计参数

①轨温、气温

调查设计道岔车站所在地区近 30 年内的最高、最低气温，设计检算采用最高轨温为当地近 30 年内的最高气温加 20 ℃、最低轨温等于当地近 30 年内的最低气温。

②道岔计算尺寸

调查设计采用道岔的图号，确定其尖轨长度、辙叉长度和导曲线半径等道岔要素。

③阻力参数(根据道岔图号确定各部位阻力参数)

a. 导轨、基本轨扣件纵向阻力。

b. 导轨通过岔枕传递给基本轨的纵向力。

c. 限位器阻力。

d. 辙叉阻力。

e. 道床横向阻力。

f. 扣件阻力。

④行车条件

行车条件主要包括机车类型、机车的轴重及轴间距等。

(4)纵向力和位移量计算

无缝道岔纵向力和位移量的大小不仅与道岔类型、辙叉号数及轨温幅度有关，而且与站场内道岔的布置和组合有关，当两组道岔连接的距离小于 12.5 m 时，计算得到的纵向力的量值将增大，即两组道岔之间的连接钢轨越短，纵向力越大。交叉渡线由 4 组单开道岔和一组菱形交叉组成，复式交分道岔则由菱形交叉、转辙器及连接曲线等组成，在交叉渡线和交分道岔的交叉处，岔尾与岔尾直接连接，纵向力和位移量相互传递，其计算较为复杂，计算方法以单组道岔的计算为基础，并针对交叉渡线和交分道岔的结构特点，对边界条件作必要的修正。

计算不同轨温幅度条件下，设计道岔的纵向力和位移量的差异，从中确定最不利的情况，从而确定中和温度和设计锁定轨温的控制条件。

(5)稳定性和允许温升计算

稳定性计算有两种计算方法，一种为“统一无缝线路稳定性计算公式”，另一种为“不等波长稳定性计算公式”。以下内容按照“不等波长稳定性计算公式”进行说明。

①道岔稳定性检算

考虑轨温昼夜变化，轨道将会产生累积弯曲变形，为使道岔经过一个季度运营后，其累积变形量仍小于 2 mm，无缝道岔弯曲变形的允许值 f 为 0.02 cm。计算求得产生 0.02 cm 弯曲变形的温度压力 P_t。

②允许温升 $[\Delta t_c]$ 计算

根据计算得到的温度压力 P_t，还应考虑无缝道岔基本轨附加纵向力的作用、无缝线路运营过程中锁定轨温可能变化情况下产生的影响因素，进而计算无缝道岔的允许温升 $[\Delta t_c]$。

(6)轨道强度及允许温降计算

①轨道强度检算

根据《铁路轨道强度检算法》(TB 2034)，采用连续弹性基础上等截面无限长梁计算方法和计算模型进行轨道强度检算。

②允许温降 $[\Delta t_d]$ 计算

无缝线路的允许温降计算除考虑钢轨温度应力 σ_t、动弯应力 σ_d 外，还应考虑基本轨附加纵向力 σ_a，按式(3—6—8)计算得到允许温降 $[\Delta t_d]$。

$$[\Delta t_d] = ([\sigma_s] - \sigma_d - \sigma_a)/E\alpha \qquad (3—6—8)$$

式中　$[\sigma_s]$——钢轨允许应力。

③计算中和轨温，设计锁定轨温上、下限和铺设轨温上、下限

设计锁定轨温与铺设轨温的计算，应保证无缝道岔的具有足够的稳定性，采用式(3—1—1)计算中和轨温，然后确定设计锁定轨温与铺设轨温的上、下限。

④关键联结件的加强设计

可动心轨无缝道岔的尖轨与基本轨、心轨与翼轨分别通过限位器和间隔铁联结在一起，限位器和间隔铁是保证道岔有效锁定的关键联结件。由于温度变化和列车荷载作用，

无缝道岔上的限位器和间隔铁所承受的纵向力，全部由钢轨与限位器和间隔铁之间的摩擦力与之平衡，在纵向力大于摩擦力的情况下有可能导致螺栓失效，影响道岔的正常使用。

在最不利情况下，限位器和间隔铁均可产生滑移，为保证安全，设计除使用 10.9 级高强度螺栓锁定限位器和间隔铁外，可采取措施将限位器、间隔铁与钢轨的接触面胶粘，确保可靠使用。

（二）无缝道岔设计范例

1. 工程范围和数量

××线××车站，14 组 60 kg/m 钢轨 12 号单开道岔、2 组 60 kg/m 钢轨 12 号交叉渡线道岔。

2. 道岔类型及连接方式

车站道岔编号、型号和布置分别列于表 3—6—2。

表 3—6—2　××线××车站道岔编号、型号和布置

道岔编号	型　号	布　置	两相邻道岔间距（长度单位：m）
8-12-10-14	12 号固定型	交叉渡线	线间距 5.0
14-18	12 号固定型	前后相接	连接钢轨长 6.25
18-22	12 号固定型	前前对接	连接钢轨长 6.25
22-24	12 号固定型	后前相接	连接钢轨长 6.25
24-40	12 号固定型	后前相接	连接钢轨长 6.25
4-16	12 号固定型	前前对接	连接钢轨长 12.5
16-18	12 号固定型	后后对接	连接钢轨长 6.25
17-15	12 号固定型	前前对接	连接钢轨长 6.25
15-11-9-13	12 号固定型	交叉渡线	线间距 5.3
9-3	12 号固定型	前前对接	连接钢轨长 6.25
29	12 号固定型	单　组	
35	12 号固定型	单　组	
47	12 号固定型	单　组	
26-52	12 号固定型	前前对接	连接钢轨长 6.25
13-7	12 号固定型	前前对接	连接钢轨长 6.25

3. 轨道结构标准

（1）钢轨：U75V-60 kg/m 钢轨。

（2）道岔：混凝土枕 60 kg/m 钢轨 12 号单开道岔，图号 SC330；5.0 m 间距 60 kg/m 钢轨 12 号交叉渡线道岔，图号 SC340。

（3）轨枕：岔区用Ⅲa 混凝土岔枕，配置根数 1 667 根/km。

(4)扣件:弹条Ⅱ型扣件。

(5)绝缘接头:岔区采用胶接绝缘接头。

(6)道床:更换Ⅰ级碎石道砟,按照铁路线路修理规则规定的无缝线路道床断面标准补足Ⅰ级碎石道砟。

4. 设计参数

(1)轨温、气温

设计采用最高轨温为当地近30年内的最高气温加20 ℃,最低轨温等于当地近30年内的最低气温。××线××车站无缝道岔设计按最高轨温57 ℃、最低轨温 -19 ℃进行设计检算。

(2)道岔计算尺寸

设计采用道岔尺寸见表3—6—3。

表3—6—3　12号固定型道岔计算尺寸(m)

道岔号数	尖轨长度	导轨长度	辙叉长度	导曲线半径
12号	13.88	15.03	5.99	350

(3)阻力参数

①导轨、基本轨扣件纵向阻力 $r_1 = r_2 = 118(1.2 - e^{-1.5y^{1.8}})$ N/cm。

②导轨通过岔枕传递给基本轨的纵向力 $r_4 = 31(1.6 - e^{-2.2y^{0.6}})$ N/cm。

③限位器阻力 $Q = 15.8[10(\lambda - \delta)]^{2.4}$ kN。

④辙叉阻力 $r_3 = 180(1.12 - e^{-6y^{0.6}})$ N/cm。

⑤道床横向阻力 $Q = (27.4 - 92y^{1.2} + 179y^{1/2.5})$ N/cm。

⑥扣件阻矩 $M = 2.2 \times 10^4\beta$ (N · cm/cm)。

(4)行车条件

①机车类型:货车—韶山4型电力机车;客车—韶山5型电力机车。

②机车轴重和轴间距参见表3—6—4。

表3—6—4　机车轴重和轴间距

机车类型	轴　　重(kN)	机车设计速度(km/h)	轴 间 距(cm)	
			x_1	x_2
韶山4型	23	100	248	300
韶山5型	22	140	290	290

5. 纵向力和位移量计算

首先计算轨温幅度 Δt 同在52 ℃,不同道岔号和布置的纵向力及位移量的差异,从中确定最不利的情况,从而确定中和轨温和设计锁定轨温的控制条件。

(1)单组单开道岔

轨温幅度 $\Delta t = 52$ ℃,计算得12号固定型道岔的纵向力和位移量如图3—6—4所示。

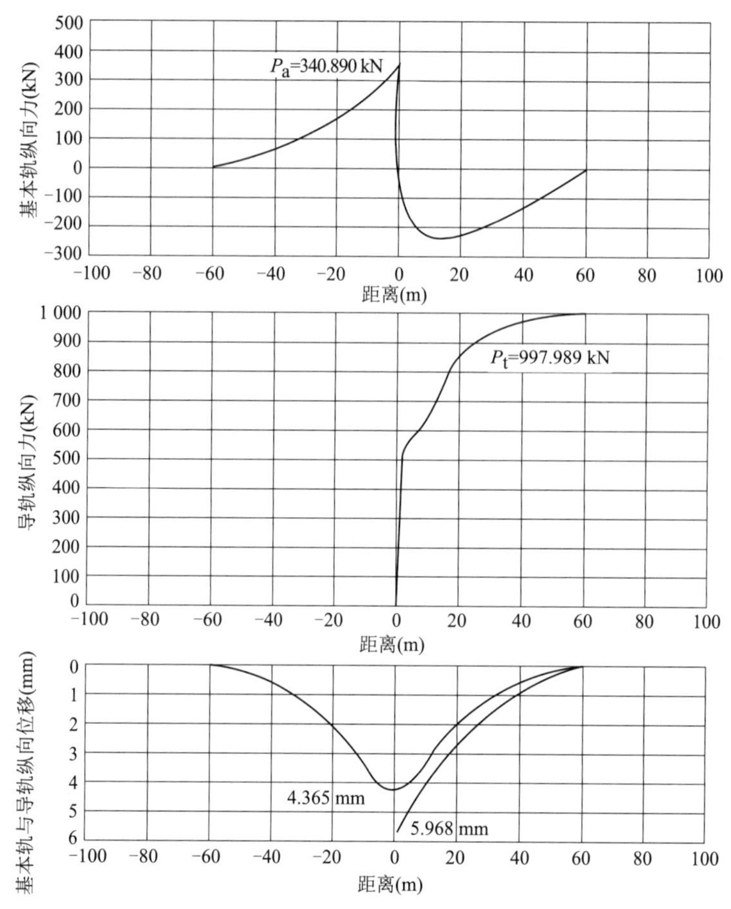

图 3—6—4 Δt = 52 ℃,12 号固定型道岔的纵向力和位移量计算

(2)前前对接和前后相接组合道岔

对接道岔是指 2 组道岔岔首相对,其中插入连接钢轨的组合道岔,设计称为前前对接,如图 3—6—5所示。

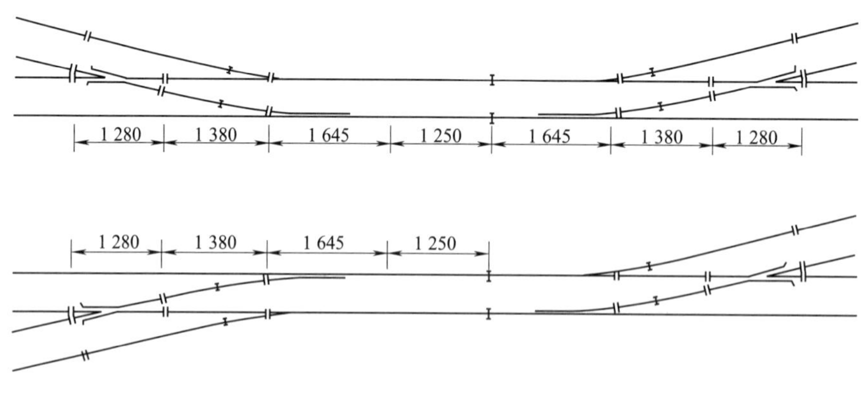

图 3—6—5 前前对接组合道岔布置示意(单位:cm)

本次设计车站布置的前前对接组合道岔,插入连接钢轨的最短长度为 6. 25 m,相应 2 组对接道岔的限位器(锁定尖轨与基本轨)距离:12 号固定型道岔分别为 42. 2 m。

前后连接组合道岔示意如图 3—6—6 所示,一组道岔的岔首与另一组道岔的岔尾相连。

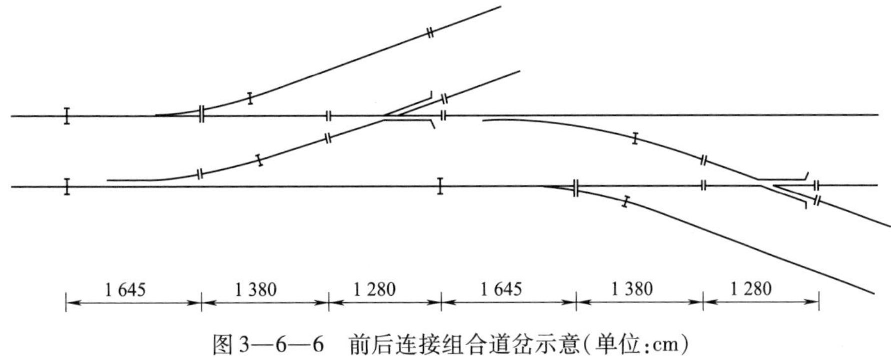

图 3—6—6　前后连接组合道岔示意(单位:cm)

前前对接和前后连接组合道岔的计算,仍然采用两轨相互作用原理及其基本平衡方程,但须限定边界条件。

同样按轨温幅度 $\Delta t = 52$ ℃,计算 12 号固定型前前对接及前后连接组合道岔的纵向力和位移量,如图 3—6—7、图 3—6—8 所示。

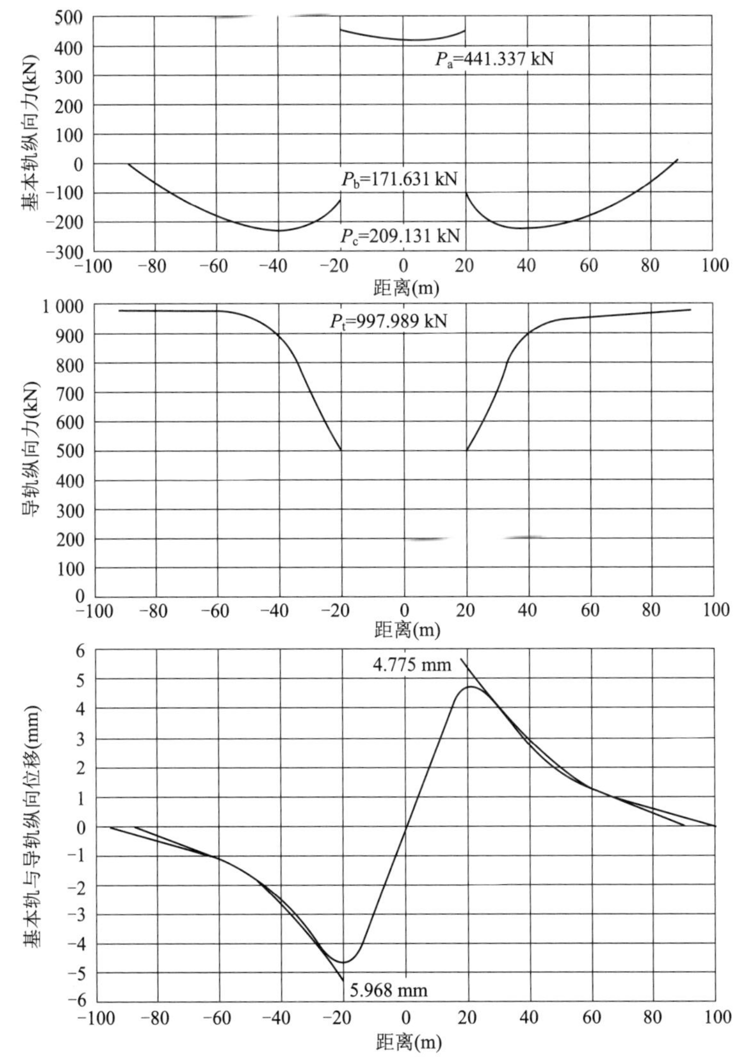

图 3—6—7　$\Delta t = 52$ ℃,12 号固定型前前对接组合道岔的纵向力和位移量计算

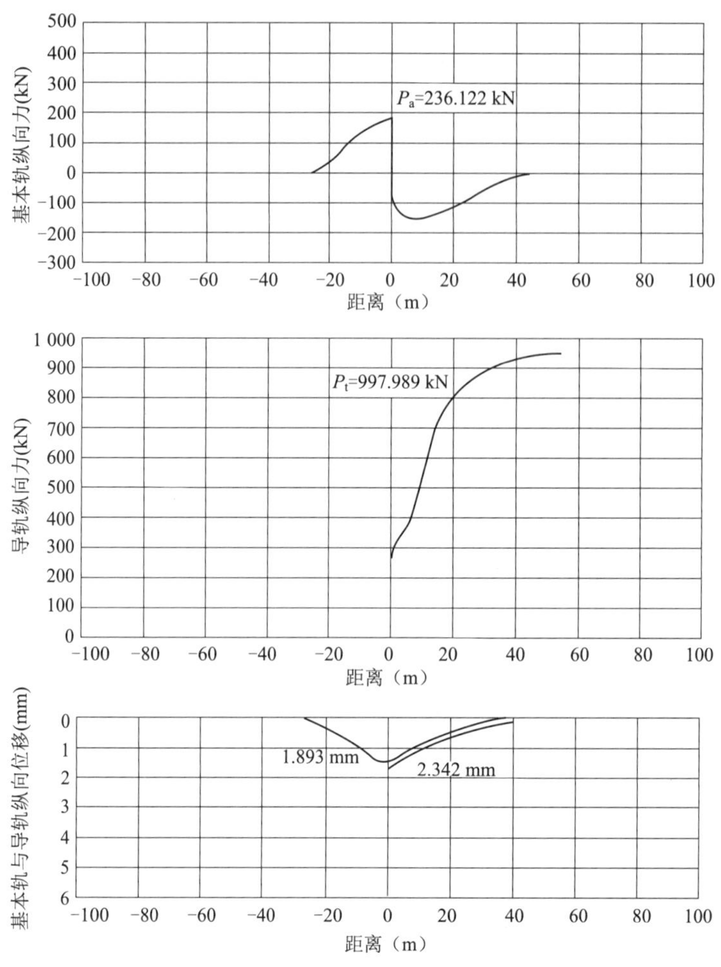

图 3—6—8　Δt = 52 ℃,12 号固定型前后连接组合道岔的纵向力和位移量计算

归纳计算得单组单开道岔、组合道岔的主要计算结果,列于表 3—6—5。

表 3—6—5　各类 12 号固定型无缝道岔在 Δt = 52 ℃时,最大纵向力和位移量计算结果

道岔类别	导轨最大位移（mm）	基本轨最大位移（mm）	限位器最大纵向力（kN）	导轨最大纵向力（kN）	基本轨最大附加纵向力（kN）
单组道岔	5.968	4.365	591.793 436 3	997.989 72	340.890 463 6
前前对接道岔	5.968	4.365	612.967 498 9	997.989 72	441.336 599 2
前后连接道岔	2.342	1.893	314.072 567 2	997.989 72	240.192 256 72

由表 3—6—5 所列计算结果可以看出,在同样 Δt = 52 ℃的情况下,前前对接(连接钢轨长 6.25 m)组合道岔的基本轨附加纵向力的量值较大。

补充计算 Δt_c = 42 ℃条件下 12 号固定型单组道岔的纵向力和位移量及 Δt_c = 41 ℃条件下 12 号前前对接(连接钢轨长 6.25 m)组合道岔的纵向力和位移量,分别如图 3—6—9、图 3—6—10所示。

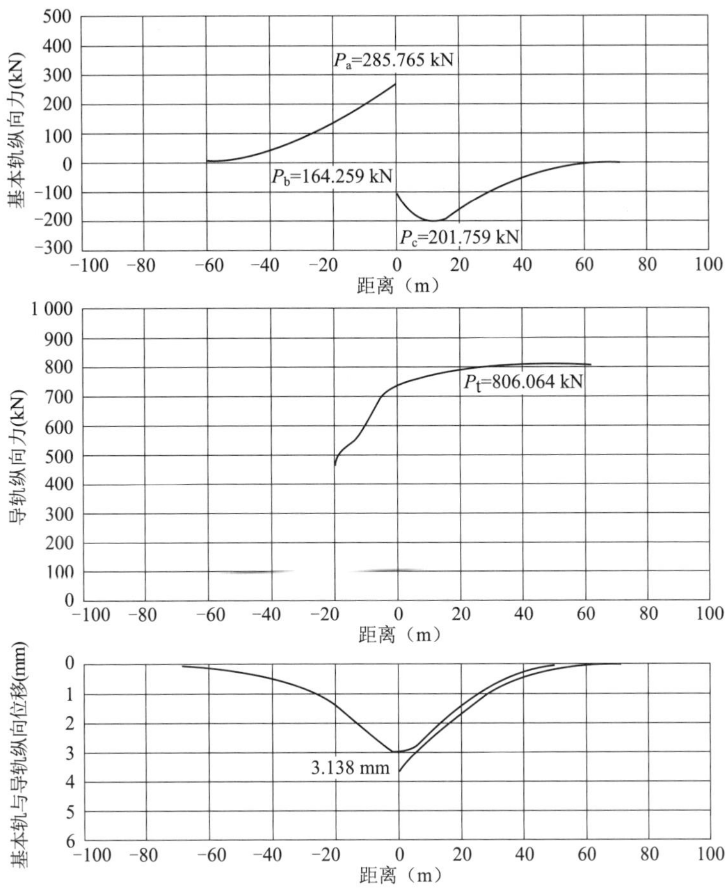

图 3—6—9　$\Delta t_c = 42$ ℃，12 号固定型单组道岔的纵向力和位移量计算

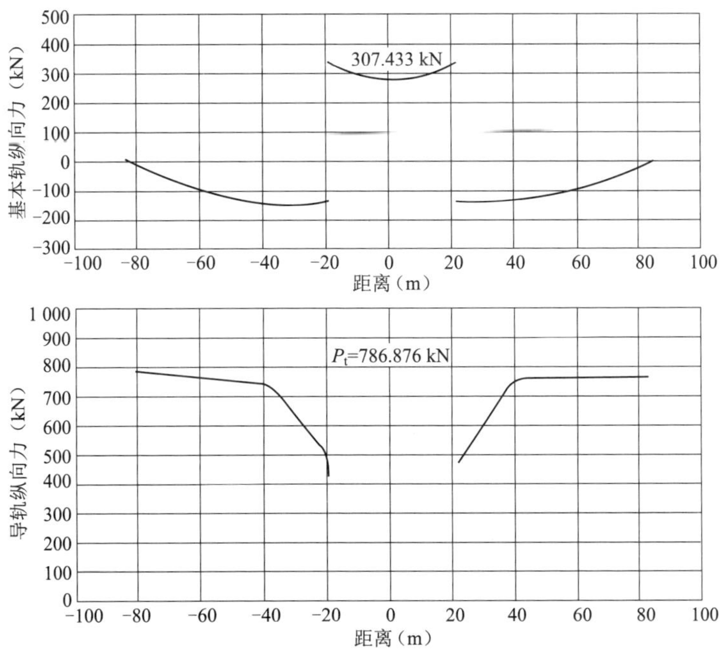

图　3—6—10

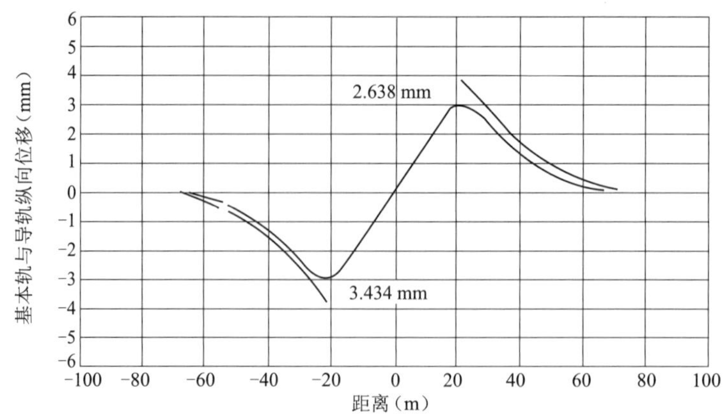

图 3—6—10　$\Delta t_c=41$ ℃,12 号固定型前前对接组合道岔的纵向力和位移量计算

6. 稳定性和允许温升计算

(1)道岔稳定性检算

在温度力作用下超长无缝线路道岔区的稳定性计算,可将道岔分为 3 个分区,如图 3—6—11所示。分区Ⅲ为岔后部分,线路条件与一般无缝线路相同;分区Ⅱ为辙叉部分,具有较大横向刚度,最安全;分区Ⅰ为尖轨尖端至尖轨跟端部分,此范围夏季除承受温度力外还承受附加纵向力,影响道岔的稳定性,因此无缝道岔稳定性计算,重点分析分区Ⅰ。

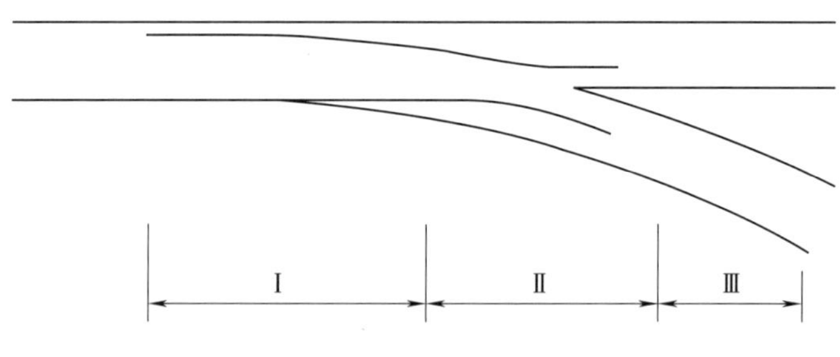

图 3—6—11　无缝道岔稳定性分区界定示意

(2)允许温升$[\Delta t_c]$计算

计算得允许温升$[\Delta t_c]$,见表 3—6—6 所列。

表 3—6—6　12 号道岔允许温升$[\Delta t_c]$计算值

道岔类别	P_t(kN)	P_a(kN)	锁定轨温改变(℃)	允许温升$[\Delta t_c]$(℃)
单组道岔	2 372.114	285.765	−8	42.0
前前对接道岔	2 372.114	307.433		41.0

7. 轨道强度及允许温降计算

(1)轨道强度检算

①计算方法和模型

轨道强度检算根据《铁路轨道强度检算法》(TB 2034),采用连续弹性基础上等截面无限长梁计算方法和计算模型。

②弯矩计算

计算求得 2 种机车类型通过 12 号道岔的钢轨底动弯应力，其中韶山 4 型电力机车以速度 $v = 30\ km/h$ 和 50 km/h 分别侧向通过 12 号道岔的动弯应力 σ_d 为 176.81 MPa 和 174.97 MPa。

(2)允许温降$[\Delta t_d]$计算

无缝线路的允许温降计算除考虑钢轨温度应力 σ_t、动弯应力 σ_d 外，还应考虑基本轨的附加纵向力 σ_a，按式(3—6—8)计算，其中，$[\sigma_s] = 351$ MPa；$\sigma_a = P_a/A$，P_a 均按 $\Delta t = 52$ ℃取值。

允许温降$[\Delta t_d]$见表 3—6—7 所列。

表 3—6—7　12 号道岔允许温降$[\Delta t_d]$计算值

道岔类别	$[\sigma_s]$(MPa)	σ_d(MPa)	P_a(kN)	σ_a(MPa)	允许温降$[\Delta t_d]$(℃)
单组道岔	351	174.97	340.8904	44.01	53.3
前前对接道岔		174.97	441.3365	56.98	48.0

8. 设计锁定轨温

设计锁定轨温与铺设轨温的设计计算，应保证无缝道岔具有足够的稳定性，采用式(3—1—1)计算中和轨温，然后确定设计锁定轨温与铺设轨温的上、下限，其中，$t_{max} = 57$ ℃，$t_{min} = -20$ ℃，$\Delta t_k = 0 \sim 5$ ℃。

用式(3—1—1)计算求得 12 号单组道岔和前前对接道岔的中和轨温 $t_中$ 分别为 24.15 ℃和 22 ℃，取中和轨温修正值 Δt_k 分别为 +0.85 ℃和 0 ℃，则 12 号单组道岔的中和轨温 $t_中$ 为 25 ℃，12 号前前对接道岔的中和轨温 $t_中$ 为 22 ℃。按照允许温升和允许温降幅度的不同，设计不同铺设轨温与锁定轨温的上、下限，见表 3—6—8。

表 3—6—8　12 号道岔计算轨温(℃)

道岔类别	中和轨温	铺设轨温		设计锁定轨温	
		上限 t_M	下限 t_N	上限 t_m	下限 t_n
单组道岔	25	32	18	30	20
前前对接道岔	22	27	17	27	17

两种类别道岔在设计规定的轨温范围内铺设和锁定，能保证无论出现历年最高或最低轨温均不会超出允许轨温的范围。

(三)成组更换道岔设计算例

封面(略)、目录(略)、工程说明书(例)、工程数量表(略)。

1. 概述

(1)设计依据

①《××铁路局关于下达 20××年运输设备安全专项整治大修预算的通知》(××函〔20××〕××号)。

②《××铁路局关于公布〈20××年线路设备大修工程主要技术条件〉的通知》(××函〔20××〕××号)。

③《铁路线路修理规则》。

④中国铁路总公司及铁路局有关规定、规范。

(2)设计范围

根据《××铁路局关于下达20××年运输设备安全专项整治大修预算的通知》(××函〔20××〕××号),在××线上行××站部分正线道岔成组更换为60 kg/m 钢轨新道岔及新岔枕。

经实际调查,××站计划更换道岔情况见表3—6—9。

表3—6—9　××站计划更换道岔情况

序号	站名	道岔编号	既有道岔		单位	数量		折合单开数量(组)	铺设年度	备注
			道岔类型	道岔图号		左	右			
1	××	4	60 kg/m 钢轨 12 号单开道岔	专线4128	组	1		1	1996	
2		6	60 kg/m 钢轨 12 号单开道岔	专线4128	组	1		1	1996	
3		18×24	60 kg/m 钢轨 12 号复式交分道岔	专线6047	组	1(2)		2	1996	
	××站小计							4		

2. 设备既有状况

(1)道岔

本次更换道岔地段原铺设道岔详见表3—6—9,本次更换道岔全部位于××站内。

(2)轨枕及扣件

本次更换道岔两端线路均为Ⅱ型混凝土枕、1 760 根/km 配置、弹条扣件。道岔区为木岔枕,道钉扣件。

(3)钢轨

本次更换道岔所经××线上行为60 kg/m 钢轨无缝线路。根据《××铁路局关于下达20××年运输设备安全专项整治大修预算的通知》(××函〔20××〕××号),此地段内钢轨更换为U75V-60 kg/m 钢轨跨区间无缝线路。

(4)道床

道岔区线路道床均为碎石道床。

(5)接触网

本次更换道岔地段位于电气化区段内。

(6)车站

车站电气集中。

3. 设计主要技术标准及要求

(1)设计采用标准图

混凝土枕60 kg/m 钢轨12号单开道岔:《60 kg/m 钢轨12号单开道岔铺设图》(混凝土岔枕、Ⅱ型弹条扣件);图号为SC330,$L=37.907$ m,$a=16.853$ m,$b=21.054$ m。

混凝土枕60 kg/m 钢轨12号复式交分道岔:《60 kg/m 钢轨12号复式交分道岔铺设图》(混凝土岔枕、Ⅱ型弹条扣件);图号为SC350,$L=42.132$ m,$a=3.801$ m,$b=17.265$ m。

60 kg/m 钢轨12号单开道岔辙叉采用奥贝氏钢组合辙叉。

道岔轨下胶垫全部采用热塑胶垫。

××站设计更换混凝土枕道岔详见表3—6—10。

表 3—6—10　× ×站计划更换混凝土枕道岔统计

序号	站名	道岔编号	设计道岔		单位	数量		折合单开数量（组）	备　注
			道岔类型	道岔图号		左	右		
1	× ×	4	60 kg/m 钢轨 12 号单开道岔	SC330	组		1	1	
2		6	60 kg/m 钢轨 12 号单开道岔	SC330	组	1		1	
3		18 × 24	60 kg/m 钢轨 12 号复式交分道岔	SC350	组	1		2	
	× ×站小计							4	

(2)道岔预铺调试

根据《60 kg/m 钢轨道岔及配套转辙设备安装暂行技术要求》的规定，施工应采用整组道岔(连同电务转换设备及锁定设备)预铺调试，整组拉入更换。

(3)配轨技术要求

对更换道岔的车站，相邻两道岔间直向插入钢轨长度，一般按《铁路轨道设计规范》规定，两对向单开道岔间插入钢轨的最小长度不应小于表 3—6—11 的规定；两顺向单开道岔间插入钢轨的最小长度不应小于表 3—6—12 的规定。

表 3—6—11　两对向单开道岔间插入钢轨的最小长度(m)

<table>
<tr><th rowspan="2">道 岔 布 置</th><th rowspan="2" colspan="2">线　　别</th><th colspan="2">有列车同时通过两侧线时(f)</th><th rowspan="2">无列车同时通过两侧线时(f)</th></tr>
<tr><th>一般情况</th><th>特殊情况</th></tr>
<tr><td rowspan="4"></td><td rowspan="2">正　线</td><td>直向通过速度
120 km/h < v ≤ 160 km/h</td><td>12.5</td><td>12.5</td><td>12.5</td></tr>
<tr><td>直向通过速度
v ≤ 120 km/h</td><td>12.5</td><td>6.25</td><td>6.25</td></tr>
<tr><td colspan="2">到 发 线</td><td>6.25</td><td>6.25</td><td>0</td></tr>
<tr><td colspan="2">其他站线</td><td>—</td><td>—</td><td>0</td></tr>
</table>

注：列车系指编成的车列，并挂有机车及规定的列车标志，不含未完全具备列车条件按列车办理的机车车辆。

表 3—6—12　两顺向单开道岔间插入钢轨的最小长度(m)

<table>
<tr><th>道 岔 布 置</th><th colspan="2">线　　别</th><th>木岔枕道岔(f)</th><th>混凝土岔枕道岔(f)</th></tr>
<tr><td rowspan="4"></td><td rowspan="2">正　线</td><td>直向通过速度
120 km/h < v ≤ 160 km/h</td><td>—</td><td>12.5</td></tr>
<tr><td>直向通过速度
v ≤ 120 km/h</td><td>6.25</td><td rowspan="5">8.0</td></tr>
<tr><td colspan="2">到 发 线</td><td>4.5</td></tr>
<tr><td colspan="2">其他站线</td><td>0</td></tr>
<tr><td rowspan="2"></td><td colspan="2">到 发 线</td><td>4.5</td></tr>
<tr><td colspan="2">其他站线</td><td>0</td></tr>
</table>

注：(1)当道岔的岔枕种类不同时，插入钢轨长度不应小于 12.5 m。

(2)道岔间插入钢轨长度除应符合表 3—6—11、表 3—6—12 的规定外，尚应满足道岔结构的要求。

本次更换道岔地段相邻两道岔间插入钢轨长度均满足规范要求。

(4)设计道岔前后引轨

①护轨

护轨与道岔钢轨采用相同的轨型,道岔前后直股及侧股各铺设一节新钢轨。有条件时一般直股更换一节25 m 新钢轨,侧股更换一节12.5 m 新钢轨。

②异型轨

道岔引轨外遇有不同轨型时,采用厂制异型轨连接。异型轨长度不短于6.25 m。

③钢轨联结零件

钢轨联结零件全部列新料。

④其他

插入短轨时应符合铁路线路修理规则的规定。

(5)道岔距曲线的最短距离

正线道岔(直向)与曲线超高顺坡终点之间的直线长度:线路允许速度大于160 km/h 时不应小于70 m,困难条件下不应小于30 m;线路允许速度为120(不含)~160 km/h 时不应小于40 m,困难条件下不应小于25 m;其他地段不应小于20 m。

站线道岔与曲线或道岔与其连接曲线之间的直线段长度不应小于7.5 m,困难条件下不应小于6 m。轨距加宽递减率不应大于2‰,困难条件下不应大于3‰。连接曲线半径不应小于该道岔导曲线半径。连接曲线超高不应大于15 mm,顺坡不应大于2‰。道岔前后至圆曲线最小直线段长度应符合表3—6—13的规定。

表3—6—13 道岔前后至圆曲线最小直线段长度

<table>
<tr><th rowspan="5">序号</th><th rowspan="5">道岔前后圆曲线半径 R (m)</th><th rowspan="5">轨距加宽 (mm)</th><th colspan="6">最小直线段长度(m)</th></tr>
<tr><th colspan="3">一般</th><th colspan="3">困难</th></tr>
<tr><th colspan="3">轨距加宽或曲线超高递减率2‰</th><th colspan="3">轨距加宽或曲线超高递减率3‰</th></tr>
<tr><th>岔前</th><th colspan="2">岔后</th><th>岔前</th><th colspan="2">岔后</th></tr>
<tr><th>木、混凝土岔枕</th><th>木岔枕</th><th>混凝土岔枕</th><th>木、混凝土岔枕</th><th>木岔枕</th><th>混凝土岔枕</th></tr>
<tr><td>1</td><td>350≤R</td><td>0</td><td>2.0</td><td>2.0</td><td>0.0</td><td>0.0</td><td>2.0</td><td>0.0</td></tr>
<tr><td>2</td><td>300≤R<350</td><td>5</td><td>2.5</td><td>4.5</td><td>2.5</td><td>2.0</td><td>4.0</td><td>2.0</td></tr>
<tr><td>3</td><td>R<300</td><td>15</td><td>7.5</td><td>9.5</td><td>7.5</td><td>5.0</td><td>7.0</td><td>5.0</td></tr>
</table>

注:(1)与道岔前后连接的曲线设有缓和曲线时,可不插入直线段。

(2)道岔后的连接曲线,其半径不应小于相邻道岔的导曲线半径。

(3)既有条件不满足此标准的,设计时维持或不恶化现状。

(6)轨枕及扣件

设计道岔前后直向两端铺设不少于50根Ⅲa型钢筋混凝土轨枕过渡。

××站18×24号道岔上海方向岔后直向到6号岔后岔间线既有铺设Ⅱ型混凝土枕,设计更换为Ⅲa型混凝土枕,1 667根/km配置,Ⅱ型弹条扣件。

设计更换的轨枕位于××线上行K0+353.00~K11+359.79,铺设U75V-60 kg/m钢轨新轨区间无缝线路设计(设计图号)中设计长轨地段的(共346根)轨枕列新料,扣件除了螺纹道钉带帽列新料外其余扣件全部在换轨文件中计列。其余设计更换的轨枕及扣件全部列新料。

设计道岔侧向为木枕线路时，既有木枕全部保留；设计道岔侧向为混凝土枕线路时，岔后木枕全部更换为混凝土枕。设计更换的轨枕及扣件全部列新料。

(7)无缝道岔技术标准

①设计锁定轨温范围

设计采用最高轨温为当地历年最高气温加 20 ℃，最低轨温为当地历年最低气温。设计锁定轨温与铺设轨温的设计计算应保证无缝道岔的稳定性，采用式(3—1—1)计算中和轨温，然后确定设计锁定轨温上、下限。

根据《无缝道岔设计检算(××车站)》(20××年)，计算见表 3—6—14。

表 3—6—14　××站 12 号道岔设计锁定轨温上、下限计算(℃)

道岔类别	最高轨温 T_{max}	最低轨温 T_{min}	允许温升 $[\Delta t_c]$	允许温降 $[\Delta t_d]$	中和轨温 $t_{中}$	设计锁定轨温	
						上限 t_m	下限 t_n
单开道岔	62	-20	42	53.3	27	32	22
复式交分道岔	62	-20	41	48	25	28	22

②铺设、养护维修技术要求

要求施工、养护维修单位在无缝道岔铺设和养护维修过程中严格按照铁路线路修理规则及《无缝线路铺设及养护维修方法》(TB/T 2098)等规章规范的技术要求进行。

③无缝道岔接头处理方式

岔内的绝缘接头采用现场胶接绝缘接头，质量应符合《钢轨胶接绝缘接头技术条件》(TB/T 2975)的要求；岔内的普通接头均采用焊接接头，焊接作业质量应符合《钢轨焊接技术条件》(TB/T 1632.1～TB/T 1632.4)的要求。

④位移观测桩的设置及观测要求

根据《铁路轨道设计规范》的规定，每组无缝道岔设置 5 对位移观测桩，在道岔前、道岔后、限位器、距离道岔前后 50 m 处各设 1 对位移观测桩。

施工单位在无缝道岔施工前应将位移观测桩预先埋设牢固。在无缝道岔铺设后，应立即进行标记。标记应明显、耐久、可靠。

养护维修单位应定期对无缝道岔纵横向位移、左右尖轨相错量等项目进行观测，要求岔首、岔尾最大爬行量不超过 10 mm，最大横移量不超过 4 mm；左右尖轨相错量不超过 20 mm。发现观测项目超过允许值等非正常现象时，应及时查明原因，采取相应措施。

⑤其他

道岔进行焊接前，应全面检查道岔框架尺寸和尖轨、基本轨方正情况，尖轨相错量不应超过 10 mm。预铺无缝道岔上道后，应及时测量铺设轨温和岔首、岔尾的轨缝，并按标准埋设定位观测桩。若遇以下两种情况，应调整或放散应力：一是铺设、锁定轨温超出设计锁定轨温范围；二是锁定轨温不明。

(8)道砟

更换道岔时,按枕下 300 mm 更换一级碎石道砟,施工时应采用机械施工,保证清挖深度,提高换填质量。设计按 125 m^3/组(12 号道岔、实方)、250 m^3/组(12 号交分道岔、实方)计列一级碎石道砟。

更换道岔时,应对岔间线路和渡线进行清筛换砟。岔区若存在基床病害,设备管理单位应提前做好调查工作,施工中应同步对岔区基床病害进行整治。

(9)再用料和旧轨料

使用或更换的再用料和旧轨料按有关规定办理。

(10)备用料

备用料按铁路线路修理规则规定办理。

不同类型单开道岔每站各备用辙叉 1 个、尖轨 1 对、基本轨 1 对。

复式交分道岔、菱形道岔或其他类型道岔常备材料,按一个工务段管辖范围内每一类型道岔备用 1 组。

备用料由设备管理单位在设计的同时提报,以保证行车安全。

备用料由设备管理单位妥善保管,并根据需要涂油防锈。

(11)栅栏、绿化保持

施工中应加强现有栅栏、绿化的保持。

(12)其他

道岔上道前必须检查验收道岔预铺质量。验收合格后填发验收合格证,并作为道岔施工的重要技术资料存档,验收合格的道岔方能上道。验收的主要项目包括预铺各部框架尺寸和几何尺寸、轨枕间隔尺寸、钢轨情况(包含焊接、胶接情况)、岔枕情况、联结零件、标记、涂油等。

(13)电务设备配合工程

电务设备配合工程设计单独编制。

(14)供电设备配合工程

供电设备配合工程设计单独编制。

4. 施工质量及安全

(1)施工作业严格执行《××铁路局营业线施工安全管理实施细则》(××函〔20××〕××号)的相关规定。

(2)施工单位施工前应依据设计文件认真编制施工组织设计,组织力量对现场进行深入、细致、全面的调查,核对设计文件。施工前对岔位进行精确测量定位,编制详尽的施工组织方案,确定预铺位置、接头处理方式、道岔前后锯配轨等施工细节,安全优质完成道岔的换铺任务。

5. 预算编制

(1)编制依据

①《关于印发〈××铁路局铁路运输设备大修管理办法〉的通知》(××函〔20××〕××号)。

②《关于发布〈××铁路局更新改造工程设计概(预)算编制实施细则〉的通知》(××函

〔20××〕××号)。

③《关于调整铁路基本建设工程设计概预算综合工费标准的通知》(铁建设〔2010〕196号)。

④《关于公布〈铁路路基工程预算定额〉等二十九项定额标准的通知》(铁建设〔2010〕223号)。

(2)静态投资费用

①人工费

基期人工费价格采用《铁路基本建设工程设计概预算编制办法》(铁建设〔2006〕113号)。

编制期人工费价格采用《关于调整铁路基本建设工程设计概预算综合工费标准的通知》(铁建设〔2010〕196号)。

②材料费

基期材料价格采用《铁路工程建设材料基期价格(2006年度)》(铁建设〔2006〕129号)。

主材价格采用《关于发布〈铁路工程建设2012年第四季度主要材料价格信息〉的通知》(经规定额函〔2013〕46号)。

部分主材价格采用《××铁路局局管物资目录(第一册)线上料》(20××年×月)。

地材价格参照当地定额站公布价格。

编制期辅助材料费价差系数执行《关于发布铁路工程建设2007年度辅助材料价差系数的通知》(铁建设函〔2008〕105号)。

③施工机械使用费

基期施工机械台班单价采用《铁路工程施工机械台班费用定额(2005年度)》(铁建设〔2006〕129号)。

编制期价格按照《关于发布〈铁路工程建设2012年第四季度主要材料价格信息〉的通知》(经规定额函〔2013〕46号)计算。

④施工措施费

施工措施费按《关于发布〈××铁路局更新改造工程设计概(预)算编制实施细则〉的通知》(××号)执行。

a. 安全生产费

安全生产费执行《铁道部关于铁路工程设计概算执行〈企业安全生产费用提取和使用管理办法〉有关问题的通知》(铁建设〔2012〕245号)规定,按第一至第十章建筑安装工程费的2.0%计列。

b. 行车干扰施工增加费

行车干扰施工增加费按《关于发布〈××铁路局更新改造工程设计概(预)算编制实施细则〉的通知》(××号)执行。

(3)采用软件名称

《铁路工程投资控制系统》—2011。

6. 其他

其他未尽事宜,按中国铁路总公司及××铁路局有关规定办理。

××线××站成组更换60 kg/m钢轨新道岔及新岔枕施工设计如图3—6—12所示。

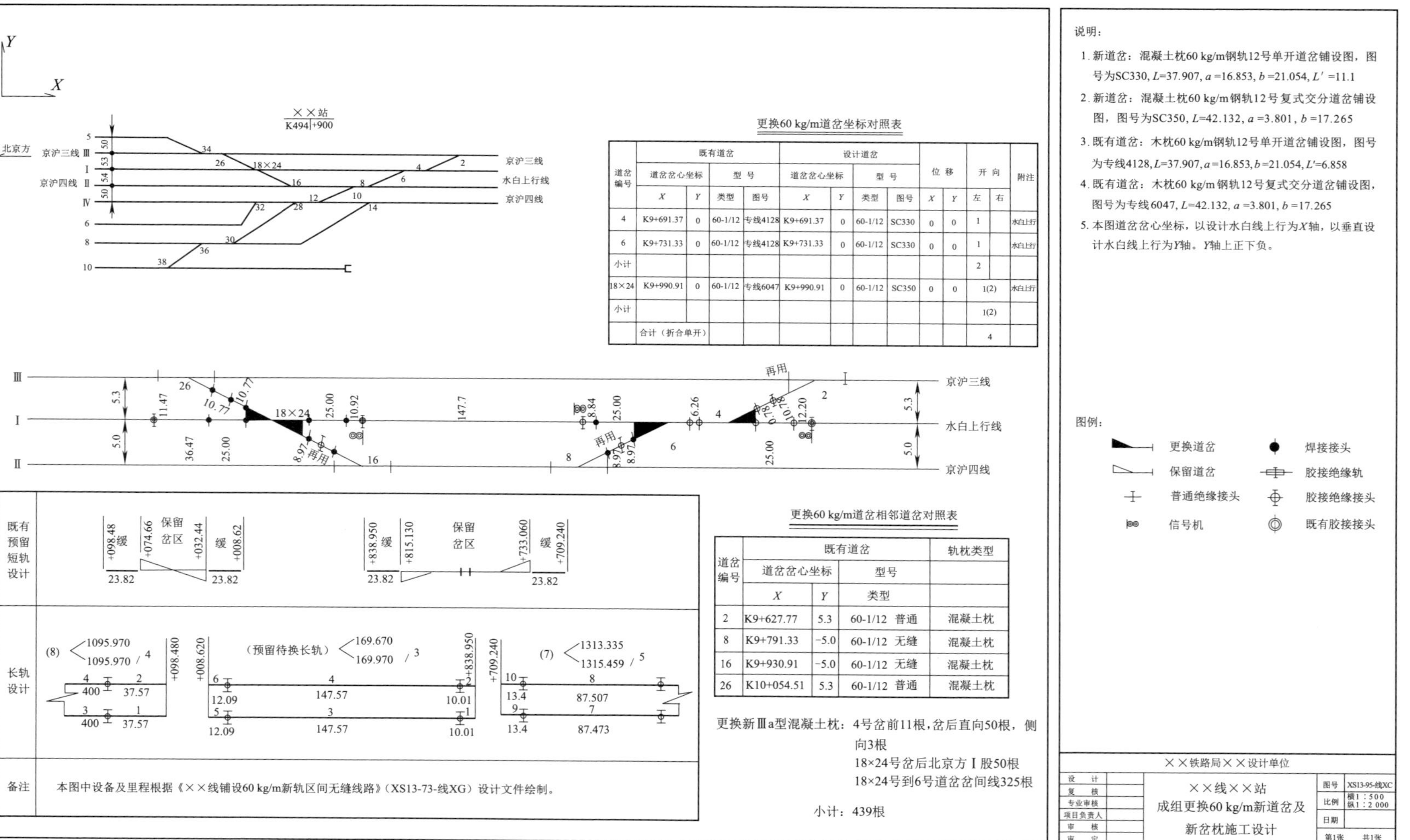

更换60 kg/m道岔坐标对照表

道岔编号	既有道岔				设计道岔				位移		开向		附注
	道岔岔心坐标		型号		道岔岔心坐标		型号						
	X	Y	类型	图号	X	Y	类型	图号	X	Y	左	右	
4	K9+691.37	0	60-1/12	专线4128	K9+691.37	0	60-1/12	SC330	0	0	1		水白上行
6	K9+731.33	0	60-1/12	专线4128	K9+731.33	0	60-1/12	SC330	0	0	1		水白上行
小计											2		
18×24	K9+990.91	0	60-1/12	专线6047	K9+990.91	0	60-1/12	SC350	0	0	1(2)		水白上行
小计											1(2)		
	合计（折合单开）										4		

更换60 kg/m道岔相邻道岔对照表

道岔编号	既有道岔			轨枕类型
	道岔岔心坐标		型号	
	X	Y	类型	
2	K9+627.77	5.3	60-1/12 普通	混凝土枕
8	K9+791.33	-5.0	60-1/12 无缝	混凝土枕
16	K9+930.91	-5.0	60-1/12 无缝	混凝土枕
26	K10+054.51	5.3	60-1/12 普通	混凝土枕

更换新Ⅲa型混凝土枕：4号岔前11根，岔后直向50根，侧向3根

18×24号岔后北京方Ⅰ股50根

18×24号到6号道岔岔间线325根

小计：439根

既有预留短轨设计	+098.48 缓 23.82；+074.66 保留岔区 +032.44；缓 +008.62 23.82；+838.950 缓 23.82；+815.130 保留岔区 +733.060；缓 +709.240 23.82
长轨设计	(8) 1095.970 / 1095.970 / 4；4 400 2 37.57；3 400 1 37.57；+098.480；+008.620 (预留待换长轨) 169.670 / 169.970 / 3；6 12.09 4 147.57 2 10.01；5 12.09 3 147.57 1 10.01；+838.950；+709.240 (7) 1313.335 / 1315.459 / 5；10 13.4 8 87.507；9 13.4 7 87.473
备注	本图中设备及里程根据《××线铺设60 kg/m新轨区间无缝线路》（XS13-73-线XG）设计文件绘制。

说明：

1. 新道岔：混凝土枕60 kg/m钢轨12号单开道岔铺设图，图号为SC330，L=37.907，a=16.853，b=21.054，L'=11.1
2. 新道岔：混凝土枕60 kg/m钢轨12号复式交分道岔铺设图，图号为SC350，L=42.132，a=3.801，b=17.265
3. 既有道岔：木枕60 kg/m钢轨12号单开道岔铺设图，图号为专线4128，L=37.907，a=16.853，b=21.054，L'=6.858
4. 既有道岔：木枕60 kg/m钢轨12号复式交分道岔铺设图，图号为专线6047，L=42.132，a=3.801，b=17.265
5. 本图道岔岔心坐标，以设计水白线上行为X轴，以垂直设计水白线上行为Y轴。Y轴上正下负。

图例：

更换道岔　焊接接头
保留道岔　胶接绝缘轨
普通绝缘接头　胶接绝缘接头
信号机　既有胶接接头

××铁路局××设计单位			
设计 / 复核 / 专业审核 / 项目负责人 / 审核 / 审定	××线××站 成组更换60 kg/m新道岔及新岔枕施工设计	图号	XS13-95-线XC
		比例	横1：500 纵1：2 000
		日期	
		第1张	共1张

图3—6—12　××线××站成组更换60 kg/m钢轨新道岔及新岔枕施工设计

第七节　线路大修设计文件

一、一般原则

线路大修设计文件是指导施工、编制施工计划、检查验收、财务计划和拨款以及进行技术经济考核的主要依据，应严格执行中国铁路总公司颁布的有关技术标准和规章制度。完善的设计文件，对合理有效地运用大修资金，保证施工质量，具有重要作用。

线路大修工程的勘测、设计及预算编制工作应由专业大修设计单位承担。

线路大修设计单位应根据铁路局批准的“大修设计任务书”或“大修计划件名表”，安排勘测设计任务。在取得确切完整的基础资料后，认真编制设计文件，形成的设计文件由铁路局审批；对于工作量较小、技术简单的件名可由设备管理单位设计和编制预算，形成的设计文件由铁路局审批。大修工程一般按一阶段设计——直接进行施工设计，但对投资大、技术复杂的大修工程，应先提出比较方案，经铁路局组织有关部门共同审定后，再行编制正式设计文件。

线路大修设计文件须经铁路局批准后方可交付施工。设计部门应向施工单位交桩，必要时应技术交底。

二、设计任务书

线路大修设计任务书包括以下几方面内容。

1. 任务范围。
2. 施工单位及施工期限。
3. 基本技术要求。
4. 投资控制额。
5. 设计文件的提供日期。
6. 其他。

三、设计文件

线路大修设计文件由设计说明书、设计图表和施工预算书 3 部分组成。设计文件应做到资料齐全，数据准确，图表清晰，文字简明。

（一）设计说明书

设计说明书内应对作业地段线路设备的改善、工程主要内容及有关注意事项等予以概括说明，以便施工部门掌握和贯彻设计意图。设计说明书内还应按照不同的工程性质，分别说明以下几方面内容。

1. 工程名称及作业地段的起讫里程。
2. 设计依据。
3. 既有线路设备的状态及主要技术标准，病害情况和原因分析。
4. 主要工程内容、数量及采用的技术标准，线路平纵断面的改善，钢轨、轨枕、道床等线路设备的更换补强，线路病害的解决方法，施工的技术要求，特殊情况说明。

5. 无缝线路类型及有关设计检算概述、伸缩区和缓冲区设定、锁定轨温范围、施工时预留轨缝范围，无缝线路施工的技术要求。

6. 有关施工方法、质量要求、安全措施及其他注意事项。

7. 有关旧料的使用和处理。

8. 有关附属工程和施工配合。

（二）设计图表

1. 设计图

（1）线路纵断面设计图。

（2）无缝线路设计图。

2. 设计有关表格

（1）里程表，体现大修设计里程与既有线路里程之间的相互关系。

（2）曲线表，体现大修设计后曲线位置、曲线要素等情况。

（3）道岔表，体现大修经过地段道岔位置、类型和型号等。

（4）桥梁表，体现大修经过地段桥梁位置、长度、类型、孔跨、桥枕类型、护轨类型及长度等。

（5）隧道表，体现大修经过地段隧道位置、长度、类型、道床类型及限界情况等。

（6）道口表，体现大修经过地段道口位置、宽度、铺面种类、道路路面种类、跨越股道和有无看守等。

（7）信号机及绝缘接头表，体现绝缘和信号机位置、类型等。

（8）侧沟排水沟表，体现线路侧沟、排水沟起讫位置、类型和尺寸等。

（9）水准基点表，体现永久和临时水准基点位置、高程、材质及特征等。

（10）防爬设备位置表。

（11）整体道床地段表。

（12）平面曲线拨量表。

（13）无缝线路铺设位置配轨表。

（14）轨料数量计算表。

（15）补充道砟数量计算表。

（16）轨枕抽换补充数量表。

（17）路基整修工程数量表。

（18）预留轨缝表。

（19）其他专业设备表。

设计单位应根据工程设计的具体情况选用、增减图表。

（三）施工预算书

施工预算书应根据设计说明书、设计图表、工程数量、施工方法及有关规定和线路大修预算定额，本着节约的精神进行编制，尽量做到既符合技术标准，又满足投资控制额。

在施工过程中，由于各种原因引起预算总额的变动或更改设计标准和方案时，应由施工单位提出变更理由，报原设计单位签署意见后，由原审批单位审批。

施工预算书主要内容包括以下几方面。

1. 预算说明书。

2. 预算汇总表。

3. 预算表。

4. 材料数量表。

5. 单价分析表。

四、设计要求

为了提高大修设计水平和文件质量，大修设计应做到以下几方面。

1. 应满足铁路线路修理规则的相关规定，特殊情况下，线路平纵断面不具备改造条件时，允许保留原状。

2. 积极采用成熟、可靠、先进的新技术、新材料、新设备、新工艺。

3. 设计单位在勘测设计中，应征集有关设备管理单位的意见，了解设备状态，收集、调查研究大修地段的有关技术资料，听取对线路病害情况的介绍和整治病害方案的意见，以供设计参考。

4. 应全面、细致地逐项进行外业勘测工作，并达到有关精度标准。

5. 在选择大修方案时，应听取施工单位和设备管理单位的合理建议及要求，考虑施工条件、施工能力，以及材料供应等条件。在不影响工程质量的前提下，采取节省材料、资金和人力的措施，采用先进施工方法和先进技术。

6. 大修设计工作应实行件名负责制。每个件名从现场测量调查、内业设计、预算编制、技术交底以及施工期间的重大设计变更等，均应由专人负责到底。

7. 设计文件必须经铁路局审查，设计单位应根据审查会议纪要或审查意见修改文件，修改后的文件经铁路局批准后方可作为正式施工设计文件。

第八节　线路大修预算编制

一、总体原则

线路大修预算应根据设计说明书、设计图表、工程数量、施工方法及有关定额和规定进行编制。

线路大修预算的编制应本着节约的精神、实事求是的原则，做到施工质量既要符合有关技术标准，又要满足投资控制额。

工作量相对较小、技术较简单的件名，可由设备管理单位设计和编制预算，报铁路局审批。

对投资大、技术复杂的大修工程，设计单位应先提出比较方案的初步设计和概算，经铁路局组织有关部门共同审定后再编制设计文件。

在施工过程中，如需变更设计和预算时，应由施工单位提出变更理由，报设计单位签署意见后，由原批准单位批准。

1. 凡改变设计原则、主要施工方案或增减较大的工程项目，应由施工单位提出变更理由，报设计单位签署意见后，经原批准单位审查同意，交设计单位变更设计及预算。

2. 如在设计方案基础上的零小变更或仅工作量有少量的增减，可不变更设计，由施工单位提出变更理由，连同增减工程项目及数量报设计单位签署意见，由原批准单位审查同意后实施。

3. 由于工费、料价变更而影响预算时，可不变更原设计的预算表，仅将每件工程的工料差价列成汇总表，报铁路局有关部门审查、调整。

二、编制办法

线路大修预算按综合预算和单项预算两个层次编制。综合预算用于反映线路设备大修项目修理规模和项目构成，原则上按整个大修项目范围编制；单项预算是编制综合预算的基础，用于详细反映各项直接费预算构成。

单项预算按项目类别分别编制，包括人工费、直接费和间接费，其中，直接费包括材料费、运杂费、机械使用费、机车使用费、夜间施工增加费、施工配合费和勘察设计费；间接费包括施工措施费、特殊施工增加费、施工管理费、劳务工社会保险费。单项预算计算程序见表3—8—1。

表3—8—1　单项预算计算程序

序　　号	费用名称	计　算　式
1	材 料 费	按设计工程量和基期价格水平计列
2	人 工 费	直接从事大修的人员工费（含劳务工）
3	运 杂 费	指需要单独计列的运杂费，按施工组织设计的材料供应方案及本办法的有关规定计算
4	机械使用费	
5	夜间施工增加费	
6	施工配合费	根据实际情况计费
7	勘察设计费	
8	施工监理费	国铁运营线路大修不计该项费用
单项预算合计		=1+2+3+4+5+6+7+8

大修人员工资纳入运输工资的管理范畴。劳务工工时按照大修工作量测定的工时去掉大修单位可用工时确定。

线路大修预算编制应与修理标准要求、实际作业内容和使用定额的深度、细度相一致。线路大修项目设计阶段，原则上采用《铁路线路设备大修定额（暂行）》规定的定额，钢轨按铁路用钢轨的采购单价执行。

对没有定额的项目或由于客观原因造成定额变化时，设计单位应在调查分析的基础上补充单价分析，随设计文件一并送审。

三、费用内容及标准

1. 人工费是指直接从事线路设备大修项目施工生产工人开支的费用，包括大修人员工资性支出费用和外购劳务费用等，计算公式：人工费 = $\sum$定额人工消耗量×综合工费标准，其中,综合工费包括基本工资、工资性津贴和补贴、生产工人辅助工资等。特殊地区津贴、补贴按国务院及其有关部门和省(自治区、直辖市)的规定计算,计入人工费。

2. 材料费是指直接用于工程的材料费,按材料名称、规格、数量及消耗定额分项计算,包括按有关规定编列备用和损耗数量。

(1)换轨大修主要材料包括新钢轨(或再用轨,或整修轨)、扣配件、胶垫、联结零件、轨距杆、胶接轨、异型轨、断轨急救器(含夹板)、钢轨伸缩调节器、绝缘材料、位移观测桩、道口铺面板、桥梁挡砟板、焊接材料和其他材料。

(2)道床清筛主要材料包括道砟、轨枕、河沙、线路标志桩(牌)和其他材料。

(3)成段更换混凝土枕大修主要材料包括轨枕、锚固螺栓、锚固料、扣配件、胶垫和其他材料。

(4)成组更换道岔和岔枕大修主要材料包括道岔、转辙机、岔枕、锁闭及安装装置、密贴检查器、钢轨、异型轨、胶接轨、接头夹板及螺栓、道岔塑料胶垫、过渡轨枕及轨枕配件、道砟、爬行观测桩、焊接材料和其他材料。

主要线上料价格均采用中国铁路总公司或铁路局最新公布的年度主要线上料预算价格,其余可参照国家铁路管理部门最新发布的《铁路工程建设材料基期价格》。再用轨和整修轨采用冲减内扣方式不计材料费,其中,整修轨按《铁路运输企业废旧轨料管理办法》(铁财〔2007〕19 号)规定计取整修管理费。

3. 运杂费指各项材料自来源地(生产厂或指定交货地点)运至施工现场所发生的有关费用,包括运输费、装卸费、采购及保管费和其他有关运输费用。运输费按《铁路货物运价规则》及其他有关规定计算;装卸费、采购及保管费等按各铁路局有关规定执行。运输方式和运输距离应经过调查、比选,综合分析确定,原则上以最经济合理的,并且符合工程要求的材料来源地作为计算运杂费的起运点。分析各单项材料运杂费单价,对不同的材料品类及不同的运输方法分别计算平均运距。旧轨料的运杂费,其重量应按设计轨型计算;如设计轨型未确定,可按代表性轨型的重量,其运距由调拨地点的车站起算;如未明确调拨地点者,可按以下原则编列:

(1)已明确调拨的站段,但未明确调拨地点者,则由该站段所在地的车站起算;

(2)未明确调拨的站段,按项目所在地区站段所在地的车站起算。

4. 机械使用费指线路设备大修施工过程中应使用的机械、机车发生的费用,在科学计算机械使用实际消耗的基础上,从严、从紧编制。机械使用费 = $\sum$定额机械台班消耗量 × 机械台班单价,其中,机械台班费包括经常修理费、安装拆卸费、燃料动力费或租用费。

5. 经常修理费指机械除大修理以外的各级技术保养、修理及临时故障排除所需的费用;为保障机械正常运行所需的替换设备、随机配备的工具与附具的摊销和维护费用;机械运转与日常保养所需的润滑、擦拭材料费用;机械停置期间的维护保养费用等。

6. 安装拆卸费是指机械在施工现场进行安装、拆卸及搬运所需的材料费、机具费和试运转费用、辅助设施(基础、底座、固定锚桩、走行轨道、枕木等)的搭拆费等。

7. 燃料动力费是指机械在运转施工作业中所耗用的液体燃料(汽油、柴油)、固体燃料(煤)、电和水的费用。

8. 夜间施工增加费是指在夜间连续施工或在隧道内线路大修施工,所发生的工作效率降低以及有关照明设施(包括所需照明设施的拆装、摊销、维修及油燃料、电)等增加的有关费用。

9. 施工配合费是指专业施工队伍在营业线上进行线路大修施工时,需要电务、供电等部门在施工期间参加配合工作所发生的材料费用,除此之外不得发生。施工配合费由各铁路局根据施工实际情况制定取费标准。

10. 施工监理费是指项目执行单位委托具有铁路工程监理资质的单位,在大修项目的施工阶段实施监理的费用(工程决算时应附监理合同)。以人工费、材料费、运杂费、夜间施工增加费、机械使用费之和为计算基数,乘以表3—8—2所列费率。

表3—8—2　线路大修费率

<table>
<tr><th rowspan="2">项目名称</th><th colspan="2">施工监理费、勘察设计费费率</th></tr>
<tr><th>费　　率(%)</th><th>备　　注</th></tr>
<tr><td>道　　床</td><td>1.0</td><td rowspan="2">更换整修轨和再用轨时,计算基数按新轨料单价计列;全断面换砟的计算基数,石砟价格比照清筛价格计列;勘察设计费含外业测量调查配合、施工放样及设计变更等费用</td></tr>
<tr><td>轨　　道</td><td>0.5</td></tr>
</table>

施工监理费适用于因技术要求等原因,确需委托监理单位的情形。国铁运营线路大修一般不发生该项费用。

勘察设计费以人工费、材料费、运杂费、夜间施工增加费、机械使用费之和为计算基数,乘以表3—8—2所列费率计列,勘察设计费应支付给勘察设计单位。

11. 施工措施费包括冬(雨)季施工增加费、小型临时设施费、工具用具使用费、检验实验费、工程定位复测费、工程点交费和场地清理费等。

12. 特殊施工增加费包括风沙地区施工增加费、行车干扰费、高原地区施工增加费和原始森林地区施工增加费。

13. 施工管理费包括办公费、差旅交通费、固定资产使用费、工具用具使用费、财产保险费、施工单位进退场及工地转移费、福利费、工会经费、职工教育经费、社会保障费、劳动保险费、工程排污费、劳动保护费和财务费用等。

14. 劳务工社会保险费是指按政府和有关部门规定必须缴纳的劳务工社会保险费用。

四、定额标准

在大修项目设计阶段,原则上应采用预算定额。对于轨道结构的变化及新设备、新技术、新工艺、新管理办法的使用引起施工方式的变化等尚未实践的工程,或对于没有定额的特殊工程,设计单位应在调查分析的基础上补充单价分析。铁路局可以参照《铁路线路设备大修定额(暂行)》规定或基建定额,结合实际细化本局定额。

2006年原铁道部《线路大修预算编制方法及定额研究》对大修定额进行了测定,该定额是根据2006年版《铁路线路修理规则》确定的。定额为既有线封锁作业,封锁时间按每工作日给点一次,每次3 h计算。如遇其他给点情况,人工应按表3—8—3中的系数调整。

表 3—8—3　封锁时间与定额系数

给点方案	每次封锁时间		
	2.0 h	2.5 h	3.0 h
每工作日给点两次	0.89	0.70	0.57
每工作日给点一次	1.56	1.22	1.00

定额中更换道岔的条件为成组组装铺设道岔、单线、非电气化、正线混凝土岔枕更换为混凝土岔枕。行车速度小于等于 120 km/h，当以上条件发生变化时，应按表 3—8—4 调整。

表 3—8—4　更换道岔调整系数

序号	系数	线路条件	说明
1	1.2	复　线	
2	1.1	电气化铁路	考虑到不对位、纵移距离小于等于 200 m，大于200 m 是根据具体条件调整
3	1.1	行车速度≤160 km/h	
4	1.2	行车速度≤200 km/h	
5	0.9	木枕更换为混凝土岔枕	
6	0.9	站　线	
7	0.7	木枕更换为木枕	
8	0.7	现场非成组组装铺设道岔	
9	0.6	非成组更换混凝土岔枕，成组组装	

上述测定的大修定额是目前较为接近现场实际的定额。表 3—8—5 ~ 表 3—8—15 为主要大修项目定额。大型养路机械清筛定额，如在无缝线路施工时，应与应力放散、锁定配套使用。当用于电气化铁路时，人工和机械台班消耗量乘以 1.08 的调整系数。

表 3—8—5　人工道床清筛作业人工定额(工日/km)

序号	作业项目	作业标准	定额
1	道床一般清筛	深 0.20 m 及以下	530
2		深 0.21 ~ 0.25 m	600
3		深 0.26 ~ 0.30 m	680
4		深 0.31 ~ 0.35 m	780
5		深 0.36 ~ 0.40 m	890
6		深 0.41 ~ 0.45 m	1 000
7		深 0.46 ~ 0.50 m	1 110
8	道床清筛垫砂	砟 30 cm/砂 20 cm	1 220
9		砟 25 cm/砂 20 cm	1 100
10	道床清筛垫砂垫布	砟 30 cm/砂 20 cm	1 460
11		砟 25 cm/砂 20 cm	1 350
12	道床边坡清筛(双侧)		220

续上表

序号	作业项目	作业标准	定额
13	全断面换砟	深0.21～0.25 m	660
14		深0.26～0.30 m	750
15		深0.31～0.35 m	860
16		深0.36～0.40 m	980
17		深0.41～0.45 m	1 100
18		深0.46～0.50 m	1 220

注：工作内容含线路调查、划分工作量，人员、料具就位，设置防护，封锁时间内按设计深度进行清筛或全断面换砟作业，找道，回填石砟，捣实线路，全面检查，开通线路；开通后继续回填石砟；施工器械运送至下一作业地点，线路移交保养班。使用小型液压捣固机。

表3—8—6　清筛机道床清筛作业人工定额

序号	作业项目	限速(km/h)	定额(工日/km)
1	道床一般清筛	60	360
2		80	432
3		120	504
4	全断面换砟	60	655
5		80	786
6		120	917

注：主要工作内容为线路调查、划分工作量，人员、料具就位，设置防护，封锁时间内按设计深度进行机械清筛或抛床作业，回填石砟，大型养路机械或小型养路机械起整线路，全面检查，开通线路；开通后继续回填石砟，并加强检查，消灭超限。主要机械：道砟清筛车≤550 m^3/h，起拨道捣固车≤1 100 m/h，配砟整形车≤12 000 m/h，动力稳定车。

表3—8—7　道床大中修人工、机械整交作业人工定额

序号	作业项目	轨枕类型	轨型(kg/m)	定额(工日/km)
人工整交				
1	起道捣固	木枕	50	120
2			60	130
3		混凝土枕	50	130
4			60	140
5	方枕		50	20
6			60	25
7	匀缝		50	10
8			60	15
9	拨道			20
10	找细			50
11	均匀石砟整理道床			70
12	正平路肩			10
13	安装防爬设备			20

续上表

序　号	作　业　项　目	轨枕类型	轨型(kg/m)	定额(工日/km)
14	扣配件除锈涂油、整正	木　　枕		5
15		混凝土枕		60
16	回检验收			30
17	整理、移埋标志			10
18	枕木钻孔、补钉、改道			30
19	收集旧料			5
机　械　整　交				
20	大型养路机械整交			200
21	小型养路机械整交			290

注:主要工作内容为调查,匀砟,方枕,更换、补充配件,整正扣件,改正轨距,全面检查、整修线路,螺栓涂油,质量检查,线路验收,旧轨检查鉴定,旧轨料分类堆码、装运。

表3—8—8　整组更换道岔作业人工定额

序　号	新道岔岔枕类型	轨　　型(kg/m)	辙 岔 号	定额(工日/组)
1	木 岔 枕	50	9	180
2			12	200
3			18	280
4		60	9	200
5			12	420
6			18	500
7		复式交分		400
8	混凝土岔枕	50	9	288
9			12	396
10			18	414
11		60	9	317
12			12	436
13			18	455
14			30	784
15			38	871
16		75	9	348
17			12	479
18			18	501
19		复式交分		479
20	菱形交叉	50		198
21		60		218

注:主要工作内容为调查,装、运、卸组装排架料,清整场地,搭设组装排架,道岔料装、运、卸,钢轨、岔枕、配件,道岔内钢轨焊接,按标准图整组道岔预组装,道岔前后线路配轨、放样;设置防护,道岔地段道床清筛,拆除旧道岔,抬出旧岔枕,平整道床,新道岔就位,同时更换前后引轨,回填石砟,全起全捣达到放行列车条件开通线路,质量检查,旧料收集、整理,鉴定检查,分类堆码、装运。使用主要机械为轨道车、液压捣固机。

表 3—8—9 单根换枕作业人工定额(工日/根)

序 号	轨 枕 材 质	轨枕型号	定 额
1	混凝土枕	Ⅰ型	0.6
2		Ⅱ型	0.6
3		Ⅲ型	0.9
4		Ⅱ型桥枕	0.7
5		Ⅲ型桥枕	1
6	木 枕	Ⅰ、Ⅱ型	0.2

注:主要工作内容为基地作业包括轨枕、材料卸车、整理,硫磺锚固,轨枕装、运、卸至现场;现场作业包括调查准备,设置防护,更换轨枕,螺纹道钉涂油,整修线路,全面检查线路,达到开通条件后开通线路;回收旧料,鉴定检查,分类堆码、装运;线路验收。

表 3—8—10 组装及换铺混凝土枕轨排作业人工定额

序 号	作 业 项 目	轨枕型号	配置根数(根)	定额(工日/km)
1	组装轨排	Ⅰ、Ⅱ型	1 680	142
2			1 760	147
3			1 840	153
4			增配 80	5.5
5		Ⅱa 型	1 667	194
6		Ⅲb 型	1 667	173
7		Ⅰ、Ⅱ型桥枕	1 680	142
8			1 760	150
9			1 840	157
10			增配 80	6.8
11		Ⅲ型桥枕	1 667	142
12	铺设轨排	Ⅰ、Ⅱ型		376
13		Ⅲ型		470

注:(1)组装轨排主要工作内容为吊散、摆排轨枕,硫磺锚固、涂绝缘膏,选配、吊散钢轨及打印、方正轨枕,散布与安装钢轨配件和轨枕扣件,拧固,检修、吊码、吊装轨节至平板车上,捆轨件,装配件,涂油等。

(2)铺设轨排主要内容为设置防护,调查,检查铺排地段线路建筑限界,处理架子车走行障碍,扒出轨枕盒内的石砟至轨枕底,拉平轨枕头石砟;轨排列车进入作业区间、解体,拆除鱼尾钣,吊旧排;扒平龙口处的道床,安装平砟器,铺设新排;拨正方向、找平轨面,上紧所有的鱼尾螺栓,上石砟,对线路进行全面整修、检查,达到开通条件,线路验收。

表 3—8—11 人工换轨及整交作业人工定额

序 号	作 业 项 目	轨枕类型	轨型(kg/m)	定额(工日/km)
人 工 换 轨				
1	钢轨及配件装、运、散、涂油、连接	木枕、混凝土枕	43	70
2			50	75
3			60	80

续上表

序　号	作　业　项　目	轨枕类型	轨型(kg/m)	定额(工日/km)
4	更换钢轨	木　　枕	43	50
5			50	55
6			60	60
7		混凝土枕	43	60
8			50	65
9			60	70
10	自验回检			10
11	回收旧轨			160
12	回收配件	木　　枕		17
13		混凝土枕		37
整　交　作　业				
14	起道、捣固		50	60
15			60	70
16	方　　枕	木　　枕	50	60
17			60	80
18		混凝土枕	50	65
19			60	85
20	拨　　道		50	10
21			60	15
22	匀　　缝			10
23	找　　细			30
24	整理道床			25
25	安装防爬设备			20
26	扣配件涂油、整正	木　　枕		5
27		混凝土枕		60
28	回检、验收			20
29	整理、移埋线路标志			10
30	收集旧料			2
31	枕木钻孔、补钉、改道	木　　枕		30

注:(1)人工换轨主要工作内容为调查,设置防护,配轨,钢轨及扣配件运、散、涂油,拆除影响作业的障碍物,更换钢轨,匀缝,上夹板,拧紧接头螺帽、轨枕螺纹道钉(打紧道钉),安装防爬设备(轨距拉杆单列),恢复线路设备达到线路开通条件;旧轨料回收,旧轨检查鉴定,旧轨料分类堆码、捆扎装运。

(2)整交作业主要工作内容为调查,匀砟、上砟,方枕,整正扣件,改正轨距,匀缝,细找轨面、方向,起道捣固,拨正线路大方向,整理道床,螺栓涂油、封口,安装防爬设备(木枕),质量检查,线路验收;旧轨料回收,旧轨检查鉴定,旧轨料分类堆码、装运。

表 3—8—12　铺设无缝线路作业人工定额

序　号	作 业 项 目	作 业 条 件	定　　额
1	长钢轨轨料运输	1 km 内装运	10 工日/km
2		增运 1 km	0.01 工日/km
3	现场焊接	铝 热 焊	3.33 工日/头
4		接 触 焊	2.19 工日/头
5	换 长 轨		195 工日/km
6	缓冲区钢轨作业		25 工日/km
7	整　　交		145 工日/km
8	长轨切割解体		50 工日/km
9	回收旧轨(扣配件)		40 工日/km

注:主要工作内容为施工准备、轨料装车、运输、卸车;焊接、更换钢轨,全面检查,开通线路;回收旧轨料,鉴定检查,分类堆码、装运,旧钢轨基地解体;线路巡养,整理验交。

表 3—8—13　大修列车机械换轨、换枕人工定额

序　号	作 业 项 目	作 业 条 件	定额(人工/km)
1	换轨、混凝土枕换混凝土枕	1 667 根	348
2		每千米增加 10 根	2
3	回收旧轨	1 km 以内装运	11.43
4		增运 1 km	0.02
5	轨枕锚固、装运卸	1 km 以内装运	250
6		增运 1 km	0.08
7	回收旧枕	1 667 根	83
8		1 680 根	66.4
9	巡　　养		150

注:主要作业内容为施工准备,拆除旧轨,换新轨,回收旧枕、旧轨,换新枕,拧固螺帽,回填道砟,捣固,整理道床,恢复线路。

表 3—8—14　应力放散等其他人工定额

序　号	作 业 项 目	作 业 条 件	定　　额
1	应力放散	普通无缝线路	100 工日/km
2		超长无缝线路	150 工日/km
3		位移观测桩	33.1 工日/100 个
4	单线道口面板制作安装		33.43 工日/10 m^3
5	站 界 标	反　　光	38.28 工日/100 个
6	鸣 笛 标	反　　光	81.4 工日/100 个
7	线路标装		47.08 工日/100 个

表 3—8—15　线路大中修维修材料回收率

序　号	项　　目	单　位	回收率(%)	备　　注
1	钢　　轨	m	100	可以发生少量焊接等损耗
2	鱼 尾 板	块	95	
3	鱼尾螺栓及帽	套	75	
4	木　　枕	根	80	轨排施工 90%
5	混凝土枕	根	80	轨排施工 95%
6	螺栓及帽	套	75	
7	铁 垫 板	块	95	
8	道　　钉	只	80	
9	弹　　条	只	80	
10	平 垫 圈	只	70	
11	弹簧垫圈	只	75	
12	防爬器及销子	套	80	
13	大、小胶垫	块	80	
14	扣　　板	块	80	
15	轨 距 杆	根	95	
16	石　　撑	根	70	
17	轨距挡板	块	80	
18	尼 龙 座	只	80	
19	道　　岔	组		主要部件 100%；零配件 90%；岔枕 90%
20	换轨大修既有长轨切割		70	大修钢轨切割率指：钢轨切割长度为 25.4 m，原焊缝距钢轨切割口4.5 m以上的标准不低于70%

第四章　线路大修施工

第一节　无缝线路铺设

无缝线路的铺设需要将厂焊长钢轨(60 kg/m 钢轨长度一般为 500 m,75 kg/m 钢轨长度一般为 450 m)运输至现场,通过现场焊接成能够一次铺入的长轨条后,利用封锁天窗将其铺设上道。普通无缝线路是以缓冲区与相邻长轨条相连;跨区间或区间无缝线路则是将长轨条作为单元轨条依次连焊铺入。铺设无缝线路由长钢轨焊接、运输、铺设、应力放散、旧轨回收等环节组成。

一、长钢轨焊接

(一)工厂长轨焊接

工厂长轨焊接采用固定闪光焊,将无孔 25 m、75 m 或 100 m 定尺钢轨焊接成长轨条,由专用的长钢轨运输列车(简称长轨列车)将其运到铺设现场,采用移动式闪光焊或移动式气压焊将其焊接成设计长度,形成焊接长钢轨;工厂长轨焊接工艺、设备先进,焊接质量可靠,生产效率较高。目前我国工厂长轨焊接多采用 GAAS80 型直流固定焊机预热闪光焊工艺,部分采用 K1000 型交流焊机连续或脉动闪光焊工艺。

1. 钢轨吊运及存放

(1)钢轨吊运

①吊运百米定尺轨应至少配备 4 台门式起重机,起重机额定起重量不宜小于 20 t,同时配备横梁和吊卡等辅助机具。起重机动作应同步,主(副)钩起吊速度一致,大(小)车走行速度一致。

②吊运百米定尺轨时,钢轨夹持间距应不大于 13 m,钢轨两端夹持点距轨端应不大于 7 m。

③夹持钢轨时,卡具应卡住轨头下颚,夹持必须牢固可靠。各台起重机起吊、走行和下落应同步动作,起吊和走行时应保证钢轨平顺。

④钢轨起吊、走行、下落应分步动作,钢轨应水平起吊,到位后方可走行,走行时避免摆动,走行到位确认钢轨平稳后方可下落。相邻吊点高低差不大于 150 mm、水平走行前后位置差不大于 120 mm,全长范围内高低差不应大于 300 mm、水平走行前后位置差不应大于 500 mm。

⑤钢轨吊运过程中应避免摔跌、撞击。从 1 m 以上高度摔落的钢轨应报废,不应使用。

(2)钢轨存放

①百米定尺轨存放台宜采用混凝土地基梁,基础应牢固,满足承载力的要求。

②在混凝土地基梁上设钢质横担，两端横担距轨端不大于 2 m，第 2 个横担距轨端不大于6 m，中间横担间距不大于6 m；每根横担顶面高低差不大于 10 mm，相邻横担顶面高低差不大于 10 mm，整体高低差不大于 20 mm，存放区域内无积水。

③百米钢轨应正向排列码放在存放台上，排列应整齐、平直、稳固，不允许出现局部叠压。钢轨一端应对齐，钢轨端部应对齐，相错量不得大于 100 mm。

④应在每个横担上方布置层间垫物，层间垫物应与横担中心垂直对齐，偏差量不大于 50 mm。层间垫物采用 100 mm（宽度）×10 mm（厚度）的钢板，长度不短于 1 500 mm。

⑤钢轨存放不宜超过 15 层。

⑥钢轨应按牌号、型号、生产厂家、技术标准、交货状态分开存放，并有明确标识。

⑦伤损钢轨或不合格钢轨应单独存放，并做好标识，建立台账，记录钢轨生产厂家、牌号、型号、炉号、长度，缺陷部位、种类、尺寸及发现日期等信息。

2. 工厂固定式焊接工艺流程

工厂固定式焊接生产线大部分为“U”型布置，设热加工线、时效台和冷加工线，基本工序如图 4—1　1 所示。

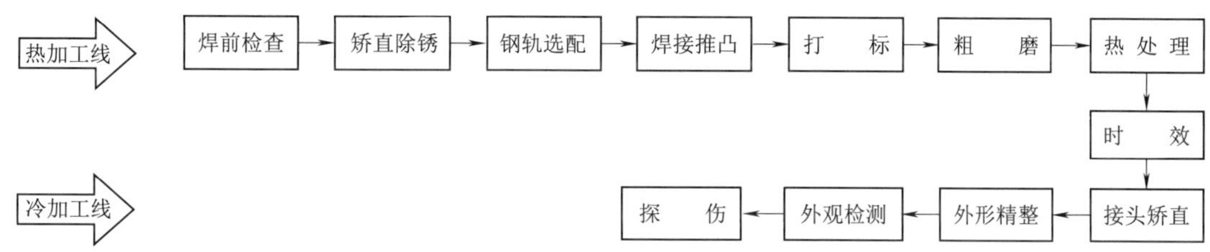

图 4—1—1　工厂固定式焊接生产基本工序

1）钢轨焊前检查

（1）根据钢厂提供的质保书，检查进厂钢轨的型号、牌号。

（2）根据《43 kg/m ~ 75 kg/m 钢轨订货技术条件》（TB/T 2344—2012）对待焊钢轨进行焊前检查，不合格的钢轨不得焊接。

（3）逐根全面检查钢轨表面质量，检查钢轨外观有无硬弯、扭曲、裂纹、折叠、划痕、压痕和碰伤等缺陷，应符合表 4—1—1 规定。

（4）以 60 kg/m 钢轨为例，使用量具及样板对钢轨高度、轨头宽度、轨腰厚度、轨底边缘厚度、轨底宽度、断面不对称、端面斜度（垂直、水平方向）、端部扭曲、轨身平直度进行检查，应符合表 4—1—1 规定。轨身平直度目视检查，对有疑问处用量具检查。

（5）对检查出不合格的钢轨，要分别列明钢轨生产厂家、牌号、型号、炉号、长度及缺陷种类及尺寸、部位、发现日期等信息，不合格的钢轨在未处理前单独存放。

（6）距轨端 200 mm 范围内硬弯以及其他无法矫直的硬弯必须锯除，锯切后端面的斜度不大于 0. 8 mm（设计速度 160 km/h 以上为 0. 6 mm）。

2）钢轨选配

（1）根据焊接资料确定焊接长轨工作边。

（2）测量钢轨实际外形尺寸，将其不对称度分为 7 种情况，分别用 0 ~ 6 作为测量值代码（测量不对称度时面向百米存轨场，中心线偏右为正值，偏左为负值）：“0”为 −0. 1 ~ +0. 1，“1”为 +0. 2 ~ +0. 5，“2”为 −0. 2 ~ −0. 5，“3”为 +0. 6 ~ +0. 8，“4”为 −0. 6 ~ +0. 8，“5”为 +0. 9 ~ +1. 2，“6”为 −0. 9 ~ −1. 2。

表 4—1—1　钢轨焊前检查项目及技术要求

序号	项目		技术要求		检验方法及要求说明	仪器设备名称
			TB/T 2344—2012(设计速度 $v \leq 160$ km/h)	TB/T 3276—2011(设计速度 $v > 160$ km/h)		
1	表面质量	表面裂纹	钢轨表面不应有裂纹		目测	
		热状态下形成的磨痕、热刮伤、纵向线纹、折叠、氧化皮压入、轧痕等	最大允许深度:钢轨走行面为 0.5 mm;钢轨其他部位为 0.6 mm	最大允许深度:钢轨走行面为 0.35 mm;钢轨其他部位为 0.5 mm	目测 采用钢直尺测量刮伤宽度,用深度尺或塞尺测量缺陷深度及修磨深度	钢直尺、深度尺、塞尺
		热状态下形成的导卫板刮伤	在钢轨长度方向的钢轨走行面、轨底下表面,纵向导卫板刮伤最多只允许有 2 处,深度不应超过相关规定	在钢轨长度方向的任一部位,纵向导卫板刮伤最多只允许有 2 处,深度不应超过相关规定,但在钢轨走行面上只允许有 1 处		
			沿同一轴线重复发生导卫板刮伤可作为1 处认可			
			允许导卫板刮伤的最大宽度为 4 mm,宽度与深度比≥3:1			
		轧辊产生的周期性热轧痕	轧辊产生的周期性热轧痕可作为 1 处认可,并且可以修磨			
		冷态下形成的纵向及横向划痕等	最大允许深度:钢轨走行面和轨底下表面为 0.4 mm(轨底下表面不应有横向划痕);钢轨其他部位为 0.5 mm	最大允许深度:钢轨走行面和轨底下表面为 0.3 mm(轨底下表面不应有横向划痕);钢轨其他部位为 0.5 mm		
		表面缺陷检测和修磨	最大允许修磨深度:钢轨走行面为0.5 mm;钢轨其他部位为 0.5 mm	最大允许修磨深度:钢轨走行面为0.35 mm;钢轨其他部位为 0.5 mm		

续上表

<table>
<tr><td rowspan="2">序号</td><td rowspan="2" colspan="2">项　目</td><td colspan="5">技术要求</td><td rowspan="2">检验方法及要求说明</td><td rowspan="2">仪器
设备名称</td></tr>
<tr><td colspan="3">TB/T 2344—2012（设计速度 v≤160 km/h）</td><td colspan="2">TB/T 3276—2011（设计速度 v＞160 km/h）</td></tr>
<tr><td rowspan="5">2</td><td rowspan="5">几何尺寸</td><td>钢轨高度</td><td colspan="5">176.0 mm ±0.6 mm</td><td rowspan="6">采用钢轨检查样板或游标卡尺检查</td><td rowspan="6">钢轨检查样板或游标卡尺</td></tr>
<tr><td>轨头宽度</td><td colspan="5">70.8 mm ±0.5 mm</td></tr>
<tr><td>轨底宽度</td><td colspan="3">(150.0 −1.5) mm ~ (150.0 +1.0) mm</td><td colspan="2">150.0 mm ±1.0 mm</td></tr>
<tr><td>轨腰厚度</td><td colspan="5">(16.5 −0.5) mm ~ (16.5 +1.0) mm</td></tr>
<tr><td>轨底边缘厚度</td><td colspan="5">(12.0 −0.5) mm ~ (12.0 +0.75) mm</td></tr>
<tr><td>3</td><td colspan="2">断面不对称</td><td colspan="5">±1.2 mm</td></tr>
<tr><td>4</td><td colspan="2">端面斜度（垂直、水平方向）</td><td colspan="3">≤0.8 mm</td><td colspan="2">≤0.6 mm</td><td>采用角尺和塞尺测量</td><td>角尺和塞尺</td></tr>
<tr><td rowspan="4">5</td><td rowspan="4">钢轨平直度</td><td>测量位置</td><td>轨端 0 ~ 1.5 m</td><td>轨端 1 ~ 2.5 m</td><td>轨端 0 ~ 1 m</td><td>轨端 0 ~ 2 m</td><td>轨端 1 ~ 3 m</td><td rowspan="4">在钢轨两端，采用钢直尺测量。垂直方向平直度在轨头踏面中心线上测量；水平方向平直度在轨头侧面圆弧以下5 ~ 10 mm处进行测量</td><td rowspan="4">1 m、1.5 m、2.0 m 钢直尺和塞尺</td></tr>
<tr><td>垂直向上</td><td>≤0.6 mm/1.5 m</td><td rowspan="2">≤0.5 mm/1.5 m</td><td rowspan="2">≤0.3 mm/1 m</td><td>≤0.4 mm/2 m</td><td rowspan="2">≤0.3 mm/2 m</td></tr>
<tr><td>垂直向下</td><td>≤0.2 mm/1.5 m</td><td>≤0.2 mm/2 m</td></tr>
<tr><td>水平方向</td><td>≤0.7 mm/1.5 m</td><td>≤0.7 mm/1.5 m</td><td>≤0.4 mm/1 m</td><td>≤0.6 mm/2 m</td><td>≤0.6 mm/2 m</td></tr>
</table>

（3）钢轨选配时应综合考虑钢轨高度、轨头宽度等偏差因素，两待焊钢轨断面尺寸偏差原则为不大于0.4 mm。如果钢轨外形尺寸偏差较大时，应将端面不对称作为配轨的主要依据，其原则为："0"与"1"、"2"可以相配，"1"与"3"、"3"与"5"、"2"与"4"、"4"与"6"可以相配。首尾相连两条长轨其断面不对称度应按"0"、"1"、"2"三种情况进行相配。

（4）锯切配轨时，短轨最小长度不得短于11 m，锯轨长度误差应不大于20 mm，并在钢轨两端标明长度。

（5）焊接500 m长钢轨时，在长轨的首尾两根钢轨端头1.5 m范围内的轨顶及轨腰上用油漆编号，左股用红色，右股用白色。

3）焊前校直除锈

（1）测量距轨端1.5 m范围内平直度并进行矫直，确保轨端1.5 m范围内钢轨垂直方向和水平方向的平直度不大于0.2 mm。

（2）除锈部位为待焊钢轨端面、钢轨与焊接电极接触部位；焊缝位置轨腰处存在钢轨厂标或炉罐号时，应打磨平整。

（3）除锈后母材呈较好金属光泽，同时轨顶面母材打磨深度不得超过0.2 mm。

（4）钢轨端部粘贴合格证必须彻底打磨清除，端面除锈后，设计速度小于等于160 km/h的钢轨端面斜度（垂直、水平方向）应不大于0.8 mm，设计速度大于160 km/h的钢轨端面斜度应不大于0.6 mm。

（5）除锈后的表面待焊时间超过24 h或有污染时应重新除锈。

4）焊接和推凸

（1）焊接前检查焊机，确认油位、油温、电压正常，焊机无报警。认真查验焊接钢轨轨型、牌号、焊接程序号。焊机电极表面应平整、光洁，无油、水、锈及氧化渣等污染物，电极表面不得有单个面积大于25 mm^2的嵌渣或缺损，不得有总面积超过100 mm^2的表面缺损，确认无误后方可进行焊接。

（2）焊接前检查除锈质量，焊接轨温不宜低于10 ℃。

（3）在待焊钢轨的对头过程中，新轨应以钢轨顶面和轨头侧面工作边为基准（再用轨以轨底面作为基准）。

（4）焊机焊接过程中，应认真观察焊接记录曲线，出现不符合工艺要求的记录曲线，立即通知焊机作业人员停焊，并对焊头进行重新焊接处理。

（5）每焊接一个接头，检查油温、水温和供电电压情况。同时焊接人员应清扫焊机，检查接头表面质量，接头表面应无裂纹，无电极灼伤；推凸余量上限：轨头为2 mm，轨头下颚为2.5 mm，轨腰为2 mm，轨底为1.5 mm；错边量检查应符合表4—1—2的要求。不合格应重新焊接。

表4—1—2　接头错边量最大允许值（mm）

接头错边的位置	接头错边量最大允许值	
	线路设计速度 $v \leq 160$ km/h	线路设计速度 $v > 160$ km/h
钢轨顶面纵向中心线的垂直方向	0.5	0.2
工作侧面轨顶面下16 mm处的水平方向	0.5	0.2
轨底角边缘的水平方向	2.0	1.5

（6）重焊时，锯切位置距离焊缝中心线应不少于50 mm；重焊前，钢轨端部应处于常温。

(7)对每个焊接接头进行打码标识，在焊接接头前方1~6 m轨腰上用钢轨打标机进行焊接代码标识，焊接代码不得位于钢轨厂标或炉罐号部位，代码长140 mm，字体高20 mm，字体深度不得大于0.5 mm。其代码的编写规则如下：

①标识格式

焊接接头的标识代码统一由3个字段、12位代码组成，3个字段分别为属性段、日期段和流水段。其标识代码格式如图4—1—2所示。

图4—1—2 标识代码格式示意

标识的第1~第4位代码为属性段，分别表示焊接单位、焊接方法和焊接作业组。

标识的第5~第10位代码为日期段，表示焊接日期。

标识的第11~第12位代码为流水段，表示当日焊接的顺序号。

属性段与日期段、日期段与流水段之间均空一个字符。

②代码说明

第1、2位代码：钢轨焊接作业的铁路局代号，由01~99表示。

01：哈尔滨铁路局	02：沈阳铁路局	03：北京铁路局
04：呼和浩特铁路局	05：郑州铁路局	06：济南铁路局
07：上海铁路局	08：广铁集团公司	09：南宁铁路局
10：成都铁路局	11：兰州铁路局	12：乌鲁木齐铁路局
13：南昌铁路局	14：昆明铁路局	15：青藏铁路公司
16：西安铁路局	17：武汉铁路局	18：太原铁路局

第3位代码：焊接方法代号，由0~9表示。

1：固定式闪光焊1号生产线	2：固定式闪光焊2号生产线
3：移动式闪光焊	4：铝热焊
5：移动式气压焊	6：电弧焊
7：再用轨焊接生产线	8：再用轨焊接生产线
9：预留备用	0：预留备用

第4位代码：局内焊轨作业组代号，由1~9和A~Z表示。

第5、6位代码：焊接的年份代号，由00~99表示。

第7、8位代码：焊接的月份代号，由01~12表示。

第9、10位代码：焊接的日期代号，由01~31表示。

第11、12位代码：作业组当日焊接的流水号，由01~99表示。

标识示例："0322 071018 76"表示北京铁路局固定式闪光焊2号生产线、第2作业组、2007年10月18日焊接的第76个接头。

5）焊筋整形（粗磨）

（1）可采用铣削或磨削的方式进行焊筋整形，焊筋整形时不应损伤钢轨母材，对母材的打磨深度宜小于0.5 mm。

(2)焊筋整形(粗磨)后,应保证焊接接头表面粗糙度满足探伤扫查的需要。

(3)焊接接头非工作面的垂直、水平方向错边应平顺过渡。

(4)应沿钢轨纵向打磨,不应横向打磨,不应出现钢轨表面打磨灼伤。

(5)线路设计速度 v 大于 160 km/h 时,钢轨闪光焊接头轨底下表面焊筋高度不应大于 0.5 mm,轨底焊筋边缘棱角应平顺过渡。

6)焊接接头热处理

(1)焊接接头热处理应采用中频感应方式进行全断面加热,加热线圈中心应与焊缝中心对正,线圈到钢轨两边的距离基本一致,轨顶红外测温点在轨顶焊缝中心,轨脚红外测温点应在焊缝中心距离轨底角边缘 0 ~ 10 mm 范围。

(2)加热前钢轨焊接接头温度应低于 500 ℃。

(3)轨头加热温度宜采用 900 ℃ ±20 ℃,轨底角加热温度宜采用 800 ℃ ~850 ℃(测温位置在轨底角边缘向内 0 ~ 10 mm 范围内)。

(4)加热到规定温度后,应立即进行喷风冷却,喷风前轨头的温度不应低于 750 ℃。

7)时效

热处理完的长钢轨放置在时效台 24 h 以上。长钢轨的摆放必须平整齐顺,不得有明显肉眼可辨的弯曲。

8)焊接接头矫直

(1)焊接接头热处理后经 24 h 时效,方可进行矫直。

(2)不允许使用矫直的方法纠正接头错边。

(3)矫直前应测量接头原始平直度。

(4)矫直后焊接接头的平直度应满足下列要求:

①以焊缝为中心,左右各 50 mm 范围内,轨顶面平直度应在 0.2 ~ 0.5 mm(设计速度 160 km/h以上线路为 0.2 ~ 0.5 mm)范围之内,测量曲线应趋向于上抛物线形,允许存在个别的高点或低点。

②以焊缝为中心,左右各 500 mm 范围内,工作边平直度(不计推凸余量)应在 −0.2 ~ 0.4 mm(设计速度 160 km/h 以上线路为 ±0.2 mm)范围之内,允许存在个别的高点或低点。

9)外形精整

(1)外形精整长度不应超过焊缝中心线两侧各 400 mm。

(2)不应使用外形精整的方法纠正超标的平直度偏差和接头错边。

(3)精整后平直度应满足表 4—1—3 要求。

表 4—1—3 平直度允许值

线路设计速度(km/h)	轨顶面垂直方向最大偏差(mm)	轨头侧面工作边水平方向最大偏差(mm)
≤160	0.1 ~ 0.4	±0.3
>160	0.1 ~ 0.3	+0.1 ~ −0.2(凹进)

(4)焊接接头经外形精整后,轨顶面的表面不平度应满足:以焊缝为中心的 1 m 范围内,在任意 200 mm 区段内不大于 0.2 mm,在任意 100 mm 区段内不大于 0.1 mm(母材表面未打磨区域的凹坑不做表面不平度要求)。

10）探伤

按本章相关焊缝探伤内容要求执行。

11）成品检验

（1）焊接长钢轨出厂前应检查每个焊接接头的外观质量，包括平直度和表面质量。

（2）焊接长钢轨出厂前应查验生产记录，生产检验报告、钢轨牌号等。

（3）焊接长钢轨出厂前应在长钢轨的端部标明长钢轨的长度、左右股。

（4）焊接长钢轨出厂应按表4—1—4项目进行检验，填写合格证书。

表4—1—4　成品检验项目

<table>
<tr><th>序号</th><th colspan="2">检验项目</th><th>质量要求</th><th>检验频率</th><th>检验方法</th><th>备　注</th></tr>
<tr><td>1</td><td colspan="2">探伤检验</td><td>探伤结果全部合格</td><td>全　检</td><td>每月对车间探伤记录进行收集并验证</td><td rowspan="3">若有不合格，检查工班处理情况，若工班未进行处理，出具《不合格报告》并监督工班对不合格品进行处理</td></tr>
<tr><td rowspan="2">2</td><td rowspan="2">工艺参数检验</td><td>焊接参数检验</td><td>焊接记录曲线无异常，满足判别规定</td><td rowspan="2">全　检</td><td>验证前一日焊接记录</td></tr>
<tr><td>正火参数检验</td><td>设定工艺温度参数与实际测温偏差不超过10℃，热处理参数符合作业指导书规定</td><td>验证前一日焊接记录</td></tr>
<tr><td rowspan="5">3</td><td rowspan="5">外观检验</td><td rowspan="2">平直度检验</td><td>轨顶面平直度误差：$v \leq 160$ km/h 时为 +0.1 ~ +0.4 mm；$v > 160$ km/h 时为 0 ~ +0.2 mm</td><td rowspan="5">外观质量检查工位人员对所有焊头进行全检。车间质量技术员应按照《计数抽样检验程序》（GB/T 2828）规定进行抽检（抽检比例按照5%抽取，每个批次累计数量达到100个头时至少抽取一次）</td><td rowspan="2">用电子平直仪测量。测量位置分别在轨顶面纵向中心线、轨头侧面工作边上距轨顶面16 mm处的纵向线；测量应以焊缝中心线两侧各500 mm位置的钢轨表面作为基准点，测量长度为1 m，焊缝居中</td><td rowspan="5">不合格出具《不合格报告》，以同样方案进行第二次抽样，如复检仍不合格，该批产品进行100%检查</td></tr>
<tr><td>轨头侧面工作边平直度误差：$v \leq 160$ km/h 时为 ±0.3 mm；$v > 160$ km/h 时为 +0.1 ~ −0.2 mm</td></tr>
<tr><td rowspan="2">表面质量检验</td><td>表面不平度在任意200 mm区段内不大于0.2 mm；任意100 mm范围内高点不大于0.1 mm；任意50 mm范围内高点不大于0.2 mm；任意30 mm范围内低点不大于−0.2 mm；任意50 mm范围内低点不大于−0.1 mm</td><td>用直尺和塞尺配合测量。以焊缝为中心的1 m范围内，在任意200 mm区段内不大于0.2 mm，在任意100 mm区段内不大于0.1 mm（母材表面未打磨区域的凹坑不做表面不平度要求）</td></tr>
<tr><td>焊缝左右各500 mm范围内不得有裂纹、明显压痕、划伤、碰伤、电极灼伤、打磨灼伤等伤损；对母材打磨深度不应超过0.5 mm；轨腰焊筋余量0 ~ 2 mm，轨头下颚焊筋余量0 ~ 2.5 mm</td><td>目　测</td></tr>
<tr><td>标识检验</td><td>标识清晰、规范、正确</td><td>目　测</td></tr>
</table>

（5）驻厂验收员对焊接生产过程和焊接成品进行抽检，钢轨装车出厂前，必须经驻厂验

收员验收、签章。

3. 长钢轨吊运

(1)钢轨夹持(吊点)间距应不大于 16 m,钢轨两端的夹持点距轨端应不大于 7 m。各吊点受力应均衡,夹持钢轨牢固、可靠。

(2)钢轨吊运分为起吊、走行、下落三个阶段,各阶段分步操作,每个阶段应同步动作。钢轨应水平起吊,起升到位后方可走行。走行期间应避免钢轨摆动,走行到位确认钢轨平稳后方可下落。起吊和走行时应保证钢轨平顺。

(3)长钢轨吊运时,相邻吊点高低差不大于 150 mm,水平走行前后位置差不大于 120 mm;全长范围内高低差不大于 300 mm,水平走行前后位置差不大于 500 mm。

(4)长钢轨应单根起吊,轻吊轻放。吊运过程中应避免钢轨摔跌、撞击。钢轨若出现摔跌要单独存放,从 1 m 以上高度摔落的钢轨应予以报废,不得使用。

4. 长钢轨存放

(1)500 m 焊接长钢轨存放台采用混凝土地基梁,基础应牢固,并满足承载要求。混凝土地基梁上应设钢质横担支撑钢轨,存放台两端横担距轨端不大于 2 m,第 2 个横担距轨端不大于 6 m,中间横担间距不大于 6 m。

(2)横担顶面应水平,每根横担高度差不大于 10 mm,相邻横担高度差不大于 10 mm,整体高度差不大于 20 mm,每季度检查不少于一次。对混凝土地基梁每年整修一次,横担顶面距地面不小于 350 mm。

(3)钢轨存放区域应地面平整,通风良好,排水通畅,不得有积水。

(4)成品长钢轨应按牌号、型号、生产厂家、技术标准、交货状态分开存放,并有明确标识。

(5)长钢轨应正向码放,排列应整齐、平直、稳固,同层钢轨轨底角不得叠压。钢轨一端应对齐,相错量不大于 200 mm。

(6)多层存放时应布置层间垫物;层间垫物采用 100 mm(宽)×10 mm 的钢板(厚),长度不短于 1 000 mm;层间垫物应与横担中心垂直对齐,偏差量不大于 50 mm。

(7)成品长钢轨存放不宜超过 6 层。

(二)现场长轨焊接

现场长轨焊接主要采用移动式闪光焊接、移动式气压焊接和铝热焊接等方法。移动式闪光(气压)焊轨车由于其移动方便,操作简单,焊接质量可靠,在铁路无缝线路铺设中得到广泛应用,是目前现场焊接的主要方法。铝热焊由于其设备、机具、材料简单,施工易于组织,作业快捷方便等特点,在无缝道岔焊接、无缝线路锁定焊接和既有线钢轨伤损复旧焊接中也得到普遍应用。

1. 移动式闪光(气压)焊轨车

移动式闪光(气压)焊轨车由装载车辆、柴油发电机组和钢轨焊机等部分组成,两种焊轨车均能在线路上进行长钢轨移动焊接。

1)施工组织

(1)施工前施工负责人应对作业地段线路曲线半径、超高、坡度、线间距、轨道结构、锁定轨温、限界、焊接接头的位置和焊接钢轨的型号、牌号、线上(下)焊接等情况进行全面调查。

(2)掌握施工当天的气温和天气情况。

(3)根据调查后情况,拟定施工走向和施工进度,制定施工流程,明确施工主体和配合单位及其职责，制定施工安全控制措施。

(4)明确施工人员的配备和工机具的配置。

(5)施工流程如图4—1—3所示。

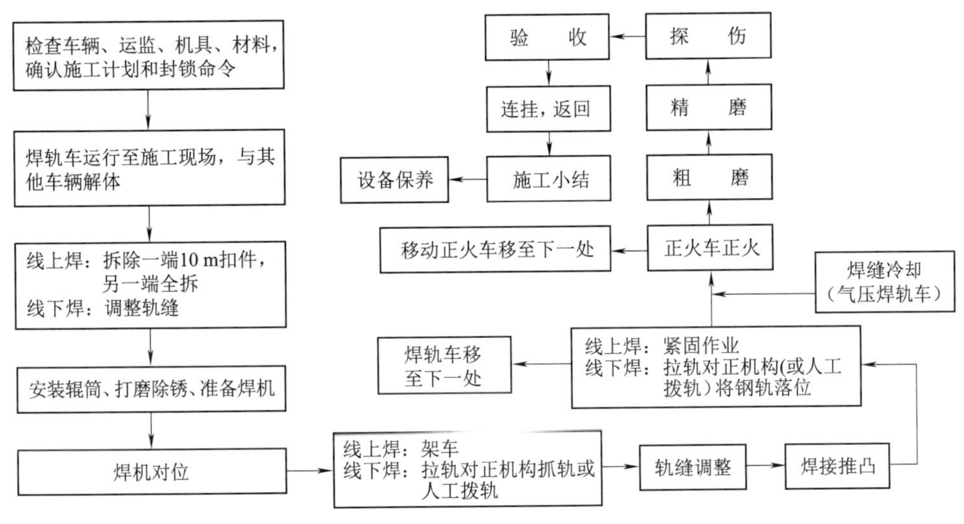

图4—1—3　移动闪光(气压)焊轨车施工流程

2)焊接参数

移动式闪光(气压)焊轨车焊接参数由各铁路局所处的地区、焊机型号、钢轨型号和牌号通过型式检验确定。表4—1—5、表4—1—6为××铁路局移动式闪光焊轨车(LR-1200型焊机)焊接参数，表4—1—7为××铁路局移动式气压焊轨车(YHGQ-1200型焊机)焊接参数。

表4—1—5　移动式闪光焊轨车(LR-1200型焊机)**钢轨焊接工艺参数**(U75V热轧钢轨)

项　目	单　位	阶段0	阶段1	阶段2	阶段3	阶段4	阶段5	加　速
阶段位移	mm	4	7	8	8	6	6	
阶段时间	s	35	30	30	6	20	6	
电　压	V	400	400	340	320	380	400	
电　流　1	A	300	370	230	180	250	260	
电　流　2	A	350	580	330	270	390	400	
电　流　3	A	400	600	430	360	580	600	
前进速度	m/s	1. 40	2. 50	2. 40	1. 20	0. 25	0. 30	0. 65
后退速度	m/s	0. 70	1. 25	1. 00	0. 38	0. 10	0. 10	
顶 锻 量	mm	12						
带电顶锻时间	s	0. 5						
总顶锻时间	s	3						
保压时间	s	3						
锁定时间	s	180						
测试前进速度	100 s	0. 2						
系统压力	%	52						

表 4—1—6　移动式闪光焊轨车（LR-1200 型焊机）钢轨焊接工艺参数（U71Mn 热轧钢轨）

项　　目	单　位	阶段 0	阶段 1	阶段 2	阶段 3	阶段 4	阶段 5	加　速
阶段位移	mm	8	8	8	8	3	8	
阶段时间	s	17	28	30	30	7	15	7
电　　压	V	387	377	357	337	345	350	378
电　流　1	A	270	260	250	230	260	265	
电　流　2	A	350	350	350	350	320	325	
电　流　3	A	430	500	480	440	380	385	
前进速度	m/s	1. 20	1. 10	1. 50	1. 90	0. 23	0. 24	1. 00
后退速度	m/s	0. 80	1. 00	0. 90	0. 80	0. 20	0. 15	
顶 锻 量	mm	12. 5						
带电顶锻时间	s	0. 8						
总顶锻时间	s	2. 5						
保压时间	s	3						
锁定时间	s	180						
测试前进速度	100 s	0. 2						
系统压力	%	50						

表 4—1—7　移动式气压焊轨车（YHGQ-1200 型焊机）焊接工艺参数（U75V、U71Mn 热轧钢轨）

焊接阶段		焊后喷风冷却阶段		热处理阶段	
保压压力	5 MPa	冷却时间	250 s	正火加热	
顶 锻 量	28 mm	喷风压力	0. 10 MPa	加热时间	200 s
焊接时间	305 s	冷却初幅	5 mm	氧气流量	80 L/min
顶锻压力	22 MPa	冷却末幅	30 mm	乙炔流量	90 L/min
氧气流量	100 L/min	冷却初速	80 mm/min	摆　　速	200 mm/min
乙炔流量	100 L/min	冷却末速	120 mm/min	正火初幅	5 mm
推凸压力	31 MPa			正火末幅	80 mm
焊接初幅	4 mm			喷风欠速淬火	
焊接末幅	4 mm			喷风时间	150 s
焊接初速	30 mm/min			喷风压力	0. 10 MPa
焊接末速	30 mm/min			焊接初幅	4 mm
关氧提前时间	2 s			焊接末幅	4 mm
顶锻时间	30 s				
推凸时间	40 s				
摆火中心	224. 8 mm				

3）焊轨前准备工作

（1）移动式闪光（气压）焊轨车进入区间开始焊接作业前，应对焊轨车设备状况及其相关配套机具、材料进行全面检查，确认齐备、良好和运转正常，方可进入区间进行焊接作业。

（2）检查焊机焊接控制系统工作是否正常，并根据焊接的钢轨牌号、轨型等预先设定好正确的焊接程序号。

4)焊接作业

(1)移动式闪光焊轨车焊接工艺

移动式闪光焊轨车焊接工艺包括图4—1—4所示基本工序。每完成一个工序,应填写相关的工艺记录,并在验交时,一同移交无缝线路管理单位。

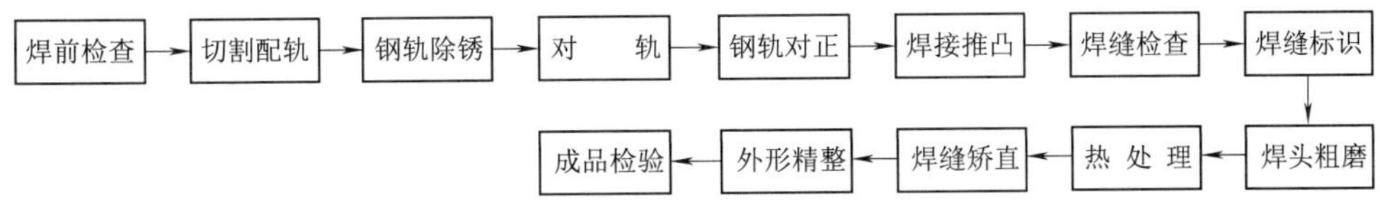

图4—1—4　移动式闪光焊轨车焊接基本工序

①钢轨焊前检查

检查钢轨外形尺寸及表面质量,应符合《43 kg/m ~75 kg/m 钢轨订货技术条件》(TB/T 2344)和《高速铁路钢轨》(TB/T 3276)的要求,不合格的钢轨不得焊接。

②切割配轨

焊轨前应根据单元轨条情况进行切割配轨,配入短轨长度不得短于6 m。使用角尺检查锯切后的钢轨端面垂直度,超过0.8 mm(设计速度 v 大于160 km/h 为0.6 mm)时,须用端面打磨机进行处理,直至符合要求。

③钢轨除锈

除去钢轨上的锈皮,打磨钢轨端面和夹紧区域的轨腰部分长度不短于700 mm,直至露出金属光泽,同时对轨顶面母材的打磨量不超过0.2 mm。如果电极夹持部位存在凸出的钢轨热压标识,应打磨至与母材平齐。除锈面待焊时间超过8 h以上或打磨后有水、油、污垢污染时,应重新除锈处理。

④对轨

对轨包括垫轨、拨轨、调整轨缝等作业。焊接前自由端钢轨须用滚筒进行支垫,并确保焊缝两侧25 m范围内的钢轨基本保持平顺,支垫可靠;在滚筒支垫困难的情况下,也可采用在焊缝两侧预先拨出旁弯的方法替代,同样要求确保焊缝两侧25 m范围内的钢轨基本保持平顺,支垫可靠。

⑤钢轨对正

钢轨对正采用拉轨对正装置配合拉轨时,必须且只能操作拉轨阻力较小端(钢轨较短端),且要保证焊机电极处于张开状态。

⑥焊接和推凸

a. 气温在0 ℃以下时,不应进行现场焊接。气温介于0 ℃ ~10 ℃时,焊前应对轨端0.5 m长度范围用火焰预热,预热应均匀,钢轨表面预热升温为35 ℃ ~50 ℃。

b. 遇有风、雨天气焊接时,应采取防风、防雨措施。风力达到5级或雨量达到中雨时不应进行焊接。

c. 钢轨起拱量预留值必须确保焊接后接头轨顶面不会凹陷,也不会因过高而增加后续打磨量,焊接前应检查两侧钢轨对中情况、轨端面距离,并控制好焊机起拱量。两端面接缝处呈“V”型或“A”型,且间隙大于1.5 mm不能焊接。

d. 焊接过程中,应设专人监控焊接曲线变化情况,出现以下情况时,必须锯头重焊。

(a)加速烧化末期出现大于 600 A 的电流曲线。

(b)电流曲线出现长时间短路或断路。

(c)位移量或电压值发生较大变化。

(d)焊接系统自动判断结论为“不合格”。

e. 焊接完成后,焊接锁定时间设置不宜过短,一般应大于 180 s,防止焊机释放后,高温状态下的焊接接头产生变形现象。

⑦焊缝检查

焊接完成后,应进行以下检查,不合格的焊头应锯切重焊。

a. 电极伤检查:焊缝两侧钢轨与焊机电极接触部位不得出现电极灼伤。

b. 焊缝推凸情况检查:推凸过程不应损伤焊接接头和钢轨母材,推凸后的表面应无肉眼可见的裂纹或焊渣挤入,接头各部位允许的最大推凸余量(推凸后的焊筋高度)为轨头和轨腰 2 mm,轨头下颚 2.5 mm,轨底 1.5 mm。

c. 焊缝错边量检查:推凸后在未经打磨处理的情况下,应使用波磨尺测量接头错边量,检查值应符合表 4—1—2 要求。

⑧焊缝标识

焊缝检查合格后,应按照《钢轨焊接接头标识规则》规定的编号要求和格式,对每个钢轨焊接接头(成品)进行标识,其标识编码规则与工厂焊接相同。

⑨焊头粗磨

采用仿形打磨机和手砂轮机对轨顶面、轨头侧面、轨底、轨底角上表面和轨底角边缘焊缝进行打磨,粗磨后的表面应平整、光洁,不应损伤钢轨母材,并保证焊接接头的表面粗糙度满足探伤扫查的需要。

⑩焊缝热处理

a. 粗磨后的焊接接头,宜优先采用中频电感应加热,加热的起始温度应低于 500 ℃(轨头表面),轨头加热温度宜采用 900 ℃ ±20 ℃,轨底角加热温度不应低于 800 ℃ ~850 ℃。

b. 加热到规定温度后,立即用喷射压缩空气冷却进行欠速淬火处理。欠速淬火前确保轨头温度不低于 750 ℃。

⑪焊缝校直

热处理作业完成后,当轨头表面温度低于 400 ℃时,可以用直轨器等校直设备对轨头进行热调直处理。

⑫外形精整

外形精磨须在 24 h 以后进行,应使用仿形打磨机对接头轨面和作用面进行精磨,精磨长度不应超过焊缝中心线两侧各 400 mm。

⑬成品检验

成品检验分内在质量检验和外观质量检验两项。内在质量检验以焊接曲线的判读结论和探伤结论作为最终验收依据。外观质量检验要求如下:

a. 焊接接头平直度检查:在轨顶面纵向中心线和轨头侧面工作边距轨顶面 16 mm 处的

纵向线用平直尺或电子平直仪进行检测，测量焊缝中心线两侧各 500 mm 的钢轨平直度应符合表 4—1—8 要求。

表 4—1—8　平直度允许最大偏差

线路设计速度(km/h)	轨顶面垂直方向最大偏差(mm)		轨头侧面工作边水平方向最大偏差(mm)	
	a_1(起拱量)	a_2(凹陷量)	b_1(凹进量)	b_2(凸出量)
$v \leqslant 160$	0 ~ 0.3	0	0.3	0.3
$v > 160$	0 ~ 0.2	0	0.3	0

注：(1) a_1、a_2 分别表示测量长度范围高出、低于钢轨母材轨顶基准面最大允许偏差。

(2) b_1、b_2 分别表示测量长度范围轨头内侧工作面凹进、凸出钢轨母材基准最大允许偏差。

(3) 下表同。

b. 表面质量检查。

(a) 不平度检查。焊接接头经外形精整后，以焊缝为中心 1 m 范围内，轨顶面的表面不平度满足：在任意 200 mm 区段内不大于 0.2 mm；设计速度 v 大于 160 km/h 时，在任意 100 mm区段内不宜大于 0.1 mm(母材表面未打磨区域的凹坑不做表面不平度要求)。表面不平度检查分为以下两种方法。

直尺方法：用直边经过校准的长度为 100 mm 和 200 mm 检测直尺与塞尺配合检查，在以焊缝为中心 1 m 范围内的轨顶面纵向中心线上测量，检测直尺与钢轨顶面之间的最大间隙为表面不平度。

自动检测尺方法：利用平直度自动检测尺测量的轨顶面平直度图形，检测以焊缝为中心 1 m 范围内，在任意 200 mm 和 100 mm 区段内图形的高低点波动差为表面不平度。

(b) 焊缝外观检查。肉眼检查焊缝 1 m 范围内，轨头及轨底圆角圆顺，打磨位置不发蓝，钢轨表面不应有裂纹明显压痕、划伤、碰伤、电击灼伤、打磨灼伤等伤损，对母材的打磨深度宜小于 0.5 mm。轨腰推凸余量小于等于 2 mm，轨底焊缝残留高度 0 ~ 0.5 mm。

(c) 焊缝标识检查。标识清晰、规范、正确。

(d) 超声波探伤应符合本章规定的焊缝探伤要求。

(2) 移动式气压焊轨车焊接工艺

基本工序如图 4—1—5 所示，移动式气压焊是通过钢轨加热后，再以压接的方式完成钢轨焊接的，其焊机系统本身就具备正火加热和喷风冷却功能，但车辆没有配备液压拉轨对正装置，其工艺不同之处如下所述。

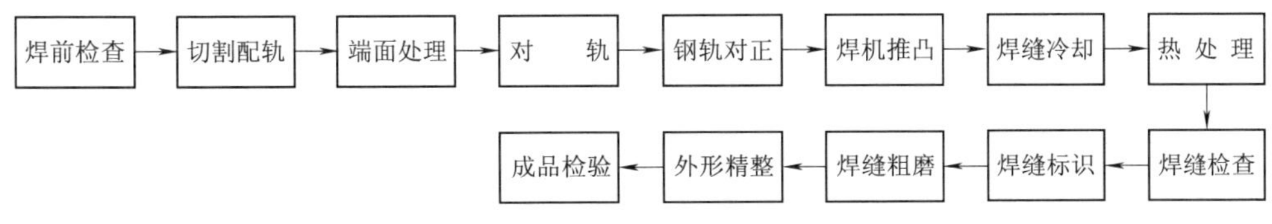

图 4—1—5　移动式气压焊轨车焊接基本工序

①端面处理

a. 端面处理前，应先去除距端面 50 mm 内的铁锈和油污。污垢用氧化焰去除，铁锈和污物用钢丝刷或砂轮去除。

b. 用端面打磨机（端铣机）对钢轨端面进行处理，使全端面显出良好的金属光泽，并将端面不平度及端面垂直度控制在0.2 mm以内。

c. 钢轨端面在对轨前应确保焊缝两侧钢轨基本保持平顺，并支垫可靠。由于移动气压焊轨车没有配备液压拉轨对正装置，焊机拉轨的长度有限，当两侧钢轨轨端距离偏差较大时，应采用撞轨等有效方法对轨缝进行预先调整。

d. 在正式点火焊接前，用四氯化碳溶液对端面进行全断面喷洗、喷吹干燥，以确保焊接钢轨端面绝对清洁。

e. 加工后的端面易氧化，须及时焊接，待焊时间一般不超过30 min，雨、雪、雾等天气更应缩短等待时间。

②对轨

由于移动气压焊轨车没有配备液压拉轨对正装置，焊机拉轨的长度有限，当两侧钢轨轨端距离偏差较大时，应采用撞轨等有效方法对轨缝进行预先调整。

③焊接

a. 焊接场所无雨、无大雾，气温应不低于0 ℃。当气温低于0 ℃时，应对氧气、乙炔气瓶采取保温措施，并对待焊钢轨端面各400 mm范围内烘烤干燥。风力4级以上时应采取挡风措施，风力大于5级时应停止焊接。

b. 焊接使用的氧气纯度应不低于99.5%，乙炔（丙烷）纯度应不低于98%。

c. 焊接前应仔细检查确认氧气和乙炔流量、压力是否正常，安全阀、减压阀、回火防止器、乙炔报警系统和空气冷却系统是否工作正常，否则不得焊接。

d. 对加热器的技术要求：

（a）每日焊接前，必须试火，检查火孔、火焰及冷却情况等，均达到正常状态后，方可进行焊接。

（b）新加热器投入使用前，必须进行生产检验，待检验合格后，才能使用。

（c）加热器焊接80～100个接头或连续使用1个月后，应拆开清洗。每焊接约30个接头，应用细砂布擦净嘴条表面，并按原设计火孔孔径，把每个火孔用通针通一遍，或用氧气（约0.5 MPa左右）吹净，以保障火孔畅通。

（d）火孔孔径不得随意改动，火孔数量不得随意增减。

e. 焊接前，先施以一定压力作为预压顶锻力，然后检查钢轨接缝，要求接缝周围接触基本密贴，两侧轨底角部分出现明显缝隙时，不得进行焊接。

f. 焊接点火时，应在加热器远离焊缝的位置进行，加热要求采用微还原焰进行加热，严禁采用碳化焰进行加热。

g. 焊接过程中应随时观察加热火焰变化情况，并确保钢轨断面受热均匀，出现火孔阻塞、回火或严重的加热不均现象，焊头应做判废处理。

h. 焊接完成后，除按规定对焊缝错边量和推凸质量进行检查外（检查标准参见本节“移动式闪光焊轨车焊接工艺”部分相关要求），还应对焊缝外观进行检查，出现两轨底角严重下塌、过烧、光斑及未焊透等情况，应锯切重焊。

i. 锯切重焊的钢轨端面和除锈质量必须满足要求，锯切位置距离焊缝中心线应不少于100 mm，重新焊接前，钢轨端部应处于常温。

④焊缝冷却

焊接推凸完成后，启动焊后冷却程序，利用压缩空气喷吹的方法将焊缝冷却至500 ℃以下。

⑤热处理

a. 将焊机控制面板设定到热处理模式，点火对焊缝进行自动正火加热。加热结束后，再设置到喷风冷却模式，系统自动对焊缝进行喷风欠速淬火处理。

b. 钢轨焊后热处理加热的起始温度应低于500 ℃（轨头表面），加热宽度为60 mm ± 10 mm，加热温度宜采用850 ℃ ~950 ℃。

（3）安全作业规定

①复线地段作业时，应注意邻线行车安全，线间距小于6.5 m地段禁止焊轨作业人员到两线间，收放车等必须到两线间时需设专人防护。

②线间距不足4.6 m时，封锁天窗内邻线不得开行超限货物列车，由作业单位根据线间距情况在提报施工计划时注明不得开行超限货物列车的区间。

③在焊轨车作业前，应对线路状态进行调查，注意信号机、信号桩、电线杆、电缆线等设备的位置，以防作业时损坏机械及铁路设备。

④起重机的回转机构应有可靠的锁紧和防摆装置，保证在任何情况下（曲线、坡道等）吊臂不得发生意外摆动。邻线通过列车时，禁止操作起重机。

⑤合理安排焊轨车作业方向，应保证两线间线下焊接时焊机操作面板朝内（靠近本线线路中心）。

⑥线下焊接小于600 m的小半径曲线下股钢轨时，必须顶起低侧顶车油缸；小于350 m的小半径曲线不得进行顶车线上焊接。焊接时焊轨车升起高度不得超过15 mm，同时保证轮缘不得离开钢轨轨面。焊轨车升起后，必须有专人监控升降装置，非操作人员不得碰触升降操作装置。

⑦进行无缝线路长钢轨锁定焊接时，应与无缝线路铺设工艺配合作业。单元轨条锁定焊接时，应使用保压推凸。

⑧应采取有效措施防止焊接造成的火灾事故，妥善处置焊接弃渣，防止人员烫伤。

⑨同一个焊接地点焊接结束后，按以下要求对设备进行安全回收锁定。

a. 用随车吊机收回焊机，并锁定。

b. 收回钢轨拉伸对位装置，并锁定。

c. 检查支撑腿已回位，并锁定。

⑩移动气压焊轨车还应遵守下列规定。

a. 气温在5 ℃以下时，应对氧气减压表、液化气瓶等易冻伤部件采取防冻保温措施，防止使用中出现冻结现象而影响正常使用和安全。

b. 焊接前应检查加热装置及相关的输气管路和部件，不得存在漏气现象。

c. 氧气、丙烷（乙炔）的存放、运输、使用必须遵照国家易燃易爆物品使用管理条例执行。

2. 铝热焊

铝热焊具有施工组织相对简单、方便快捷的特点，在无缝道岔焊联和既有线钢轨伤损复旧焊接施工中运用较多。

1)施工准备

(1)施工机械及材料准备

在出发到施工现场之前,按表4—1—9进行全面检查。

表4—1—9　铝热焊施工机械及材料

类别	品名	备注	类别	品名	备注
消耗物品	动力机具用汽油和合适的机油		动力机具	钢轨切割机	
	足够的丙烷和氧气			冲击扳手	可选
	封箱泥	拉伊台克		液压钢轨拉伸器	
	封箱膏	拉伊台克		液压推瘤机	
	封箱沙	施密特		仿形打磨机	
	高温火柴			发电机	
	焊剂			角磨机	
	砂模			手提砂轮机	
	坩埚	一次性		轨端打磨机	
	轨枕塞		辅助工具	挡火板	
	钢轨切割机专用锯片			活动扳手	
	杯型砂轮			套筒杆	
	标识牌和粘贴标签			爪杆	
	表格、手册			大锤	锻工用
金属构件	砂模夹具			热切除凿	
	侧模夹板(1对)			手斧	
	底板			锤子	
	灰渣盘			轨道定位器	
	夹紧装置			堵漏棒	
	火钳	施密特		起轨器	
	坩埚叉	拉伊台克		铲子	
预热和焊后保温装置	氧气、丙烷预热枪和预热支架			楔子	
	氧气和丙烷调压表			钢丝刷	
	氧气、丙烷软管			标记印模或标记笔	
	防回火塞			用于修理动力机具的工具	
	合格的点火装置			撬棍	
	保温箱或保温罩			对正架	
安全防护	焊工护目镜		测量工具	焊工直尺(1 m)	
	面罩			轨温计	
	焊工手套			秒表	
	护腿			钢卷尺	
	护耳			红外线测温仪	
	口罩			塞尺	
	防护备品				
	防火器材				

(2)焊接现场的准备工作

①材料及机具到达现场后,检查确认状态良好。

②做好防火工作。

③避开光电缆,设置弃渣坑。

(3)焊接准备

①采取适当的防护措施,避免钢轨在对接、对正以及焊接的过程中发生移动。

②检查待焊钢轨外形尺寸及表面质量,焊接钢轨应符合《43 kg/m ~ 75 kg/m 钢轨订货技术条件》(TB/T 2344)和《高速铁路钢轨》(TB/T 3276)的要求,不合格的钢轨禁止焊接。

③检查焊接轨缝位置。

④测量轨温,将轨温计放在钢轨背光的一侧。

⑤扒开焊接接头轨下 200 mm 范围内的道砟。

⑥检查轨端垂直度,垂直公差不大于 1 mm。

(4)人员组织

现场铝热焊钢轨焊接施工劳力组织一般情况见表 4—1—10。

表 4—1—10　现场铝热焊钢轨焊接施工劳力组织

工　种	人　数	备　注
焊接人员	6	
探 伤 工	1	必须持有二级以上无损探伤证书
施工负责人	1	
防　护	4	
合　计	12	按焊接单头计

2)工艺流程

铝热焊施工工艺流程如图 4—1—6 所示。

(1)拆除钢轨扣件

拆除焊头每侧 3 ~4 根轨枕的扣件和轨下橡胶垫板,除去接头下方有碍作业的杂物。

(2)轨端处理

焊前应对钢轨端面及纵向长度不小于 150 mm 的钢轨进行除锈处理,除锈部位应露出良好的金属光泽,并除去油污、油漆等污物。

①用钢丝刷清洁轨端及纵向长度不小于 150 mm 的钢轨,避免产生氧化层。

②轨面如果锈蚀,应在 1 m 范围内用钢丝刷进行清刷。

③如轨端垂直度超过 1 mm 时,应利用轨端打磨机修正处理。

(3)轨端对正

①设定轨端间隙:拉伊台克为 25 mm ± 2 mm(或按产品说明书执行),施密特为 $28\ mm^{+2}_{-1}\ mm$。

②轨端对正时,以轨顶面和作用边为基准对齐端头,避免错牙。

③安装钢轨对正架,将各调整螺栓就位(触及钢轨即可,不得上紧调整螺栓)。

④用直尺检查轨端对正情况,按对正架操作程序,松紧相应的调整螺栓对正轨端。

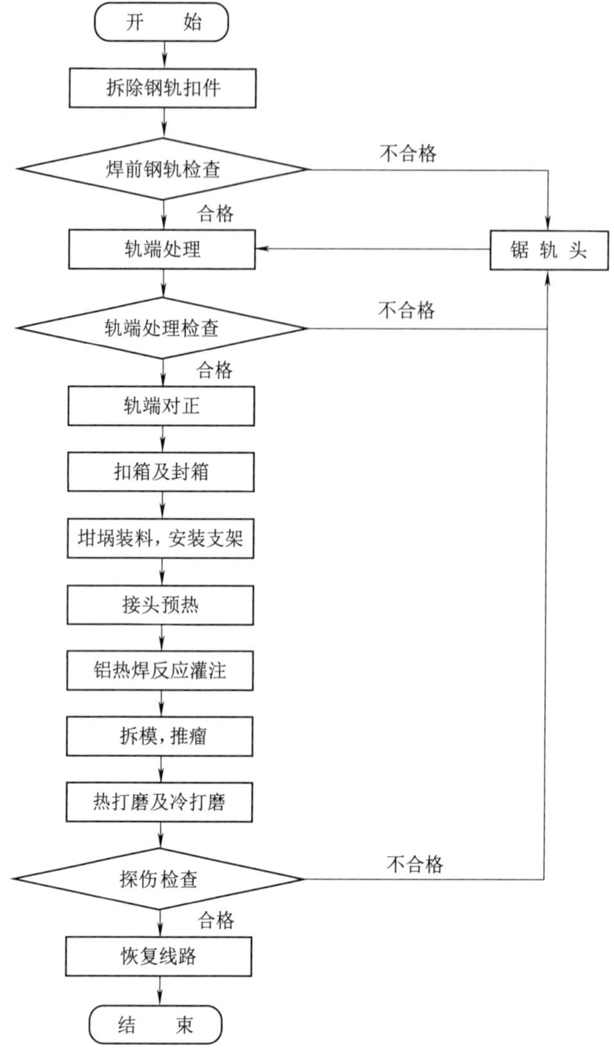

图 4—1—6　铝热焊施工工艺流程(封箱、装料)

(4)调整尖点

①将直尺置于钢轨顶面,并以轨缝居中。

②利用对正架调整尖点值,尖点值:拉伊台克为 1.6 mm,施密特为 1.8 ~2.3 mm。

(5)安装砂模及封箱

①检查砂模无受潮,无裂纹,无变形,通气口、浇口及冒口通畅,各组件不缺件,状态良好。

②将侧砂模在轨缝处进行摩擦,使其与钢轨密贴,清除浮砂。

③先安装底模,后安装侧模。安装时必须保证砂模处于居中位置。

④安装侧模夹具,注意不要用力过度而夹裂侧砂模。

⑤将砂模上部开口盖住。

⑥用封箱泥(或封箱沙)封堵缝隙,严格按照操作工艺封堵砂模与钢轨间的缝隙。

⑦在砂模灰渣流出口及夹具上放上灰渣盘,在灰渣盘底部垫一层干砂。

⑧准备两根堵漏棒(拉伊台克)。

(6)钢轨预热

①预热前记录钢轨的温度。

②调节氧气和丙烷的压力,参数见表4—1—11。

表4—1—11　氧气和丙烷的压力参考值

气　　体	拉伊台克	施 密 特	气　　体	拉伊台克	施 密 特
氧　　气	70 PSI(0.49 MPa 或 4.9 Bar)	4.5 Bar	丙　　烷	10 PSI(0.07 MPa 或 0.7 Bar)	1.2 Bar

③安放预热枪支架,并调整其位置,使预热枪处于砂模的中央,枪口距轨顶面距离:拉伊台克为48~53 mm,施密特为40 mm。

④调节预热枪火焰,按下秒表计时。

⑤不间断地注视整个加热过程,到规定的预热时间(表4—1—12)时,将预热枪从砂模中取出,此时轨头、轨腰颜色发红,注意不要预热过度。

表4—1—12　预热时间(min)

钢轨规格	拉伊台克	施 密 特	钢轨规格	拉伊台克	施 密 特
40~54 kg/m	4		60 kg/m	5	3.5~4.5
55~59 kg/m	4.5		60 kg/m 以上	6	

⑥坩埚装料。

a. 检查坩埚不得受潮、损伤,坩埚内无杂物。

b. 检查焊药包无破损、受潮。揭下焊药编码标签,并将其贴在焊接报表中。

c. 打开焊药包,将焊药倒入坩埚内,焊药搅匀,并将其顶部做成锥形。

d. 插入高温火柴,将坩埚盖上。

(7)浇铸

①预热结束后将分流塞安装在砂模中央,将坩埚安放于预热好的砂模卡槽上,并使其在砂模上居中。

②打开坩埚盖,点燃高温火柴,将高温火柴插入焊药中重新盖上坩埚盖。

③手持堵漏棒,站在两侧准备堵漏(拉伊台克)。

④灌铸完毕,当废渣停止流入灰渣盘时,按下秒表开始计时。

(8)拆模及推瘤

拉伊台克:浇铸结束5 min后,才能开始拆模;6 min 30 s后进行推瘤。

施密特:浇铸结束4 min 30 s后,才能开始拆模;7 min 40 s后进行推瘤;30 min后方可打掉浇铸棒。

(9)热打磨

用仿形打磨机对钢轨焊头顶面和侧面进行热打磨,彻底清除焊头凸缘、毛边。打磨时应防止出现低接头。拉伊台克在浇铸结束15 min后方可撤除钢轨对正架。打磨时穿戴好防护用品(护目镜、护腿等)。热打磨后,焊缝顶面高出轨面0.8~1 mm。

(10)冷打磨

焊缝冷却至常温后进行冷打磨。采用仿形打磨机打磨焊头使其平直度和轨头轮廓达到质量标准要求,钢轨不得发蓝。

(11)收尾工作

①恢复轨道、道床的原有状态。

②废弃物不得乱扔,统一集中处理。

③做好焊接接头的标识,注意区分单元焊与锁定焊,位置准确。

④清理、回收所有设备、机具。

⑤认真及时填写预热时间钢轨铝热焊焊接操作记录(表4—1—13)。

表4—1—13 钢轨铝热焊接操作记录

日 期	年 月 日	焊接接头标识	
里 程	行 线 股 公里+ 米		
钢轨编号			
钢轨炉罐号			
钢轨型号			
钢轨材质			
操作时间	时 分 至 时 分		
气 温	℃	轨 温	℃
拉前轨缝	mm	拉轨压力	MPa
轨 缝	上部 mm 下部 mm	起 拱	mm
氧 气	高压 MPa 低压 MPa	流 量	L/h
液 化 气	高压 MPa 低压 MPa	流 量	L/h
预热时间	min		
焊剂编号			
反应时间	s	平静时间	s
计 时 者		对 轨 者	
装卡砂模者		预 热 者	
打 磨 者			
备 注			

3)质量标准

(1)材料检验标准

①铝热焊剂及砂模应与待焊钢轨轨型匹配。

②坩埚应能够实现铝热钢水自动浇铸。

(2)过程控制标准

①钢轨铝热焊焊缝距离轨枕边缘应不小于40 mm(速度大于160 km/h线路距轨枕边不

小于 100 mm）。

②在焊缝温度未降至 300 ℃以下时，不得解除钢轨拉伸器和对正设备。

③焊头温度降至常温方可进行冷打磨。

（3）钢轨焊接接头质量验收标准

①铝热焊接头经打磨后的轨头部位应满足：不应出现裂纹；可出现 1 个最大尺寸为 1 mm 的气孔；在轨头下颚与焊筋边缘交界处半径为 2 mm 的区域内，可出现 1 个最大尺寸为 1 mm 的气孔、夹渣或夹砂。

②铝热焊接头焊筋表面应满足：最多可出现 3 个最大尺寸不超过 2 mm 的气孔；焊筋表面夹渣或夹砂等缺陷的尺寸应符合表 4—1—14 规定，这些缺陷不应侵入钢轨的横断面内。

表 4—1—14　焊筋表面夹渣或夹砂等缺陷的最大尺寸

缺陷面积（mm^2）	缺陷深度（mm）	缺陷面积（mm^2）	缺陷深度（mm）
≤10	≤3	≤20	≤1
≤15	≤2		

（4）钢轨焊接接头外观质量验收标准

在铝热焊接头温度低于 50 ℃时测量，外观质量符合表 4—1—15 规定。

表 4—1—15　平直度允许的最大偏差

线路设计速度 v（km/h）	轨顶面垂直方向最大偏差（mm）		轨头侧面工作边水平方向最大偏差（mm）	
	a_1（起拱量）	a_2（凹陷量）	b_1（凹进量）	b_2（凸出量）
v≤160	0.1～0.4	0	0.3	0.3
v>160	0.1～0.3	0	0.3	0

（5）焊缝探伤

按本章相关焊缝探伤内容要求执行。

4）施工安全

为保证现场焊接作业及行车安全，应严格执行以下规定：

（1）大雨条件下不得进行铝热焊接，小雨必须采取防雨措施，防止砂型、坩埚、焊剂及钢轨焊接部分被淋湿。

（2）气温在 5 ℃以下时，应对氧气减压表、液化气瓶等易冻伤部件采取防冻保温措施，防止使用中出现冻结现象而无法正常使用；两端待焊钢轨各 1 m 范围内也应采取烘烤措施，将轨温升至 15 ℃左右，方可进行焊接。

（3）焊接前应采取有效措施防止焊接造成的火灾事故，检查周围可燃物，并将其移走，灭火器放在容易取到的地方。现场乙炔或液化气瓶距氧气瓶的距离不少于 5 m，乙炔或液化气瓶距明火的距离不少于 10 m。

（4）弃渣未冷却禁止倒入弃渣坑或水中，防止引起火灾、爆炸和人员烫伤。

（5）氧气、丙烷（乙炔）的存放、运输和使用必须遵照国家易燃易爆物品使用管理条例执行。

(6)焊接结束后,焊接接头温度高于300 ℃时,严禁放行列车。

(三)焊接接头探伤

钢轨焊缝探伤工作非常重要,它是检验焊接接头质量的重要手段,是防止伤损焊缝上线的卡控关键。判定为不合格的焊接接头严禁上线使用,必须重焊。

1. 探伤标准

(1)焊接接头探伤标准执行《工务作业　第21部分:钢轨焊缝超声波探伤作业》(TB/T 2658.21)和《钢轨焊接》(TB/T 1632)。

(2)焊接接头应在推瘤和打磨以后进行超声波探伤,探伤时焊接接头的温度不宜高于40 ℃。当焊接接头温度高于40 ℃时,可浇水冷却,浇水冷却时的轨头表面温度不应高于350 ℃。

(3)扫查前应检查探测面表面状态,应无锈蚀和焊渣,打磨面应平顺、光滑,打磨范围应能满足探伤扫查的需要。

(4)为保证焊缝探伤质量,焊缝两侧各400 mm范围内,不宜钻孔或安装其他装置。

(5)应采用双探头和单探头两种方法对焊缝进行扫查。双探头扫查时,应对轨头和轨底进行K型扫查,对轨腰部位进行K型扫查或串列式扫查。

(6)探伤时,可在探伤灵敏度的基础上再提高4~6 dB进行扫查。

(7)铝热焊焊缝扫查应覆盖焊缝全宽度(宽度超过40 mm焊缝的轨底两侧部位除外)。

(8)焊接接头中存在如下缺陷或衰减情况时,应判定焊接接头不合格(判废),缺陷当量直径的测定和相对3 dB延伸度的测定方法按《工务作业　第21部分:钢轨焊缝超声波探伤作业》(TB/T 2658.21)规定执行:

①双探头探伤时:轨底角(距轨底侧面0~20 mm范围,下同)大于等于ϕ3 − 6 dB平底孔当量(即大于ϕ2.1 mm平底孔当量);其他部位大于等于ϕ3 mm平底孔当量。

②横波单探头探伤时:轨底角大于等于ϕ4 − 6 dB竖孔当量(即大于ϕ2.8 mm平底孔当量);轨底部位大于等于ϕ4 mm竖孔当量;轨头和轨腰大于等于ϕ3 mm横孔当量。

③铝热焊0°探头探伤时:大于等于ϕ5 mm长横孔当量或底波比正常焊缝底波低16 dB及以上。

④缺陷当量比上述①、②、③的当量低3 dB,但延伸长度大于6 mm时。

⑤焊缝中存在平面状缺陷。

2. 钢轨焊接检验

1)闪光焊接检验

(1)型式检验

①出现下列情况之一时应进行型式检验。

a. 焊轨组织初次焊接铁路钢轨。

b. 正常生产后,改变焊接工艺。

c. 更换钢轨焊机,或焊机停用1年后恢复生产前。

d. 取得型式检验报告的时间已满5年。

e. 生产检验结果不合格。

f. 钢轨钢种、钢轨生产厂家、钢轨交货状态、钢轨轨型之一改变，首次焊接时。

如果钢种相同但生产厂家不同，或钢种相同但交货状态不同的两种钢轨已经各自通过了焊接型式检验，这两种钢轨之间的焊接：在全部生产检验项目合格的情况下，可以焊接生产；在生产检验不合格的情况下，应进行这两种钢轨之间的焊接型式检验。

②型式检验的项目及试件数量见表4—1—16。

表4—1—16 型式检验的项目及试件数量(个)

<table>
<tr><td rowspan="2">检验项目</td><td rowspan="2">外 观</td><td rowspan="2">探 伤</td><td colspan="2">落 锤</td><td colspan="2">静 弯</td><td rowspan="2">疲 劳</td><td rowspan="2">拉 伸</td><td rowspan="2">冲 击</td><td rowspan="2">硬 度</td><td rowspan="2">显微组织</td><td rowspan="2">断 口</td></tr>
<tr><td>移动式闪光焊</td><td>固定式闪光焊</td><td>轨头受压</td><td>轨头受拉</td></tr>
<tr><td>试件数量</td><td>全部试件</td><td>全部试件</td><td>15</td><td>25</td><td>12</td><td>3</td><td>3</td><td>1</td><td>1</td><td>2</td><td>1(利用硬度试件)</td><td>15(利用落锤试件)</td></tr>
</table>

注：硬度试件2个，包括测试轨顶面硬度1个和测试纵断面硬度1个。

(2)生产检验

①出现下列情况之一时应进行生产检验。

a. 固定式闪光焊每焊接500个接头，移动式闪光焊每焊接200个接头。

b. 焊机工况变化，对某个焊接参数进行修正之后。

c. 焊机出现故障、记录曲线异常，故障排除之后。

d. 焊机停焊钢轨1个月以上，开始焊接生产前。

e. 每隔3个月或固定式闪光焊接生产8 000个接头、移动式闪光焊接生产600个接头。

f. 调整热处理工艺参数之后。

g. 更换热处理设备之后。

h. 加热器(感应、火焰)的供方或加热器的结构、尺寸改变之后。

②生产检验的项目及受检试件数量见表4—1—17。

表4—1—17 生产检验的项目及试件数量(个)

<table>
<tr><td>生产检验条件</td><td colspan="4">①中a、b、c、d</td><td colspan="2">①中e</td><td colspan="2">①中f、g、h</td></tr>
<tr><td>检验项目</td><td>外 观</td><td>探 伤</td><td>落 锤</td><td>断 口</td><td>硬 度</td><td>宏 观</td><td>硬 度</td><td>宏观、显微组织和晶粒度</td></tr>
<tr><td>试件数量</td><td colspan="4">5</td><td>2</td><td>1</td><td>2</td><td>1</td></tr>
</table>

注：(1)外观和探伤检验合格后的试件作为落锤试件。

(2)硬度试件2个，包括测试轨顶面硬度1个和测试纵断面硬度1个。

(3)宏观检验、显微组织和晶粒度检验利用硬度试件。

2)气压焊接检验

气压焊接检验按《钢轨焊接 第4部分：气压焊接》(TB 1632.4—2014)执行。

(1)型式检验

①出现下列情况之一时应进行型式检验。

a. 焊轨组织初次生产。

b. 正常生产后，改变焊接工艺，可能影响焊接接头质量。

c. 取得型式检验报告的时间已满5年。

d. 钢轨生产厂家、钢轨型号、钢轨交货状态改变，首次焊接时。

e. 生产检验结果不合格。

f. 钢轨钢种、钢轨生产厂家、钢轨交货状态、钢轨轨型之一改变，首次焊接时。

如果钢种相同但生产厂家不同，或钢种相同但交货状态不同的两种钢轨已经各自通过了焊接型式检验，这两种钢轨之间的焊接：在全部生产检验项目合格的情况下，可以焊接生产；在生产检验不合格的情况下，应进行这两种钢轨之间的焊接型式检验。

②型式检验的项目及试件数量见表 4—1—18。

表 4—1—18　型式检验的项目及试件数量(个)

检验项目	外　观	探　伤	落　锤	静　弯		疲　劳	拉　伸	冲　击	硬　度	宏观显微组织和晶粒度	断　口
				轨头受压	轨头受拉						
试件数量	全部试件	全部试件	15	12	3	3	1	1	2	1(利用硬度试件)	15(利用落锤试件)

注：硬度试件 2 个，包括测试轨顶面硬度 1 个和测试纵断面硬度 1 个。

(2)生产检验

①出现下列情况之一时应进行生产检验。

a. 每连续焊接 200 个接头。

b. 更换加热器，氧气、乙炔生产厂家变更时。

c. 更换主要焊接操作人员或调整焊接工艺参数。

d. 焊机停焊 1 个月以上，开始焊接生产前。

e. 每隔 3 个月或累计焊接 600 个接头。

f. 调整热处理工艺参数之后。

g. 更换热处理设备之后。

h. 加热器(感应、火焰)的供方或加热器的结构、尺寸改变之后。

②生产检验的项目及试件数量见表 4—1—19。

表 4—1—19　生产检验的项目及试件数量(个)

生产检验条件	①中 a、b、c、d				①中 e		①中 f、g、h	
检验项目	外　观	探　伤	落　锤	断　口	硬　度	宏　观	硬　度	显微组织及晶粒度
试件数量	5				2	1	2	1

注：(1)外观和探伤检验合格后的试件作为落锤试件。

(2)硬度试件 2 个，包括测试轨顶面硬度 1 个和测试纵断面硬度 1 个。

(3)宏观检验、显微组织及晶粒度检验利用硬度试件。

3)铝热焊接检验

(1)型式检验

①出现下列情况之一时应进行型式检验。

a. 焊轨组织初次焊接铁路钢轨。

b. 采用新型焊剂或调整工艺时。

c. 停产 1 年后恢复生产前。

d. 取得型式检验报告的时间已满 5 年。

e. 生产检验结果不合格。

f. 钢轨钢种、钢轨生产厂家、钢轨交货状态、钢轨轨型之一改变，首次焊接时。

如果钢种相同但生产厂家不同，或钢种相同但交货状态不同的两种钢轨已经各自通过了焊接型式检验，这两种钢轨之间的焊接：在全部生产检验项目合格的情况下，可以焊接生产；在生产检验不合格的情况下，应进行这两种钢轨之间的焊接型式检验。

②型式检验的项目及试件数量见表 4—1—20。

表 4—1—20　铝热焊型式检验的项目及试件数量(个)

检验项目	外　观	探　伤	静　弯		疲　劳	拉　伸	冲　击	硬　　度		显微组织	断　口
			轨头受压	轨头受拉				焊缝硬度	软化区宽度		
试件数量	全部试件	全部试件	8	2	3	1	1	1	1	1	10(利用静弯试件)

(2)生产检验

①出现下列情况之一时应进行生产检验。

a. 连续焊接 200 个接头。

b. 两次焊接生产间隔达 6 个月及以上。

②生产检验的项目及试件数量见表 4—1—21。

表 4—1—21　铝热焊生产检验的项目及试件数量(个)

检验项目	外　　观	探　　伤	静　　弯		焊缝硬度	断　　口
			轨头受压	轨头受拉		
试件数量	3	3	2	1	1(利用静弯试件)	3(利用静弯试件)

注：外观和探伤检验合格后的试件作为静弯试件。

二、长钢轨运输

长钢轨的运输需要通过长轨列车实现。

(一)长轨列车简介

长轨列车具备对长钢轨进行运输及卸下、回收功能，目前全路广泛使用 T11BK 型长轨列车。T11BK 型长轨列车适用于 50 kg/m、60 kg/m 和 75 kg/m 新、旧长钢轨或夹板联结轨条的装、运、卸及回收，可装运长度为 500 m 以内的长钢轨，总装载数量最大可达 14 km。如遇车站有效长度不足无法存放长轨列车或装运长轨长度不足 500 m 时，可通过减少运轨车辆来缩短长轨列车长度，一般可编组为装运 500 m、350 m 和 250 m 长轨三种形式。

T11BK 型 500 m 长轨列车由 13 种车型 43 辆组成，具体名称、数量、用途及部分技术参数见表 4—1—22。

500 m 长轨列车其他主要技术参数如下所述。

1. 每列车可装长轨 4 层，每层装 14 根，共可装 500 m 长的焊接长轨 56 根(75 kg/m 长轨从下至上分别装 12 根、10 根、10 根、10 根)；列车满载一次，可铺设无缝线路 14 km。

表 4—1—22　长轨列车名称、数量、用途及参数一览表

序号	名　　称	数　　量（辆）	车辆长度（m）	质　　量(t)			用　　途
				自　重	载　重	总　重	
1	发 电 车	1	18.070	41	9	50	列车供电、住宿
2	安全车(一)	1	13.930	33	51	84	防护钢轨冲击
3	运 轨 车	31	13.930	27	57	84	装运长钢轨，其中有 4 辆车装有钢轨防翻装置
4	锁定车(一)	1	13.930	29	55	84	装运及紧固长钢轨
5	锁定车(二)	1	13.930	29	55	84	装运及紧固长钢轨
6	锁定车(三)	1	13.930	30	54	84	装运及紧固长钢轨
7	锁定车(四)	1	13.930	30	54	84	装运及紧固长钢轨
8	安全车(二)	1	13.930	33	51	84	防护钢轨冲击
9	作业首车	1	13.930	34	16	50	收、卸轨时调高、旁拨钢轨
10	作业中车(一)	1	13.930	39	11	50	输送长钢轨作业
11	作业中车(二)	1	13.930	26	24	50	卸轨时钢轨高低过渡
12	作业中车(三)	1	13.930	29	21	50	卸轨时钢轨过渡
13	作业尾车	1	16.930	38	12	50	卸轨作业及收轨作业
总　　计		43	606.130	1 212	2 196	3 408	

2. 下层滚道滚轮距轨面高度(空车)为 1 278 mm。

3. 上、下滚道滚轮中心距为 400 mm。

4. 同一滚道滚轮中心距为 188 mm。

5. 运轨车滚轮支架中心距为 4.5 m。

6. 卸轨出口两侧孔道中心距约为 2 750 mm。

7. 采用双锁定方法，每组夹具紧固长轨后，提供纵向阻力 39 ~ 49 kN。

8. 连挂速度为 3 km/h。

9. 重车通过 300 ~ 500 m 半径曲线时，限速 45 km/h；通过小于 300 m 半径曲线及侧向通过 9 号及以下道岔时，限速 25 km/h。

10. 重车禁止通过驼峰和溜放。

11. 限界符合《标准轨距铁路机车车辆限界》(GB 146.1—83)规定。

(二)长钢轨的装车

厂焊长钢轨的存放场为狭长形场地，为综合利用场地，装车通常采用横向装车法，即装车时长轨列车与存轨场长钢轨平行，利用多台门式吊机(简称群吊，图 4—1—7)横向将长钢轨吊装上长轨列车。为节省人力并保证装车时长钢轨的起吊与下落同步，目前各焊轨厂群吊基本都具备自动抓、放轨和集中控制功能，提高了装车作业效率，确保了装载安全。

图 4—1—7　群　　吊

长轨列车到达存轨场对位后，采用集中控制将分组控制的每组吊机横移，对准待装长轨。操纵吊机的抓轨器抓住长轨后，吊起钢轨，提升至高于长轨列车侧立柱顶面 0. 10 m 以上。将吊起的长轨缓慢横移至长轨列车上的待装位置，缓慢放下就位，并卸下抓轨器。每装完一根长轨，再重复上述作业，吊装下一根长轨。第一层长轨装吊完毕后，在锁定车上利用螺旋扣件式锁定夹具，分别将每根长轨用螺栓紧固锁定。装车应按照由第一层向第四层的顺序逐层进行，每层装轨前，应先将该层所有滚道梁关闭，翻下间隔铁，然后逐根吊装长钢轨。装车过程主要技术要求如下所述。

1. 钢轨应水平起吊，起升到位后方可走行，走行期间应避免钢轨摆动，走行到位确认钢轨平稳后方可下落。其调运标准与前述相同。

2. 每层装轨后，拨动长钢轨对好横向位置，翻起间隔铁，间隔铁与轨端距离不大于15 m，间隔铁与间隔铁、间隔铁与锁定梁之间距离不大于 50 m，并锁定压铁将长轨纵向锁定。

3. 装轨作业完成后，关好安全车上的活动门，并插好销挡。长轨列车空载层滚道梁均应处于关闭状态。

4. 长轨列车每层限装 60 kg/m、50 kg/m 钢轨 14 根（7 对），共装载 56 根；装载 75 kg/m 钢轨时，装载量不得超过 42 根，装载方式为第一层装 6 对，其余三层各装 5 对。不足满载时应均布装载，严禁偏载。

5. 在锁定车锁定长轨时，锁定螺栓应准确对位，防止运行中螺栓松动和锁定失效。每根长轨必须在同一车体上锁定两处，60 kg/m 钢轨锁定扭力矩应大于 280 N · m，75 kg/m 钢轨锁定扭力矩应大于 350 N · m，并采取防松措施。

6. 保证长轨轨端与滚道梁的安全伸缩距离，防止运行过程中由于长轨伸缩撞断滚道梁，当轨端位于安全车上时，500 m 长轨轨端至末端滚道梁距离应不小于 2. 3 m，其他长度的长轨悬伸长度按比例调整，长轨末端距安全门的距离应不小于 2. 3 m。采取适当的防止撞击横梁措施后，长钢轨另一端至末端滚道梁距离可小于 2. 3 m。当装车的长钢轨长度不同时，对悬伸长度小于规定的长轨应采取捆绑等措施，同时不得将短长轨装在最外侧。

7. 如遇短轨需要夹板连接运输的，夹板和接头螺栓不得有伤损，两根轨端各拧紧不少于2根普通接头螺栓。

8. 长轨条装车应尽量排列整齐，并在每层钢轨顶面横向划一条标记线，以便检查长轨运输过程中的窜动情况。

9. 装车时，随车作业人员与装车负责人共同逐层检查，确认长轨的装载及锁定符合要求，并做出相应记录。

（三）长钢轨的运输

长轨列车运行，应有专职人员押运，原则上应按路用列车办理。长轨列车装好车后，应及时向承运车站提交“特殊货物承运计划”和“回送清单”。如由自备机车牵引专列运行，则应向车站调度填好调车作业计划。

发车前，由长轨列车负责人安排随车作业人员检查列车各项设备及钢轨装载情况，使之处于正常状态，确认各车钩提杆与提杆座用铁丝捆绑牢固、车钩安装防跳木，同时应向机车乘务员详细介绍长轨运输注意事项。

重车运行时，随车作业人员应注意观察运行情况、轨端摆动量和钢轨窜动情况，发现影响行车安全时，立即通知机车乘务员停车（或采取停车措施）。列车运行时，长轨上部、长轨与安全挡之间严禁人员停留。

列车中途停站时，随车作业人员应对长轨装载情况、间隔铁、锁定卡具、标记线及长轨车连接状态进行检查，发现问题及时处理。

在电气化区段运行、停车检查或作业时，严禁把工具、物品置于距接触网2 m范围之内，不得攀登列车顶部。

当通过超偏载检测装置及货车运行品质动态监测系统TPDS检查发现长轨列车超偏载情况时，检测站应及时通知随车人员检查处理。

长轨列车空车运行时，应将旋转式滚道就位并紧固。

（四）长钢轨的卸车

长轨卸车，应办理进入区间作业的申请手续，配备专用机车及车上作业和地面配合人员，卸第三、第四层钢轨时，在不停电的情况下要做好安全防护。

1. 卸轨前，施工现场应做好下列准备作业：

（1）整平砟肩以承放将要卸下的长钢轨。砟肩不够低或不够平容易导致卸下的长钢轨侵限或翻倒，因此，应控制好砟肩整平后的高度与宽度。在待卸钢轨与在役钢轨轨型相同的情况下，砟肩平整后高度一般应不高于轨枕面，如果轨型不同，还应视两者高差调整相应高度标准；砟肩整平宽度可按400 mm控制，砟肩宽度不足需匀足石砟补充，或加垫承托长钢轨的枕木头。

（2）现场调查。主要是复核绝缘、道口、桥梁、长短链等是否与现场一致，设计配轨是否正确，核实长轨长度和卸轨起止里程，对卸轨地段线路两侧表面电务、供电设施及管线进行调查以做好防止卸轨对其造成损坏的应对措施（如：扒低管线处石砟降低管线位置、在管线上垫设胶垫等防止钢轨卸下后将其压损）；调查卸轨地段的线、桥、信号等设备状态。

（3）做好长轨横跨平交道口维持车辆通行的安全措施。

（4）在明桥面上做好防止长轨外移的措施。

(5)做好卸轨起点位置的标记。

2. 除施工现场准备工作外，长轨列车在卸车前应做好下列准备作业：

(1)长轨列车进入卸轨封锁区间前，拆除上层轨面上除锁定装置外的一切障碍物。

(2)将作业中车(一)上的卸轨钢丝绳的一端，挂在第一对长轨端部套筒上。

3. 封锁施工开始后，卸轨作业如下：

(1)按调度命令的封锁时间，计划好卸轨数量；长轨列车进入卸轨地段后，将尾车对准卸轨起点停车。长轨列车进出作业区间如需要推进运行时，随车车长应派专人在列车前端进行引导，并随时与机车乘务员保持联系，推进速度不得高于30 km/h。

(2)作业人员分别拆除锁定车第四层长轨的锁定夹具；同时，调整作业首车上升降架的高度，清除长轨通道的障碍物。

(3)卸轨负责人确认钢丝绳与长轨连接后，指挥作业中车(一)的卷扬机将第一对长轨牵引就位，再指挥机车开动列车卸轨；要求列车起动平稳，速度均匀，卸轨最高速度不超过15 km/h。

(4)卸下长轨的始端，要求与设计长轨铺设起点的误差一般不大于0.5 m。

(5)车下作业人员应在两侧协调配合拨轨，通过曲线时，要注意防止钢轨翻倒。

(6)为提高效率，车上作业人员在前一对长轨末端快接近下一对长轨始端前，先将下一对长轨始端套上钢丝绳及环套。

(7)每卸完一段长轨至缓冲区时，在下一段卸轨起点，长轨解锁后把下一段第一对长轨用卷扬机牵引至作业中车(一)，然后由机车运行至下一段长轨起点，按前述规定继续卸轨。

(8)每卸完一层长轨后，应指挥司机停车，拆除待卸长轨的锁定夹具，调整好作业首车上升降托架的高度，再按规定卸轨。

(9)按计划卸轨后，如有未卸长轨，应恢复锁定，按规定恢复间隔铁，方能指挥司机开车返回停车站。

4. 卸轨完成后，做好以下工作：

(1)施工负责人应全面检查卸在道床砟肩上长轨的状态，确认无影响行车安全的隐患后，才能开通线路。

(2)长轨条卸下后，检查是否存在侵限的部位并及时拨正，并对长轨条进行防胀加固，加固间距可为50~100 m。卸下长轨条还应进行日常巡查及防胀处理。

(3)恢复平交道口及其他被拆除的设施。

三、铺设无缝线路

(一)铺设方式

国内普通无缝线路每段长轨条的长度一般为1.5~2 km，跨区间或区间无缝线路虽不受这一限制，但一次铺入的单元长轨条长度也与此相近。普通无缝线路的铺设是铺入长轨条后以缓冲区与相邻长轨条相连；跨区间或区间无缝线路的铺设则是将长轨条依次铺入并进行焊联。

铺设无缝线路单元轨条的具体施工方法主要分为连入法和插入法两种。连入法是逐条铺设单元轨条，相邻的单元轨节始点和终点依次焊联的铺设方法，一般在一个天窗点内把待换单元轨条始端与前一个天窗铺设的单元轨条终端进行焊联，在单元轨条铺设天窗点内同步拉伸单元轨条至锁定轨温。插入法是利用封锁天窗在铺设单元轨条的同时于新铺单元轨条与已铺相邻单元轨条之间插入临时缓冲轨，再利用另一天窗点取出缓冲轨，插入经计算确定的钢轨进行焊联并应力放散。由于插入法将铺设无缝线路分两步完成，虽然施工难度小且不受轨温影响，但累计工作量大，天窗数以及人员、设备、材料均占用较多，在线路大修成段铺设无缝线路中，为便于高效推进，一般采用连入法铺设，在施工时段轨温经常高于设计锁定轨温范围时则考虑采用插入法铺设。

铺入长轨条的作业方式主要为使用换轨小车等机械换铺和人工拨轨换铺两种。为便于施工安全高效地推进，国内广泛使用换轨小车进行连入法铺设，下文将详细介绍这种施工方法。

(二)基本作业

铺设无缝线路由换铺前的准备、换铺长钢轨和封锁后线路整修三个阶段组成，如果铺设后锁定轨温未在设计锁定轨温范围内，还要进行应力放散，应力放散将在下一节详细介绍。铺设无缝线路具体流程见表4—1—23。

表4—1—23　铺设无缝线路作业流程

作业流程	主要作业内容
换铺前的准备	线路调查交底、清除障碍、线下焊连长轨条等
换铺长钢轨	拆装扣件、更换长轨、放散拉伸、龙口焊连等
封锁后线路整修	调整几何尺寸，紧固联结零件并进行起道捣固作业
应力放散	

1. 换铺前的准备

为了安全、优质、高效率地换铺长钢轨，必须认真做好下列准备工作。

(1)核对技术资料

施工单位应组织有关人员根据施工组织设计在现场逐一核对长钢轨和缓冲区的长度、长轨起讫点里程、道口、桥梁和绝缘接头的位置与妨碍施工的设施，以白漆标示在既有钢轨上，并联系作业地区气象部门掌握气温变化和趋势，据以安排工作。

(2)熟悉技术标准

对参加施工人员应进行技术交底，掌握技术标准。主要技术标准如下：

①长钢轨始终端接头相错量不超过40 mm。

②缓冲区接头采用10.9级螺栓，扭力矩应达到900～1 100 N·m。

③焊接接头必须探伤，有伤不得上道。

④锁定轨温取长轨条始端入槽和终端入槽时轨温的平均值。施工锁定轨温准确，在设计锁定轨温范围内，左右两股轨条锁定轨温差不超过5 ℃，相邻单元轨条锁定轨温差不超过5 ℃，同一区间内的最高、最低差不超过10 ℃。如果铺设锁定轨温不在设计锁定轨温范围内(含轨条始端入槽或终端入槽时的轨温不在设计锁定轨温范围内)，无缝线路铺设后必须进行应力放散或调整，并重新锁定。

⑤高温铺设时，缓冲区应按温差正确设置缩短轨，便于以后放散应力，并在设计锁定轨温范围内锁定线路。

⑥长钢轨一经锁定，应按设计立即安装好位移观测桩和防爬设备，做好标记，开始观测记录。

⑦在同一区间换铺时，长钢轨应同一方向铺设，以免合龙口发生困难，在桥上换铺时，应从钢轨伸缩调节器或无砟桥的一端向另一端铺设。

⑧铺设无缝线路新轨与既有钢轨类型不一致时，应采用异型轨连接，正线必须使用异型轨，站线如采用异型接头时，应使用标准异型夹板，并加垫桥型垫板。

⑨整理线路时，各项作业符合无缝线路验收标准和设计要求。

(3)准备机具设备

铺设无缝线路的主要机具设备：

①换轨小车。换轨小车由铺轨台车和拆轨台车各 1 辆组成，以钢丝绳串连，依靠轨道车牵引前行进行长轨换铺。施工过程中，铺轨台车在前，走行在旧轨上，其作用是将砟肩的新轨引导进入铺轨台车后的轨槽内，如图 4—1—8 所示；拆轨台车在后，走行在新轨上，其作用是将旧轨引导至道心或砟肩上，如图 4—1—9 所示。

图 4—1—8　铺轨台车

图 4—1—9　拆轨台车

铺轨台车、拆轨台车的运输通过轨道车平板实现，施工时将其从平板车上放下，施工结束后收回。除使用换轨小车组合作为拆、铺长钢轨的机械外，还可使用直接安装于平板车上的换轨车进行长钢轨换铺，如图 4—1—10 所示，二者原理一致。

图 4—1—10　换 轨 车

②运输及牵引设备：轨道车 3 辆并挂平板车 3 ~ 4 辆。3 辆轨道车分别用于卸新料、牵引换轨小车和收旧料。

③拉轨或撞轨工具:液压钢轨拉伸器 2 台,普通撞轨器 2 台。应根据施工时期轨温情况及单元轨条长度来确定钢轨拉伸长度及拉伸力,选择合适型号的拉伸器。

④螺栓扳手、齿条式起道机、发电设备、锯轨设备、钻孔设备、气割设备等。

(4)安排长轨条的运、卸、铺、收计划

施工单位收到设计文件后,应尽快对设计文件进行复核和校对。根据设计文件和施工调查掌握的数据,编制施工组织设计。根据施工组织设计的要求,及时组织材料、机具设备,提报施工计划;施工队伍进驻基地,组织技术交底。

根据施工组织设计,按月安排长轨条的运、卸、铺、收计划,施工单位应有专人掌握计划的执行,及时进行调整。

2. 换铺长钢轨

1)铺设前的准备工作

(1)重新丈量钢轨长度。直线地段量 3 根钢轨,一旧二新,另一股用方尺测定;曲线地段量 4 根钢轨。量完以后,即在现场定下龙口地点及计算龙口轨的长度,据以配置龙口轨,并以白漆在原有钢轨轨腰上做出标志,如图 4—1—11 所示。

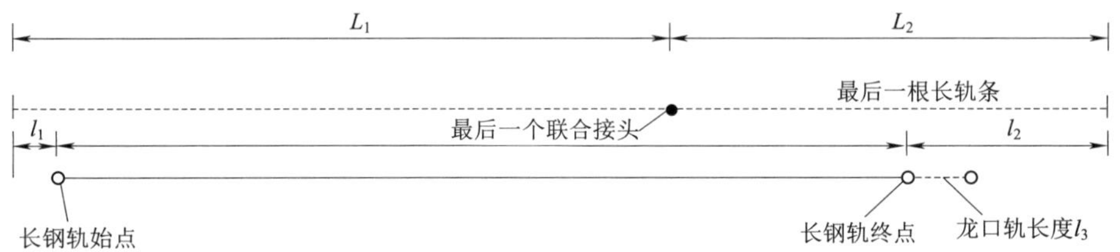

图 4—1—11　长轨丈量示意

说明:在同一时间,用同一钢尺,丈量新、旧钢轨的长度,并确定新的长钢轨的始终点和长度 L,测定轨温 T_1;龙口轨的长度为 l_3,据以正确选配;确定最后一根长轨条的长度 $= L_2 - l_1 - l_2 - l_4 - l_5 + E_1 + E_2$。$L_2$ 为最后一根长轨条的原有长度;l_1 为始点错出量;l_2 为终点错出量;l_4 为长钢轨的伸缩量 $=0.0118(T_2 - T_1)L$(T_2 为预计铺轨时轨温);l_5 为长钢轨上道后,原有的碎弯已拨直,引起长钢轨的伸长量;E_1 为线下联合接头焊缝的顶锻量,闪光焊一般取 15 mm,气压焊一般取 30 mm;E_2 为起点顶锻量,取值方式与 E_1 相同。

(2)拉齐和拨顺待铺长轨条。待铺的长钢轨放置在砟肩上,由于轨温升降、列车振动和道砟阻力,长钢轨自动地向前或向后移动,以致待铺的长钢轨轨端和长钢轨的始终点常常错开,因此,需在铺设前,将待铺长钢轨向始点方向拉至轨端超出始点 20 ~ 30 mm,使待铺长钢轨轨端穿过换轨小车后,落在始点位置。直线地段应把待铺长钢轨拨直,尽量靠近轨枕头,曲线地段外股长钢轨应尽量拨近轨枕头,里股长钢轨可适当拨几个小“S”弯,以减少拉轨长度。半径较小的曲线,应在长钢轨下适量设置滚筒。做好顺直待铺长轨条的工作,有利于保证天窗点内换轨小车流畅运行。

(3)设置位移观测桩。位移观测桩的设置按铁路线路修理规则要求设置。其中,普通无缝线路的长轨条长度不大于 1 200 m 时,可设置 5 组位移观测桩;长轨条长度大于1 200 m时,应适当增设位移观测桩且桩间距离不宜大于 500 m(其中固定区中间点 1 对,伸缩区始、终点各 1 对,其余设置在固定区)。原有无缝线路已设置位移观测桩且符合规定要求,可加以整修利用。跨区间无缝线路、区间无缝线路按单元轨节等距离设置位移观测桩，且桩间距离不宜大于 500 m；单元轨节长度不足 500 m 整倍数时，可适当调整桩间距离。

(4)连接缓冲区钢轨。安装好缓冲区的绝缘接头，连接好缓冲区钢轨，并预留好轨缝。

(5)制作钢轨胶接绝缘接头。

(6)利用前一个天窗预先处理锈蚀螺丝，散布待换零配件。

(7)备齐和核实料具。对换轨小车(铺轨台车和拆轨台车)及其他必备机具，应检查是否齐全、有效。对计划供应的材料，应检查规格、数量是否符合要求，卸车地点是否合适，特别是龙口轨和异型夹板更应细心丈量核实，是否符合要求。

2)铺设长钢轨作业

铺设长钢轨的基本工艺流程是拆除扣件、连接换轨小车、换铺长钢轨、拉伸锁定钢轨、安装扣件、收集旧料。

(1)拆除扣件

此项工作以拆除扣件为主，包括拆除扣件、轨道加强设备、联结零件以及其他有碍铺轨作业的设施。作业时间以封锁天窗点内作业为主，在具备条件的前提下，可在点外进行少量规定允许的拆除作业。

封锁开始后，应立即进行拆除扣件作业，再利用起道机抬起钢轨更换胶垫。为保证施工轨道车走行安全，应按规定保留扣件，待换轨小车接近前拆除。拆装扣件人员一般分成若干小组分别负责一段线路，由于始端需快速拆解扣件保证换轨小车尽快开始换轨，终端则因该段新轨最晚落槽，装新扣件准备时间相对较少，因此需加强始、终端拆装扣件劳力。

拆除新轨防胀加固材料、防爬器、轨距拉杆、曲线钢轨外侧的轨撑、养路机械下道架、机车信号地面感应器、轴温探测器、道口铺面板、自动报警器、桥上护轨梭头，涉及其他单位的设备，应提前联系有关单位配合拆除。

(2)连接换轨小车

线路封锁后，轨道车迅速进入区间，到达换轨起点外的线路上停下，从平板车上放下换轨小车，并按规定相隔的距离，用钢丝绳把铺轨台车和拆轨台车连接起来成为换轨小车，如图 4—1—12 所示。

图 4—1—12　换轨小车作业

(3)换铺长钢轨

①用轨道车牵引换轨小车就位。

②抬起待铺的新长钢轨始端，推动铺轨台车缓缓前进，利用台车带坡滑槽，把两股待铺的新长钢轨引入台车龙口，再指挥轨道车徐徐前进。等拆轨台车接近长钢轨始端时停下，拆除旧轨接头，把两股换下的旧轨拨向道心或砟肩，再将两股待铺的新长钢轨拨入轨枕承轨槽就位；同时，测定轨温，做好记录。

③把已拨向道心的旧轨轨端撬起，轨道车牵引换轨小车缓慢行驶，将旧轨引入拆轨台车龙口，然后按 2 ~ 3 km/h 速度前进，同时铲除粘在旧轨底下的大胶垫。

④换铺 50 ~ 100 m 后，始点可进行焊接作业。如采用闪光焊或数控气压焊，可采取垫设滚筒、拨弯等方式预留焊接顶锻量；如采用铝热焊，则可将始端 50 m 扣件拧紧进行焊接。

⑤拨轨人员跟随换轨小车后，用撬棍交错拨动新、旧轨，新轨拨入轨枕承轨槽就位，旧轨拨入道心放置。台车上的作业人员，应注视台车通过焊缝和带夹板接头的状态，如有故障，立即停车处理。通过曲线地段遇钢轨横向移位产生较大的长度差（空、搭量）造成小车走行困难时，新轨可将上股长轨向终点或始点拉伸、下股向始点方向撞轨；旧轨可进行拆接头（无接头则进行撞轨或割轨），错开接头，消除旧轨空、搭量。

⑥其他工作如更换道口铺面、安装桥面护轨等在封锁天窗内同步完成。

(4)拉伸锁定长钢轨

①钢轨入槽前后的处理

长钢轨锁定前，一般每隔 10 ~ 15 m 安放一个滚筒，将长钢轨放置在滚筒上，让其能较自由地伸缩。预计锁定轨温在设计的锁定轨温范围内时，扣件作业人员应跟随换轨小车后摆正胶垫；待长钢轨终端落入承轨槽后撤除滚筒，间隔一段安装一根轨枕的扣件，待全部完成就位再逐根补齐扣件并全面拧紧，使扭力矩达到要求。预计锁定轨温可能低于设计锁定轨温时，当长钢轨终端落入承轨槽后，配合撞轨器将两股长钢轨拉伸到设计锁定轨温，然后撤去滚筒；每隔一根轨枕安装一根轨枕的扣件，再逐根补齐扣件并全面拧紧，使扭力矩达到要求。铺设轨温不在设计锁定轨温范围内时，待条件合适时再进行应力放散。

②锁定轨温的确定

新轨入槽后，必须确定此根单元轨条为长度自由状态下的轨温 $T_{自}$，即零应力轨温，作为计算锁定轨温的依据。确定自由状态轨温主要有两种方法：一种是取轨条始端入槽和终端入槽时轨温的平均值，这种方法不需在拉伸前进行放散较为节省时间且与真实轨温较为接近，目前广泛采用；另一种是待整根轨条入槽后，垫设滚筒，将轨条撞至零应力，将此时的轨温作为自由状态轨温 $T_{自}$，这种方法主要适用于轨条始端入槽轨温与终端入槽轨温相差较大的情况，此时若取平均值，则整根轨条除中部区段轨温与该值接近外，其余区段与该值相差较大，因此，可采取撞轨自由放散的方式确定更为准确的自由状态轨温。确定好铺设单元轨条长度自由状态下的轨温 $T_{自}$ 后，锁定轨温按式(4—1—1)计算。

$$T_{锁} = T_{自} + \Delta L/(0.0118 \times L) \tag{4—1—1}$$

式中 ΔL——拉伸量(mm)；

0.0118——钢轨线膨胀系数[mm/(m · ℃)]；

L——轨条长度(m)。

为监控拉伸是否均匀，在拉伸时一般每 100 m 设置一处拉伸测点。

③钢轨拉伸锁定后的收尾工作

拉伸完成后，拆除滚筒，全面拧紧扣件；连接终点接头和龙口轨（新、旧轨轨型不一致存在高差时，还应进行顺坡）；做好位移观测标记；在钢轨上标记单元轨条长度、锁定轨温、铺设日期等长轨要素；填写“施工技术资料日志”；阶段性施工完成后，填写“施工技术资料日志”及“无缝线路技术状况登记表”，见表 4—1—24 和表 4—1—25。

（5）收集旧料

收旧料轨道车可安排在换轨小车经过后运行，也可安排在换轨轨道车之前运行，具体开行顺序应根据散料轨道车与焊轨车的编组模式来确定。轨道车牵引装旧料平车经过施工地段时，将已拆除的旧料向平板车上堆放，完成收料。

表 4—1—24　施工技术资料日志

<table>
<tr><td colspan="2">线　　别</td><td colspan="2"></td><td colspan="2">区　　间</td><td></td><td colspan="2">长轨编号</td><td colspan="2"></td></tr>
<tr><td colspan="2" rowspan="2">起讫里程</td><td colspan="4" rowspan="2"></td><td rowspan="2">长轨全长(m)</td><td>左　　股</td><td></td><td rowspan="2">天气</td><td rowspan="2"></td></tr>
<tr><td>右　　股</td><td></td></tr>
<tr><td colspan="2">铺设日期</td><td colspan="4">年　月　日</td><td colspan="3">封锁起讫时间</td><td colspan="2"></td></tr>
<tr><td colspan="2">拉伸方法</td><td colspan="4"></td><td colspan="3">起点落槽轨温(℃)</td><td colspan="2"></td></tr>
<tr><td colspan="4" rowspan="2">拉伸后锁定轨温(℃)</td><td>左　股</td><td></td><td colspan="3" rowspan="2">终点落槽轨温(℃)</td><td colspan="2" rowspan="2"></td></tr>
<tr><td>右　股</td><td></td></tr>
<tr><td rowspan="19">拉伸放散详细情况</td><td rowspan="3">测点编号</td><td colspan="2">左　　股</td><td colspan="2">右　　股</td><td colspan="3">中和轨温(℃)</td><td colspan="2"></td></tr>
<tr><td rowspan="2">计划拉伸量(mm)</td><td rowspan="2">实际拉伸量(mm)</td><td rowspan="2">计划拉伸量(mm)</td><td rowspan="2">实际拉伸量(mm)</td><td colspan="3" rowspan="2">终点对接量(mm)</td><td>左端</td><td></td></tr>
<tr><td>右端</td><td></td></tr>
<tr><td>1</td><td></td><td></td><td></td><td></td><td colspan="2" rowspan="5">拉伸后钢轨长度(m)</td><td rowspan="3">左股</td><td colspan="2" rowspan="3"></td></tr>
<tr><td>2</td><td></td><td></td><td></td><td></td></tr>
<tr><td>3</td><td></td><td></td><td></td><td></td></tr>
<tr><td>4</td><td></td><td></td><td></td><td></td><td rowspan="2">右股</td><td colspan="2" rowspan="2"></td></tr>
<tr><td>5</td><td></td><td></td><td></td><td></td></tr>
<tr><td>6</td><td></td><td></td><td></td><td></td><td colspan="2" rowspan="11">拉伸方向</td><td colspan="3" rowspan="11"></td></tr>
<tr><td>7</td><td></td><td></td><td></td><td></td></tr>
<tr><td>8</td><td></td><td></td><td></td><td></td></tr>
<tr><td>9</td><td></td><td></td><td></td><td></td></tr>
<tr><td>10</td><td></td><td></td><td></td><td></td></tr>
<tr><td>11</td><td></td><td></td><td></td><td></td></tr>
<tr><td>12</td><td></td><td></td><td></td><td></td></tr>
<tr><td>13</td><td></td><td></td><td></td><td></td></tr>
<tr><td>14</td><td></td><td></td><td></td><td></td></tr>
<tr><td>15</td><td></td><td></td><td></td><td></td></tr>
<tr><td>16</td><td></td><td></td><td></td><td></td></tr>
</table>

表 4—1—25　无缝线路技术状况登记表

序　　号	项　　　　目	技　术　状　况
1	铺设地段	线　　行　　　至　　　　区间 轨条编号： K　　+　　至K　　+ 轨条长　左股　　　m 轨条长　右股　　　m
2	铺设日期	年　月　日　时　气象
3	施工锁定轨温	长轨条始端进入轨枕承轨槽轨温　　℃ 长轨条终端进入轨枕承轨槽轨温　　℃ 施工锁定轨温　　℃
4	应力放散后重新锁定轨温	℃
5	轨道结构类型	钢轨：　　　轨枕：　　　扣件： 道砟：　　　轨枕配置根数：
6	现场焊接接头焊接方式	
7	现场焊接接头编号、里程	编号： 里程：
8	钢轨交接接头编号、里程	编号： 里程：
9	缓冲区钢轨配置	始端缓冲区配置 终端缓冲区配置
10	平剖面概况	

(6)开通线路

线路开通前,作业负责人应全面检查线路状态,确认已符合开通线路的条件,开通线路。

3. 封锁后线路整修

封锁后线路整修工作主要是将线路整修至作业验收标准,视工作内容利用点外或封锁天窗进行,主要工作内容有以下几方面。

(1)全面复紧扣件、恢复轨道加强设备。

(2)方正轨枕,整修道床断面,补充零星石砟,捣固,夯拍道床边坡。

(3)整修打磨不平整焊缝,提高轨面的平顺性。

(4)调整缓冲区内不符合规定的轨缝。

(5)整正线路方向和轨距,调整扣件和整正胶垫。

(6)在钢轨上涂刷标志等。

整修工作完成后,铺设无缝线路施工可进行验收,验收标准参照铁路线路修理规则相关规定。

(三)劳力组织

表 4—1—26 为××铁路局换轨劳力组织情况。

表 4—1—26　换轨劳力组织

序　号	项　　目	人　数	岗位描述与说明
1	拆装扣件	66	按更换 1.5 km,轨枕配置 1 760 根/km 计算,负责拆装扣件、更换胶垫,平均 40 根枕/人
2	撞　　轨	32	2 台撞轨器,每台 16 人
3	换轨小车	6	换轨小车制动 2 人,两边撬棍拨轨 4 人
4	拉伸龙口	6	锯龙口轨,钻眼,抬、拆、装拉伸器,拉伸、处理接头错牙等
5	换轨配合、做收轨准备	12	散齿条式起道机、电务钻异线孔、割轨、拨旧轨等
6	螺杆涂油	6	175 m/人
7	油刷标记	2	钢轨上刷无缝线路技术参数、曲线计划正矢
8	应急人员	8	应急落道、处理死螺丝、拖曲线轨扳弯等
9	散料、收旧料	30	卸下、散布新料,回收旧料及包装等上收料平车
合　　计		168	

(四)作业效率分析

换轨大修作业效率分析见表 4—1—27。

表 4—1—27　换轨大修作业效率分析

序　号	作　业　项　目	时间节点
1	拆扣件,换轨轨道车到达施工现场放下换轨小车　30 min	30 min
2	新旧轨上换轨小车　10 min	40 min
3	换轨小车拖行换轨　60 min	100 min
4	收料车出换轨地点,装扣件,垫设滚筒做拉伸准备　15 min	115 min
5	装扣件,拉伸钢轨　20 min	135 min
6	整胶垫、调轨距、拧紧扣件　20 min	155 min
7	开通前线路检查　20 min	175 min
8	设置慢行防护,通知驻站申请线路开通　5 min	180 min

(五)施工应急处置预案

1. 如遇牵引换轨小车轨道车突然出现故障,应及时调用收旧料或散料轨道车联挂牵引。

2. 施工过程中发生胀轨。

(1)换胶垫时,旧轨胀轨落不了槽,应及时切割一段钢轨,使旧轨落槽。

(2)新轨胀轨,侵入邻线线限界,危及邻线行车安全,应立即设好防护,同时调动人员采用撞轨法对长轨及时进行应力放散。

3. 换轨小车掉道起复方案。

(1)换轨小车单侧轮掉道,可使用小车上备放的 4 ~ 6 台起道机和若干枕木头同时起垫换轨小车掉道侧及待换轨条,使得掉道轮高离旧轨面,同时切割车后旧轨,拨正并锁稳掉道轮下的旧轨,小车重新上架后运行。

(2)若换轨小车双侧轮同时掉道且靠近旧轨,则采用方案(1)的做法,先起好一侧拨正并锁稳旧轨放下起道机落好轮,再按同样方法起复对侧。

(3)若换轨小车双侧轮同时掉道且离旧轨较远,此时起复难度大,必要时可同时割断承载在换轨小车上的新旧轨,然后用液压千斤顶起复换轨小车,拨正并锁稳掉道轮下旧轨,牵引换轨小车回车站,及时恢复线路并开通线路。

(六)特殊地段铺设长钢轨的注意事项

在小半径曲线、长大桥梁、长大坡道和长大隧道等特殊地段上铺设长钢轨,除按上述方法进行外,还要做好下列工作。

1. 小半径曲线

(1)长钢轨铺设前,必须将线路平面校正。

(2)在小半径曲线上施工时,应注意处理好因钢轨移位而引起长度差(空、搭头)的影响。上股待铺的长钢轨,应尽量拨近旧轨;下股待铺的长钢轨,应预先拨出几个较长的"S"弯。

(3)曲线半径较小时,为保证轨距,施工后应及时恢复轨距拉杆,旧轨不得摆放在道心。

2. 长大坡道

(1)卸在线路上的长轨条,应加强坡顶一端的固定,以防钢轨因列车振动而向下方滑移。

(2)铺轨时应注意长钢轨始端落槽后的连接,在未连接好之前,不得指挥换轨小车前进。

(3)长钢轨铺设后,应特别注意接头螺栓和轨枕扣件的整正、拧紧和复拧工作,同时加强线路的防爬锁定。

3. 长大桥梁

(1)铺设长钢轨宜在设计锁定轨温范围的下限轨温进行锁定;锁定时,应从两端桥台向桥中间进行。

(2)扣件的布置和松紧程度,应严格按照设计进行。

4. 长大隧道

(1)施工中应有充分的照明设备和通信联络设备。

(2)铺轨前应全面整修好线路,更换失效轨枕和扣件。

(3)严重漏水和潮湿的隧道,长钢轨及其扣件应采取防锈措施。

(七)铺轨安全

铺设长钢轨应严格遵守有关安全规定,并应认真做好下列工作。

1. 卸下的长轨条和焊好的长钢轨,应采取防胀措施,并定时巡查。

2. 换下的旧长轨条(含标准轨),应按长轨列车能装载的最大长度割断,或拆除一个接头,再拨开错放,以防胀轨,曲线半径较小时,应对旧轨进行撞轨或增加割轨处所以消除空搭头。旧轨视收轨条件放置于道心或砟肩,放置于道心时应拨顺。

3. 高温季节或低温季节铺设长钢轨,预计封锁时间内轨温会继续上升或下降,对拆除原有长钢轨的长度,应加以控制或采取特殊的拆除措施,以防发生意外。

4. 禁止随意拆除扣件、撞击钢轨,强制合上龙口。

5. 随车拨道人员,不得紧靠钢轨,以防钢轨落槽或落地不平稳,翻转伤人。

6. 排风不畅的长大隧道,考虑到轨道车排放尾气较大可能导致作业人员窒息,宜采用人工拨轨方式换轨,使用长轨列车收卸轨时,做好隧道内施工人员劳动保护。

四、无缝线路应力放散

当锁定轨温过高、过低、不明、不准和不匀，以及在高温或低温季节换铺无缝线路需提高或降低原锁定轨温时，均应进行应力放散与调整。

（一）方法和步骤

无缝线路应力放散方法主要有两类：一类是温度控制法，即选择合适的天窗时间，在钢轨轨温达到设计锁定轨温范围内时，使钢轨自由伸缩、充分放散应力后重新锁定；另一类是长度控制法，即通过改变钢轨长度使钢轨达到设计锁定轨温范围。应力放散必须想方设法消除轨下的阻力，并迫使钢轨得以自由伸缩，因此通常采用支垫滚筒与撞轨拉伸相结合的方式。

温度控制法的优点在于放散后的实际锁定轨温最为准确，缺点是对天窗时段以及气象环境要求较高，天窗可用率不高；长度控制法的优点是受天窗时段以及气象环境影响小，天窗可用率高，但实际锁定轨温不如温度控制法准确，且增加了拉伸作业时间，需要天窗时间较温度控制法长 30 min 左右。

1. 温度控制法

温度控制法放散应力，应在封锁天窗内进行。施工时间点应选择得当，施工单位应了解施工期间的气象情况，选择适合设计锁定轨温的始端要点。运输部门应积极配合，若温度不合适勉强施工，将是极大的浪费。

应力放散时，应采用支垫滚筒与撞轨拉伸相结合的方式。借助滚筒实现静摩擦与动摩擦、滑动摩擦与滚动摩擦之间的转变，因而可以近似地认为长钢轨处于自由伸缩的状态。这种应力放散的方法效果较好，放散均匀，但因为滚筒仍然有一定的阻力（约 70 N/m），只有与撞轨配合进行，放散应力才能均匀彻底。

采用温度控制法施工，需备有合龙轨，待放散轨条充分伸长或收缩到位时，锯除龙口端的部分钢轨并放入合龙轨，迅速恢复合龙端的轨枕扣件，控制钢轨伸缩。此时的轨温即为放散后的锁定轨温，同时全面上好合龙股长轨条的扣件，将合龙轨进行焊联。根据各测点位移测取位移量，分析放散是否均匀，如有局部不均匀，应另行安排时间进行局部调整，直至均匀为止。放散完毕，线路全面重新锁定后，进行线路检查，确认线路恢复正常后开通线路。

2. 长度控制法

长度控制法主要使用机械拉伸法。

机械拉伸法需在封锁线路条件下进行，且封锁时轨温应不高于设计锁定轨温。施工时先将钢轨按照温度控制法垫设滚筒及撞轨恢复成自由伸缩状态，再根据当时的轨温，测算需达到设计锁定轨温拉伸量，最后使用拉伸机拉伸至设计锁定轨温，插入龙口轨焊联。长度控制法受轨温条件的限制很小，是最为普遍的应力放散方式。

1）施工方法

使用液压拉伸器放散应力，根据实际情况可采用以下三种施工方法。

（1）一根长轨单独向一端拉伸：当长钢轨的长度在 1 km 以下时，根据计划拉伸量可分股一次拉伸，即固定长钢轨的一端，而拉伸另一端。

（2）一根长轨向两端分别拉伸：当长钢轨的长度在 1 km 以上时，为使应力均匀，可分股向两端分别拉伸。第一次向一端拉伸时，长钢轨中部留有不少于 37.5 m 的固定段；一端拉完后，再拉伸另一端。第二次拉伸另一端时，要求将原来中部固定段的扣件、防爬设备松开到不起作用的程度，而向已拉伸过的中部重新拧紧不少于 37.5 m 扣件，形成一个新的固定段，这样可保证整根长钢轨拉伸后应力均匀。

(3)锁定轨温不明、不准的拉伸：先固定一端，再把长钢轨的扣件、防爬器全部松开，每隔 10 ~ 15 m 用滚筒垫好，使长钢轨能向另一点自由伸缩，配合撞轨器将轨条撞至零应力。并于此时，精确测量轨温和长钢轨的伸缩量，检验原来的实际锁定轨温是否正确，然后根据计划锁定轨温与实测轨温差，计算拉伸量后实施拉伸锁定。

2)基本步骤

采用液压拉伸器放散与调整应力，须在封锁线路的条件下进行。

(1)进行现场调查，应特别注意原锁定轨温是否有变化，线路是否有爬行，轨缝有无不正常变化等情况。

(2)确定放散轨温及放散方法，计算放散量、缓冲区预留轨缝值及锯轨量。

(3)准备机具，组织施工，消除妨碍钢轨移动的障碍物，做好放散前的一切准备工作。

(4)设置临时观测点，随时掌握长钢轨的应力放散情况，通常视轨条长度每 100 m 设置一个观测点。

(5)钢轨放散到位后，插入短轨进行焊联。

(6)一般地，应在实际放散量较计算值小 2 ~ 3 mm 时，即行锁定线路，因此时扣件及防爬设备尚不密贴，通过几次列车后还将有伸长。通过第一次列车后可再次上紧扣件及防爬器，并在次日锁定轨温范围内再最后全面上紧一次。

3)作业项目

封锁前和封锁中具体作业项目及程序如下所述。

(1)封锁前

①在条件允许范围内，处理有碍拉伸的设备。

②以拉伸器安设位置为起点，每隔 100 m 设一测点，并在长钢轨的轨底和轨枕上划出标记。

(2)封锁中

①松开拉伸段轨枕扣件。

②拆开钢轨接头，松开需要换下缓冲轨的全部扣件，拨出钢轨，以防长钢轨伸长后把轨缝顶死，而拨不出钢轨，并安装好拉伸器、撞轨夹具和撞轨器。

③起高长钢轨，每隔 10 ~ 15 m 垫入滚筒；必要时铲下轨底粘着的大胶垫，使长钢轨在滚筒上能自由伸缩；如果待放散钢轨为低温轨条，还需锯切放散量。

④实施拉伸，在拉伸器发挥作用的同时，用撞轨器撞击夹具，促使长钢轨在振动下自由伸缩；撞轨器的振动影响范围为其前后各 200 ~ 300 m，在拉伸时可据以安排撞轨器的台数和位置。

⑤在长钢轨不再伸缩时，精确测量长钢轨的实际伸缩量和轨温，检查各测点的位移量是否到位以检验原锁定轨温是否准确、拉伸是否均匀；如伸缩量有差异时，应重新计算轨温；如拉伸一端的位移量已到位，而远离拉伸器的各测点的位移量尚未到位，应用撞轨器继续撞击，促其到位。

⑥各测点的位移量均已到位后，撤除滚筒，落下长钢轨。待靠近拉伸器 50 ~ 100 m 拉伸段的轨枕扣件已上紧、防爬器已打紧，方可拆除拉伸器。然后上紧扣件，校正轨距，终点插入短轨进行焊联，在线路状态符合开通条件后即放行列车。

（二）放散量和锯轨量计算

1. 长钢轨放散量

应力放散时，长钢轨的放散量 ΔL 按式（4—1—2）计算。

$$\Delta L = 0.0118 \times L(T_1 - T_2) \tag{4—1—2}$$

式中 0.0118——钢轨线膨胀系数[mm/(m·℃)]；

L——计划放散的轨条长度(m)；

T_1——计划锁定轨温；

T_2——原锁定轨温。

式（4—1—2）中 T_1 往往与实际轨温有出入，因此，放散时最好根据实际情况，当场进行修正。T_2 由于铺设一段时间后经列车碾压钢轨发生应力衰减等原因较为难定，技术人员应认真核实原锁定轨温，了解运营中的变异情况，尽可能地合理确定 T_2 值，如有轨长标定，则按所设测标进行复核。

2. 预留轨缝

长钢轨与缓冲区标准轨间预留轨缝 λ 的大小，可按式（4—1—3）~式（4—1—5）计算。

$$\lambda = \lambda_{max} - \varepsilon_{长} - \varepsilon_{标} \tag{4—1—3}$$

$$\varepsilon_{长} = \frac{(P_t - P_r)^2}{2EFP} \tag{4—1—4}$$

$$\varepsilon_{标} = \alpha l(\Delta t - \Delta t_0) \tag{4—1—5}$$

式中 λ_{max}——允许最大轨缝；

$\varepsilon_{长}$——长钢轨一端最大缩短量；

$\varepsilon_{标}$——缓冲标准轨一端最大缩短量；

P_t——温度力(N)；

P_r——接头阻力(N)；

P——一根钢轨下的道床单位阻力(N/cm^2)；

E——钢轨弹性模量，取为 2.1×10^5 MPa；

F——钢轨断面积(cm^2)；

l——标准轨长度的一半(cm)；

Δt——温差，即锁定轨温上限 - 当地最低轨温(℃)；

Δt_0——接头阻力和道床阻力克服的轨温变化度数(℃)。

标准轨与标准轨间预留轨缝，一般采用 7 ~ 8 mm，如是绝缘接头应为 10 mm。

3. 锯轨量计算

当结合放散应力整治线路爬行时，锯轨量应为放散量、计划预留轨缝量和放散前原有轨缝之差、整治线路爬行时钢轨移动量三者的代数和，即

锯轨量 = 放散量 +（预留轨缝 - 原有轨缝）+ 钢轨移动量

如不结合整治线路爬行时,钢轨移动量一项可不计;如放散中须切开靠放散终端附近的铝热焊接头时,应另加重新焊接的铝热焊浇注宽度。

五、旧轨回收

(一)概述

铺设无缝线路时下道的旧轨,采用保留长轨条使用长轨列车回收和分解成短轨使用轨道车回收两种方式。由于长轨列车回收长轨不需分解,且下道旧长轨条可再次用于次要线路和其他站线,减少再用轨焊接,长轨列车回收旧轨得到广泛应用。

待收旧长轨放置在线路上一般分为摆放道心或砟肩两种方式。由于长轨列车收轨时收轨小车通常需要将钢轨放置于道心回收,砟肩的钢轨需要在收轨时全部或部分拨入道心,因此,直接将钢轨放道心回收能给收轨工作带来便捷。但由于道心钢轨相比砟肩钢轨防胀难度大、加固要求高,为降低风险,通过改良收轨小车或收轨方式,直接回收摆放在砟肩上的旧轨是一种更佳的方式。

不论是摆放在道心还是摆放在砟肩的旧长轨,使用收轨小车配合长轨列车回收的流程基本一致,一般流程为:长轨列车放下尾部的收轨小车后,朝旧轨方向顶进,旧轨由收轨小车两股成对铲上车后随长轨列车顶进,徐徐进入各承轨滚道梁上,旧轨全部进入存轨车上后,进行锁定运往基地整修。

除使用收轨小车配合长轨列车收轨外,还有一种利用改造后的长轨列车上的卷扬机牵引待收长轨上车的回收方法。

(二)长轨列车收轨前的准备工作

收轨前,旧轨按长轨列车装载长度截成相应的长度,一般为 500 m、350 m、250 m 等。由于长轨列车收轨需在封锁天窗内进行,为提高收轨效率、保证收轨安全,应做好以下准备工作。

1. 拆除螺杆朝线路外侧端的接头螺栓。由于收轨时左右股钢轨并拢一起收上长轨列车,钢轨在纵向移动过程中接头螺杆外侧容易与所接触部件靠贴发生卡阻,此时列车如果制动不及时继续顶进容易引发安全事故,因此,必须提前拆除朝外接头螺杆。此项工作可在换轨施工时完成。

2. 拆除旧轨防胀加固材料。长轨列车收轨顺序是沿列车推进方向逐对依次回收,可在收轨封锁天窗内提前逐对拆除旧轨的防胀加固材料,保证收轨接续流水作业。

3. 连接断开的短轨。如果采用旧轨全部摆放道心回收的方式,遇桥梁护轨、应答器及其他设备造成部分地段道心不能摆放钢轨必须断开时,为保证收轨长度,在收轨前必须将这些断开的钢轨重新连接起来。此项工作应在收轨封锁天窗点内进行。

(三)长轨列车收轨作业

1. 采用收轨小车配合长轨列车收轨的作业方法,主要有以下步骤。

(1)线路封锁后,长轨列车运行至收轨地点,放下收轨小车。收轨小车放置于长轨列车尾部,一般通过安装通往线路的临时滑道后由卷扬机放下。收轨小车一般有两辆,使用时前后运行,前车高度较低,主要作用是将道心钢轨铲起并导向后车,后车高度较高,主要作用是抬高钢轨并与前车共同完成钢轨横向定位,保证钢轨不会发生横向摆动。

(2)在钢轨上安装轨卡,将两股钢轨并联,使之更加稳固不易侧翻。如采用旧轨摆放砟肩回收的方式,则在两股旧轨进入道心后每 10 ~ 15 m 安装一个轨卡。

(3)将砟肩钢轨端头 100 m 拨入道心(摆放道心旧轨无须此操作),用起道机抬起钢轨端部,一般抬高至高于收轨前车 100 ~ 150 mm,垫好枕木头等垫物使其稳固,将梭头装上轨端并对准收轨小车。

(4)列车顶进,推动收轨小车前行,将钢轨铲上小车后,迅速撤除起道机、垫物等,列车以不高于 5 km/h 速度顶进收轨。当梭头运行至作业首车时,使用长轨列车上的升降滚筒引导钢轨进入相对应滚道梁。

(5)每对钢轨收完后,拨向车的两侧,锁紧固定,再继续收下一对钢轨。收最后一对钢轨时,对尾部的悬空部分,可使用拉轨卷扬机反拉上车。

(6)锁定第一层轨后,随即调整好作业车上滚筒的高度,继续完成第二层,正常情况下长轨列车组收轨两层。在特殊情况下需收轨三层时,收轨速度不大于 3 km/h,在不停电的情况下还应做好安全防护。

(7)收轨结束后,将收轨小车收回长轨列车上,锁紧钢轨,做好关闭安全门等设备复位工作。

(8)恢复道口以及其他临时拆除的设施。

(9)收轨负责人在全面检查回收长轨条的防爬锁定、长轨列车上有关设备复位后,才能指挥列车开回停车站,并通知车站取消封锁,开通线路。

2. 直接使用长轨列车收轨的作业方法,主要有以下步骤。

(1)由机车牵引长轨列车到达施工作业地点对准待收旧轨位置,长轨列车静止不动。

(2)收轨作业人员在施工作业地点安装待收长轨滚筒,将待收长轨置于滚筒上方(图 4—1—13),钢轨向前拉动时,将轨底与道砟直接接触时的平面滑动摩擦转变为滚动摩擦,减小了摩擦力。若在小半径曲线上收轨时要同时安装防倾覆装置(图 4—1—14),防止在收轨过程中的钢轨倾覆。

图 4—1—13 滚 筒

3. 收轨作业人员在作业尾车卸轨龙口处安装收轨导槽,将已备好的钢绳反向导入至作业尾车底部收轨导槽处,与线下已打好眼的待收长轨的轨头腰部孔眼相连接。在 50 kN 拉轨卷扬机的外力作用下，将钢绳与相连接的待收长轨依次通过导槽、龙口及作业首车上的滑轮固定装置，将钢轨拉上尾车、作业中车(二)、作业中车(一)，当钢轨到达输轨机时，将拉轨钢绳解开。利用输轨机输轨，用作业首车的调高、拨轨装置调整后将钢轨输送到安全车(二)、运轨车，一直输送到输轨机不能输轨时，利用安全车(一)上的 30 kN 拉轨卷扬机拉到位，其工作如图 4—1—15 和图 4—1—16 所示。

图 4—1—14　小半径曲线安装防倾覆装置

图 4—1—15　收轨车安装导槽

(4)回收的长轨条输送到规定位置后，由工作人员对轨条进行锁定，如图 4—1—17 所示。

图 4—1—16　收轨车拉钢轨

图 4—1—17　旧轨锁定

(5)收完一层后，放下滚筒横梁，再收第二层钢轨。

3. 收轨过程中，还应做好以下安全措施。

(1)为了确保收轨作业安全，应在作业尾车、安全车、作业首车、锁定车安装紧急制动阀。

(2)收轨前，检查确认滚道梁侧位锁定可靠，确认各紧急制动阀良好，风表压力达到 500 kPa。

(3)每组旧轨对位应和装新轨要求一致，并严格做到先锁定、后动车。

(4)回收钢轨所使用的梭头、双轨头卡以及长轨列车上的导向槽、立滚轮和边滚轮等都必须配套，严禁用不同轨型的配件代用。

(5)回收曲线地段的长轨条，应适当增加双轨头卡，防止钢轨翻倒。

(6)在列车上对梭头导向的人员，应随梭头前进，防止梭头脱落。

(7)待前一对长轨条离滚道入口长度至少 30 m 之后，才能导入后一对长轨条进入滚道；放置在滚筒上的长轨条，未加防爬锁定时，严禁动车。

(8)每层收轨后及时翻起间隔铁，收轨结束关闭安全挡，收回工具、轨卡、梭头。

(9)收轨结束，在前方站停靠后，将空载滚道梁置于关闭状态。

(四)旧轨卸车

回收的旧轨一般运往基地进行整修再用，卸车方式一般使用横向卸车法通过多台葫芦吊横向吊轨卸下。如果是普通钢轨用接头夹板连接成的长轨，在受场地限制的情况下，也可分解接头夹板后单根卸下。

旧轨除在基地卸车外，也可根据实际情况直接将钢轨用卸地面长轨的方式，在次一级线路上卸下直接再用。

六、快速换轨车

2016 年，快速换轨车开始在济南铁路局试用，取得较好的效果，计划 2017 年进行技术评审。快速换轨作业车集钢轨更换、扣件回收于一体，主要由车架、一台动力转向架、一台从动转向架、扣件回收系统、钢轨收放装置等组成。快速换轨车如图 4—1—18 所示。

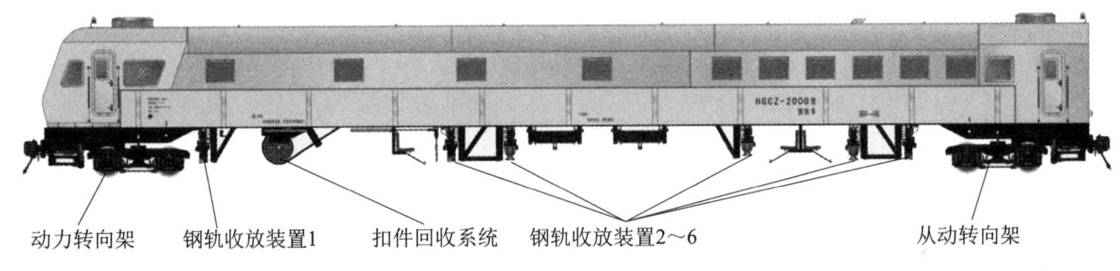

图 4—1—18 快速换轨车

快速换轨车工作流程主要是在待换单元轨条始端通过钢轨收放装置 2、4 夹持旧钢轨至预设位置，通过钢轨收放装置 1、3、5、6 夹持新钢轨至预设位置，车辆在前进的过程中自动将旧钢轨从承轨槽内提起，放置在道心或轨枕两侧，将新钢轨从轨枕两侧准确放置在承轨槽内。快速换轨车钢轨更换原理如图 4—1—19 所示。

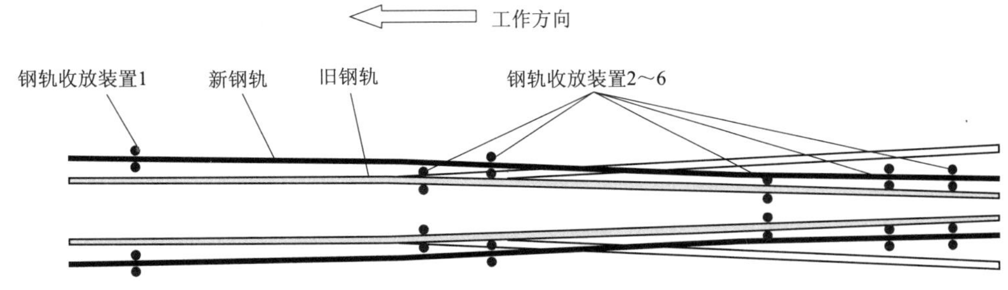

图 4—1—19 快速换轨车钢轨更换原理

扣件回收系统由电磁滚筒、提升输送装置、平移输送装置和接料装置等组成。电磁滚筒将铁质扣件吸附在提升输送装置输送带上，因倾斜角度太大，输送带有挡边和隔挡，通过提升输送装置和平移输送装置将扣件传送到接料装置上，接料装置可以前后移动，也可以正转和反转，使扣件能转运至料斗各个位置，作业完成后运至整备基地，通过油缸打开料斗侧门，将扣件卸在车辆两侧。快速换轨车扣件回收原理如图 4—1—20 所示。

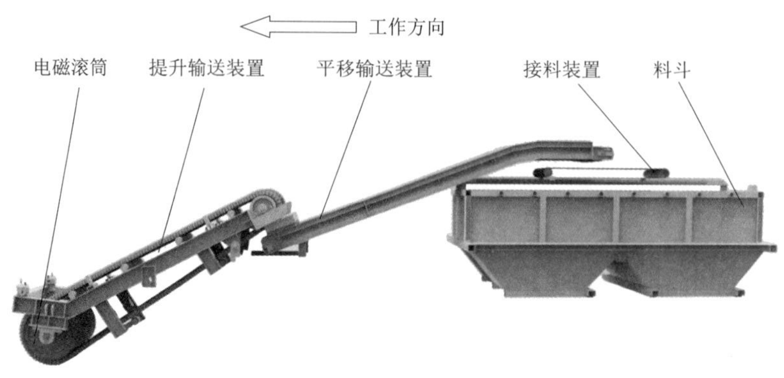

图 4—1—20　快速换轨车扣件回收原理

快速换轨车具有作业走行动力，操控性强，具有扣件自动回收功能，降低了劳动强度，提高了作业效率，减少了线上收料对其他工序作业的干扰，同时，节约了 1 台轨道车和收料平车。车辆装有道钉检测系统，通过曲线时，能检测出作业机构相对承轨槽的横向偏移量，控制系统通过偏移量来控制作业机构横向油缸的动作方向和行程，从而将新钢轨准确放置在承轨槽内，更换完的新钢轨平顺，伤损小，提高了换轨质量；同时，车辆运行过程中，地面无需人员辅助新钢轨入槽，减少了作业安全隐患。车辆装有工具箱，能直接输出外接电源和液压源，提供了钢轨拉伸及锯轨等其他换轨工序的动力源，方便了作业和机具转运。快速换轨车换轨及收料作业如图 4—1—21 所示。

图 4—1—21　快速换轨车换轨及收料作业

第二节　更换再用轨（整修轨）

一、再用轨整修

（一）再用轨的分类

1. 按表 4—2—1 规定将再用轨分为四级。

表 4—2—1　再用轨分类

伤损项目		伤损限值							
		一级		二级(整修前)		三级(整修前)		四级	
		60 kg/m	50 kg/m	60 kg/m	50 kg/m	60 kg/m	50 kg/m	60 kg/m	50 kg/m
磨耗[a]	垂直磨耗(mm)	<3	<3	<4	<4	<6	<5.5	<9	<8
	侧面磨耗(mm)	<5	<5	<10	<10	<13	<11	<14	<12
	波浪型磨耗谷深(mm)	<0.1	<0.1	<1.0	<1.0	<0.5	<0.5	<0.5	<0.5
锈蚀	轨底边缘剩余厚度(mm)	≥9	≥8	≥9	≥8	≥7	≥6	≥6	≥5
	轨腰剩余厚度(mm)	≥14	≥14	≥14	≥14	≥13	≥11	≥12	≥10
	轨腰和轨底圆弧过渡处单面蚀坑深度(mm)	<4	<4	<4	<4	<5	<5	<5	<5
	轨头下颚透锈裂纹	无	无	无	无	无	无	无	无
剥离掉块深度和长度(mm)		深度<0.5 长度<5		深度<1.5 长度不限		深度<2.5 长度<15		深度<3.5 长度<15	
表面擦伤深度(mm)		<0.5		<1.5		<1.5		<2.0	
剥离裂纹深度(mm)		0		<1.5		<1.5		<2.0	
轨距挡板卡痕深度(mm)		<3.0		<3.0		<3.5		<4.0	
低头及压堆(mm)		≤0.5		<1.5		<1.5		≤2.0	
一侧飞边(mm)		≤1.0		≤3.0		≤2.0		≤3.0	
伤损程度		无轻重伤		无轻重伤		无轻重伤		无轻重伤	

注:[a] 对于经整修后用于速度小于 80 km/h 的线路的整修轨,磨耗限值可适当放宽。

一级再用轨为表面状态很好,无伤损或只有轻微伤损的,不经整修即可再用的旧轨。

二级再用轨为表面状态略差于一级再用轨,但可以通过综合整修(即对轨头进行铣削加工)使其状态得以恢复再用的旧轨。

三级再用轨为表面状态介于二级再用轨和四级再用轨之间,通过一般整修(即不需对轨头进行铣削加工)后可以在次一级线路再用的旧轨。

四级再用轨为表面状态已接近轻伤标准,通过整修已无法恢复良好表面状态,换下后不经整修直接在次要站线再用的旧轨。

2. 钢轨的累积通过总重为 550 ~ 700 Mt 时,宜作为二级再用轨进行综合整修。

(二)再用轨的使用条件

再用轨的选用应符合线路大修技术条件标准要求。

(三)再用轨整修的方式

再用轨整修分为基地钢轨整修和在线钢轨整修两种,基地钢轨整修是指在大修基地或焊轨基地通过钢轨整修线对换下的旧轨进行整修加工;在线钢轨整修是指在运营线上使用铣磨车铣磨钢轨。

(四)基地钢轨整修

1. 记录旧轨通过总重

钢轨整修单位宜与铁路局或设备管理单位沟通,对接收的待修旧轨已通过总重做好记录。

2. 钢轨整修主要设备

基地钢轨整形机主要分为国外进口(PRV250 型)及国内整形机。以 PRV250 型钢轨整形机为例,基地钢轨整修主要设备见表 4—2—2。

表 4—2—2 基地钢轨整修主要设备

设备名称	规　格	单　位	数　量	说　明
整 形 机	PRV250	台	1	轨头全断面铣削
钻 孔 机		台	1	六孔
调 直 机	DHR-315	台	1	最大压力 315 t
带 锯 床	G-4025B	台	2	
吊　车	10 t	台	2	
群　吊	3 t·a	台	32	

PRV250 型钢轨整形机如图 4—2—1 所示。

图 4—2—1　PRV250 型钢轨整形机

钢轨整形机技术参数为左基准:L　F15

平铣辅铣

X: −804. 45　　X:516. 30

Y:43. 60　　Y:185. 30

Z: −1. 00

右基准:R　F16

平铣辅铣

X: −811. 75　　X:1 045. 13

Y:43. 6　　Y:185. 30

Z: −1. 00

3. 钢轨整修工艺流程

基地钢轨整修基本工序主要包括旧轨检查选配 → 旧轨端部锯切 → 旧轨矫直 → 旧轨整形(除肥边、铣削)→ 加工定尺轨和缩短轨(或焊接钢轨)→ 整修轨检验 → 成品存放。

1)整修前的检查

(1)表面检查

有以下情况的钢轨应做出标记。

①表面伤损超出表 4—2—1 要求的钢轨。

②检查部门已经标出的轻伤(△)及以上的钢轨和焊接接头。

③铝热焊接头。

④螺栓孔和连接导线孔(需焊接成长轨条时)。

(2)尺寸检查

①基本要求

整修前应进行外形尺寸的检查,检查时对旧轨逐根进行全长目测观察。应对磨耗量、轨底边缘厚度和轨腰厚度明显变化的地方进行测量,测量前应对所测部位进行除锈。磨耗量、轨底边缘厚度和轨腰厚度测量方法按下列②、③、④的规定执行。

②磨耗量检查

应测量每根钢轨的磨耗量,每隔 10 m 测量一点。垂直磨耗在钢轨顶面宽 1/3 处(距标准工作边)测量,侧面磨耗在钢轨踏面(按标准断面)下 16 mm 处测量。

③轨底边缘厚度检查

应用游标卡尺逐根对钢轨轨底边缘厚度进行检查,每隔 10 m 选目测最薄处进行测量,任一点的测量值均应达到表 4—2—1 的要求。

④轨腰厚度检查

应用游标卡尺逐根对钢轨轨腰厚度进行检查,每隔 10 m 选目测最薄处进行测量,任一点的测量值均应达到表 4—2—1 的要求。

(3)探伤检查

对于准备做有孔轨的螺栓孔应进行探伤,如有裂纹螺栓孔应予以切除。

2)旧轨端部锯切

(1)钢轨锯切时,锯切点离标记处应不小于 100 mm。

(2)若轨端是用火焰切割的,该轨端应予以锯除,锯切点离轨端应不小于 100 mm。

(3)锯切旧的长轨条时,锯切点离保留焊缝的距离应不小于 4. 5 m。

(4)长度小于 9 m 的钢轨不再锯切使用。

3)旧轨矫直

钢轨应采用 315 t 固定式矫直机进行矫直,消除钢轨的硬弯、上拱和低头等。

4)旧轨整形

(1)将工作边肥边逐一清除。

(2)轨头铣削应去除踏面表面裂纹、擦伤、马鞍型磨耗、波浪型磨耗、肥边等各类伤损。

(3)钢轨踏面和工作边的几何形状按同一轨型新轨的轨头轮廓加工。

(4)经铣削后的轨顶面(包括轨顶角圆弧面)在全长范围内应呈现连续的切削光。

(5)整修轨高度与新轨高度差应不大于 6 mm。对于经整修后用于速度小于 80 km/h 的线路的整修轨,其整修高度要求可适当放宽。

5)加工定尺轨和缩短轨

(1)定尺轨和缩短轨锯切长度、端面斜度、螺栓孔直径、螺栓孔位置和允许偏差按照

《43 kg/m ~ 75 kg/m钢轨订货技术条件》(TB/T 2344)的规定执行。螺栓孔及轨端应予以倒棱，倒棱尺寸按照《43 kg/m ~ 75 kg/m 钢轨订货技术条件》(TB/T 2344)的规定执行。

(2)定尺轨和缩短轨上最多允许保留一个焊接接头，其焊缝中心距轨端应不小于4.5 m。

(3)定尺轨和缩短轨的轨端需进行淬火处理时，其技术要求应符合《43 kg/m ~ 75 kg/m 钢轨订货技术条件》(TB/T 2344)的有关规定。

6)整修轨焊接

①铣削后钢轨高度和宽度相差分别在0.5 mm 以内的同批钢轨允许焊接，相同工作边对焊。

②同批钢轨应集中焊接。

③整修轨焊接按《钢轨焊接》(TB/T 1632.1 ~ TB/T 1632.4)的规定执行。

7)整修轨检验

(1)整修轨应从轨头对钢轨全长及旧焊缝进行疲劳缺陷的超声波探伤，对新焊缝按《钢轨焊接》(TB/T 1632.1 ~ TB/T 1632.4)的规定进行全断面超声波探伤。

(2)整修轨焊接接头的检验应按照《钢轨焊接》(TB/T 1632.1 ~ TB/T 1632.4)的规定执行，60 kg/m 整修轨焊接检验要求按 50 kg/m 焊接接头标准执行。

(3)应对定尺轨和缩短轨的螺栓孔进行外观质量检查，检验按《43 kg/m ~ 75 kg/m 钢轨订货技术条件》(TB/T 2344)中有关规定执行。

8)验收、标志、储存及装车

(1)工厂应提供产品合格证，注明该批钢轨的钢种、型号、长度、根数、钢轨高度和整修厂家名称。

(2)在距轨端0.5 ~ 1 m 非工作边轨腰处用红底白字标明钢种、整修年月和钢轨长度，如有条件可标明钢轨已经累计通过的总重。

(3)应根据整修轨的不同高度，标识清楚，分别存放。

(4)定尺轨和缩短轨应采取平排列方式，分类码放。多层存放时，层间垫物应平直，上下位置对齐，防止钢轨受力不均而变形。

(五)在线钢轨整修

1. 钢轨铣磨车简介

截至2014年末，全路共装配4台钢轨铣磨车。现简要介绍国内装配的第一台钢轨铣磨车——SF03-FFS 型钢轨铣磨车，如图4—2—2所示。SF03-FFS 型钢轨铣磨车重 120 t，长 25 m，由2个三轴转向架支撑，左右两侧各装备2套铣盘和1套磨盘，铣盘用于切削钢轨，磨盘用于提高钢轨表面的光洁度。每套工作装置(磨盘或铣盘)都配备有集尘装置，以利于防火和保护环境。

图4—2—2　SF03-FFS 型钢轨铣磨车

2. 铣削工作原理

图 4—2—3 为铣削装置,该铣盘为数控机床整体加工而成,直径 600 mm。刀粒安装在铣轮的径向面上,方框内为一组铣削断面,计有 8 颗刀粒,分成两种,1 号刀粒为圆弧形刀粒,用于铣削轨距角,铣削后钢轨轨距角处为圆滑的曲面;2 ~ 8 号刀粒为方形刀粒,用于铣削钢轨顶部,铣削后钢轨顶面由众多约 8 mm × 4 mm 的“小凹面”构成。铣轮一圈有 22 组铣削断面,这样 8 mm × 22 颗刀粒构成一个需完整的钢轨轨头轮廓。

图 4—2—3　铣削装置

3. 打磨工作原理

不同于打磨车需多个砂轮共同完成钢轨打磨,铣磨车每股钢轨只需一个磨盘即可完成钢轨顶部的打磨,如图 4—2—4 所示。

铣磨车所用的磨盘是一种大直径砂轮(ϕ800 mm),采取的是圆周磨削技术,使用磨盘径向面对钢轨顶面进行打磨。磨盘外圆是一个凹面,打磨时,该凹面压在钢轨顶部,且整个磨盘向外偏转一小角度,使得磨削范围正好能完全覆盖方形刀粒的铣削范围。经磨盘打磨后,铣盘产生的众多细小凹面可彻底消除,加上铣削时轨距角就已经是圆滑的曲面,这样整个轨头区域都可获得非常高的光洁度。轨面铣削和打磨对比如图 4—2—5 所示。

图 4—2—4　磨　　盘

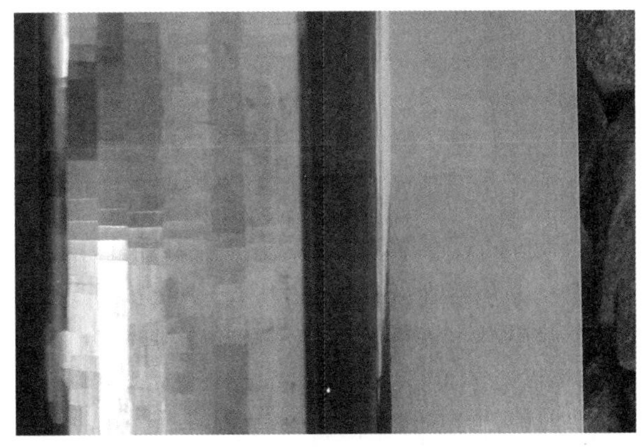

图 4—2—5　轨面铣削和打磨对比

4. 铣磨车主要作业性能和条件

(1)每遍的切削量:顶面为0.3～1.5 mm;轨距角最大为5 mm。

(2)作业速度:SF03-FFS型铣磨车作业速度为0～25 m/min。

(3)作业允许的最小曲线半径为180 m。

(4)作业允许的最大曲线超高为180 mm。

5. 铣磨车作业精度

铣削精度由横断面轮廓精度与纵向平顺性精度组成,横断面轮廓精度是标准的断面轮廓与实际铣削后的轮廓允许差,纵向平顺性精度是指轨面一定长度范围内的允许矢度。

(1)横断面轮廓精度:±0.2 mm。

(2)纵向平顺性精度:见表4—2—3。

表4—2—3　铣磨纵向平顺性精度

长度范围(mm)	30～100	100～300	300～1 000
平顺性(矢度 mm)	±0.02	± 0.04	±0.13

6. 钢轨在线铣磨作业

1)施工准备

(1)做好驻地选址、机械配备、劳力组织(表4—2—4为××铁路局劳力组织)、配件油料准备、方案制定、计划申请等工作。

表4—2—4　钢轨在线铣磨施工机组劳力及职责

序　号	岗　　位	人　　数	职　　　　责
1	施工领导人	1	负责机组全面工作及验交
2	作业指挥员	1	协调、指挥大型养路机械作业
3	防 护 员	3	施工驻站登、销记,随车防护
4	铣磨车各号位	5	负责操作、保养机械

(2)调查作业现场环境条件。收集曲线、锁定轨温、接头、道口、桥隧、轨旁设备等资料,掌握影响作业的障碍。

(3)提前调查测量作业区段内钢轨波形磨耗深度、肥边厚度、侧向磨耗等钢轨病害情况,制定作业方案。

(4)钢轨铣磨作业前一周不得对钢轨涂油。

2)铣磨作业

铣磨作业包括封锁前准备工作、封锁后基本作业和整理作业。

(1)封锁前准备工作

封锁前准备作业主要包括工作布置及分工、车辆运行、核对线路资料、确定作业起始点、作业参数、确认钢轨状况、障碍位置、办理施工登记手续等。

(2)基本作业

①临时拆除道口板、护轨、电务导线、红外线测量设备、报警器等影响打磨作业的障碍物。

②铣磨车组进入作业地点，停车于作业起始点前 3 m 处。

③将机械操作模式由走行模式转换到作业模式。

④主操作手启动机器，在作业计算机上选择自动作业模式，检查计算机通道，保证通道与作业装置一一对应，输入作业参数。

⑤扫描钢轨横断面，在扫描获得的影像上标记钢轨基准点，对钢轨进行定位确认。

⑥铣磨作业单元定位。

⑦下放铣磨单元。

⑧主操作手按下相关控制键，分别激活车辆作业走行，铣削单元开始切入铣削作业，进行钢轨铣磨。

⑨作业中，地面岗位实时监控作业质量，发现异常立即反馈主操作手，主操作手根据地面反馈信息、计算机作业数据和视频监控系统情况，及时调整作业参数。

⑩曲线地段作业，当转向架转向使用手动模式时，从铣磨车进入缓和曲线开始，地面人员在铣磨车前方安全范围内实时观察曲线下股车轮轮缘和钢轨之间间隙，及时通知主操作手调整转向力，保持轮缘贴紧下股钢轨，避免出现爬轨现象。

(3)整理作业

①作业至终点，操作相关控制键，顺次切出铣削单元(粗铣和精铣)、打磨单元，提升所有铣磨装置(所有铣磨装置全部提升到位后，车辆作业走行自动停止)。

②确认所有装置均已提起，操作控制按键收车，锁定铣磨单元，锁挂安全链。

③关闭电源开关、主开关和计算机。

④机械由作业状态转换为运行状态。

⑤机组返回车站。

⑥恢复临时拆除的道口、护轮轨及轨旁设备。

⑦线路开通前，施工负责人检查确认符合开通条件，撤除停车防护信号，通知驻站联络员销记开通线路。

二、再用轨(整修轨)铺设

再用轨大修的钢轨来源有两种方式：一是将经过整修的再用轨运至现场铺设；二是从线路上换下的无需整修的旧长轨，直接运至其他线路铺设。

再用轨铺设施工方法与新轨铺设施工基本相同，施工组织参见本章前述有关内容，有差异的内容如下所述。

1. 从线路上换下的旧长轨直接铺设至线路时，上道前应组织探伤，严防伤轨混入。

2. 相邻旧长轨上下及左右的磨耗量之差不大于 1 mm，便于焊轨，如果特殊情况超差，应以钢轨作用边、轨底为主，对齐钢轨，轨顶错牙部分可通过轨顶打磨来消除或顺坡。

3. 全面更换类型不符合规定的或损伤的配件。

4. 轨端用火焰切割的应予以锯除，锯切点离轨端应不小于 100 mm。

5. 卸再用轨时，应核对钢轨的轨型(材质、生产厂家等)，为焊接提供基础数据。

6. 道床应均匀饱满，采用无缝线路轨道结构时，应满足砟肩堆高要求。

第三节　机 械 清 筛

线路道床成段破底清筛作业是线路大修施工中的一项重要内容，道床清筛手段经历了从人工、小型机械到大型机械的历史过程。人工作业不仅劳动强度大，作业效率低，而且清筛质量难以保证；小型枕底清筛机虽然保证了施工质量，与人工方式相比提高了施工效率，但施工效率仍然不能满足修理的需要；从 20 世纪 80 年代，原铁道部成套引进了大型养路机械，1985 年沈阳铁路局使用 RM80 型清筛机（同时配属了稳定车、配砟车、捣固车）在沈山线、大郑线进行了线路大修试验，共完成线路大修 34 km，取得了良好的效果，在全路推广使用，在改善线路质量、提速扩能、保证行车安全以及促进工务修制改革等方面发挥了巨大的作用。1994 年 8 月，由 × ×公司进口的第一台高效边坡清筛机装备上海铁路局，对道床全断面机械清筛发挥了补充和完善的作用。2012 年 6 月 CQS-550 型道岔全断面道砟清筛机通过鉴定，部分铁路局于 2013 年开始在站支线试用。随着施工装备现代化发展，在线路道床清筛施工工艺中，普及大型清筛机，发展超大型高效清筛机（如 RM900 型、RM1200 型等）是提高作业效率、减少施工与运输相互干扰的有效途径，是道床清筛工艺发展方向。

清筛机种类很多，按机械功能分为全断面清筛机（如 RM76 型、RM80 型、QQS-300 型）、边坡清筛机（如 FRM80-2S 型、SBCHP3 型、C93 型）和道岔清筛机（CQS-550 型）；按挖掘机构形式分为耙链式清筛机、犁铲式清筛机和斗轮式清筛机。

一、大型养路机械清筛道床

（一）工作原理及性能

大型养路机械清筛道床作业以使用较多的 RM80 型全断面清筛机（图 4—3—1）为例，该机采用内燃机驱动、全液压传动，利用挖掘链的耙指挖掘道砟和振动筛分道砟的原理工作。清筛机作业时，机械在线路上低速运行，穿过轨排下部的挖掘链转动，挖掘链上的耙指将道砟挖起，经导槽提升到筛分装置上，脏污道砟经振动筛筛分后，符合标准的道砟经道砟溜槽、导板及回填输送带回填到线路上，碎砟和污土经主污土输送带、回转污土输送带输送到线路外或污土车内。

图 4—3—1　RM80 型全断面清筛机

清筛机采用两台发动机，总功率达 696 kW，生产率达 650 m^3/h，作业速度为0～1.6 km/h，挖掘深度最深轨面下为 1 000 mm，挖掘宽度为 4 030～5 030 mm，筛网有效面积为 25 m^2，作业通过最小曲线半径为 250 m，运行通过最小曲线半径为 180 m。

（二）清筛机作业条件

1. 清筛作业时，必须封锁线路，当线间距小于 6.5 m 时，封锁作业时邻线速度应小于等于 160 km/h。

2. 在无缝线路上，严禁超温作业，如轨温超过锁定轨温 ±10 ℃时，应先进行应力放散。

3. 清筛作业时，清筛机后应至少配备一台捣固车，根据需要配备配砟整形车、动力稳定车和物料运输车。

4. 线路两侧障碍物（包括埋设在道床中的固定物体）和道床内隐蔽的电缆、管线等设备不得影响清筛机通过。

5. 作业地段曲线半径不大于 250 m，曲线超高不超过 150 mm。

6. 电气化区段接触网宜停电并有效接地。

7. 现场备有充足的用于恢复线路的道砟。

8. 作业时机组人员必须满足岗位设置要求。

（三）主要施工程序

1. 施工准备

（1）施工驻地准备

根据施工线路所处的地理位置、沿线车站股道数量、运输条件、工期，统筹考虑水、电、通信接入和车辆编组、路料运输等情况，合理选择施工宿营车、大型机械、轨道车等车辆的停放驻地，提前安排大型机械、宿营车、轨道车等路用车辆转移到位。

（2）施工机械设备和车辆准备

根据工作量大小、工期、施工天窗时间、限速长度，合理确定机械车辆配置。一般一个工点配置 2 台清筛机（简称 Q）、4 台捣固车（简称 D，2～3 台 D08-32 型、1～2 台 D09-32 型）、2 台配砟车（简称 P）、2 台稳定车（简称 W）、4～6 台物料运输车（简称 W_y）、1 台机车（简称 J）、2 辆专用平板车（简称 N，用于安装支承最前方 1 台物料运输车旋转抛带的支架）。根据日用砟量、道砟场与施工驻地间运距、风动卸砟车（简称 K）容积，确定风动卸砟车数量。

（3）确定车辆编组

大型养路机械清筛应根据现场道床条件、出土环境、限速长度等确定大型养路机械编组顺序，一般按 N_1-n_1W_y-Q_1-n_2K-D_1-W_1-N_2-n_3W_y-Q_2-n_4K-D_2-P_1-D_3-D_4-W_2-P_2-n_5K-J顺序进行编组。图 4—3—2为配置 2Q-4D-2P-2W-nK-nW_y-1J 编组清筛—起道—整修流水作业示意图，该编组形式适宜于原线路道床缺砟、整修起道量大、限速长度短、驻地编组条件好的情况，若现场道床条件好、道床饱满、清筛后整修抬道工作量小、新道砟运输组织困难、驻地编组条件差，为减少驻地站大型养路机械编组调车工作量，车辆编组可采取清筛机不挂风动卸砟车的方式，但现场每日应做好“龙门口”处的道砟回填工作，清筛、起道、整修地段补充道砟采取当日机车挂风动卸砟车卸砟方式，也可以另行安排卸砟专列的组织方式。

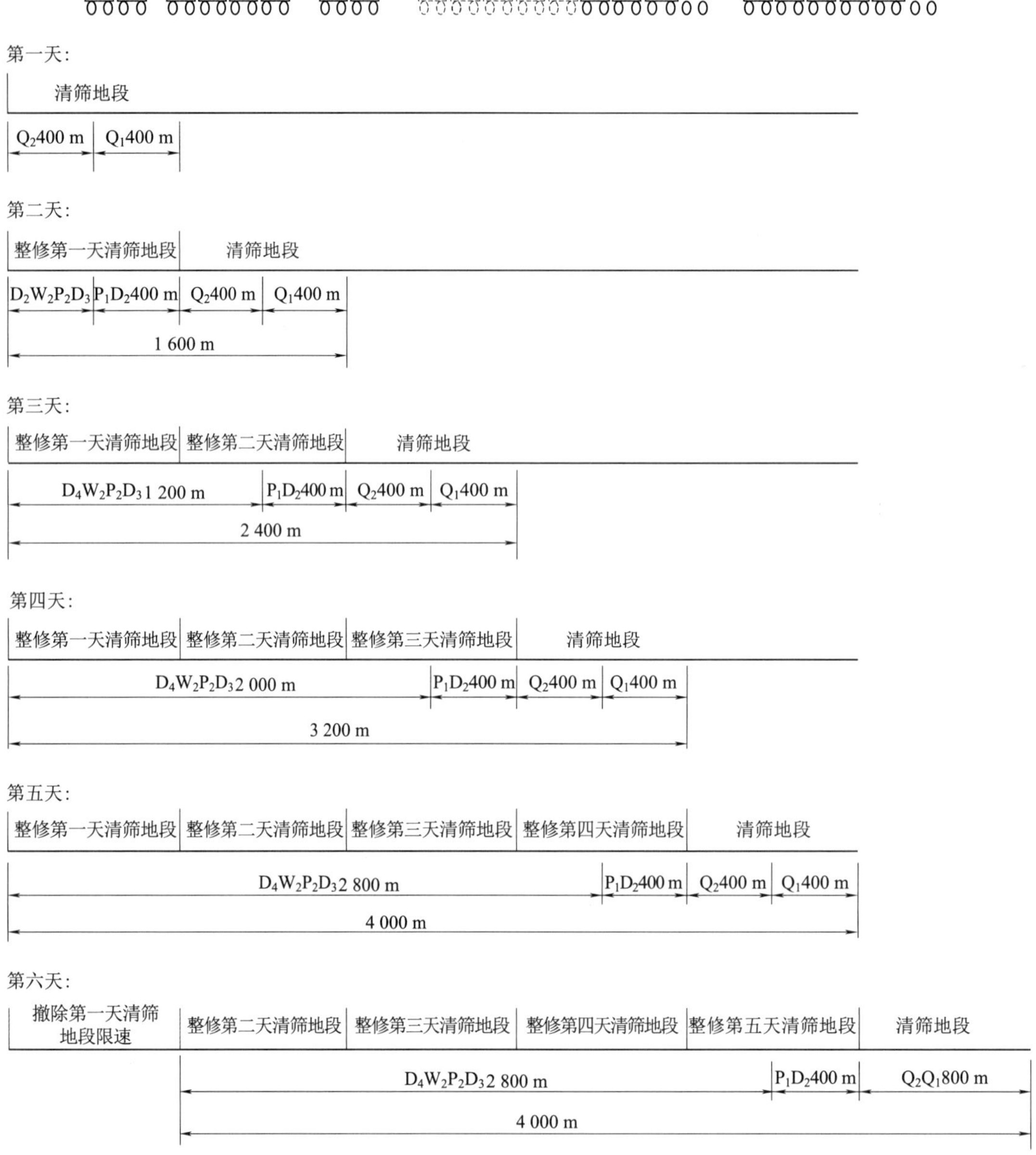

图 4—3—2　清筛—起道—整修流水作业示意（配置 2Q-4D-2P-2W-nK-$n$$W_y$-1J 编组）

（4）劳力组织

大修清筛施工应成立专业施工队伍，一般设清筛、大机、整养、行车、综合工班，主要工种包括线路工、大型养路机械司机、大型养路机械操作手、轨道车司机、风动工、调车长、联结员、线路技术员、机械技术员、锅炉工、内燃钳工、电工等，此外还应有专职防护、值班调度、巡守和施工队管理人员。表 4—3—1 为 × × 铁路局大修清筛施工劳力组织（以一支配置 2Q-4D-2P-2W-6W_y并承担地面配合工作的施工队为例）。

表 4—3—1　大修清筛施工劳力组织

序号	班组	主要人员、工种	人数	主要工作内容
1	清筛	线路工	39	地面配合大型养路机械清筛工作及施工现场防护
2	大机	司机、操作手	59	操作大型养路机械作业
3	整养	线路工、风动工	36	清筛后线路整修、养护，卸道砟
4	综合	线路工、内燃钳工、电工、材料工、锅炉工、炊事员、汽车司机、调度员	20	后勤服务保障工作、施工联系、驻站防护、“大门”防护、领车
5	行车	轨道车司机、调车长、联结员	11	轨道车使用、施工车辆编组、甩挂、检查
6	队部	施工队长、党支部书记、副队长、线路技术员、机械技术员、安全员、管理员、记工员	12	担当施工负责人、技术保障、安全、生活、用工等管理
合　计			177	

(5)材料准备

根据技术设计文件和施工需要，及时提报道砟、轨枕、油脂、钢轨、联结零件、燃油、大型养路机械配件以及施工工具等定额料计划，组织采购，并做好装卸、运输、贮存和保管等工作。

(6)作业环境调查

提前调查施工地段道床状态、外部环境、工(机)具存放位置、人员避车地点、上下班行走路线、弃土地点、线路两侧影响大型养路机械作业的障碍物，与设备管理单位联系探测确定埋设在道床内的隐蔽管、线、缆等设备的位置、走向和深度等。

(7)现场技术工作准备

现场技术工作准备主要内容为抄平(高程复测)、横距测量(复测)以及清筛深度、里程、高程、横距描写，轨缝调查，曲线资料、无缝线路资料的复核，组织技术交底。

(8)编制施工方案(组织设计)并报审

根据技术设计文件、现场调查资料、施工条件，结合施工队伍的装备条件、人员素质和技术水平等编制施工方案(组织设计)，并按规定的程序组织审查、修改和完善。

(9)签订相关协议

根据审查批准的施工方案(组织设计)和会议纪要，施工单位与相关设备管理单位、配合单位签订营业线施工安全协议、施工配合协议、租用机车协议等，明确双方在施工中的权利和义务以及配合施工的要求等。

(10)申报相关计划

施工单位按规定时间和程序提报月度、日施工计划和车辆开行计划等。

(11)编制日施工预案进行班前施工布置

施工队根据日施工计划编制日施工预案，组织召开班前会布置落实施工具体工作。

2. 机械清筛作业

(1)施工天窗开始前准备工作

按照相关规定和日计划安排，做好人员组织、工(机)具、材料、施工车辆开行、驻站登记、机械检查、架设照明灯具(夜间施工时)等准备工作。

(2)施工封锁后作业

①施工封锁命令下达后,施工车辆进入施工封锁区间,到达计划施工地点,停车、分解,各自就位。

②机械作业前地面准备作业。

a. 设置防护后,施工负责人通知各工班组织作业人员上道作业。

b. 开挖导槽。组织人工开挖"两底三孔"道床,并将挖空枕底的两根轨枕分别向两边移动方枕,形成纵向宽度不小于 1 000 mm、深度不小于 300 mm(枕底下)、横向宽度不小于 4 500 mm的"导槽",路基面设横向排水坡。同时应将导槽后方枕木头外侧道床边坡顺着清筛机作业方向做出约 30° 的斜坡(道砟堆积角),以免妨碍清筛机下降导槽定位,如图 4—3—3 所示。

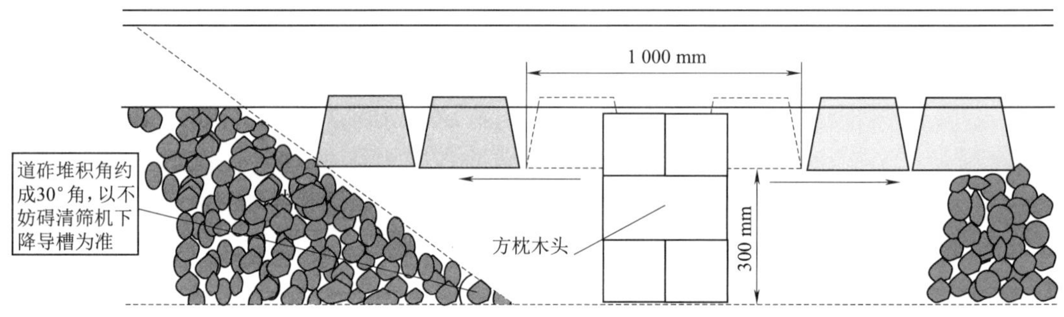

图 4—3—3　导槽坑开挖示意

c. 为防止机械作业刮碰线路行车设备,应由工务、电务、供电、通信、车辆等设备管理单位对影响大型养路机械作业的障碍物进行临时拆除,对埋设在道床内的管、线、缆等进行探挖确认,对埋设深度不足的应降至规定深度。

d. 复查整修地段线路高程、拨道量。

e. 挂运风动卸砟车补足道床缺砟地段道砟,同时安排地面人员清道。

f. 拆除调高垫片、更换失效扣件等。

③清筛机作业。

a. 机长确认现场随车专职防护人员到位后,机组人员解开各作业机构的安全链,机械由运行状态转换到作业状态。

b. 安装水平导槽耙链。两侧导槽下放时高差应不大于 900 mm,挖掘链的张紧度应以在水平导槽的中央处产生近 125 mm 的下垂量为宜。

c. 调整各工作装置就位。

d. 按序启动道砟回填输送带、回转污土输送带、主污土输送带和振动筛;鸣笛,慢速试转挖掘链,检查确认挖掘链运转情况正常。

e. 挖掘链运转后,适当起道(30 ~ 50 mm),操纵作业走行速度控制手柄,进行道床清筛作业。

f. 松开龙口处轨枕扣件,预装砟袋,清筛机清筛完毕,向两侧移动龙口处轨枕,拆卸导槽耙链,收回各作业机构并进行安全锁定,清扫车辆上残留的道砟、污土,方正龙口处轨枕,拧紧扣件，龙口处填塞预装砟袋，清筛机离开清筛地段，由作业状态转换成运行状态，等待连挂。

④人机联控工作。

通过设在清筛机二号位数码管显示器和四号位数模管显示器，观察轨后超高量（清筛机作业后的水平）、挖掘深度、振动筛水平状态，结合线路情况和设计要求调整左右侧配砟量、挖掘深度，及时调整振动筛水平，控制清筛机作业后的轨道几何状态。清筛机作业后水平（三角坑）、高低、方向应控制在 30 mm 以内，高程宜控制在设计轨顶高程 -50 ~ -80 mm 之间，机组人员应按每 25 m 一处（曲线地段每 10 m 一处）测量线路横距、水平、高程，发现偏差及时调整。

⑤根据道床边坡状况，可安排人工铲除线路外侧清筛机导槽与原线路边坡结合部可能存在的土埂。

⑥根据线路缺砟情况安排风动卸砟车补砟。线路允许速度 160 km/h 及以下线路一般按枕头砟宽不少于 0.3 m，160 km/h 以上线路按枕头砟宽不少于 0.35 m，道心道砟不少于1/2 掌握，配砟车或人工清理卸砟后超限道砟。

⑦清筛工班人员随清筛机后及时量取有关控制高程、方向数据，为捣固车提供精确起道量、拨道量。

⑧捣固、配砟和稳定作业。清筛机作业后线路安排捣固车（图 4—3—4）、配砟车（图 4—3—5）和稳定车（图 4—3—6）流水作业，保证施工线路在开通前达到既定的放行列车条件。

（a）DC-32型捣固车

（b）DCL-32κ型捣固车

图 4—3—4　大型起拨道捣固车

a. 捣固车作业

（a）做好捣固作业前机械准备工作。

（b）按捣固车作业指导书操作捣固车。

（c）捣固作业完毕，根据指挥人员的指令，停车收车，锁闭各工作装置的机械锁销。

b. 配砟车作业

（a）做好配砟作业前机械准备工作。

（b）按配砟车作业指导书操作配砟车。

（c）配砟作业完毕，根据指挥人员的指令，停车收车，锁闭各工作装置的机械锁销。

c. 稳定车作业

（a）做好稳定作业前机械准备工作。

(a) SPZ-200型双向配砟车

(b) DPZ-440$_K$型单向配砟车

(c) SPZ-350型配砟车

图 4—3—5　配 砟 车

图 4—3—6　WD-320 型动力稳定车

(b)按稳定车作业指导书操作稳定车。

(c)作业完毕,根据指挥人员指令收车,锁闭各工作装置的机械锁销。

⑨物料运输车(图 4—3—7、图 4—3—8)组作业。清筛施工如因站场股道、路堑、线路两侧围墙等设施限制,污土无法通过调整清筛机旋转输送带直接抛弃时,可组织在清筛机前挂物料运输车或物料运输车占用邻线接污土等方式解决。使用物料运输车出污土时,机械清筛工作量安排往往受物料运输车装载、卸土组织方式等限制,此时应综合考虑各方因素,合理安排清筛机的工作量。

物料运输车装卸污土一般使用清筛机(作业状态)或机车作为动力,清筛机作业结束时,可充分利用捣固车作业时间将物料运输车运至可弃土的地点,将当日物料运输车接纳的污土卸掉,也可以另外安排时间利用其他线路卸空污土。

⑩按设计要求组织同步更换当日大型养路机械清筛地段零星失效轨枕、电容枕等。

图 4—3—7　WY-100x 型物料运输车

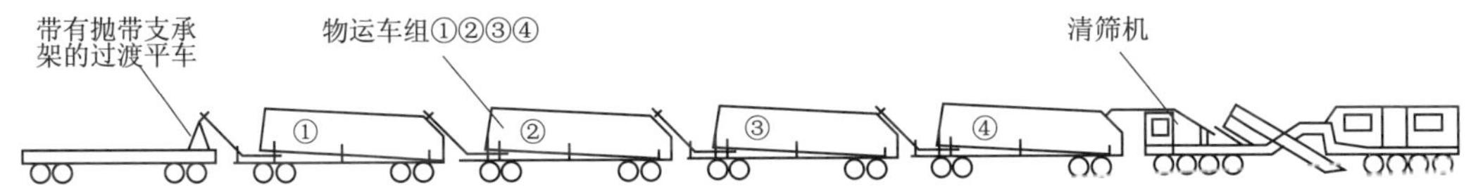

图 4—3—8　物料运输车组使用示意

⑪线路大型养路机械捣固、配砟、稳定作业后,需人工填埋平整“镐窝”,缺砟地段应组织补充回填道砟。

⑫整修地段按设计要求细整道床,补充缺失或更换失效扣件,扣件涂油,按设计坡度重新移埋、增设和刷新线路标志。

⑬各机组在现场施工负责人统一指挥下连挂返回或分组返回调度命令指定的车站。

⑭检查开通线路。

a. 确认作业后线路静态水平、高低、三角坑、轨向、正矢不超过相应速度等级保养修容许偏差管理值,施工车辆返回车站,临时拆除或停用的设备已恢复,线路状态达到放行列车条件后,撤除两端移动停车信号防护及施工地段隔离防护,申请开通线路。

b. 驻站联络员记录开通命令号码并通知施工负责人和现场防护员。现场防护员按调度命令和有关标准,及时设置各类减速防护信号牌。

3. 封锁开通后作业

(1)封锁开通后应安排线路巡检,限速 60 km/h 以内时可安排线路补全、补强等修理工作。

(2)根据施工后线路道床结构稳定的规律,机械化清筛施工后应按线路恢复的程度实施阶梯提速,根据施工组织安排确定放行列车条件。

(3)大型机组、轨道车按照开行计划返回施工驻地,进行机械保养维护、车辆编组等工作。

二、道岔清筛

人工及挖掘机进行道岔清筛劳动强度大、作业质量不高、效率低、安全风险高,随着道岔清筛车、道岔捣固车和道岔稳定车等大型养路机械的投入使用,实现大型养路机械清筛道岔成为道岔大修清筛的发展方向。

道岔清筛机按作业模式可分为普通清筛模式和全断面换砟模式,按施工方向可分为岔首向岔尾施工和岔尾向岔首施工,其施工各阶段工作程序与清筛机线路普通清筛施工基本相同，在施工车辆配置、劳力组织、施工条件和施工作业上存在差异，现以 CQS-550 型道岔清筛机（图 4—3—9）为例介绍。

图 4—3—9　CQS-550 型道岔清筛机

（一）主要施工车辆配置

大型养路机械道岔清筛施工一般需配置道岔清筛机（简称 Q_c）、道岔捣固车（简称 D_c，图 4—3—10）、道岔稳定车（简称 W_c）、物料运输车和风动卸砟车。道岔普通清筛施工时，车辆编组按作业方向顺序一般为 $2W_y$-Q_c-2K（或 W_y）-D_c-W_c，道岔全断面换砟施工时编组一般为 J-N-$3W_y$-Q_c-3K（或 W_y）-D_c-W_c。

图 4—3—10　CDG-16K 型道岔捣固车

1. CQS-550 型道岔清筛机主要技术性能

CQS-550 型道岔清筛机主要用于单开道岔（含各型单开道岔）、单渡线清筛或全断面换砟施工，兼顾与道岔区相连接有限范围内的正线道床清筛。与 RM80 型清筛机比较，该车挖掘装置为双开式，通过油缸能实现较大幅度横向偏移，清筛时机体保持在直向运行（侧向不致侵入邻线限界），具有伸缩式挖掘底梁和挖掘链储存结构，作业中不需拆装底梁和挖掘链，以适应道岔不同区段清筛宽度的要求，两侧回填输送机均可横向往复摆动，实现清砟岔区均匀回填。为适应道岔清筛，该车不设起拨道装置，挖掘宽度为 5 000 ~ 7 700 mm，作业走行速度最高为 0.7 km/h，额定生产能力为 550 m^3/h。

2. 08-475/4S 型道岔捣固车主要技术性能

08-475/4S 型道岔捣固车采用三线起道、四线捣固原理作业。该捣固车有 4 个捣固装置

16只捣固镐,通过滑移回转装置和伸缩旋转装置实现线路、道岔的起道、拨道、抄平及钢轨两侧枕下道砟捣固和枕端道砟夯实作业,通过控制系统,实现按设定的轨道几何参数进行作业,车上测量系统可对作业前、后线路的轨道几何参数进行测量及记录。捣固深度超过560 mm(从轨面到捣镐下边缘),岔区最小作业宽度为1 750 mm,最大为3 300 mm,最大起、拨道量为150 mm,正线作业效率为0.5 km/h以上(轨枕配置1 840根/km),一般捣固一组12号单开道岔不超过35 min。

(二)劳力组织

道岔大型养路机械清筛施工应建立专业的施工队伍,劳力组织主要根据施工车辆配置数量确定,此外应考虑配备相关的技术、生产调度、施工防护、地面配合、行车、整养巡检、行管、后勤服务等人员,表4—3—2为××铁路局道岔机械清筛施工队伍劳力组织(按$2W_y$-Q_c-2K(或W_y)-D_c-W_c编组)。

表4—3—2　道岔机械清筛施工队伍劳力组织

序号	班组	主要人员、工种	人数	主要工作内容
1	清筛	线路工	17	地面配合大型养路机械清筛工作及工地防护
2	大机	司机、操作手	21	操作大型养路机械作业
3	整养	线路工、风动工	14	卸道砟及道岔整修、养护工作
4	综合	线路工、内燃钳工、电工、材料工、锅炉工、炊事员、汽车司机、调度员	15	后勤服务保障工作、施工联系、驻站防护、“大门”防护
5	行车	轨道车司机、调车长、联结员	12	轨道车使用、施工车辆编组、甩挂、检查
6	队部	施工队长、党支部书记、副队长、线路、机械技术人员、安全员、管理员、记工员	11	担当施工负责人、技术保障、施工联系协调、生活、用工等管理
合　计			90	

(三)作业条件

1. 施工需封锁线路不少于240 min,封锁开通后线路应限速并逐级提速。

2. 道岔两侧工务、电务等设备设施至线路中心线的距离不少于2 600 mm,埋设在道床以下的管、线、电缆等深度不少于枕下550 mm。

3. 复线地段施工两线间距不小于5 000 mm。

4. 在线路上清筛时,作业地段曲线半径不小于250 m,不能在桥梁及两端桥台范围内、两侧铺有硬质路面的道口或人行过道、宽枕线路上作业。

5. 施工前必须准备充足的道砟,可提前在作业地段预卸道砟。

6. 电气化铁路施工时接触网宜停电并有效接地。

(四)施工作业

1. 封锁前准备工作

(1)地面配合作业工具、照明机具(夜间施工)、防护标牌、线路材料等运送到位。

(2)清除影响道岔清筛机作业的各种障碍,做好道岔转辙机械、信号机、电箱及基础等拆除前准备工作,全断面换砟施工时装好砟袋。

(3)大型机组提前到达施工道岔所属车站,各机组人员按岗位作业要求对机械设备进行全面检查，确认状态正常。

（4）按照《铁路营业线施工安全管理办法》（铁运〔2012〕280 号）、调度命令等要求办理施工封锁手续。

2. 封锁中作业

（1）开挖导槽作业。

①道岔清筛机由岔首向岔尾方向作业时，一般开挖“两底三孔”，导槽形状尺寸：沿线路方向 1 500 mm，清筛机导槽下方的道砟堆积角小于 30°，横向 5 500 mm，深度 400 mm（轨枕下），在底梁旋入口处开口 90°左右（便于底梁旋入），如图 4—3—11 所示。

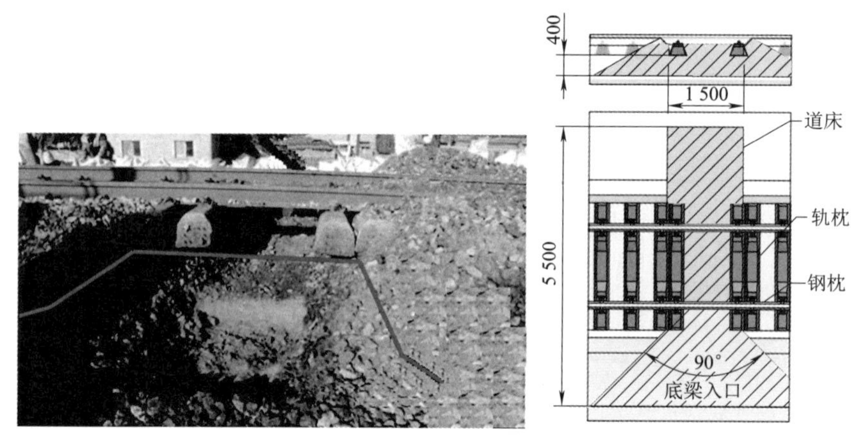

图 4—3—11　导槽开挖示意（自岔首向岔尾施工，单位：mm）

②道岔清筛机由岔尾向岔首方向作业时，开挖导槽要求：沿线路方向 1 500 mm，清筛机导槽下方的道砟堆积角小于 30°，横向总宽度 8 200 mm，枕下深度 400 mm，在两线外侧位置轨枕头间距 6 000 mm，内侧轨枕头间距约 800 mm 处，直向、侧向导槽相错 850 ~900 mm，夹角 20°左右，如图 4—3—12 所示。

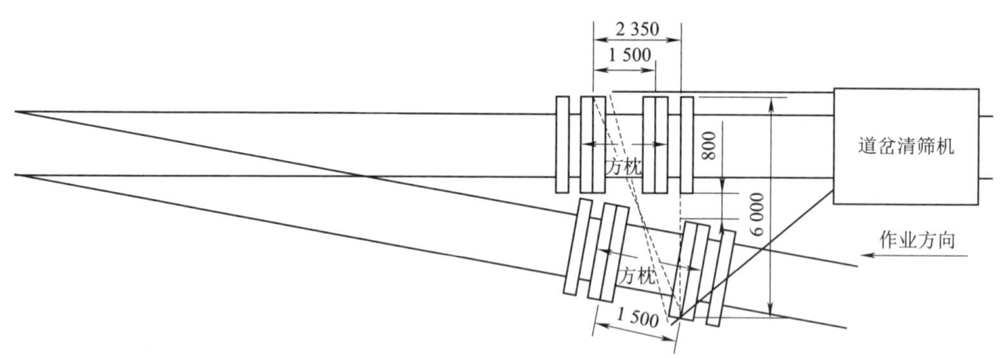

图 4—3—12　导槽开挖示意（自岔尾向岔首施工，单位：mm）

导槽位置应避开钢轨接头或焊接接头，导槽处轨枕头外至少有 2 300 mm 安全距离，且轨枕头外至少 2 300 mm 范围内无障碍，以保证道岔清筛机水平导槽能够安全吊装进入导槽。

（2）继续排障，清除影响道岔清筛机、道岔捣固车作业的全部障碍物，作业范围内隐蔽障碍应全部探挖清楚或降至规定深度，临时拆除、外移道岔转辙器、信号机、电箱及基础等设备设施，电缆连接线、连杆、轨距拉杆、钢轨桩等需拆除或捆扎牢固。

(3)做好道岔清筛机作业前机械准备工作。

(4)按道岔清筛机作业指导书操作道岔清筛机。

(5)作业完毕，根据指挥人员的指令，停车进行复位操作，锁闭各工作装置的机械锁销。

(6)根据现场地形条件物料运输车处理污土。

(7)补充道砟，重点位置为道岔清筛机收车位置处(龙口)、道心及道岔侧向。

(8)地面配合人工清道作业。

(9)后续道岔捣固车进行线路起道、整修捣固，道岔稳定车稳定作业。

(10)道岔捣固车作业范围以外地点起道、捣固作业。

(11)电务、工务等部门恢复信号、道岔等设备。

(12)检查确认设备状态，达到放行列车条件，开通线路(根据施工条件设置阶梯提速)。

3. 注意事项

(1)道岔清筛机必须在道岔直股线路上作业。

(2)注意道岔清筛机的作业方向、道岔的左右开向，按不同的顺序操作各机械装置。

(3)直线侧回填输送机按需要的位置定位，侧线回填输送机摆到对准侧线道床相应位置并往复摆动。

三、大型养路机械换砟

大型养路机械换砟施工采用的施工机械、施工组织方式与大型养路机械普通清筛施工基本相同，在材料、路用车辆、劳力组织和进度计划安排、地面配合作业、机械操作等方面有所不同，现分别进行简要介绍。

1. 材料组织

线路换砟施工每日上道的新砟用量较大，需做好道砟供应。

2. 路用车辆组织

按2Q-4D-2P-2W配置的大型养路机械换砟施工，与大型养路机械普通清筛施工相比，需大量增加风动卸砟车、物料运输车数量，若增加使用物料运输车超出清筛机牵引能力时，还需要增加牵引物料运输车的动力设备。

3. 劳力组织

需增加处理道床坡脚三角盲区土垄、回收道床表层可利用道砟、地面配合装填砟袋等作业人员。

4. 进度计划安排

大型养路机械换砟施工一个机组(包括风动卸砟车、物料运输车、捣固车等)较长，两组清筛机组间常会遇到机组长度大于计划进度的现象，应安排清筛机“跳段”施工(第一、二台清筛机间预留1~2天的工作量)，这与大型养路机械清筛当日两机组施工地段贯通的安排不同，增加了施工的结合部。

5. 地面配合作业

增加了组织装砟袋作业(砟袋的作用是支承并垫高清筛机作业后的轨排，扩大轨道框架储存道砟的空间，增加风动卸砟车一次卸砟的数量，减少卸砟遍数，为后续起道捣固提供充足道砟）、回收表层可利用道砟、清筛机后垫砟袋等作业。

6. 机械操作

清筛机接装好水平导槽耙链，调整好工作装置就位，需缩回振动筛上升导槽抽板，以便把道砟（泥砟）直接抛出，启动回转污土输送带、主污土输送带等工作装置，慢速试转挖掘链，检查确认挖掘链运转情况正常后，方可进行机械抛床作业，作业中应按低于大型养路机械清筛作业时的速度控制好清筛机走行速度和挖掘链的运转速度，实时监控主污土输送带和旋转污土输送带的马达驱动压力，压力过大时应及时进行调整。

清筛机作业后轨排落道较多，线路道床比较松软，捣固车作业多遍后才能达到放行列车要求，清筛机后线路应卸足道砟，每遍捣固作业前均应注意检查道砟情况，及时安排人工或配砟车上足起道所需道砟，做好龙口处的顺坡衔接，保证施工线路全程稳定，提高道床稳定性。

四、道床边坡清筛

大型边坡清筛机清筛道床边坡，施工效率高，质量稳定，同时，道床边坡清筛与全断面清筛相比工作量小，施工成本低，对解决道床边坡脏污时效快，已得到广泛应用。

（一）边坡清筛机简介

1. FRM80-2S 型边坡清筛机

FRM80-2S 型边坡清筛机用于铁路道床边坡的清筛，包括道砟的挖掘、输送、清筛、收集，废物回收，调整，清扫等，如图 4—3—13 所示。

图 4—3—13　FRM80-2S 型边坡清筛机

FRM80-2S 型边坡清筛机装配了用于挖掘道砟的宽度为 750 mm 的挖掘链，每个挖掘链都配有拢砟板，用来拢集外侧的道砟，这样使双侧的挖掘宽度可增大到 1 400 mm，挖掘链自身也可以伸缩，作业中出现的坡脚三角区若有必要挖掘可在二次作业时解决。污土输送带可以直接向左右两侧抛卸污土，其最大的抛卸距离自轨道中心线可达 8 m，清筛作业时也可连挂物料运输车将污土输送到后面的物料运输车内。

机械配有整形犁，可将回填的清洁道砟按要求进行整形，整形犁每侧最大作业宽度自线路中心线算起为 3. 0 m；装配的高强度松砟器，可将板结的道砟等坚硬物从轨枕端部移开 150 mm以上；清扫小车可将掉落到轨枕上的道砟清扫干净。

FRM80-2S 型边坡清筛机可双侧同时挖掘作业并均匀地将筛分后清洁的道砟分配回填到线路两侧，也可在线间距较小的双线地段进行单侧挖掘作业。

2. SBCHP3 型边坡清筛机

SBCHP3 型边坡清筛机如图 4—3—14 所示。

图 4—3—14　SBCHP3 型边坡清筛机

SBCHP3 型边坡清筛机前端的装载车左右安装有 2 个相同的挖掘斗轮,可以正向或反向旋转,液压油缸提升或降低使斗轮达到要求的高度,液压马达带动齿轮慢速转动挖掘斗轮,挖掘道床道砟。

在每个挖掘轮的前后均装有防护装置以保护作业人员的安全,每个轮子均有内、外侧挡板,如同一个导槽,内侧挡板在轨枕上边,阻止道砟落到轨道上,外侧挡板防止道砟落到外部。每个斗轮的后边均装有松砟器,松砟犁板可伸到轨枕下距离轨枕头 101 ~ 152 mm 位置,把斗轮不能挖掘的部分挖出。

挖掘斗轮把道床上挖掘出的道砟送到横向输送带,再通过 1、2 号输送带送到筛分车振动筛,经振动筛筛分后符合尺寸的道砟被送入道砟漏斗,回填到挖掘斗轮挖过的道床上,配砟犁整理道砟,形成符合设计要求的道床断面形状,通过调节犁板位置,可将道砟移到需要的地方,也可填埋挖掘斗轮挖出的沟槽。

散落在钢轨或轨枕上的道砟,由道砟清扫轮完成清扫工作,筛分后的污土被送到污土输送带抛出线路外。

（二）道床边坡清筛施工

道床边坡清筛施工需封锁线路进行,可单独组织施工,也可配合道床枕底大修清筛施工,其作业程序与大型养路机械普通清筛施工组织类似,在机械车辆配置、劳力组织、现场调查、车辆开行、施工组织和封锁开通后作业等方面有所不同,分别介绍如下。

1. 机械车辆配置

根据技术设计要求、边坡道床条件、现场地形环境等,可配备若干台物料运输车、风动卸砟车、配砟车、机车等,车辆编组一般按 n_1W$_y$-Q$_b$-n_2K-J 顺序编组,现场有条件出污土时,可按 Q$_b$-n_1K-J 顺序编组,也可以不挂风动卸砟车,由边坡清筛机单独作业。

2. 劳力组织

道床边坡清筛需成立专门的施工队伍,负责具体施工组织工作。以 × × 铁路局为例,各作业模式边坡清筛机组劳力组织见表 4—3—3。

表 4—3—3　各作业模式边坡清筛机组劳力组织(人)

机械设备 \ 边坡清筛机型	FRM80-2S 型边坡清筛机组	SBCHP3 型边坡清筛机组
FRM80-2S 型边坡清筛机	7	—
BSCHP3 型边坡清筛机	—	7
风动卸砟车	3	3
物料运输车(每台车)	1	1
地面排障	4 ~ 6	4 ~ 6
机　　车	1	1

3. 现场调查

调查探明线路两侧距线路中心距离 2 800 mm 范围道床边坡内障碍物,核实复线地段线间距(线间距不足 4 900 mm 时,边坡清筛机靠邻线一侧的工作装置不得作业)。

4. 车辆开行

边坡清筛施工车辆一般安排清筛机组自运行到施工地点邻近站,开车前检查机械设备状态、行车设备等,车辆转换到运行状态,途中运行时司机应密切监控风、仪表状态,严格按铁路局行车组织规则行车。若机组车辆编组数量较多,需安排机车牵引运行,出车前各项检查完毕后,发动机熄火,途中不得启动。

5. 施工组织

(1)作业前机械准备工作

线路封锁后,清筛机组进入施工地段停车,机长确认随车专职防护人员到位并设好防护,机组人员解开各作业机构的安全链,车辆由运行状态转换到作业状态,工作装置按序就位:解锁挖掘装置锁定杆、销,主操作手横移并下放挖掘装置(FRM80-2S 型边坡清筛机为挖掘臂,SBCHP3型边坡清筛机为挖掘斗轮)就位;所有输送带就位(FRM80-2S 型边坡清筛机放置 A1、A2、C2 输送带,SBCHP3 型边坡清筛机放置旋转输送带),设置旋转输送带两线间限位装置,地面人员指挥确认位置;解锁配砟犁锁定销,在地面人员的指挥下放置到工作位;松砟器、清扫装置解锁并放置到工作位;将振动筛置于水平位置(曲线地段施工时应调整振动筛至横向水平);打开驱动,按序起动各输送带、振动筛、挖掘装置、清扫装置。

(2)注意事项

按边坡清筛机作业指导书操作机械正式边坡清筛作业,注意事项:

①作业中根据道床高度和宽度变化及时调整挖掘深度和挖掘宽度,不得造成超深挖,以免破坏路基结构,挖掘斗轮距离轨枕头应不少于 100 mm,挖掘需达到最大宽度。

②作业中根据线路平面位置和曲线超高情况及时调整振动筛使之置于水平位置。

③回填道砟应均匀,以便于配砟。

④遇到障碍时,应提前提升挖掘装置和松砟器,配砟位注意预留道砟。

⑤检查监控各输送带运转情况,跑偏严重时应及时调整。

⑥全程观察砟门漏砟情况,及时调整作业速度和砟门开启的大小。

(3)收车作业

①清筛作业结束,提升挖掘装置,边坡清筛机继续前行,直到配砟和清扫作业结束。

②边坡清筛机全部作业完毕,按序收起松砟器、挖掘装置、输送带、配砟犁、清扫装置,调整振动筛到中位,锁闭各工作装置的机械锁销,机械由作业状态转换成运行状态。

(4)边坡补砟整理作业

根据边坡清筛后道床情况,及时补充缺少道砟,进行边坡配砟整形。

(5)开通前检查

道床边坡清筛施工封锁开通前检查重点为几何尺寸、封锁防护是否撤除、线路上有无遗留作业工具、有无侵限道砟存在、道床边坡道砟是否充足等。

(6)封锁开通后作业

道床边坡清筛施工开通后一般无需安排线路巡检、养护工作,需进行边坡补充道砟作业时,需做好风动卸砟车的甩挂、编组等作业。

道床清筛离不开人工作业方式,在隧道、特殊桥梁、道岔以及零星道床病害地段,常采取人工作业方式清筛道床。主要使用工具有道镐、叉、耙、筛筐等,为提高道床清筛质量,一般采取逐孔清筛、隔孔回填等作业方式,组织大型线路(道岔)捣固车、稳定车、配砟车等养路机械恢复线路。

五、特殊地段清筛

特殊地段清筛包括有砟桥上清筛和隧道内道床清筛,现以有砟桥上清筛为例,说明特殊地段清筛。

在既有线有砟桥线路大修清筛作业时,受桥上道床厚度以及桥梁挡砟边墙宽度的限制,无法满足现有大型清筛机作业限界要求。通过合理设置和调整现有机械的挖掘装置、水平导槽作业宽度,控制清筛深度,可以满足桥上道床厚度和挡砟墙宽度限界要求,实现桥上大型养路机械清筛。

图 4—3—15 为 × × 铁路局 RM76 型清筛机相关装置改造示意图,通过改造实现了有砟桥道床清筛。

需改造的装置主要是将拐角导槽、水平导槽的唇板上部切去 40 mm,使其与导槽主体上面处于同一平面;将拐角导槽、水平导槽的底板切去 40 mm,使其与上面唇板外侧处于同一垂面,使其导槽口直线距离最短。改造后的 RM76 型清筛机最小挖掘深度极限为 210 mm,其宽度尺寸变化为上、下拐角导槽有效宽度为 0. 45 m,上导槽总宽度为 1. 045 m,下导槽总宽度为 0. 97 m。

桥上采用大型养路机械清筛道床施工要点:

(1)施工前挖验调查桥上有砟道床深度,确认满足改造后 RM76 型清筛机作业限界要求。

(2)施工前调查桥梁盖板缝位置,做好标记,防止作业中将盖板刮起。

(3)根据 RM76 型清筛机作业限界,施工前应调查挡砟边墙宽度、石砟厚度。对侵入作业范围内的挡砟边墙应做好标记，以便施工中拆除，对缺砟地段要及时组织补充石砟。

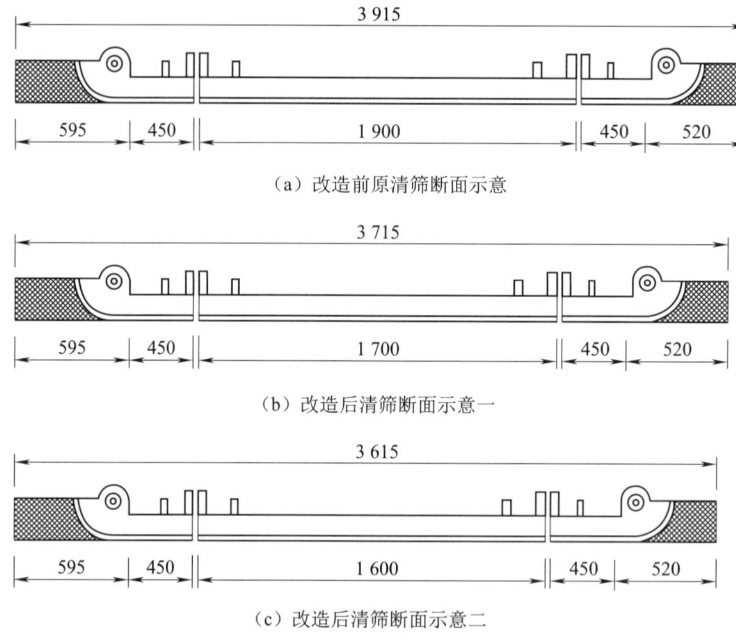

图 4—3—15　RM76 型清筛机清筛装置改造（单位：mm）

（4）开挖导槽坑应避开桥头，在桥梁护轨梭头以外方可开挖。

（5）作业中应及时拆除侵限的挡砟边墙，清筛机上作业人员应与地面人员密切配合，对挡砟边墙、桥梁盖板缝等处所应重点监控。

（6）清筛过后应及时安排捣固车进行捣固。

（7）作业完毕，应立即组织复核桥梁偏心情况。

（8）作业后应及时恢复护轨。

除部分有砟桥可实现大型养路机械清筛外，目前，部分隧道也可以实现大型养路机械清筛，并配以物料车清运污土，如图 4—3—16 所示。限制隧道内大型养路机械清筛的主要因素是隧道两侧排水沟和电缆沟。

图 4—3—16　桥上及隧道内大型养路机械清筛

第四节　成组更换道岔

在营业线上成组更换道岔施工是一项比较复杂和细致的工作,由于成组更换道岔施工现场实际情况和施工条件的不同,施工方法也不尽相同。成组更换道岔的基本施工方法可分为现场拆铺法和整体预铺法两种。现场拆铺法适用于道岔同型号原位置铺设,但由于其所需施工封锁时间较长、作业人员较多、施工质量控制困难、遗留工作量大等缺点,一般较少采用。整体预铺法是在厂内或施工地点附近的适当位置,在平台上预铺,然后采用机械设备、车辆或小型机具移至施工地点铺设,它具有道岔预铺不受时间限制、预铺质量能够得到有效保证、岔内钢轨焊接或胶接同步实施、道岔铺设后遗留工作量较小等优点,因而,被广泛采用。整体预铺法更换道岔施工,按作业程序可分为新道岔预铺和更换道岔施工两个阶段。

一、新道岔预铺

新道岔的预铺分为厂内预铺和现场预铺两种方式。厂内预铺,一般用于对产品设计或产品质量的检查检验,也可采用专用运输机械或车辆将其直接运至施工现场铺设,但由于其运输组织较为困难,一般较少采用。目前,普遍采用的是现场预铺方式。现场预铺基本步骤为确定预铺位置、搭设平台、新道岔的组装、质量检查验收等步骤。

(一)确定预铺位置

对现场进行全面调查,合理选择新道岔预铺位置。预铺位置确定的原则主要有以下几方面。

1. 位置就近适当。应满足整组道岔铺设的长度与宽度要求(包括安装电务设备),避免预铺道岔进行长距离纵向或横向位移,避免新道岔之间或新、旧道岔之间的相互干扰或影响。岔后长岔枕,有条件时,应一并铺设;条件不具备时,可就近铺设或另行选择地点单独铺设。

2. 位移路径简捷。纵向或横向位移的路径宜选择在直线地段,影响位移的障碍物尽可能的少,且易拆除和恢复。

3. 场地平整牢固。地面要尽可能平整,地基应稳定牢固,避免选择在地基不均匀下沉、易冲刷或易受其他外力影响的地点。

4. 便于机械设备的使用。使用道岔换铺设备或其他机械车辆更换道岔时,还应充分考虑其使用的条件与要求。

(二)搭设平台

1. 整理场地。清理场地内的障碍物及杂物,平整、夯实或加固地基。如在栅栏内预铺道岔时,应将需要迁移的栅栏、树木等移出,并在预铺地点外侧封闭好临时栅栏。

2. 搭设预铺道岔平台。根据预铺地点的地形条件,将相应规格和数量的枕木、垫轨装运至预铺地点,搭设预铺道岔平台。枕木垛间距一般不超过 5 m,呈井字形搭设。垫轨采用 50 kg/m 及以上再用轨,长度不短于 12.5 m。

3. 道岔预铺平台应满足以下要求:

(1)平台必须平稳牢固。既要考虑能够承受道岔重量,又要考虑使用道岔换铺设备或布置滑轨的需要。

(2)平台必须平整。平台顶面的前后高低、左右水平一般不应大于20 mm。

(3)平台高度应适宜。应充分考虑道岔换铺设备或高行程起道机在预铺道岔上升降道岔的安全性。

(三)新道岔的组装

1. 卸道岔材料

钢轨、岔枕应采用吊车或滑杠卸车,防止碰、撞、摔、掷造成损伤或失效。钢轨卸车前,应先确定或调整好尖轨、基本轨朝向。

2. 组装道岔

组装道岔分为木枕道岔和混凝土枕道岔两种。本文以组装单开混凝土枕道岔为例,简要说明组装道岔的作业程序。

(1)摆放岔枕。

①确定第一根岔枕的摆放位置和直股方向,按岔枕编号、岔枕标准间距和岔枕长度,逐根依次摆放。

②调整岔枕间距,方正岔枕。可用一根细绳按定型图的岔枕间隔做好标记,以直股外侧第一个螺栓孔为基准拉线确定,并采用两把直尺平行放置,按岔枕间距找正位置。

③调整前后高低。对前后岔枕高低差明显(一般以20 mm高差区分)的岔枕进行粗调。

(2)安装轨下垫板。一般自道岔的尖轨尖端方向向岔后顺序安装(道岔转辙部分的滑床板、护轨下垫板除外)。安装时,应根据标准图要求,在混凝土岔枕螺栓套管内涂抹润滑油脂。

(3)连接钢轨。矫直钢轨硬弯,拨正钢轨方向,调整岔前基本轨轨端和尖轨尖端,使岔前基本轨及尖轨尖端方正,然后,自岔前向岔后顺序连接。连接钢轨时,普通接头的夹板、螺栓应涂油。若设计为无缝道岔时,应根据无缝道岔焊接、胶接方式及配轨图,对钢轨接头进行焊接或胶接,如图4—4—1所示。

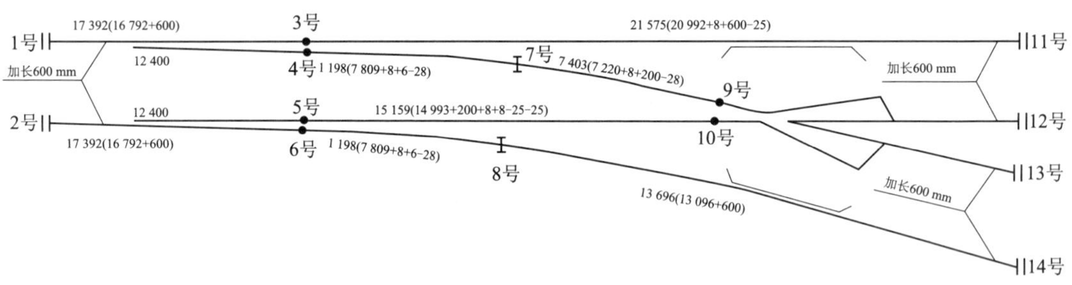

注:(1)3~6号、9号、10号接头采用铝热焊现场焊接,预留轨缝25 mm,接头两端不钻螺栓孔。

(2)7号、8号接头为厂制胶接绝缘接头(轨缝6 mm)。

(3)辙叉采用奥贝氏叉心,叉跟加长600 mm,叉心翼轨材质采用U75V。

(4)本图单位为mm,材质为U75V-60 kg/m钢轨。

(5)其他标准执行铁路局有关文件规定。

(6)图例:●表示焊接接头,I表示绝缘接头。

(7)当尖轨跟接头焊接完成,经探伤检查确认无伤损后,内直长度自尖轨尖端量取12 400+8+14 993+8−25=27 384 mm,锯切后焊轨即可;曲上股的长度自尖轨尖端量取12 400+8+7 809+6+7 220+8−25=27 426 mm,锯切后焊轨即可。法国铝热焊减掉25 mm;德国铝热焊减掉28 mm。

图4—4—1 无缝道岔焊接示意

(4)安装扣件。自岔前向岔后,先安装直股钢轨扣件,然后,以直股为基准,调整轨距、支距,安装曲股钢轨扣件。

(5)安装与调整护轨。

(6)安装电务设备,并调试。

(7)油刷标志、标记。

(四)质量检查验收

预铺道岔上道前,应对预铺质量进行全面的检查验收,对存在的质量问题整改达标后,方可上道铺设。

1. 道岔静态质量

(1)道岔各部几何尺寸应符合标准图或铁路线路修理规则的要求。

(2)尖轨与基本轨密贴,尖轨在轨头刨切范围内与基本轨的缝隙小于1 mm。

(3)顶铁与尖轨或可动心轨轨腰间隙应小于1.5 mm。

(4)尖轨限位器的A、B块相对居中,间隙符合安装要求。

(5)钢轨及联结零件齐全、使用标准、无伤损,螺栓、扣件扭力矩符合要求。

(6)岔枕位置正确,间距符合要求,无伤损。

2. 无缝道岔焊接与胶接接头质量

(1)焊缝外观及探伤合格。

(2)胶接接头平直度符合要求,绝缘接头性能良好。

二、更换道岔施工

整体预铺法更换道岔施工,根据采用施工方式的不同,又可分为小型机械作业(如高行程起道机等)、专用道岔换铺设备作业等形式。

(一)小型机械作业

铁路大规模提速改造之前,更换道岔施工作业手段较为落后,使用的机具数量多,作业人员多,劳动强度大,作业效率低,施工封锁时间较长,不安全因素多。随着小型机械的发展,更换道岔施工辅助设备日趋成熟,如使用高行程起道机等更换道岔方式较为普遍,其主要作业程序和主要机械设备的使用情况如下所述。

1. 准备作业

(1)根据设计要求,将道岔前后的配轨、过渡段混凝土枕和道砟就近卸车,进行锯配轨、轨枕锚固、道砟倒运或装袋后,对位放置。

(2)施工测量放桩。设置岔前、岔后和道岔中心定位控制桩点;按间距10 m左右设置道岔起、拨道控制桩点,并标注起、拨道量。

(3)会同有关单位调查并拆除影响道岔纵横向位移的障碍物。

(4)调查确定挖掘机进出作业现场的路径和存放地点,并在封锁施工前引导其就位。当现场不具备挖掘机走行和存放条件时,应研究制定使用平板车装运挖掘机的方案,并提前装车固定。

(5)调查确定旧轨料、弃砟临时存放地点,或制定拆除并同步装运的方案。

(6)预松卸钢轨联结零件、扣件,并及时恢复拧紧。

(7)铺设无缝道岔时,按标准埋设位移观测桩。

(8)检查调试高行程起道机等小型机具。

2. 封锁施工作业

(1)根据施工封锁命令,按规定设置好移动停车信号防护。

(2)拆除既有道岔。既有道岔可采用就地拆除或整组移出的方法进行拆除。

①就地拆除。人工就地拆除既有道岔作业,一般按转辙部分、连接部分和辙叉部分分为三个组,各自负责分工内的钢轨、岔枕的拆除及清理、堆码。

②整组移出。拆开道岔前后的钢轨接头,使用起道机或高行程起道机等小型机械将既有道岔整组抬起,采用横向或纵向位移的方法将道岔整组移出。

a. 整组横向移出。根据道岔的型号,在道岔下安设一定数量的横向导轨(60 kg/m 钢轨 12 号混凝土枕单开道岔一般不少于 6 根),并在每根导轨上安设两个滑轮小车,采用推拉或拖拽等办法,将道岔横向移出,放置到限界以外的适当位置。

b. 整组纵向移出。在道岔下铺设纵向导轨与既有轨道的钢轨联结,并按每隔 5 ~ 6 m 的间距在道岔下导轨上的对应位置各安设一组滑轮小车(其中岔前、岔后安设的滑轮小车距端部应不超过 2 m),沿既有轨道将道岔纵向整组移出至适当位置后,采用横向位移的方法,将道岔横向移出限界外放置。当相邻股道具备道岔纵移条件且能够封锁占用时,可将道岔先横移至相邻股道上,再将其纵移。

(3)道床换砟。旧道岔拆除后,一般采用挖掘机等机械进行道床换砟,按分工进行全断面清挖既有道床至计划深度后,铺设Ⅰ级道砟达到枕下道床厚度要求,并整平道砟面。不具备机械作业条件时,可采用人工换砟。

(4)铺设新道岔。一般情况下,预铺道岔移至待换地点的一侧,采用横移就位的方法铺设。特殊情况下,预铺道岔移至待换地点的一端,采用纵移就位的方法铺设。

①道岔对位。道岔通过横移或纵移至铺设位置后,撤出导轨和滑轮小车,落下道岔,根据设置的桩点测量其位置偏差,确定纵、横向精确就位的作业方法。当纵向或横向位置偏差大于 100 mm 时,可在道岔下反向安设滑轮小车,并在其上平放接头夹板,使用撬棍等工具将道岔拨移到位。

②逐点测量,拨正道岔方向。

③联结道岔前后钢轨,上齐拧紧钢轨联结零件和轨枕扣件。

(5)补充道砟。由人工或挖掘机等设备将预先准备的道砟全部回填,或采用提前准备的风动卸砟车、物料车进入道岔区卸砟,道砟数量应一次备足。

(6)全面起道捣固。按照桩点设置的起道量,由岔前至岔后全面起道,使用捣固棒等小型机具进行捣固作业。

(7)整修道岔前后过渡段线路。

(8)相关专业作业配合。安装调试电务设备,检查调整供电设备,恢复拆除的其他设备。

(9)道岔整修、调试作业结束,经施工负责人组织有关人员全面检查确认达到放行列车条件后,由施工负责人通知现场防护员撤除移动停车信号防护、设置移动减速信号防护,并通知车站开通线路。

3. 整理作业

道岔铺设后,应根据作业项目,利用天窗或点外作业加强整修,使其尽快稳定。

(1)全面检查与调整几何尺寸,复紧联结零件,整正道岔及前后线路位置并按设计要求锁定。无缝道岔应及时设置位移观测标记。

(2)补充均匀道砟,整理道床,达到道床标准断面要求。

(3)旧料回收及清理场地。更换下的道岔旧料,应及时全部回收,并分类存放。清挖出的旧道砟及污土,应清运至不影响线容线貌、不影响路基稳定与排水的适当位置存放。

4. 小型道岔铺换机组在施工中的应用

为提高作业效率,减轻体力劳动强度,在成组更换道岔的施工中,小型机械得到了推广应用。尤其是高行程起道机及小型道岔铺换机组的使用,替代了齿条式压机,不仅节省了安设导轨与滑轮小车的时间,还增加了预铺道岔起落的稳定性,减少了作业中的安全风险。现将 YDQ-1 型道岔铺换机组在施工中的应用简要介绍如下。

(1)YDQ-1 型道岔铺换机组的基本参数

YDQ-1 型道岔铺换机组由 5 台 YQJ-250 型液压起道机、2 台 YQBJ-250 ×110 型液压起拨道机和 14 台走行滑轮小车组成,如图 4—4—2 所示。

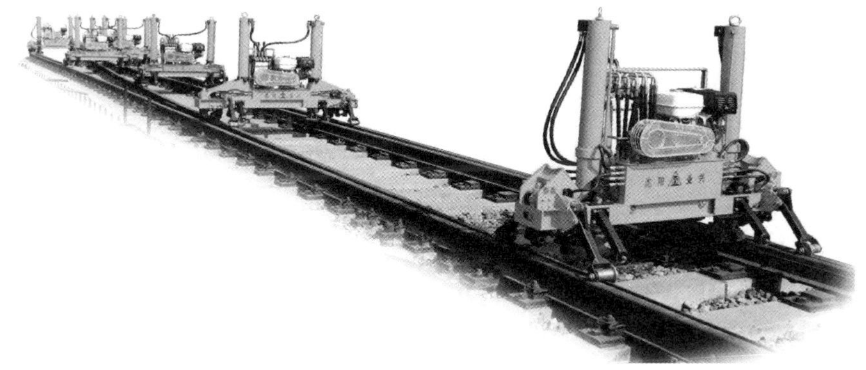

图 4—4—2 YDQ-1 型道岔铺换机组

YQJ-250 型液压起道机和 YQBJ-250 ×110 型液压起拨道机主要技术参数:功率为 9.5 kW;最大起道力为 250 kN,一次最大起道高度为 800 ~950 mm;最大拨道力为 125 kN,一次最大拨道横移量为 150 mm。

(2)YDQ-1 型道岔铺换机组的应用

YDQ-1 型道岔铺换机组在更换道岔时的应用,以 60 kg/m 钢轨 12 号混凝土枕单开道岔为例简要说明,仅供参考。本例按岔后长岔枕一并预铺,并与道岔连接后铺设考虑,如图 4—4—3所示。

5 台 YQJ-250 型液压起道机、2 台 YQBJ-250 ×110 型液压起拨道机在道岔上的摆放位置分别为:道岔直股第 5 ~6 位岔枕间、第 21 ~22 位岔枕间、第 49 ~50 位岔枕间、第 70 ~71 位岔枕间各放置一台,道岔曲股第 34 ~35 位岔枕间、第 47 ~48 位岔枕间、第 66 ~67 位岔枕间各放置一台。2 台 YQBJ-250 ×110 型液压起拨道机,除具有起道功能外,还具有拨道功能,分别摆放在道岔直股第 5 ~6 位岔枕间、第 70 ~71 位岔枕间,能使道岔到位后,快速拨正方向,使道岔迅速合龙。

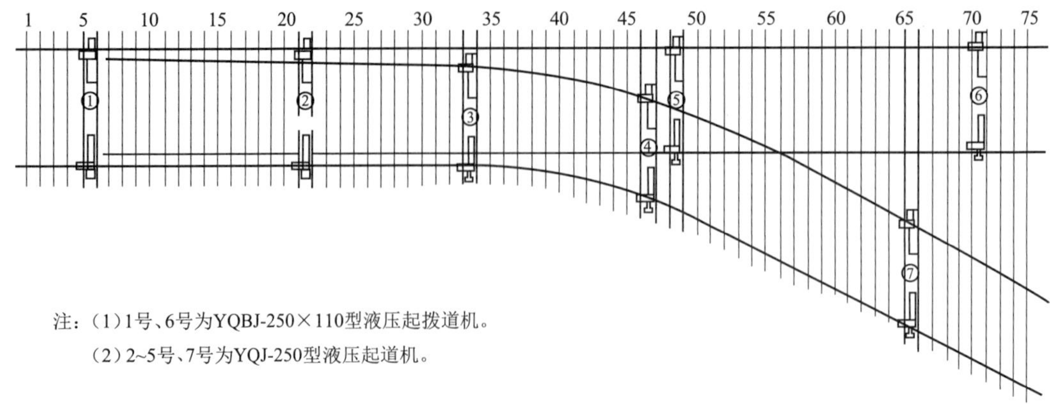

注：(1)1号、6号为YQBJ-250×110型液压起拨道机。

(2)2~5号、7号为YQJ-250型液压起道机。

图 4—4—3　YDQ-1 型道岔铺换机组的应用

(3)YDQ-1 型道岔铺换机组作业

①准备作业

a. 将液压起拨道机按照岔枕位置摆放到位,并进行锁定。

b. 进行启动试验,并检查锁定情况。

②起道作业

a. 放下起拨道机支座,1 人统一指挥,7 名操作手同步操作,将道岔同步升起。

b. 道岔起升的同时,在每隔 5 m 左右对应位置的道岔两侧支垫木墩,随起随垫,至预定高度止。

c. 安装导轨及滑轮小车,并矫正导轨与滑轮小车位置。

d. 撤出木墩,落下道岔,收起起拨道机支座,将起拨道机锁定在道岔上。

③道岔横向、纵向位移

按预定路径,将道岔推拉或拖拽移动到位。

④落道作业

a. 放下起拨道机支座,1 人统一指挥,7 名操作手同步操作,将道岔同步升高至适当位置。

b. 在每隔 5 m 左右对应位置的道岔两侧支垫木墩。

c. 撤出道岔下的滑轮小车及导轨。

d. 撤出木墩,落下道岔,拨正线路方向。

e. 收起起拨道机支座,并将起拨道机撤出限界以外。

(4)操作安全

①YDQ-1 型道岔铺换机组操作人员须经厂家专业培训合格后,方可操作使用。

②起落道岔前,起拨道机支座下垫平、垫实。

③起落道岔时,必须专人统一指挥,同起同落,应基本保持起道油缸活塞杆与道岔面垂直。前后两台起道机高差不得超过 100 mm,整组道岔起落高差不得超过 200 mm,同一台起道机左右两侧倾斜高差不得超过 100 mm

④起落道岔作业中,除指挥者和操作手外,其余人员一律撤离道岔。

⑤道岔未支垫好木墩前,任何人不得进入道岔内及道岔下方。

5. 挖掘机在施工中的应用

更换道岔施工采用挖掘机清挖道床换砟,作业速度快、效率高、质量好,得到广泛推广应用。一般情况下,12 号及以下单开道岔,每组宜使用两台挖掘机作业。

(1)作业条件

①封锁施工。

②施工地点,有挖掘机存放位置与行驶路径或具备装、卸车条件,有弃污砟位置或污砟装车条件。

③电气化铁路区段,在轨道专用平板车上装、卸挖掘机时,需接触网停电。

(2)准备作业

①详细调查施工地段道床内的各类管、线、缆等影响挖掘机作业的障碍物,并做出明确标识。

②调查挖掘机存放位置、行驶路径或装卸车条件,调查污砟存放位置或装车条件,制定挖掘机使用及污砟清理方案。

③在施工现场就近位置,提前预卸道砟。

④电气化铁路区段,挖掘机伸缩臂设置限高和绝缘装置。

(3)基本作业

①挖掘机自存放位置沿预定行驶路径运行至既有道岔拆除位置等待。

②既有道岔拆除后,在专职指挥人员的指挥下,两台挖掘机分别由两端进入作业位置,按照确定的挖掘宽度、深度进行清挖污砟作业,并将污砟弃至预定位置或装车。

③测量人员随挖掘机同步测量挖掘深度,确保挖掘深度一致、挖掘宽度符合要求。

④挖掘作业结束,并对挖掘面平整后,挖掘机撤出作业地点待命或按预定路径返回存放位置。

⑤具备挖掘机回填道砟条件时,待道岔就位后,可进行道砟回填作业。回填结束后,挖掘机按预定行驶路径返回存放位置。

(二)专用道岔换铺设备作业

专用道岔换铺设备的使用,提高了更换道岔施工的机械化程度,不仅大大减轻了劳动强度,而且起到了保证施工安全、提高施工质量的作用。

目前,施工采用的专用道岔换铺设备多以吉斯玛道岔换铺设备为主,该设备是专门为铁路新建或大修期间移动、铺设混凝土枕或木枕道岔及轨排而设计的,可用于成组更换单开道岔,也可成组更换复式交分道岔。每套设备由 8 个移动单元及 2 组 50 m 长的附属轨道组成,每个单元又由一个可伸缩道岔更换机械(PEM)和一个运输台车(LEM)组成。PEM 为可伸缩的桥形台架,统称为上位机;LEM 为可负重 20 t 运行的运输小车,统称下位机。

4 个单元组成一组,能够铺设一组 60 kg/m 钢轨 12 号可动心轨混凝土枕单开道岔。更换道岔施工时,对于 12 号及以下混凝土枕单开道岔,可将每套设备分成 2 组使用,一组用于拆除既有道岔,一组用于铺设新道岔。

吉斯玛道岔换铺设备的基本使用条件和主要作业程序如下所述。

1. 作业条件

(1)封锁施工。

(2)电气化铁路区段,吊装换铺设备时,需接触网停电。

(3)作业地段线间距应不小于 5 m,小于 5 m 时须采取相应的安全措施。

(4)换铺设备通过的最小曲线半径为180 m。

(5)换铺设备持续工作时间不超过6 h。

2. 准备作业

(1)根据新道岔预铺位置或既有道岔的存放位置,绘制换铺设备的走行路径图,详细调查路径经由的信号机、接触网支柱、桥梁人行道栏杆等影响道岔换铺设备行走的障碍物,并会同有关单位确定处理方案。

(2)提前检查换铺设备,并进行启动试验。

(3)在车站预留股道上,按照施工要求,对轨道吊、上位机、下位机的排列顺序进行编组。

(4)根据道岔设计,测量并设置道岔定位、起道、拨道控制的固定桩点。

3. 拆除既有道岔作业

(1)根据施工命令,按规定设置移动停车信号防护。

(2)除上位机驶入端的钢轨接头每处保留两个螺栓外,拆卸道岔两端接头的其余螺栓。

(3)电气化铁路区段,按规定安设铜导线。

(4)会同有关单位拆除影响道岔换铺设备行走的障碍物。

(5)换铺设备按照确定的行走路径到达拆除的道岔前等候。

(6)上位机进入被拆除的道岔上分别就位,打开上位机伸缩臂,落下支腿并支垫牢固。拆除驶入端接头的联结螺栓,上位机将道岔整体吊起后,在道岔下设置支撑防护。

(7)平整道砟,并在其上铺设专用走行轨道。

(8)下位机沿专用走行轨道进入道岔下,逐台对位,升起举升盘将道岔整体托起,上位机收起伸缩臂及支腿并在道岔上方锁定牢固,操作人员全面检查确认具备运行条件后,下位机沿专用走行轨道驶出道岔位置,按照确定的行走路径向存放地点运行,如图4—4—4所示。

图4—4—4 道岔换铺设备拆除既有道岔

(9)两台挖掘机分别由两端进入拆除的道岔区域,按要求开挖道床,把污砟装车或弃于选定的存放地点。

(10)测量挖掘机清挖深度,达到标准后,人工整平道床,并同步铺设专用走行轨道。

4. 铺设新道岔作业

(1)根据施工命令,按规定设置移动停车信号防护。

(2)换铺设备运输道岔就位。根据新道岔的预铺地点,换铺设备运输道岔就位可分为横移就位和纵移就位两种基本形式。

①横移就位

a. 轨道车牵引换铺设备按照确定的行走路径运行至新道岔预铺地点,轨道吊将上位机吊至预铺的道岔上(电化区段需停电后进行),各台上位机分别就位。

b. 打开上位机伸缩臂,落下支腿并支垫牢固,操作上位机吊起预铺道岔越过障碍物后,进行道岔横向移动。

c. 道岔每次移动到位后(约 500 mm),落下道岔,收起支腿,调整伸缩臂位置,重复以上操作,直至道岔横移至铺设位置。

②纵移就位

a. 轨道车牵引换铺设备按照确定的行走路径运行至新道岔预铺地点,轨道吊将上位机吊至预铺的道岔上(电化区段需停电后进行),各台上位机分别就位。

b. 打开上位机伸缩臂,落下支腿并支垫牢固,操作上位机吊起预铺道岔越过障碍物后,横向移动至预定的下位机走行径路上。

c. 下位机沿既有轨道进入道岔下,分别在对应位置升起托盘将新道岔整体托起,上位机收起伸缩臂及支腿并锁定牢固,操作人员全面检查确认具备运行条件后,操纵下位机按照确定的行走路径向更换地点运行,如图 4—4—5 所示。

图 4—4—5　道岔换铺设备铺设新道岔

d. 下位机装运新道岔沿既有轨道和专用走行轨道到达铺设地点,新道岔基本对位后,上位机打开伸缩臂及支腿,将新道岔吊起,并在道岔下设置支撑防护。

e. 下位机驶出铺设道岔地点。

f. 拆除专用走行便轨,撤除道岔下设置的支撑防护。

(3)下落新道岔至枕底贴近既有线路的钢轨顶面,并纵、横移道岔基本对位后,下落新道岔至接近道床面。

(4)测量人员逐点测量道岔方向,指挥换铺设备操作人员横移道岔就位后,落下新道岔,收起上位机伸缩臂及支腿并锁定牢固。

(5)联结换铺设备行走路径上的钢轨,上位机驶离作业地点。

(6)联结道岔前后其他位置的钢轨,上齐拧紧钢轨联结零件和轨枕扣件。

(7)拨正道岔方向。

(8)全面回填新道砟,按道岔设计高程,自道岔前端向后端进行全面起道捣固作业。

(9)相关专业作业配合。安装调试电务设备,检查调整供电设备,恢复拆除的其他设备。

(10)道岔整修、调试作业结束,经施工负责人组织有关人员全面检查确认达到放行列车条件后,由施工负责人通知现场防护员撤除移动停车信号防护、设置移动减速信号防护,并通知车站开通线路。

5. 作业安全

(1)操作人员必须熟悉机械性能。作业前,仔细检查整修机械设备,补充备齐工具、材料、电池等备品;作业中,严格执行安全操作规程、作业程序,标准化作业;作业后,及时检修保养设备,确保设备状态良好。

(2)横向伸出支腿、横移道岔时,应确认邻线无列车通过方可进行。

(3)在上位机没有停稳的情况下,严禁立即改变上位机的运行方向。

(4)上位机、下位机作业中,当发现危及人身、行车、设备安全的情况时,应立即按下红色的紧急按钮。

(5)上位机、下位机联挂时,应加强联控,控制车距、车速,两车之间禁止站人。

(6)作业中,现场施工防护人员应与驻站联络员保持联系,通报作业情况和邻线列车通过情况。

(7)作业完毕,将所有作业装置锁闭牢靠,并拧紧保险绳。

(8)在车站保留时应拧好手制动、打紧楔木。

(9)道岔换铺设备整组自轮转线时,加强与驻站联络员联系,确认进路、信号。

三、施工新设备简介

WM500-U 型道岔铺设机,主要由道岔运输车 WTW、道岔举升装置 PK1 和 PK2、道岔承载车 WRW 等组成,是集道岔整组运输、铺设为一体的道岔铺设设备,如图 4—4—6 所示。在道岔工厂加工并组装好的道岔,不必拆解,可直接通过该设备运输至道岔铺设地点进行铺设。

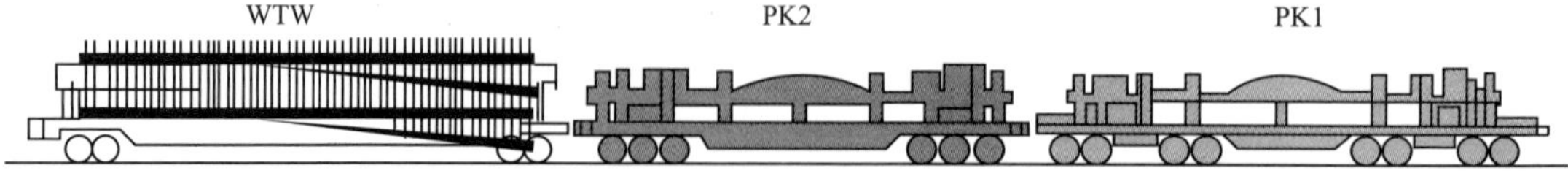

图 4—4—6　WM500-U 型道岔铺设机示意

道岔运输车 WTW 是标准车辆结构型式的 4 轴专用车，它装有两个 2 轴转向架。道岔运输车 WTW 的整个长度上均匀分布着 4 个 5 500 mm 装载平台。在道岔工厂将预装好的道岔用道岔举升装置放在道岔运输车 WTW 上，然后在水平位置用相应的固定装置加以固定，同一动作的液压油缸将装载平台翻转至要求的倾斜位置后，运输至铺设地点，如图 4—4—7 所示。

图 4—4—7　道岔运输车 WTW 装运道岔示意

道岔举升装置 PK1 由 1 根纵梁、2 根横梁及 5 根均匀分布的起吊杆组成。它装有 2 套液压升降和驱动的轨行机构，同时，每根横梁上装有 2 个带有履带走行机构的举升顶杆，可以在轨道上和地面上行走，如图 4—4—8 所示。铺设道岔时，举升顶杆可以带着道岔在线路横向来回移动，装有起吊杆的起吊架可在线路纵向移动 ±280 mm，使道岔准确就位。

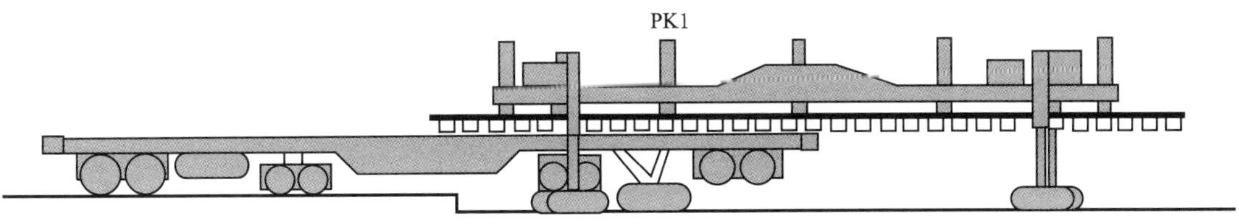

图 4—4—8　道岔举升装置 PK1 示意

道岔举升装置 PK2 其结构形式与 PK1 相似，但不带履带走行机构。它用来从道岔承载车 WRW 上接收道岔，或者将道岔装在道岔承载车上，如图 4—4—9 所示。

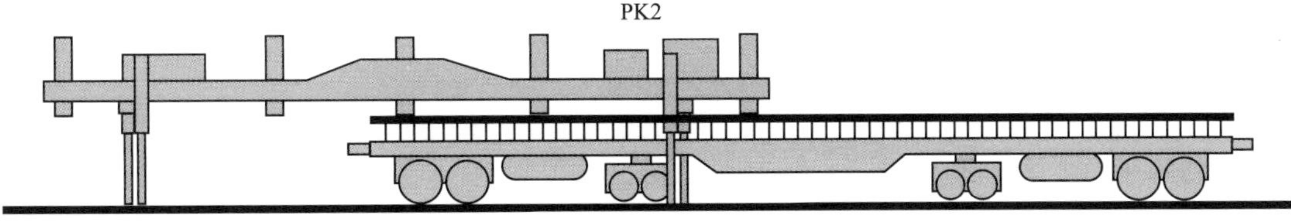

图 4—4—9　道岔举升装置 PK2 示意

道岔承载车 WRW 从道岔举升装置 PK2 上接收道岔驶向铺设地点，它可在轨道上行驶，也可在没有轨道的地面上行驶，不需设置引拖就能驶入道岔铺设区，可运送长 40 m 的组装道岔，如图 4—4—10 所示。

图 4—4—10　道岔承载车 WRW 履带走行装置示意

第五节　大修列车施工

大修列车是用于连续更换轨枕和钢轨作业的大型养路机械，安装有换轨装置、收枕铺枕装置和扣件磁性吸附装置，通过双层特殊龙门架作业来确保新枕和旧枕的交替运送，自动收集旧扣件，可同时进行更换钢轨和轨枕作业，也可以单独更换钢轨或轨枕。由于大修列车利用计算机控制实现关键工序的自动化，解决了桥梁上和隧道内限界狭小、卸收枕困难等问题，施工作业效率高、质量好，照明装置配备齐全，可全天候作业，以达到人工和半机械化作业所不可能达到的效果。

目前，大修列车广泛应用于长大桥梁上、隧道内、宽轨枕板地段以及成段更换轨枕施工，我国主要使用的大修列车有 P95 型大修列车和 DXC-500 型大修列车。本节主要以 P95 型大修列车换枕施工为例来介绍。

一、换轨换枕同步施工

（一）大修列车简介

P95 型大修列车是从国外引进的首列适合轨枕大修的大型养路机械，可将拆除的扣件、旧枕直接回收于平板车上，并可同步平整道床、铺设新钢轨（含无缝线路、普通线路）与新轨枕。整车由动力车（WF）、作业车（WM）、辅助动力车（WES）、材料车（WMM）、轨枕车（PKW）和龙门吊车（PK）等六部分组成。P95 型大修列车总体示意如图 4—5—1 所示。

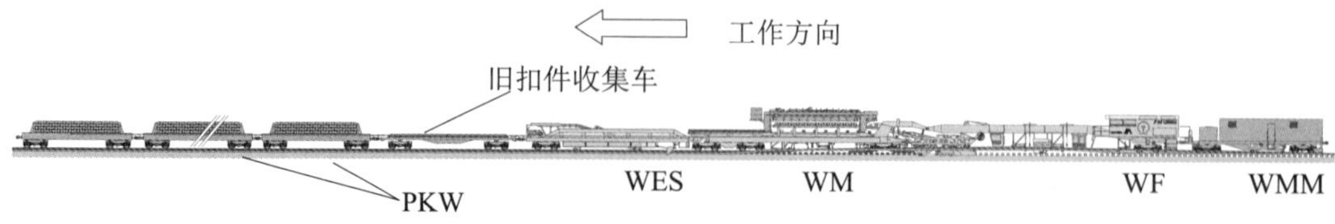

图 4—5—1　P95 型大修列车总体示意

（二）主要技术参数

1. 外形尺寸（长×宽×高）：92 390 mm×3 150 mm×4 100 mm。

2. 车辆总重（带一个龙门架）：255 t。

3. 允许最小线路运行半径：150 m。

4. 最小作业曲线半径：250 m 。

5. 作业允许最大超高：160 mm。

6. 最大坡度：26‰。

7. 最小竖曲线半径：500 m。

8. 枕木间距调节范围：400～799 mm。

9. 适合工作温度范围：－10 ℃ ～ ＋50 ℃。

（三）机构组成与工作原理

大修列车作业装置可以分为扣件拆卸部位、扣件回收装置、枕木输送装置、收枕机构、散枕机构和铺轨机构等功能部分，共同实现大型养路机械的多种功能。除龙门吊车的发动机以外，主机安装有主发动机和辅助发动机两台发动机，其中主发动机提供正常的所有作业装置的动力，辅助发动机用于紧急状态下抢修作业所需的动力。同时，液压系统可以作为两个独立的工作系统工作，使所有夹钳与收枕机构的动作和所有输送带与散枕机构的动作分开，增加了机器的可靠性。

大修列车控制部分由液压驱动系统、电气辅助控制系统和空气驱动制动系统三个系统组成。

大修列车有 9 个主操作号位：P1、P2、P3、P4、P5 左、P5 右、小平台、WES、PK（龙门吊），其中 P1、P2、P3、P4、PK 在操作室作业，其他号位则在车外作业。除了这 9 个主操作号位外，还有若干辅助号位。

大修列车还具有正常运行、调车作业和施工作业三种运行速度，其中最大联挂运行速度为 100 km/h，最大自行速度为 4. 5 km/h，最大作业运行速度为 550 m/h。

（四）作业条件

1. 大修列车作业时，作业深度视道床情况可以利用拱砟犁进行调节，拱砟犁的拱砟深度不超过枕底下 100 mm，作业宽度为距线路中心 1 600 mm，曲线地段横向位移不超过 20 mm。

2. 大修列车不能在钢梁桥、道岔以及两侧铺有硬质路面的道口上施工。

3. 大修列车施工应配备 1 台配砟车、2 台捣固车和 1 台稳定车，以保证换枕换轨作业恢复线路。

4. 进行换轨换枕作业时，必须封锁线路，遇电气化线路时应同步办理停电手续。大修列车换枕换轨施工天窗应不少于 240 min。

5. 大修列车适用于 50 kg/m、60 kg/m 和 75 kg/m 钢轨，69 型、Ⅱ型和Ⅲ型混凝土轨枕、宽轨枕板和木枕地段。

（五）劳动力组织

表 4—5—1 为××铁路局大修列车换枕劳动力组织。

表 4—5—1　大修列车换枕劳动力组织

机组人员设置			
序号	岗　　位	人数	岗位描述与说明
1	龙门架作业、搭过桥	1	其他人员协助,龙门司机负责检查
2	抽放垫木	9	新枕 3 人、旧枕 3 人、捆扎 3 人
3	摆放大胶垫	2	
4	拆卸扣件	2	机下拆除剩余扣件
5	大修列车机械操作	25	包含作业后监视
6	大 机 组	30	包含捣固车、配砟车、稳定车
7	防护人员	5	驻站、随车防护人员
地面配合人员配备			
序号	班　　组	人数	职责描述与说明
1	扣件作业班	30	拆除障碍;封锁时松、紧扣件;调整枕木位置;配合恢复线路
2	道床作业班	25	龙门口准备;配轨,锯轨,打孔;龙门口处抽枕、平砟;配合恢复线路
3	养 护 班	20	线路养护
4	防 护 班	10	负责防护

(六)大修列车换枕换轨作业

大修列车同步进行换枕换轨作业时,需要提前预卸长钢轨在线路两侧,利用大修列车提轨装置更换钢轨。由于大修列车换枕必须每日切割钢轨设置龙口,换轨换枕同步施工时将导致新长钢轨频繁切割,因此,应根据现场调查情况确定更换钢轨和轨枕是同步还是分开实施。大修列车换枕换轨作业流程见表 4—5—2。

表 4—5—2　大修列车换枕换轨作业流程

作业流程	主要作业内容
施工前基地准备	轨枕基地锚固、组装、解体、轨枕运输
换枕前准备作业	线路调查交底、清除障碍、应力放散、预卸料
大修列车换枕换轨基本作业	大修列车运行到位、切入作业、换枕换轨作业、切出作业、龙口钢轨处理、线路整修
恢复线路	应力放散、焊接整修线路

1. 施工前基地准备

(1) 轨枕基地选择要求

铁路局应根据线路大修规划和大修单位每年预计的施工任务,修建固定大修基地,并随着生产的发展和新技术的推广,不断加以完善。

大修固定基地的选择,应从全局出发,做到布局合理、前后衔接、大小适宜、使用方便。其具体要求是:

①避免在大编组站或调车繁忙的车站接轨,宜在区段站或其附近交通方便的小站出岔。

②有铁路供水、供电系统可资利用,以减少建设投资。

③工作半径(即服务距离)以 100 ~ 150 km 为宜。

④基地和公路有通道连接,通道应越短越好。

⑤有足够的场地,可铺设配线,堆放料具,修建房屋,以满足完成年度任务的需要。

⑥基地应包括运输设备、装卸设备、材料堆场和后勤服务设施的安排,确保锚固、轨枕存放、轨枕装卸、材料储存和车辆编组等需要,布局合理。

(2) 轨枕锚固

轨枕锚固严格按照铁路线路修理规则附录“螺旋道钉锚固用料与工艺”执行。

(3) 轨枕装车作业要求

①作业前检查钢丝绳和吊具设备符合安全要求,进入作业区要先观察作业范围的环境条件。

②根据大修列车专用平板规格制定专项装载加固方案,确保轨枕运输安全。

③在起吊作业中,要求车下、车上各一人分别指挥。

④装满一层后,要求垫一层 10 cm × 10 cm 垫木,放入钢轨槽连接好,然后再放上一层,依次逐层装车,共放四层。对捆扎做好三级检查验收手续,做好交接记录,确保运输途中安全。

⑤装车过程中,必须装载整齐,垫木摆放平稳,每一层保持平行,各层上下对齐,不得错位,离两侧走行轨距离均衡,符合作业要求。

⑥下道轨枕需再用时,应对轨枕露筋部位进行切割,以保证轨枕在输送带上输送顺利。

(4)调车编组

①大修列车施工建议编组:J + Nn + P95 + P + PZ + DG + WD + DG。

J:机车。

Nn:新旧轨枕专用平板。

P95:大修列车。

P:新料装载平板。

PZ:配砟整形车。

DG:捣固车。

WD:稳定车。

②大修列车每日在配合施工前需在施工驻地进行编组作业,编组当日施工需要的轨枕平板和甩挂旧枕平板。

(5)合理安排换枕的运输、换铺、整修计划

施工单位应组织好轨枕基地装卸枕、轨枕专列运输等协调工作,提前与运输部门联系制定轨枕基地至施工驻地的运输组织方案,掌握轨枕平板运行计划的执行,及时进行调整。

①确定施工驻地。根据施工线路所处的地理位置、沿线车站股道数量、运输条件、工期、水电通信接入等情况,合理选择宿营车、大机组、轨道车等车辆的停放驻地,大修列车驻地距离轨枕基地不宜太远,以保证新旧轨枕的运输。

②新旧轨枕运输组织。大修列车使用专用平板进行运输,按照基地装载、途中运输、驻地编组、现场配合等,一般分 3 ~4 组运输,每组平板的数量直接影响到每日的施工进度。为加快施工进度和提高施工效率,应尽可能增加大修列车专用平板数量,同时提高轨枕基地装卸枕的能力。

为保证轨枕运输组织,施工单位应根据轨枕动态信息表(表 4—5—3),加强与运输部门

联系动态盯控，确保轨枕供应进度。

表 4—5—3　轨枕动态信息

日　期	施工进度	大修列车换枕轨枕动态信息						备　注
		轨枕基地（××站）		在　途		驻地站（××站）		
		新　枕	旧　枕	新　枕	旧　枕	新　枕	旧　枕	

2. 换枕前准备作业

（1）施工调查交底

①核对技术资料。施工单位应组织有关人员核对换枕起终点里程、道口、桥梁位置及妨碍施工的设施，并以白漆标示在原有钢轨上。掌握施工困难处所，制定施工措施。

②熟悉技术标准和大修列车施工作业条件。

③施工前对既有线路平纵断面进行调查。标注线间距、轨面高程测量值，控制换枕前后的线路平纵断面一致。电气化区段施工时，如新旧枕型变化时，应在供电部门交底时明确接触网同步调整要求。

④施工前对过轨管线进行调查。联系设备管理单位标定埋设的电缆、光缆、管线位置，埋设深度要求满足不低于枕底下 300 mm，如管线埋深不满足深度要求时，联系设备管理单位提前进行埋深处理或现场施工配合处理。

⑤施工前对失效轨枕、螺杆锈蚀等进行调查并标记，大修列车作业时进行人工抽除。调查电容枕位置并标记，施工前提前预卸电容枕，施工时结合大型养路机械作业人工更换。

⑥施工前对施工工作量进行调查，确定大修列车切入切出龙口位置。每天调查施工所需轨枕数量（如遇桥梁则加装梭头枕，并单独将未锚固护轨螺栓的梭头枕装载在轨枕车最上层）。

（2）清除障碍物

清除影响大修列车作业的各种障碍物；对已现场交底标识地段过轨电缆，人工扒开道床并对电缆做好防护。

（3）应力放散

根据作业轨温要求确定是否预先进行应力放散。

（4）预卸电容枕、龙口钢轨

施工前在指定位置预卸电容枕和龙口钢轨。

（5）安装夜间施工照明设备

夜间施工时，在切入切出龙门口路基侧安放照明设备。

（6）现场机具、材料准备与调试

现场机具、材料主要有内燃扳手、套筒、撬棍、切割设备、钻眼设备、各类连接夹板、压机、起拨道器、连接回流线等。

3. 大修列车换枕换轨基本作业

大修列车换枕施工必须在封锁天窗内进行，主要分为拆除扣件及龙口开挖作业、大修列车运行及切入作业、大修列车换枕换轨作业、大修列车切出作业、线路整修恢复、大修列车作业机组返回和开通线路等工序。

(1) 拆除扣件及龙口开挖作业

①地面配合人员将作业地段扣件拆除至“隔一卸八”状态(曲线半径 800 m 以下或木枕腐蚀严重地段拆除至“隔一卸二”状态)。

②龙门口开挖作业。切入龙门口处方枕 2~3 根,保证切入口净宽不少于 1.2 m,同时在方枕处支垫好枕木头(如采取抽枕方式,则在切入时大修列车作业到六号夹钳后抽除 2 根旧枕)。人工扒平切入龙口处 6 孔道砟至枕底(枕端砟肩扒平宽 500 mm)。

(2)大修列车运行及切入作业

①大修列车提前到达施工区间一端车站,机组人员做好机械设备、施工路料检查。

②大修列车机组按封锁命令进入封锁区间,到达施工指定地点后实施制动,各机组分解并运行到指定地点就位,做好作业前的准备工作。大修列车转换机车牵引运行状态至自作业走行状态。安装轨枕车过桥,下放扣件磁性收集装置,开启扣件输送带及扣件收集小车,解锁锁定的所有工作装置,放下散枕装置走行轮至钢轨上,解除轨排车上新轨排的锁紧绳,开始卸装轨排。

③大修列车切入龙口作业。

a. 施工负责人确认准备工作完毕后,大修列车运行到切入位置。平砟犁整理道床,龙门架新旧枕运输,开启散枕装置和提轨装置。

b. 切入龙口合龙。拆除剩余扣件,启动磁性收集输送带,开始收集旧扣件。

(3)大修列车换枕换轨作业

①作业运行监控。作业人员实时监控机械设备运行情况、各轨枕在输送带上运行的情况、新旧轨在所管夹钳导轮上的位置等,遇故障及时处理。

②各作业机组让出切入龙口 50 m 后,对切入龙口插入龙门轨。地面配合进行障碍物处理以及电容枕人工更换。

③线路起整捣固。线路养护工班开始对已换轨换枕的线路进行整理,安放胶垫、扣件,整正、紧固扣件,配砟整形车随后配砟整形,捣固车跟随进行起拨道捣固作业。

(4)大修列车切出作业

①收起作业装置。作业中,依次收起磁性扣件收集输送带并锁定,依次收起各号位夹钳,并且逐一锁定确认。

②龙门口处提前锯轨,上好夹板固定。龙口利用平砟犁整理,然后进行人工平整道床。大修列车切出前把切出处最后 10 根轨枕枕木头包括两侧 400 mm 道砟扒空,在大修列车收口前将最后 3 ~4 根枕底道砟清至计划深度并平整。视施工情况进行锯轨或拉轨作业,安装接头夹板或快速夹具,大修列车通过切出龙门口。

(5)线路恢复作业

①大修列车切出后,前行一段距离停车,机组人员收车并检查确认各工作装置锁定。

②线路养护工班在大修列车切出后,进行线路恢复作业。拆下龙口接头夹板,钻孔后重新安装接头夹板和轨道电路线;继续安放剩余轨枕扣件并复紧。随后安排大型养路机械进行线路起整捣固工作。根据需要安排风动卸砟车补充石砟。

(6)大修列车作业机组返回和开通线路

大修列车机组返回站内,并开通线路。

（7）大修列车作业效率分析

①大修列车换枕时间节点

以 240 min 为例，大修列车换枕时间节点见表 4—5—4。

表 4—5—4　大修列车换枕时间节点

序号	作业工序	时间节点
1	封锁命令下达　10 min	10 min
2	大修列车运行到位　20 min	30 min
3	大修列车切入作业　25 min	55 min
4	大修列车换枕作业（含应急处置）　120 min	175 min
5	大修列车切出、收车作业　25 min	200 min
6	大修列车换枕后线路恢复（上扣件、插入龙门轨、大型养路机械捣固）　120 min，此工序与换枕作业同步进行	225 min
7	大修列车机组返回站内，线路开通　15 min	240 min

②作业效率分析

从以上时间节点分析，在施工条件充分、作业程序熟练的情况下，大修列车运行、龙口切入切出和线路恢复等作业时间基本固定，大修列车纯作业时间根据运输部门给定的施工封锁天窗就可以基本确定，封锁时间、作业时间和进度效率关系见表 4—5—5。

表 4—5—5　大修列车换枕作业效率

封锁时间（min）	有效作业时间（min）	理论作业进度（m）	备　注
180	60	300	考虑到应急故障处置时间15 min计算，正常条件下每分钟换枕12～13根（7 m）
210	90	500	
240	120	700	

由此可见，施工封锁时间的增加对大修列车作业效率的影响非常大。

③提高作业效率的措施

a. 缩短对位时间：机车到达施工地点，一次停到位。要对大修列车的停位进行精确计算，施工负责人做好与机车联控工作，准确定位。

b. 缩短机车摘挂、连接时间：应根据机务配合、大修列车操作和现场指挥等方面制定摘挂、连接方案。

c. 缩短切入时间：应充分利用好大修列车运行时间来完成锯轨和龙门设置工作。

d. 缩短运行时间：通过每日的施工总结会来协调车站、机务等方面的配合，尽可能缩短运行时间。

e. 降低机械设备故障率：提高操作人员的操作技术水平以及对大修列车的检修保养，同时应针对设备故障制定应急预案，组织应急演练工作。

4. 恢复线路

待条件允许时，重新放散应力，锁定线路。

5. 施工故障应急处置预案

（1）大修列车作业切出龙口不能正常合龙。大修列车上应配备一对 6.25 m 短轨，两端事先钻好钢轨螺栓孔及轨道电路导接线孔，另备轨道电路导接线4根。当作业结束切出时，遇龙门口处钢轨不能正常合龙。

（2）搭头：经精确计算及丈量，将搭头锯切。

（3）空缺：先利用短轨头临时过渡，待大型养路机械撤离后，将事先备好的短轨（不短于6.25 m备用轨）插入。

6. 特殊地段大修列车换枕施工要求

（1）曲线超高较大地段换枕施工要求

大修列车在曲线超高大于100 mm地段施工时主要有以下几个方面问题：一是轨枕在输送过程中偏移导致挤枕或从输送带上掉下，散枕时会因散枕机构不平导致新枕下放后随机构脱移，收枕时会因收枕机构不平导致卡枕或收上的枕木在收枕机构上偏斜；曲线作业下股钢轨挠度过大可能会导致刮碰线路设备甚至断轨。二是作业时，线路方向向下股偏移，作业质量不佳。三是在曲线上切出的4号转向架复轨困难，容易造成施工延点。

曲线超高在100～120 mm地段，结合现场实际情况，可以采用预先抽去曲线上股胶垫并加垫在曲线下股的方式来调整超高；曲线超高超过120 mm地段，有起道条件时，大修列车作业前利用大型养路机械预先调整线路超高，施工结束后利用大型养路机械进行线路超高恢复作业。同时，大修列车切入切出的龙口不宜设置在小半径曲线上。

（2）长大坡道地段换枕施工要求

①轨枕向下偏移的问题。由于线路坡度大，轨枕重心向下的作用，轨枕容易向下窜动和偏移，现场作业时需加强监控。

②轨枕平板牵引动力的问题。根据机务和运输部门提供的施工地段机车牵引吨位，检算每日施工附挂的平板数量，必要时可以安排两台机车牵引。

③运行制动安全的问题。根据车辆的技术条件，在施工前需制定车辆的作业、制动、龙门架运行以及轨枕装载加固的安全细化措施。

二、隧道内换枕施工

由于隧道内作业场地狭小、施工条件复杂，隧道内大修列车换枕需要解决隧道内作业限界、照明、龙口设置、通风防尘保护等问题，通过优化施工工艺，能大大提高隧道内换枕的作业效率。隧道内换枕施工作业流程与一般地段大修列车换枕换轨作业程序相同，但需要注意以下几个方面。

1. 施工前对施工地点的施工环境、施工条件进行详细的现场调查，针对工程实际情况，制订切实可行的技术方案和安全控制措施。

2. 施工前每50 m一处测量隧道两侧盖板间距，凡间距小于3.0 m的情况均在洞壁标注；调查断枕并标记，记录断枕地段并提前处理，必要时先穿入轨枕进行过渡，确保行车安全。

3. 施工前对施工地段预扒道砟，将轨枕头和电缆沟相邻边墙之间石砟全部清理干净并装袋回填。移设或清理距轨枕头外侧550 mm范围内的障碍物。

4. 每隔10 m测量出钢轨头部外侧到对应洞壁的距离，同时在邻线轨腰外侧标出既有线间距，以精确控制线路方向，每隔25 m将既有轨面高程标注在对应洞壁上。

5. 做好隧道照明工作。

6. 合理确定隧道的施工进度。考虑到隧道场地狭小，切入切出位置应尽可能安排在避车洞处（如单线地段）。对次日作业地段的钢轨提前进行丈量，准确计算预切割位置，做好标注。

7. 对扣件进行预松保养，提前处理锈蚀螺帽。

8. 做好隧道内通风工作。大修列车运行到位后，机车应运行至隧道外或运行至前方熄火停机，减少发动机运行时油烟对隧道内环境的影响。

9. 做好隧道内施工人员劳动保护。

三、长大桥梁上换枕施工

目前，大修列车长大桥梁上换枕应用较为广泛，它能很好地解决卸新枕、收旧枕、桥上作业空间狭小的问题，通过优化施工工艺，大幅提高桥梁换枕的作业效率。桥梁换枕施工作业流程在普通线路地段大修列车换枕换轨的基础上增加护轨拆装作业，但需要注意以下几个方面。

1. 施工前进行预扒道砟作业，将轨枕头 200 mm 外至挡砟板之间道砟全部清理干净，将道砟装袋，放置于挡砟板边，防止换枕时道砟犁挤压道砟将挡砟板挤翻。

2. 拆除护轨、恢复护轨。施工前回收既有护轨，在换枕结束后将护轨卸到现场，并安排人员安装。线间距允许的条件下，可放在两线间。

3. 切除既有桥枕护轨螺栓，切平至轨枕顶面或压弯至满足大修列车通过条件。

4. 提前对桥梁进行细致的挖探调查，探明桥上各类电缆走向，尤其箱梁接缝处，遇有障碍应提前处理，确保大修列车能够进行作业。

5. 提前标记梭头枕位置，适时运送梭头枕。

第六节　换铺轨排施工

一、轨排基地

根据线路大修规划和基地每年预计承担的施工任务，修建固定大修基地，并随着生产的发展和新技术的推广，不断加以完善。

（一）选定基地的原则

大修固定基地的选择，应从全局出发，做到布局合理、前后衔接、大小适宜、使用方便。其具体要求是：

1. 避免在大编组站或调车繁忙的车站接轨，宜在区段站或其附近交通方便的小站出岔。

2. 选择地形比较平坦的荒地小丘，尽量少占农田，并有铁路供水、供电系统可资利用，以减少建设投资。

3. 工作半径（即服务距离）以 100 ~ 150 km 为宜。

4. 基地和公路有通道连接，通道应越短越好。

5. 有足够的场地，可铺设配线，堆放料具，修建房屋，以满足任务的需要。

（二）确定基地规模的依据

1. 基地功能——考虑是否具有组装轨排和焊接长钢轨的功能。

2. 施工任务——施工任务的数量、任务完成时限。

3. 作业方式——考虑组装台或组装线组排方式，铺轨排、换长钢轨流程安排。

4. 存储能力——新、旧轨排储存能力、运距等。

基地的大小，应以适应组装轨排为主，并留有余地，以供改善或扩大之需。

（三）基地平面布置

基地平面布置包括运输设备、装卸设备、材料堆场和后勤服务设施的安排，需确保组装、储存轨排，以及新、旧料存放等能力。现以在组装线上每日组排500 m（25 m 轨排20 排）的基地为例来说明，总图布置如图 4—6—1 所示。

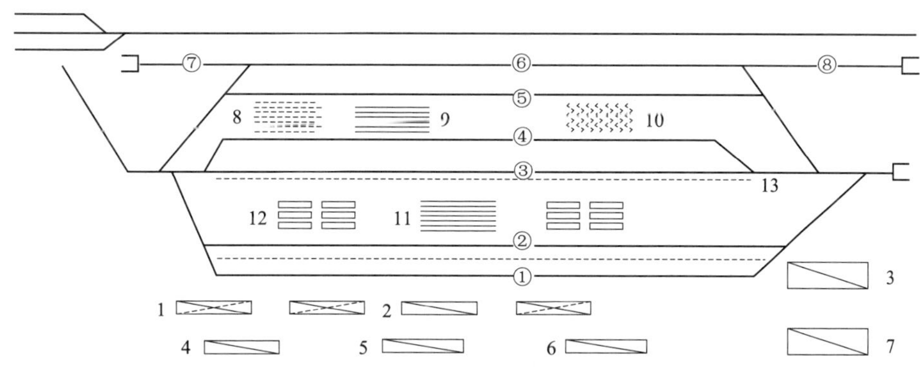

图 4—6—1　基地总图布置

1—料棚；2—硫磺灶；3—办公区；4—料库；5—水泥库；6—机修间；7—住宅；8—旧枕区；9—新枕区；10—新轨区；11—旧轨区；12—零料堆放区；13—门吊走行线

1. 运输设备

（1）配备股道

设置满足需要的股道数、股道有效长度和股道间距，见表 4—6—1。

表 4—6—1　股　　道

股道编号	股道名称	股道用途	有效长度	股道间距(m)
1	卸 料 线	卸下新枕和新轨	一般短于调车线	6
2	组 装 线	组装轨排	短于调车线	18
3	拆 排 线	拆卸旧轨排	短于调车线	6
4	吊机走行线	吊机走行，吊机作业	短于调车线	11
5	装 料 线	旧料装车	短于调车线	6
6	调 车 线	停放待发轨排列车	长于轨排列车约 500 m	
7	机 待 线	机车停放检修	大于 50 m	
8	机 修 线	存放待修车和机械及备用车	大于 50 m	

（2）股道的技术条件

股道应尽量平直；曲线半径不得小于 250 m；坡度不得大于 2.5‰。出入基地的走行线，向车站方向以上坡为宜，其坡度不大于10‰，曲线半径不小于300 m，并有足够的长度，以便调车编组作业。尽头线的末端宜设计为上坡。

基地道岔不得小于9号，但基地和车站线路接轨的道岔需采用12号。

2. 装卸设备

(1)门式起重机:4台10 t/16 t(跨度18 m)，用于卸料。

(2)重型轨道车:290马力以上的1辆，在场内运料和调车。

其他装卸设备就基地实际工作需要进行配备。

3. 材料场

在一般情况下，钢轨的储存应为2~3个月的用量；轨枕的储存应为1.5~2个月的用量。新料放在轨排组装线和拆卸旧轨排线之间；旧料放在门吊走行线和旧轨料装车线之间，均要安排足够的堆场。

线路大修机械化施工过程中，新轨排的组装、旧轨排的拆卸、施工所需的轨排装卸与线上材料运输，以及龙门架换铺轨排工程列车的调车与编组，均需在轨排基地进行。

轨排基地的选址、平面布置和机具设备的配属情况，直接关系到线路大修的施工质量、施工进度和大修成本。因此，必须认真调查研究，制定比选方案，修建经济适用的轨排基地，为机械化铺排工作创造良好的条件。

二、轨排组装

铺设轨排是在大修基地以周转轨和新轨枕(再用轨枕)组成的25 m或12.5 m轨排，铺设在已清筛过的道床上，或铺排后再安排清筛道床。现以新混凝土枕轨排组装为例，概述其工艺如下。

(一)编制轨排组装计划

组装轨排必须先有组装计划。为了编好轨排组装计划，应先精确丈量线路长度；准确查定曲线、道口、桥梁、隧道和道岔的起讫里程以及绝缘接头和信号机柱的位置并做出明显标记；丈量用于组排的钢轨实际长度。再按照各控制点的位置，划定可以铺排和不能铺排的段落，并根据铺排的有关规定，安排各铺排段应组装的排数和每排长度，依次编号，然后汇总成为轨排组装计划。按照施工进度，依次摘取一定的排数，据以做出每天组装计划，交基地正式组装轨排。

编制轨排组装计划，应严格遵守下列规定：

1. 每一轨排的长度为钢轨长度和一个轨缝之和，并考虑钢轨公差的影响。
2. 钢轨接头不设在道口上及车辆、电务等设备处所。
3. 绝缘接头和桥上钢轨接头的位置符合要求。
4. 等长度的短尺轨，集中铺设在直线上，每段长度不短于500 m。
5. 每一段如需在桥梁、道口、道岔和绝缘接头前后铺设短排，应确定其长度和位置。
6. 曲线外股应采用标准长度钢轨，里股应按要求使用厂制缩短轨；曲线半径R大于1 000 m时使用24.96 m、24.92 m、12.46 m规格的缩短轨；曲线半径R为1 000~500 m时使用24.92 m、24.84 m、12.46 m、12.42 m规格的缩短轨；曲线半径R小于500 m时使用24.84 m、12.42 m、12.38 m规格的缩短轨。

7. 直线上每一接头错开量不得超过 40 mm；曲线上不得超过 40 mm 加缩短轨缩短量的一半。

曲线里股插入短轨的计算实例：

曲线半径 $R=1\,000$ m，全长 $L=294.75$ m；缓和曲线长度 $l=70$ m，采用 25.0 m 和 24.96 m 钢轨组排。

（1）计算缩短量

缓和曲线和圆曲线缩短量分别按式（4—6—1）和式（4—6—2）计算。

$$\text{缓和曲线缩短量 } \Delta l_1=\frac{Sl^2}{2Rl_0} \tag{4—6—1}$$

$$\text{圆曲线缩短量 } \Delta l_2=\frac{Sl}{R} \tag{4—6—2}$$

式中 S——两轨中心间距（取 1 500 mm）；

l——离圆曲线或缓和曲线计算起点的圆弧长（m）；

l_0——缓和曲线长（m）；

R——曲线半径（m）。

用式（4—6—1）和式（4—6—2）计算缩短量为

$$\text{一端缓和曲线的缩短量 } \Delta l_1=\frac{Sl^2}{2Rl_0}=\frac{1\,500\times70^2}{2\times1\,000\times70}=53\ (\text{mm})$$

$$\text{圆曲线的缩短量 } \Delta l_2=\frac{Sl}{R}=\frac{1\,500\times154.750}{1\,000}=232\ (\text{mm})$$

$$\text{曲线总缩短量}=2\Delta l_1+\Delta l_2=53+232+53=338\ (\text{mm})$$

（2）计算曲线轨排

曲线轨排示意如图 4—6—2 所示，曲线轨排钢轨配置见表 4—6—2。

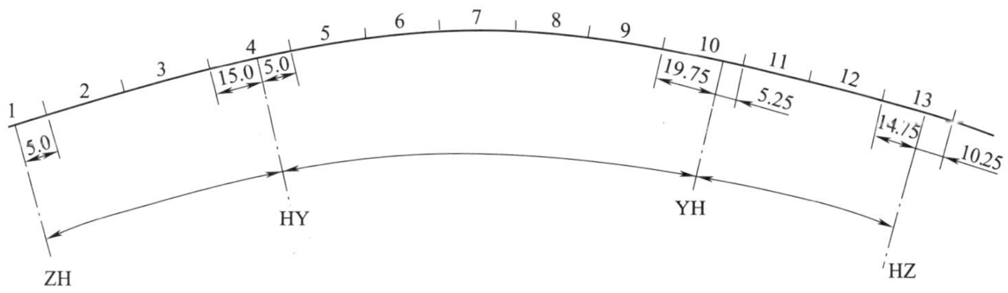

图 4—6—2 曲线轨排示意（单位：m）

表 4—6—2 曲线轨排钢轨配置

轨排顺序	缓和曲线或圆曲线上的点距其始点距离 l_0（m）	理论缩短量的累计（mm）	钢轨长度（m）		实际缩短量的累计（mm）	铺排后接头错开量（mm）	组装调整值（mm）	组装错开值（mm）
			外 股	里 股				
一	二	三	四	五	六	七	八	九
1	5.00	0	25.00	25.00	0	0	0	0
2	30.00	10	25.00	25.00	0	+10	-5.0	+5.0

续上表

轨排顺序	缓和曲线或圆曲线上的点距其始点距离 l_0(m)	理论缩短量的累计(mm)	钢轨长度(m)		实际缩短量的累计(mm)	铺排后接头错开量(mm)	组装调整值(mm)	组装错开值(mm)
			外　股	里　股				
一	二	三	四	五	六	七	八	九
3	55.00	32	25.00	△24.96	40	-8	-11.0	-19.0
4	15.00/10.00	68	25.00	△24.96	80	-12	-18.0	-30.0
5	35.00	105	25.00	25.00	80	+25	-18.5	+6.5
6	60.00	143	25.00	△24.96	120	+23	-19.0	+4.0
7	85.00	180	25.00	△24.96	160	+20	-18.5	+1.5
8	110.00	218	25.00	△24.96	200	+18	-19.0	-1.0
9	135.00	255	25.00	△24.96	240	+15	-18.5	-3.5
10	19.75/5.25	293	25.00	△24.96	280	+13	-19.0	-6.0
11	64.75	321	25.00	△24.96	320	+1	-14.0	-13.0
12	39.75	336	25.00	25.00	320	+16	-7.5	+8.5
13	14.75	338	25.00	25.00	320	+18	-1.0	+17.0

注:第一栏,填写轨排编号。

第二栏,确定外股钢轨接头距缓和曲线或圆曲线始点的距离,依次填入。

第三栏,计算一端缓和曲线的缩短量的累计值,第1、2、3排可直接计算确定;第4排是全缓和曲线的缩短量与10 m圆曲线的缩短量之和;第5、6、7、8、9排直接计算其缩短量并加第4排之值;第10、11、12、13排是从另一端缓和曲线始点倒算第13、12、11、10排的缩短量,将全曲线的总缩短量减去倒算而得的缩短量,即得各排接头的理论缩短量。

第四栏,外股钢轨全为25.00 m。

第五栏,根据规定,使用24.96 m的厂制缩短轨,接头相错量不得超过40 mm+40 mm/2 =60 mm,据此安排厂制缩短轨的插入处所,里股的配轨即告完成。

第六栏,按照插入的缩短轨,计算实际缩短量的累计值。

第七栏,第三栏减第六栏。

第八栏,由于组排时,钢轨是直的,铺排时钢轨要变成弯的,在弯曲的过程中,里股钢轨不是向一端伸长,而是向两端伸长,各占理论缩短量的一半,并取负值填入。

第九栏,第七栏和第八栏之和。如是正号,即里股前端接头往前错;如是负号,里股前端接头往后错。

(二)组装轨排作业

1. 制定每日轨排组装计划

计划用于组装轨排的周转轨应符合铁路线路修理规则有关规定,钢轨硬弯应先进行调直后再组装轨排,重新丈量,并做出标记。在制定每天组装计划时,除曲线缩短轨及调整缩短量外,应选长度公差基本相同的钢轨配对使用,每对钢轨的相差量不得大于5 mm。相差量应前后左右调整抵消,各对钢轨相差的累计数不得大于15 mm。曲线上各对钢轨相差量的累计数不得大于曲线缩短量的一半加40 mm。每日轨排组装计划见表4—6—3。

表 4—6—3　××线××公里×月×日轨排组装计划

轨号	配轨公差(mm)		组装错开值(mm)	轨枕配置	防爬设备配置	其他记事	完成情况
	左	右					
36	0	+1		42		使用25 m及24.96 m缩短轨	
37	-1	+2		42		使用Ⅲ型新轨枕和Ⅱ型弹条扣件	
38	-2	-3		42			
39	+3	+1		42		全部预钻钢轨接续线孔	
40	+1	0		42			
1	0	0	0.0	42		进入ZH点	
2	+2	+1	+5.0	42			
3	+3	△+2	+9.0	42			
4	-2	△-2	-30.0	42		进入HY点	
5	-1	+1	+6.5	42		$R=1\,000$ m	
6	-1	△0	+4.0	42		$L=294.750$ m	
7	+1	△-2	+1.5	42		$l_0=70$ m	
8	+3	△+2	-1.0	42		右向曲线	
9	0	△+1	-3.5	42			
10	-3	△-1	-6.0	42		进入YH点	
11	-2	△+2	-13.0	42			
12	0	-2	+8.5	42			
13	0	-2	+17.0	42		进入HZ点	
14	-1	+1		42			
15	+2	-1		42			

2. 组装混凝土枕轨排

利用组装线组排，就是利用大修基地的组装股道，把组装轨排的散布轨枕、轨枕锚固、散布扣件和上轨组装四个工序，形成流水作业。一批轨排组装完后，可吊运至指定地点堆存；也可在已组装好的轨排上，再组装第二批轨排，原地堆放。

大修基地固定一条股道作为组装线，须在股道的钢轨上标示轨枕位置。组装线的一侧或两侧应有足够的场地堆放钢轨和轨枕，并修建料棚存放扣件，还应在适当处所设置硫磺灶。在组装线上设置龙门吊，跨越料堆，吊运轨料。

(1)散布轨枕

利用16 t龙门吊，从料场吊运轨枕至组装线上，每次16根，分4次由组排始点向终点散布，基本上对准轨枕位置标记。

检查轨枕预留螺栓孔，装上锚固钢模，将轨枕翻转，让枕底朝上；将螺旋道钉插入轨枕螺栓孔和钢模内，并调整螺旋道钉位置。

(2)轨枕锚固

轨枕锚固严格按照铁路线路修理规则附录“螺旋道钉锚固用料与工艺”执行。

(3)散布扣件

将缓冲胶垫、尼龙座、轨距挡板、弹条和平垫圈依次散放在轨枕上，放置缓冲胶垫。

(4)上轨组装

龙门吊吊起钢轨，置于承轨台上，然后上紧全部扣件，组成轨排。按组装台所列的组装标准，检查组装质量，确认符合规定后，即按轨排组装计划的先后顺序，用龙门吊将轨排吊上列车，并按规定办法进行捆扎。

3. 选配材料

组装轨排必须熟悉各种材料的规格和使用要求，正确选配所需要的材料，方能组装出优质轨排。现将钢轨、轨枕和扣件的质量要求扼要分述如下。

(1)钢轨：组装轨排一般采用再用轨，要求逐根进行检查、丈量，防止损伤钢轨再用。

(2)轨枕：选用的混凝土枕，应符合标准，无表面损坏；逐根检查合格，不同型号、不同轨底坡的轨枕均不能混铺。

(3)扣件：扣件类型应与轨枕、钢轨及轨下胶垫类型相匹配，满足设计要求。

三、轨排运输

1. 确定轨排运输方案

施工单位应将年度施工安排及各项要求，如施工区段、里程、起止日期、封锁时间、限速条件、工程运输、施工机械外站停留等问题协商运输部门，研究并统筹安排全年运输施工方案，调整运行图，为线路大修施工预留天窗。

在方案确定后，研究确定月度施工计划。

2. 编组轨排列车

在既有线上铺排，先吊走旧轨排，再吊铺新轨排。轨排列车的前部车辆和设备用以吊走旧轨排，后部车辆和设备用以吊铺新轨排。以日进度 500 m 为例，轨排列车编组如下：机车—材料车—押运车—250 kW 发电机组车—5 t 卷扬机车—滚筒车车组（每组 60 t 路用平车 2 辆，一般为 4 ~ 5 组）—旧排龙门架托架车组(2 辆装载吊旧龙门架，1 辆托架车升降控制与施工机具检修用料车，1 辆装载平砟器车，其中后 2 辆铺排中可作暂存短排之用)—新排龙门架托架车组(2 辆)—道砟回填装置车—滚筒车车组（每组 60 t 路用平车 2 辆，一般为 4 ~ 5 组）—5 t 卷扬机车—250 kW 发电机组车—机车。

3. 轨排列车运行

(1)编组工程列车中的龙门架托架车系属超级超限车，故每年在开工前均应对轨排列车运行径路的建筑限界进行检查；铁路局运输部门根据建筑限界检查确认情况，以电报形式下发轨排列车超限货物运输组织办法。

(2)轨排列车在区间的运行速度由各铁路局确定（一般不超过 60 km/h），当装载轨排达到 6 层时，运行速度不得超过 50 km/h。但通过半径小于 300 m 的曲线、坡度大于 12‰地段、全穿式或半穿式桥梁、隧道时限速 25 km/h。因轨排车龙门架超限而引起的限速要求，如通过侧向道岔、会车、经过有站台线路等的限速执行铁路局超限电报的规定。

(3)龙门架车不能进入站台高度大于 0. 3 m 的股道。

(4)轨排车运行时，必须指派对安全行车和故障处理有经验的人员押运。押运员应加强瞭望，发现危及安全的问题，应立即通知司机停车处理；车站停车时，同时检查两侧轨排装载情况，发现问题及时处理。

四、轨排换铺

1. 施工准备

铺排前，应核实设计桩位，曲线地段需要每隔 25 m 设置加桩；预先卸下走行轨，隧道内施工，安设好照明及通风排烟设备。

2. 铺排作业

(1)轨排列车应提前到达指定车站，施工前，需对轨排列车进行简略试验，并对发电机组、卷扬机等相关设备进行检查试验。

(2)轨排列车到达施工现场后，立即分解为两个车列(吊旧轨排和铺新轨排)，分别由机车牵引和推进。同时，发电机开始供电，各自落下龙门架，连接走行轨，铺设轨排。

(3)开动卷扬机，使第一组新轨排进入龙门架托架车内。在旧轨排龙门架托架车内，安设好滑轨，准备安放旧轨排。与此同时，拆除道口等施工障碍物，按照当天铺设轨排的实际长度，重测轨排前端的位置，确定龙口长度，选配龙口轨。

(4)根据设计轨面的起落量，确定扒砟量，并整平好走行轨经过处所的道床。双线地段两线间石砟不得超限。

(5)拆除接头螺栓和夹板，吊走旧轨排，旧轨排车移动应平稳，速度不得超过 5 km/h，与后部铺新轨排保持 3 ~5 排的距离，并将吊起的轨排运至龙门架托架车上。每组旧轨排高度为 5 ~6 层，堆码稳固、对齐，误差不得大于 50 mm，轨端悬空轨枕应捆绑加固。

(6)整平道床。横向误差不得大于 20 mm，纵向不得有明显的凸起或凹坑，误差不得大于 30 mm。

(7)对准桩点，调整轨向，铺新轨排，接头每侧不少于 2 个螺栓。中线误差不得大于 20 mm，轨面高程应低于设计高程 20 ~ 50 mm。铺完新轨排后，合上龙口，然后将龙门架复位，连接前部和后部车列，返回车站。

(8)整修线路。回填道砟，起道捣固，补齐上紧接头螺栓，上齐轨道加强设备。

(9)开通线路。对线路设备进行全面检查，确认符合条件开通线路。

在无缝线路上成段更换轨枕，采用组排施工时，为保持原有长钢轨的完整性，应采取倒换短轨的方式。

3. 铺排施工安全

为确保装载、运行和铺设安全，除严格执行安全规章有关规定外，还应认真做好下列工作。

(1)装载安全。

①轨排按编号顺序叠装，上下对位，左右对齐，轨排中心线与车辆中心线的偏差不得大于 50 mm。最下一层轨排，正对两车辆连接处的轨枕应方正捆牢，以防跌落。

②最下一层轨排放在滑轨上，滑轨和轨排基本等长，在跨装时，两滑轨的中间应留下不小于 200 mm 的空档。轨排叠装四层或五层，在其底层的中部，应安设 2 对锁定器；对跨装的轨排只能锁定其中一辆，不得两辆同时锁定；或在跨装的车辆中部，用调节螺丝调整的钢丝绳横捆轨排，其两端可扣住车边，并在轨排两端，对准滑轨各竖起一个缓冲器，使轨排端部与车辆相隔 100 ~200 mm。

③叠装的轨排两端，用调节螺丝调整的钢丝绳交叉拉紧，拉住车边。

④龙门架装载在托架车上，在其两侧以连接板与车辆侧梁连接；吊钩要落下与车辆连接并拉紧。龙门架走行轮与走行轨接触良好，不得翘角。

(2)铺设安全

①轨排列车在施工现场分解后，须按规定设置防护。驻站防护员要和现场防护员以对讲机或移动电话联系。

②所有电气设备均需绝缘良好。随机操作人员应穿着防护绝缘鞋，或在工作台踏面上加绝缘胶垫。如发现龙门架机体带电，应立即停止操作进行处理。

③严格按照操作规程和规定信号，启动发电机、落下龙门架，连接走行轨、吊走旧轨排、吊铺新轨排、移动轨排、牵引和推进车列。在移动轨排时，要密切注视滑轨的状况，在小半径曲线上，滑轨有可能被卡住或爬上滚筒轮缘。如发现滑轨异常窜动，立即停止操作进行处理。

④在双线区段施工，邻线来车时，轨排列车必须停止作业。

第七节　大修施工验收

线路大修应按批准的设计说明书、设计图纸、施工预算和铁路线路修理规则等相关规定组织验收。

一、组织和程序

1. 线路设备大修实行三级验收制度，即自验、初验和正式验收。

2. 线路大修施工完成后，施工车间先进行自验，并做好自验记录(表4—7—1)，不具备验交条件或上次验交遗留个别单项工作未按时完成不得进行初验。

表4—7—1　自 验 记 录

线　别_____　行别_____　里程位置____ km ____ + ____至____ km ____ + ____　自验时间_____年__月__日

验收人员				
序　号	自　验　内　容			
	项　目	状　况	问题整改人	问题整改情况

3. 自验存在问题整改完毕后，施工单位要同所属设备管理单位对验收地段进行初验，填写初验记录，见表4—7—2。对验收中发现的问题要及时整改。

表 4—7—2 初验记录

线 别______ 行别______ 里程位置____km ____ + ____至____ km ____ + ____ 自验时间______年__月__日

施工单位验收人员				
工务段验收人员				
序 号	初 验 内 容			
	项 目	状 况	整改人	问题整改情况

4. 初验结束后，施工单位向铁路局提报交工申请，请求正式验收，验收申请应至少提前2～3天提报。铁路局专（兼）职验收工程师协调组织相关设备管理单位参加验收。

5. 设备管理单位承担的施工（如道岔大修施工等）要在施工车间内部建立自验机制，在施工车间与设备车间之间建立初验机制，按照上述方式组织自验和初验，并报请铁路局验收。

6. 无缝线路因季节影响，锁定轨温不能在工程验交前恢复到设计锁定轨温范围内，应先组织交验，待气温合适时，再组织应力放散。

7. 交验要形成书面记录（表 4—7—3～表 4—7—6），明确验交日期、验交地段、安全责任接管时间、遗留个别单项工作整修期限。

表 4—7—3 线路大（中）修验收证

线 名__________线__________ 站 名__________至__________

正 线 自__________km__________m 至__________km__________m

股 道 别__________延长 __________米

工程名称__________

序号	检 查 内 容	
	项 目	状 况
1	轨 距	
2	水 平	
3	轨 向	
4	高 低	
5	三角坑	
6	捣 固	
7	路基及排水	
8	道 床	
9	轨 枕	
10	扣 件	
11	钢轨及其配件	
12	护 轨	
13	防爬设备	

续上表

序号	检　查　内　容	
	项　目	状　况
14	道　口	
15	线路外观	
16	旧料回收	
开工日期：　年　月　日　　完工日期：　年　月　日		
验工日期：　年　月　日　时起由　　接管		
质量评定：　　验收员(签章)：		

移交单位(签章)：　　　　接收单位(签章)：

年　月　日

表 4—7—4　无缝线路铺设验收证

线　名______线______　站　名______至______

正 线 自______km ______ m 至______ km ______ m

股 道 别______延长______米

序号	检　查　内　容	
	项　目	状　况
1	锁定轨温	
2	单元轨节始、终端左右股钢轨接头相错量	
3	焊接接头	
4	位移观测标志	
5	纵向位移观测	
6	钢轨硬弯	
7	缓冲区钢轨接头	
8	扣　件	
9	轨枕位置	
10	道　床	
11	无缝道岔	
12	钢轨胶接绝缘接头	
13	钢轨伸缩调节器	
14	护　轨	
15	线路几何状态	
16	旧料回收	
17	其　他	
开工日期：　年　月　日　　完工日期：　年　月　日		
质量评定：　　验收员(签章)：		

移交单位(签章)：　　　　接收单位(签章)：

年　月　日

表 4—7—5 道岔大修验收证

________车站________号道岔

<table>
<tr><td rowspan="2">顺序</td><td colspan="3">检 查 内 容</td></tr>
<tr><td colspan="2">项 目</td><td>状 况</td></tr>
<tr><td>1</td><td colspan="2">轨 距</td><td></td></tr>
<tr><td>2</td><td colspan="2">水 平</td><td></td></tr>
<tr><td rowspan="3">3</td><td rowspan="3">轨 向</td><td>直 线</td><td></td></tr>
<tr><td>导 曲 线</td><td></td></tr>
<tr><td>连接曲线</td><td></td></tr>
<tr><td>4</td><td colspan="2">高 低</td><td></td></tr>
<tr><td>5</td><td colspan="2">道 床</td><td></td></tr>
<tr><td>6</td><td colspan="2">岔 枕</td><td></td></tr>
<tr><td>7</td><td colspan="2">基本轨、导轨</td><td></td></tr>
<tr><td>8</td><td colspan="2">尖 轨</td><td></td></tr>
<tr><td>9</td><td colspan="2">轨 缝</td><td></td></tr>
<tr><td>10</td><td colspan="2">转辙联结零件</td><td></td></tr>
<tr><td>11</td><td colspan="2">辙叉与护轨</td><td></td></tr>
<tr><td>12</td><td colspan="2">其他联结零件</td><td></td></tr>
<tr><td>13</td><td colspan="2">防爬设备</td><td></td></tr>
<tr><td>14</td><td colspan="2">焊接接头</td><td></td></tr>
<tr><td>15</td><td colspan="2">无缝道岔</td><td></td></tr>
<tr><td>16</td><td colspan="2">钢轨胶接绝缘接头</td><td></td></tr>
<tr><td>17</td><td colspan="2">道 床</td><td></td></tr>
<tr><td>18</td><td colspan="2">外 观</td><td></td></tr>
<tr><td colspan="4">开工日期： 年 月 日　　　　完工日期： 年 月 日</td></tr>
<tr><td colspan="4">质量评定：　　　　验收员(签章)：</td></tr>
</table>

移交单位(签章)：　　　　接收单位(签章)：

年 月 日

表 4—7—6 钢轨伸缩调节器大修验收证

线别________ 行别________ 调节器里程________ 调节器编号________ 调节器类型________

<table>
<tr><td rowspan="2">序号</td><td colspan="2">检 查 内 容</td></tr>
<tr><td>项 目</td><td>状 况</td></tr>
<tr><td>1</td><td>轨 距</td><td></td></tr>
<tr><td>2</td><td>水 平</td><td></td></tr>
<tr><td>3</td><td>高 低</td><td></td></tr>
<tr><td>4</td><td>轨 向</td><td></td></tr>
<tr><td>5</td><td>基本轨伸缩零点位置或预留伸缩量位置</td><td></td></tr>
<tr><td>6</td><td>尖轨尖端至第一块双轨垫板中心距</td><td></td></tr>
</table>

续上表

序号	检查内容		
	项目		状况
7	尖轨轨头切削范围内与基本轨轨头密贴	尖轨尖端至 5 mm 断面	
8		其余范围	
9	尖轨轨头切削范围内轨顶降低值	15 mm 断面 ~ 零降低值断面	
10		其余范围	
11	尖轨轨撑密贴	在尖轨轨腰	
12		在尖轨轨底上表面	
13	基本轨轨撑密贴	在基本轨轨腰	
14		在基本轨轨底上表面	
15		在轨腰、轨底同时有间隙时	
16	尖轨轨底与台板密贴		
17	基本轨轨底与铁垫板密贴		
18	左右股轨端面相错量		
19	相邻铁垫板间距		
20	两最远铁垫板间距		
21	轨枕方正		
22	联结零件		
23	焊接接头		
24	护　　轨		
25	焊接接头		
26	位移观测标志		
27	道　　床		
28	外　　观		
开工日期：　　年　　月　　日		完工日期：　　年　　月　　日	
质量评定：		验收员(签章)：	

移交单位(签章)：　　　　　　　　接收单位(签章)：

年　　月　　日

二、验收标准

1. 线路大修验收标准

线路大修验收项目和标准执行铁路线路修理规则规定，主要施工项目(轨向、高低、线路锁定、道床清筛、捣固质量、路基排水)一次达到标准，可评为“优良”；如有主要项目不符合标准，次要项目漏项或不合格，经整修达到标准，评为“合格”。验收标准见表 4—7—7。

表 4—7—7　线路大(中)修验收标准

序　号	项　　目	质　量　标　准
1	轨　　距	1. 符合作业验收标准 2. 允许速度大于 120 km/h 线路轨距变化率不得大于 1‰,其他线路不得大于 2‰
2	水　　平	符合作业验收标准
3	轨　　向	1. 直线目视顺直,符合作业验收标准 2. 曲线方向圆顺,曲线正矢符合作业验收标准 3. 曲线始、终端不得有反弯或“鹅头”
4	高　　低	1. 目视平顺,符合作业验收标准 2. 轨顶高程与设计高程误差不得大于 20 mm
5	三 角 坑	符合作业验收标准
6	捣　　固	1. 捣固、夯拍均匀 2. 空吊板:无连续空吊板;连续检查 50 头,正线、到发线不得超过 8%,其他站线不得超过 12%
7	路肩及排水	1. 路肩平整,无大草,并有向外流水横坡 2. 符合设计要求
8	道　　床	1. 清筛清洁,道砟中粒径小于 25 mm 的颗粒质量不得大于 5% 2. 清筛深度达到设计要求 3. 道床密实、符合设计断面,边坡整齐
9	轨　　枕	1. 位置方正、均匀,间距和偏斜误差不得超过 40 mm 2. 无失效,无严重伤损
10	扣　　件	1. 混凝土枕 (1)螺旋道钉无损坏,丝扣及螺杆全面涂油 (2)弹条扣件的弹条中部前端下颚应靠贴轨距挡板(离缝不大于 1 mm)或螺栓扭矩符合要求,Ⅲ型弹条小圆弧内侧与预埋铁座端部相距 8 ~ 10 mm (3)扣件位置正确,平贴轨底,顶紧挡肩,扣板歪斜及不密贴大于 2 mm 者不得超过 6%(连续检查 100 头) (4)轨下垫板、垫片及衬垫无缺少、损坏,歪斜者不得超过 8%(连续检查 100 头) 2. 木枕 (1)垫板歪斜及不密贴者不得超过 6%(连续检查 100 头) (2)道钉浮离或螺纹道钉未拧紧不得超过 8%(连续检查 100 头)
11	(一)新钢轨及配件	1. 钢轨无硬弯,接头轨面及内侧错牙不得超过 1 mm 2. 接头相错:直线不得超过 20 mm;曲线不得超过 20 mm 加缩短轨缩短量的一半 3. 轨缝每千米总误差:25 m 钢轨不得超过 80 mm 4. 接头扣件涂油,扭矩达到标准
	(二)再用轨及配件	1. 钢轨无硬弯,接头轨面及内侧错牙不得超过 1 mm 2. 接头相错:直线不得超过 40 mm,曲线不得超过 40 mm 加缩短轨缩短量的一半 3. 轨缝每千米总误差:25 m 钢轨不得超过 80 mm,12.5 m 钢轨不得超过 160 mm 4. 接头扣件涂油,扭矩达到标准

续上表

序　号	项　目	质　量　标　准
12	(三)无缝线路钢轨及配件	1. 轨条端头位移不得大于 20 mm,固定区位移不得大于 5 mm 2. 单元轨节始、终端左右股钢轨接头相错量不得大于 100 mm 3. 焊接质量符合《钢轨焊接》(TB/T 1632.1 ~ TB/T 1632.4)的要求 4. 现场焊接头位置符合规定 5. 在设计锁定轨温上、下限范围内,缓冲区接头轨缝与设计轨缝相比,误差不得大于 2 mm 6. 锁定轨温应符合设计要求 7. 缓冲区接头扣件涂油,采用 10.9 级螺栓,螺栓扭矩 900 ~ 1 100 N · m
13	护　　轨	1. 符合桥面布置图规定 2. 轨底悬空大于 5 mm 处所不超过 8% 3. 护轨与基本轨间距离符合规定 4. 护轨顶面高于基本轨顶面不超过 5 mm,低于基本轨顶面不超过 25 mm 5. 梭头各部联结牢固,尖端悬空小于 5 mm 6. 接头靠基本轨一侧左右错牙不大于 5 mm 7. 护轨道钉或扣件齐全完好,浮离 2 mm 及以上或扭矩不符合规定者不超过 5%
14	防爬设备	1. 安装齐全,无失效 2. 普通线路爬行量不得超过 20 mm
15	道　　口	1. 木枕地段铺面下全为新木枕 2. 铺面平整牢固,轮缘槽符合标准 3. 两侧平台平整 4. 排水设施良好 5. 道口各类标志、护桩、宣传牌、栏门、栏杆、护栏齐全有效
16	线路外观	1. 标志齐全、正确,字迹清晰 2. 钢轨上的标记齐全、正确、清晰 3. 弃土清除干净 4. 无散落道砟 5. 施工拆除及临时拆开的防护栅栏按标准恢复,无开口及破损
17	旧料回收	旧料如数回收,运至指定地点,堆码整齐,并按规定移交

2. 无缝线路验收标准

铺设无缝线路工程验收项目和标准执行铁路线路修理规则规定。验收标准见表 4—7—8。

表 4—7—8　无缝线路铺设验收标准

序号	项　　目	要　　　求
1	锁定轨温	1. 施工锁定轨温准确,在设计锁定轨温范围内 2. 相邻单元轨节之间的锁定轨温之差不应超过 5 ℃,同一区间内单元轨节最高与最低锁定轨温之差不应超过 10 ℃ 3. 左右股钢轨锁定轨温之差,速度 160 km/h 及以下铁路不应超过 5 ℃,速度 160 km/h 以上铁路不应超过 3 ℃

续上表

序号	项　　目	要　　求
2	单元轨节始、终端左右股钢轨接头相错量	不得超过 100 mm
3	焊接接头	焊接质量符合《钢轨焊接》(TB/T 1632.1 ~ TB/T 1632.4)的要求,现场焊接头位置符合铁路线路修理规则的规定
4	位移观测标志	设置齐全、牢靠,观测标记清楚
5	纵向位移观测	铺后 5 天内纵向位移观测,伸缩区最大伸缩位移量不得大于 20 mm,固定区最大伸缩位移量不得大于 5 mm
6	钢轨硬弯	校直后用 1 m 直尺测量,允许速度大于 120 km/h 的线路,其矢度不得超过 0.3 mm,其他地段矢度不得超过 0.5 mm
7	缓冲区钢轨接头	1. 轨顶面及内侧面要求平齐,误差不得超过 1 mm 2. 轨缝大小符合规定要求,在设计锁定轨温范围内测量,误差不应超过 2 mm 3. 使用 M24 的 10.9 级螺栓,数量齐全,涂油,扭矩应保持在 900 ~ 1 100 N · m,扭矩不足者不得超过 8%
8	扣　　件	1. 扣件齐全 2. 轨距挡板、挡板座顶严、密靠、压紧,不密贴(缝隙大于 2 mm)的数量不超过 6%(连续检查 100 头),且无连续失效 3. 弹条扣件的弹条中部前端下颚应靠贴轨距挡板(离缝不大于 1 mm)或螺栓扭矩符合要求,Ⅲ型弹条小圆弧内侧与预埋铁座端部相距 8 ~ 10 mm,不符合标准的不超过 8%(连续检查 100 头),且无连续失效 4. 胶垫无缺损,歪斜量大于 5 mm 者不超过 8%(连续检查 100 头),扣件涂油
9	轨枕位置	轨枕方正、均匀,其误差不得超过 40 mm
10	道　　床	断面符合规定,且清洁、密实,采用一次铺设法铺设无缝线路,经整道后实测单根轨枕道床横向阻力不小于 7.5 kN
11	无缝道岔	1. 锁定轨温准确,并在设计规定的锁定轨温范围内 2. 位移不得大于 5 mm;锁定要求及侧线和渡线锁定长度符合铁路线路修理规则的规定 3. 左右两股尖轨方正,相错量不超过 10 mm
12	钢轨胶接绝缘接头	1. 钢轨胶接绝缘接头质量符合要求 2. 铺设位置左右对齐、方正,并居于两轨枕正中,绝缘接头轨缝绝缘端板距离轨枕边缘不宜小于 100 mm,绝缘接头螺栓与扣件螺栓的中心线相距不得小于 70 mm,并且无其他影响电阻降低的因素
13	钢轨伸缩调节器	1. 铺后 5 天内伸缩位移观测,伸缩状态正常 2. 尖轨与基本轨密贴,尖轨、基本轨轨底与台板和底板密贴,间隙未超出规定
14	护　　轨	1. 符合桥面布置图规定 2. 护轨与基本轨间距离符合规定 3. 护轨顶面高于基本轨顶面不超过 5 mm,低于基本轨顶面不超过 25 mm 4. 轨底悬空大于 5 mm 处所不超过 8% 5. 梭头各部联结牢固,尖端悬空小于 5 mm 6. 接头靠基本轨一侧左右错牙不大于 5 mm 7. 护轨道钉或扣件齐全完好,浮离 2 mm 及以上或扭矩不符合规定者不超过 5%

序号	项　目	要　求
15	线路几何状态	符合作业验收标准
16	旧料回收	旧料如数回收，运至指定地点，堆码整齐，并按规定移交
17	其　他	1. 轨道加强设备恢复，并齐全、有效 2. 钢轨上的标记齐全、正确、清晰 3. 施工拆除及临时拆开的防护栅栏按标准恢复，无开口及破损

3. 道岔大修验收标准

成组更换新道岔应按设计文件及铁路线路修理规则规定验收，主要施工项目（轨向、高低、道床清筛和捣固质量、尖轨、可动心轨、辙叉与护轨状态、道岔锁定轨温）一次达到标准，可评为“优良”；如有主要项目不符合标准，次要项目漏项或不合格，经整修达到标准，评为“合格”。验收标准见表4—7—9。

表4—7—9　更换新道岔验收标准

序号	项　目	质　量　标　准
1	轨　距	1. 符合作业验收标准 2. 允许速度大于120 km/h线路轨距变化率不得大于1‰，其他线路不得大于2‰（不含构造轨距加宽顺坡）
2	水　平	符合作业验收标准，导曲线内股不得高于外股
3	轨　向	1. 直线目视直顺，符合作业验收标准 2. 导曲线支距符合作业验收标准 3. 连接曲线用10 m弦量，连续正矢差不得超过2 mm
4	高　低	符合作业验收标准
5	道　床	道床密实、清洁，道砟中粒径小于25 mm的颗粒质量不得大于5%，符合设计断面，边坡整齐
6	岔　枕	1. 间距误差不得超过20 mm，配置符合要求 2. 无失效，无失修 3. 无连续空吊板；连续检查50头，空吊板不得超过6% 4. 混凝土岔枕符合标准
7	基本轨、导轨	钢轨无硬弯，钢轨接头轨面及内侧错牙不得超过1 mm
8	尖　轨	1. 尖轨竖切部分与基本轨密贴 2. 尖轨动程符合设计要求
9	轨　缝	平均轨缝误差不得大于3 mm，绝缘接头不得小于6 mm
10	转辙联结零件	1. 连接杆不得脱节、松动，销子齐全、有效 2. 滑床板平直并与尖轨密贴，每侧不密贴的不得超过1块 3. 轨撑与钢轨不密贴的，每侧不得超过1个
11	辙叉与护轨	1. 查照间隔不得小于1 391 mm 2. 护背距离不得大于1 348 mm 3. 可动心轨竖切部分与翼轨密贴 4. 可动心轨动程符合设计要求 5. 可动心轨辙叉尖趾距离误差在0～+10 mm范围内

续上表

序号	项　　目	质　量　标　准
12	其他联结零件	1. 螺栓齐全，无松动，扭矩符合要求，涂油 2. 道钉浮离不得超过8% 3. 铁垫板及橡胶垫板、橡胶垫片齐全，歪斜的不得超过6% 4. 扣件齐全、密靠，离缝不得超过6%
13	防爬设备	齐全、有效，尖轨与基本轨、尖轨与尖轨间的相错量不得超过10 mm
14	焊接接头	位置符合设计要求，焊接质量符合《钢轨焊接》(TB/T1632.1～TB/T1632.4)的要求
15	无缝道岔	1. 锁定轨温准确、并在设计规定的锁定轨温范围内 2. 位移观测桩埋设齐全、牢靠，观测标记清楚，位移不得大于5 mm 3. 侧线和渡线锁定长度符合铁路线路修理规则的规定 4. 左右两股尖轨方正，相错量不超过10 mm
16	钢轨胶接绝缘接头	1. 钢轨胶接绝缘接头质量符合要求 2. 铺设位置左右对齐、方正，并居于两轨枕正中，绝缘接头轨缝绝缘端板距离轨枕边缘不宜小于100 mm，绝缘接头螺栓与扣件螺栓的中心线相距不得小于70 mm，并且无其他影响电阻降低的因素
17	道　　床	1. 清筛清洁，道砟中粒径小于25 mm的颗粒质量不得大于5% 2. 清筛深度达到设计要求 3. 道床密实、符合设计断面，边坡整齐
18	外　　观	1. 道岔钢轨编号，各部尺寸用油漆标记正确，字迹清晰 2. 旧料收集干净 3. 施工拆除及临时拆开的防护栅栏按标准恢复，无开口及破损 4. 污土清理干净

4. 钢轨伸缩调节器大修验收标准

钢轨伸缩调节器大修应按设计文件进行验收，主要项目（轨道几何尺寸、道床清筛和捣固质量、尖轨、基本轨与护轨状态、尖轨锁定）一次达到标准，可评为“优良”；如有主要项目不符合标准，次要项目漏项或不合格，经整修后复验达到标准，评为“合格”。钢轨伸缩调节器大修验收标准见表4—7—10。

表4—7—10　钢轨伸缩调节器大修验收标准

序号	检 测 项 目	质 量 标 准	补 充 要 求 及 说 明
1	轨　　距	1. 符合作业验收标准 2. 轨距变化率不得大于1‰（不含构造轨距加宽顺坡）	控制截面及逐枕检查1处。轨向检查在尖轨尖端前后500 mm范围内不应抗线
2	水　　平	符合作业验收标准	
3	高　　低	符合作业验收标准	
4	轨　　向	符合作业验收标准（构造轨距断面除外）	
5	基本轨伸缩零点位置或预留伸缩量位置	±10 mm	
6	尖轨尖端至第一块双轨垫板中心距	±10 mm	

续上表

序号	检测项目		质量标准	补充要求及说明
7	尖轨轨头切削范围内与基本轨轨头密贴	尖轨尖端至5 mm断面	间隙小于或等于0.5 mm	
8		其余范围	间隙小于或等于1.0 mm	
9	尖轨轨头切削范围内轨顶降低值	15 mm断面～零降低值断面	±1 mm	"+"表示轨顶降低值增加,"-"表示轨顶降低值减小
10		其余范围	$^{+2}_{-1}$ mm	"+"表示轨顶降低值增加,"-"表示轨顶降低值减小
11	尖轨轨撑密贴	在尖轨轨腰	无间隙	
12		在尖轨轨底上表面	单块密贴间隙应小于或等于0.5 mm,不应连续出现	
13	基本轨轨撑密贴	在基本轨轨腰	间隙小于或等于0.5 mm	
14		在基本轨轨底上表面	间隙0.1～1 mm	
15		在轨腰、轨底同时有间隙时	不应连续出现	
16	尖轨轨底与台板密贴		单块铁垫板上密贴间隙应小于或等于0.5 mm,不应连续出现	
17	基本轨轨底与铁垫板密贴		单块铁垫板上密贴间隙小于或等于0.5 mm,不应连续出现	
18	左右股轨端面相错量		±8 mm	左右股基本轨始端、尖轨跟端相错量
19	相邻铁垫板间距		±8 mm	
20	两最远铁垫板间距		±20 mm	单向钢轨伸缩调节器从基本轨始端至尖轨跟端的铁垫板间距 双向钢轨伸缩调节器分别从一侧基本轨始端至尖轨中部的铁垫板间距
21	轨枕方正		≤10 mm	同一根轨枕上左右股铁垫板在一侧轨距线上的间距偏差
22	联结零件		1. 螺栓齐全,无松动,扭矩符合要求,涂油 2. 道钉浮离不得超过8% 3. 铁垫板及橡胶垫板、橡胶垫片齐全,歪斜不得超过6% 4. 扣件齐全、密靠,离缝不得超过6%	

序号	检测项目	质量标准	补充要求及说明
23	焊接接头	位置符合设计要求，焊接质量符合《钢轨焊接》（TB/T 1632.1 ~ TB/T 1632.4）的要求	
24	护　　轨	1. 符合布置图规定 2. 护轨与尖轨（基本轨）间净距偏差不超过 10 mm 3. 护轨顶面高于尖轨（基本轨）顶面不超过 5 mm，低于不超过 25 mm 4. 轨底悬空大于 5 mm 处所不超过 8% 5. 接头靠基本轨一侧左右错牙不大于 5 mm 6. 护轨道钉或扣件齐全完好，浮离 2 mm 及以上或扭矩不符合规定者不超过 5%	
25	焊接接头	位置符合设计要求，焊接质量符合《钢轨焊接》（TB/T 1632.1 ~ TB/T 1632.4）的要求	
26	位移观测标志	设置齐全、牢靠，观测标记清楚，铺后 5 天内伸缩位移观测，伸缩状态正常	
27	道　　床	1. 清筛清洁，道砟中粒径小于 25 mm 的颗粒质量不得大于 5% 2. 清筛深度达到设计要求 3. 道床密实、符合设计断面，边坡整齐	
28	外　　观	1. 标记齐全、正确，字迹清晰 2. 旧料收集干净 3. 污土清理干净	

其他各项线路设备大修的验收标准，一般由铁路局自定。

三、验交资料

线路大修验收时，施工单位应提前向设备管理单位提交相关的竣工资料。线路大修全部完工后的一个月内，施工单位应向设备管理单位移交完整的竣工资料。

1. 清筛、换枕施工

（1）施工日期、时间、工程数量。

（2）主要材料使用数量表。

（3）竣工后的线路平纵断面图。

（4）无缝线路的锁定轨温及应力放散资料。

（5）施工计划。

（6）施工交验资料。

(7)其他有关技术资料。

2. 铺设无缝线路施工

除上述资料外,还须备齐以下资料:

(1)钢轨配轨表。

(2)无缝线路布置图、观测桩位置。

(3)位移观测记录。

(4)现场焊接、探伤及外观检查记录。

(5)钢轨编号和焊接编号表、现场胶接绝缘接头记录。

(6)中国铁路总公司《焊接长钢轨交接数据清单及出厂合格证式样》要求的资料。

3. 更换道岔(含钢轨伸缩调节器)施工比照上述规定形成正式竣工文件。

四、计算单位

1. 线路设备大修工程按下列单位进行验收

(1)线路大修正线为千米(始终点不是整千米时,可按实际长度合并验收)。

(2)站线为一股道。

(3)道岔为1组。

(4)铺设无缝线路为一个区间(包括相衔接的普通线路),特殊情况为一段。

(5)其他各项线路设备大修由铁路局自定。

2. 线路大修初验地段长度控制

线路大修清筛换枕施工时,恢复常速后未交验地段长度,原则控制在3~5 km;铺设无缝线路未交验地段长度,原则控制在一个区间。当未交验地段长度超过规定,或检查发现未交验地段的线路质量严重不良时,应放缓前部施工,集中力量进行整修,达到验收条件后及时组织初验。

第五章　线路大修施工安全管理

第一节　施 工 防 护

在营业线上施工，施工安全防护工作是确保人身安全、行车安全和施工安全的重要环节。加强线路大修施工安全管理，建立施工防护体系，执行防护标准化至关重要。

一、防护体系构成

施工防护体系的主体由作业负责人、现场防护员（含远端防护员及工地防护员）、驻站联络员组成。防护员岗位职责之间规范、完整的链接，形成施工防护体系。没有完整的施工防护体系，或施工防护体系各要素链接中的任何一个岗位节点出现失误、错误，施工过程中的行车、施工和人身安全就难以保证。

施工现场的所有工作，都应服从作业负责人的指挥，包括防护员的分工指派、封锁施工申请、发布施工命令、确认线路开通、提速等。防护体系链接如图5—1—1所示。

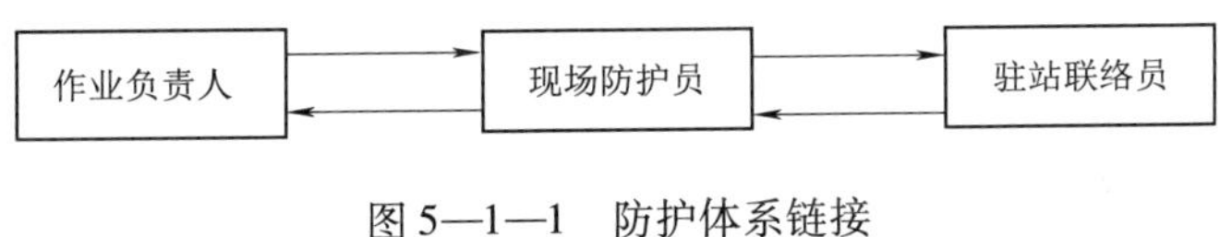

图5—1—1　防护体系链接

二、防护办法

1. 施工和维修作业须设置驻站联络员、现场防护员，且不得临时调换。现场防护员应根据作业现场地形条件、列车运行特点、作业人员和机具布置等情况确定站位及移动路径，并做好自身防护。

2. 在区间线路、站内线路、站内道岔上维修时，现场防护人员应站在维修地点附近且瞭望条件较好的地点进行防护，在天窗内作业时，显示停车手信号。

3. 封锁或慢行施工作业应办理施工手续，设置移动停车或移动减速信号防护。

4. 凡影响行车、人身安全的施工和维修作业及发生线路故障地点，均应设置防护。作业负责人、驻站联络员、现场防护员，必须携带列车无线调度电话等通信设备，发生异常情况时可直接通报车站值班员、机车乘务员。

未设好防护，禁止开工。线路状态未恢复到准许放行列车的条件，禁止撤除防护、放行列车。施工防护的设置与撤除，由作业负责人决定。

多个单位在同一个区间施工时，原则上应分别按规定进行防护，由施工主体单位负责划分各单位范围及分界。

5. 驻站联络员与车站值班员办理施工、维修登销记手续；向作业负责人传达调度命令；随时与现场防护员保持联系，通报列车运行情况。

现场防护员在防护时，除掌握驻站联络员通报信息外，应以瞭望防护为主；如联系中断，现场防护员应立即通知作业负责人停止作业，必要时将线路恢复到准许放行列车的状态。

作业负责人下达设置或撤除防护、开始或停止作业、下道避车等命令。

6. 区间线路上利用列车间隔的作业，驻站联络员与现场防护员或作业负责人联系程序。

(1)作业负责人应通过驻站联络员与车站值班员保持密切联系，设置好防护后方可作业。在作业过程中应密切注意来车“预报”、“确报”等信号。

①预报：车站对作业区间办理闭塞时，驻站联络员应立即向现场防护员发出预报；如系通过列车，则应提前一个车站(即邻站向本站发车时)发出预报。

②确报：车站向作业区间发车时，驻站联络员应立即向现场防护员发出确报。

③作业地点距车站较近或作业条件较复杂，需提前预报、确报时，作业负责人应事先与驻站联络员商定明确并告知全体防护员及作业人员。

④变更通知：预报、确报有变化时，驻站联络员应向现场防护员发出变更通知。

(2)现场防护员接到驻站联络员发出的预报、确报、变更通知后，均应立即通知到作业负责人。同时应加强警戒，注意瞭望，监视来车与作业情况。如设置有中间联络防护员时，应以上述相同方式准确、及时地将信息传达给对方。

(3)驻站联络员应加强与车站值班员的联系，双线区段反方向来车时，驻站联络员应及时通知现场防护员转报作业负责人。

7. 线路上作业设置或撤除移动停车信号防护的程序。

(1)设置移动停车信号

①驻站联络员抄录并确认作业调度命令，通知作业负责人。

②作业负责人通知现场防护员按规定在作业地点设置移动停车信号。

③按规定设置好移动停车信号后作业负责人发出作业命令。

(2)撤除移动停车信号

①作业负责人检查确认线路已达到放行列车条件(外单位施工的还需设备管理单位监督检查人员共同检查确认)。

②通知现场防护员撤除作业地段的移动停车信号。

③通知车站开通线路。

8. 在通信不畅或瞭望条件不良地段作业时，应增设防护员。

第二节　路料运输及装载加固

一、装载加固基本要求

1. 装载前必须检查车辆状态，要求车辆状态良好。

2. 装载货物应均衡、稳定、合理地分布在车辆地板上，不超载、不偏载、不集重，能够承受正常调车作业及列车运行中所产生各种力的作用。

3. 在运输全过程中，装载货物不能发生移动、滚动、倾覆、倒塌或坠落等情况。

4. 货物装载的宽度与高度不得超过货物装载要求的限界，装载的重量不得超过车辆允许载重量。

5. 路料运输要严格执行装载加固方案，严格执行装载加固质量签认制度，保证路料运输迅速、合理、经济、安全。

二、装载加固责任划分

1. 装载路料时，由装车负责人对路料的装载加固情况进行检查，司机对路料的装载加固情况进行确认，合格后方准开车。

2. 运行中，司机（监控人员或押运人员）应随时注意路料捆绑加固状态，发现异常立即停车处理。

3. 在中间站停留待避时，司机（监控人员或押运人员）应对装载加固情况进行检查。

三、加固材料及装置使用要求

加固材料及装置应符合《铁路货物装载加固规则》规定。

1. 镀锌铁线

（1）使用方法

①使用镀锌铁线拉牵加固的方式主要有八字形、倒八字形、交叉、又字形和反又字形等。各种拉牵方式可单独使用，也可两种或两种以上组合使用。拉牵应尽可能对称。

②拉牵加固时，将单股或双股镀锌铁线在货物和车辆的两拴结点间往返缠绕，并应拽紧镀锌铁线使各股松紧度尽量一致，剩余部分穿插缠绕于自身绳杆后，使用绞棍绞紧，余尾朝向车内。

③应合理选择货物上的拉牵位置。用于防止货物水平移动时，拉牵位置应尽量低些；用于防止货物倾覆时，拉牵位置可适当高些。

（2）注意事项

①拉牵用镀锌铁线直径不得小于 4 mm，捆绑用镀锌铁线直径不得小于 2.6 mm。

②镀锌铁线不得用作腰箍下压式加固，一般不用作整体捆绑。

③绞紧时不得损伤镀锌铁线。

④禁止使用两股以上镀锌铁线一次性缠绕的操作方法。

⑤禁止使用受损、使用过的镀锌铁线。

2. 钢丝绳和钢丝绳夹

（1）使用方法

①使用钢丝绳拉牵加固的方式主要有八字形、倒八字形、交叉、又字形和反又字形等。各种拉牵方式可单独使用，也可两种或两种以上组合使用。拉牵应尽可能对称。

②应合理选择货物上的拉牵位置。用于防止货物水平移动时，拉牵位置应尽量低些；用于防止货物倾覆时，拉牵位置可适当高些。

③拉牵加固时，将钢丝绳穿过紧线器或绕过拴结点后，绳头折回与主绳并列，使用与之匹配的钢丝绳夹固定。

④钢丝绳还可用于腰箍下压式加固和整体捆绑。

⑤固定单股钢丝绳端头时,使用钢丝绳夹的数量不得少于 3 个,两根钢丝绳搭接时,并列绳头应拉紧,用不少于 4 个钢丝绳夹正反扣装并紧固。钢丝绳夹间的距离等于 6 ~ 7 倍钢丝绳直径,绳头余尾长度应控制在 100 ~ 300 mm 之间。

⑥应先紧固离拴结点最近的钢丝绳夹。

⑦加固时钢丝绳应松紧适度。

⑧搭接钢丝绳时,钢丝绳夹的底板必须扣装在主绳一侧。

(2)注意事项

①禁止使用受损的钢丝绳。

②禁止使用吊车吊钩张紧钢丝绳。

③紧线器与钢丝绳串联使用时,其抗拉强度应与钢丝绳匹配。

④钢丝绳夹的夹座表面应光滑平整,无尖棱和冒口,不得有降低强度和有损外观的缺陷(如气孔、裂痕、疏松、夹砂、铸疤、起磷和错箱等)。

⑤夹座的绳槽表面应与钢丝绳的表面和捻向吻合;U 形螺栓杆部表面不允许有过烧裂纹、凹痕、斑疤、条痕、氧化皮和浮锈。

⑥螺纹表面不许有碰伤、毛刺、双牙尖、划痕、裂缝和丝扣不完整。

⑦钢丝绳夹的规格必须与钢丝绳规格一致。

3. 绳索

(1)主要性能指标

绳索的破断拉力不得小于 7. 84 kN,加固轻浮货物时其破断拉力不得小于 2. 94 kN,绳索 80% 破断拉力时的伸长率不大于 15%。绳索应使用优质棕、麻制作或用抗拉强度和伸长率符合要求的尼龙丝等材料制作。

(2)使用方法

①根据货物装载情况,绳索可采用横向下压捆绑、纵向下压捆绑、端部交叉捆绑和货件串连捆绑等形式。横向下压捆绑应垂直下压,操作有困难时,也可采用横向扇形下压捆绑。

②超出车辆端、侧板装载的成件包装货物可采用端部单交叉捆绑,也可采用端部双交叉捆绑。

③横向下压捆绑时,绳索应拴结在车侧丁字铁或支柱槽上;纵向下压捆绑时,绳索应拴结在车辆端梁丁字铁或提钩杆支座上。

④捆绑绳索经过手闸制动台时,应从其上方绕过;经过手闸制动杆或提钩杆时应从其内侧穿过。

⑤绳索拴结后,应缠绕在自身绳杆上并至少打两个死结,绳头余尾长度不得超过 300 mm,一般不小于 100 mm。

⑥蝴蝶套结拴结法:将绳索向下拉紧并绕丁字铁的直铁一周后,做成蝶翅状圈套,套入丁字铁一端横铁拉紧;然后,再做蝶翅状圈套,套入丁字铁另一端横铁拉紧。

⑦链扣抽结拴结法:绳索穿过支柱槽向下拉紧后绕槽壁两周,在支柱槽上方做成直径约 50 mm 的扣眼,然后将绳头绕绳杆一周并穿过扣眼向下拉紧,上述方法要连续两次。绳索在敞车下门折页横铁上的拴结,应采用链扣抽结拴结方法拴结。

(3)注意事项

①使用绳索捆绑加固货物时必须两人以上配合操作,一部分人理顺绳索走向,一部分人不断收拉绳索,必须使之紧实有力。也可使用紧线器收拉绳索。

②不得在提钩杆和制动手闸拴结。拴结需经过提钩杆和制动手闸等时,不得妨碍提钩杆和制动手闸正常使用。

③敞车装载的货物,禁止使用绳索在车侧拴结点上拴结后,绕过货物侧面、顶面和端面与车端拴结点拴结的交叉捆绑。

④禁止使用绳索仅绕过货物侧面和端面,而不绕过货物顶面的捆绑。

⑤横向下压捆绑绳索不允许有接头;端部交叉捆绑和纵向下压捆绑绳索,每道允许有一个接头。

⑥绳头余尾只准许缠绕自身绳杆,禁止攀拉其他绳杆。

4. 螺旋式紧线器

(1)螺旋式紧线器又称花兰螺栓,主要分"OO"型、"OC"型、"CC"型和"OU"型四种。

(2)实际使用时,螺旋式紧线器的允许拉力应以产品说明书为准。

(3)螺旋式紧线器与钢丝绳等配合使用时,抗拉强度应匹配。

(4)加固货物时,应优先选用"OO"型和"OU"型螺旋式紧线器。

(5)使用"OC"型或"CC"型螺旋式紧线器时,须采取措施防止拉牵绳从紧线器开口处脱出。

5. 垫木和隔木

(1)必须使用坚实、纹理清晰,无削弱强度无木节、裂纹,无腐烂的整块木材制作。

(2)横垫木应置于车地板与货物间。

(3)货物分层装载时,可在层间铺垫隔木。

6. 支柱

(1)安插支柱不得超限。

(2)支柱必须有防止窜出的措施。

7. 转向架

(1)转向架应符合《铁路货物装载加固材料和装置　第1部分:货物转向架》(TB/T 3079.1—2016)技术标准。

(2)运输25 m及以上长度钢轨时须使用钢轨转向架。

(3)运输D形梁时须使用专用转向架。

(4)货物转向架发生过事故、主要部件有严重裂纹补焊后短期内又开焊、锈蚀严重影响结构强度、扭曲变形严重的必须报废。

8. 车钩缓冲停止器

(1)使用方法

在车钩自然状态下,将车钩缓冲停止器安装在冲击座和车钩钩头背之间。

(2)注意事项

卸车后或回送前,应拆卸车钩缓冲停止器。

四、车辆要求

1. 工程车辆运行前,应将平板车端板、侧板卡铁复位锁定,并且使用8号镀锌铁线将端板、侧板卡铁拧紧牢固。如因所装货物限制不能复位锁定时，必须采取有效的加固措施把端板侧板固定牢固，防止端板侧板在运行中起伏侵限。

2. 使用有端、侧板的平车装载长度超出车地板的货物，应将端、侧板放下，用镀锌铁线将其与车体捆绑牢固或用锁铁卡紧。

3. 跨装超长货物时，负重的两辆平车地板高度应相等，如高度不等时，需要垫平；使用的货物转向架上架体与跨装货物，下架体与平车分别固定在一起，对货物及货物转向架的加固不得影响平车通过曲线，并将车钩上锁销杆或提钩杆用镀锌铁线捆紧。采用游车装载运输时，装载后货物底面与游车地板间隙不得少于150 mm。

4. 装载施工用的散装材料、线上料及其他材料必须装载在带有端板、侧板的平板车内，均匀分布在平车地板上，装载高度不允许超过端板高度。

5. 装载油桶等易滚动的物品，必须装载在带有端板、侧板的平板车内，必须直立放置，用8号铁线将油桶捆绑牢固后，再与平板车捆绑牢固。易于滚动、滑动的钢铁器械不得装在油桶附近，防止紧急制动时撞击油桶。易燃、易挥发物品严禁与油桶混装在同一辆平板车上。

6. 装载捣固机、搅拌机、发电机、小型翻斗车等小型机械设备，必须用木底平板车装载，按装载加固方案装车，用镀锌铁线或盘元与平板车呈八字形捆绑牢固。搅拌机、小型翻斗车等轮式设备每台前轮的前端及后轮后端均用三角掩木掩紧钉固，并用镀锌铁线或盘元捆成大八字形。

五、装载加固安全控制措施

1. 利用轨道车运输路料，由轨道车司机负责车辆运行前的全面检查及整备工作。

2. 运输大型机械设备或远距离运输，应安排监控人员到现场全面检查货物的装载加固情况，并负责运输安全。

3. 工程车辆运输各种货物、材料时，应派熟悉所装载货物性质和装载加固要求的人员随车押运，并配备必要的工具和备用加固材料。押运人员应认真检查所装货物的装载状态和捆绑情况，遇有问题应立即通知司机处理。

4. 工程车辆运行途中，站停时间超过20 min时，司机（押运人员）应对货物装载加固情况进行全面检查，发现问题及时处理。

5. 工程列车卸料返回前，所有捆绑加固材料及加固装置必须按规定捆绑牢固，负责人逐车检查，合格后方可动车。

6. 遇有装不满车或未卸空返回时，应根据路料剩余情况均匀摆布，按捆绑方案重新加固，保证运输安全。

7. 收料作业时，由作业负责人按照装载加固方案组织装载加固，确认后方准开车，捆绑加固不达标不准动车。

六、卸车安全控制措施

1. 区间装卸材料时，装卸车负责人应做好下列工作。

（1）配备足够的装卸车人员、工具和信号用品。

(2)夜间作业时,配有足够的照明设备。

(3)预先与列车调度员、车站值班员联系,确认到达车数、车型及到开时刻。

(4)列车出发前,向装卸人员、司机讲清作业计划、卸车起讫里程、信号联络方法及安全注意事项。

(5)多个车辆卸车时,每辆车上指定专人负责指挥卸车、开关车门、组织检查限界、清道及做好未卸余料偏载时的整理工作。严禁在区间进行摘挂作业。

(6)卸车时,不得损坏线桥、信号及供电等行车设备。

(7)对笨重材料(如条石、片石、钢轨、混凝土枕等)严禁边走边卸(长轨车除外)。停车卸料时,车轮附近的材料应指定专人及时清理。每次卸车后应认真检查,确认车门关好、材料堆放稳固、不侵入建筑限界,方可通知司机开车。

2. 在下列地点卸车时,须由施工单位制定有针对性的安全措施。

(1)道岔及道岔咽喉区。

(2)无砟桥上(长轨列车卸轨除外)。

(3)道口。

(4)有可能损坏信号、超偏载检测装置、通信、客(货)车运行安全监测设备处所。

3. 下列地点严禁卸车,特殊情况须由施工单位制定有针对性的安全措施,报铁路局审批。

(1)无底砟的新线、有底砟但未经压道试验的线路。

(2)站台处靠站台一侧。

(3)区间线路的道床有积雪覆盖超过轨面处所。

(4)线路两侧有大量堆积物地段。

(5)双线区间,两线不在同一平面时,向高处一线卸料有可能侵入低线建筑限界的地段。

(6)邻线来车时,靠邻线的一侧。

4. 使用风动车卸道砟时应遵守下列规定。

(1)应对风动卸砟车经常检查维修,使风动管路、杆件传动系统及塞门手柄等经常保持正确位置,性能良好。有较大故障时应摘车交车辆部门修理。

(2)除卸砟时间外,操作室内各进风塞门(包括储风箱的放风塞门)应处于关闭状态,操纵阀手柄应放在中立位。

(3)卸砟前,各车辆必须充足风。风压不足 0.4 MPa 时,应用手动装置配合操作。卸车顺序应由列车前部向尾部逐辆完成,卸车时不得推进运行,不得突然停车或后退。卸车人员应掌握好车门开度,严禁单侧卸砟,避免道砟成堆或车辆偏载。严禁一人同时卸两节车。卸砟完工后,用料单位应及时清理道沿。

(4)卸砟运行速度应控制在 8 ~ 15 km/h。

(5)夜间或隧道内卸砟时必须保证充足照明。

5. 非风动卸砟车边走边卸时,应先在卸砟地点停车,停车后发出卸车通知,各车组长打开车门后,确认溜下的道砟不妨碍行车,再以 5 ~ 10 km/h 速度边走边卸,并及时清理建筑限界内的道砟。

第三节　工务机械车运用安全

一、基本要求

1. 车辆应有年检合格证、车轴探伤合格证及制动部件检验合格证。

2. 工务轨道车、大型养路机械必须配备轨道车运行控制设备（GYK）、机车综合无线通信设备（CIR）及防护备品（根据需要配备 GSM-R 手持终端），并应配备起复设备、防溜器具、轴温监测装置和灭火器具等。

3. 每日出车前，对车载电务设备（GYK、CIR）状态进行全面检查、试验，确认状态完好，预先输入运行揭示调度命令，正确选定 CIR 设备的运行线路、通信模式，注册车次功能号。GYK、CIR 状态不良时严禁上线运行。

4. 运行前，各机械车司机长应组织检查确认行车安全装备，进行制动机试验；走行传动系统、悬挂部件状态应良好；各工作装置、检测装置锁定到位、可靠，安全链拴挂有效；物料、工机具装载加固良好。

5. 每日收车后，应对工务机械车进行检查保养，并按相关规定转储运行数据、回放分析。

二、工务机械车运用

1. 注意事项

工务机械车调车、运行时，司机应严格执行“十六字令”，做到“彻底瞭望、确认信号、准确呼唤、手比眼看”。连挂运行时，由第一位车担当本务机；多机驱动时，应确保各机械车操纵同步；遇有降雾、暴风雨（雪）、扬沙等恶劣天气时，应降低速度运行。

2. 编组及出库

（1）动车前，副司机撤除止轮器，司机确认，并将止轮器放到指定位置。

（2）按照作业要求进行车辆编组，按规定进行贯通试验。

（3）出库转线时，正、副司机认真确认信号、道岔，按照规定速度行驶。

3. 发车及运行

（1）发车前司机正确输入运行区段数据，副司机持书面揭示确认。

（2）发车时必须按规定进行车机联控，本务司机、副司机确认发车信号后，方可鸣笛开车。

（3）运行中司机应精力集中，严格执行操作规程，按照运行控制设备所设定的运行速度驾驶，严格执行车机联控标准，注意观察仪表、发动机、传动及走行部等运行状态。

（4）站停超过 5 min，副司机应检查车辆走行部、制动系统、轴温及锁闭装置，观察各部有无漏油、漏水和漏气情况。站停超过 20 min，副司机应对路料的捆绑加固情况进行全面检查，司机负责副司机的检查防护。

4. 施工行车组织

（1）作业负责人在参加施工预备会时，必须说明工务机械车作业位置、作业项目、作业方法。行车组织单位需明确工务机械车行车组织办法（包括列车进入施工封锁区间、返回站内时的行车方法）。

（2）施工单位召开施工例会时，作业负责人应明确轨道车进入施工封锁区间、返回站内时的行车方法、运行径路；明确施工封锁区段及影响范围等；明确作业项目、作业方法、作业安全风险点及控制措施和责任人。

(3)路用列车进入封锁区间规定:

①向施工封锁区间开行路用列车时,列车进入封锁区间的行车凭证为调度命令(不办理行车闭塞手续,不开放出站信号)。该命令中应包括列车车次、停车地点、到达车站的时刻等有关事项,须限速运行时在命令中一并注明。

②车站助理值班员应将调度命令传达给轨道车司机。

③司机必须正确设置监控模式、进行车机联控。

④进出封锁区间前,司机应与车站值班员(列车调度员)联系,确认行车凭证、进路无误后,按照车站发车人员发车信号起动列车。

(4)路用列车应由施工单位指派胜任人员携带列车无线调度通信设备值乘,并在区间协助司机作业。路用列车或施工机械进入施工地段时,必须在施工防护人员显示的停车手信号前停车,按照施工负责人的要求,按调车办法,进入指定施工地点。

(5)工务机械车需分解作业时,应明确分解地点、各自作业范围、连挂时间、地点、顺序、方式及注意事项等。

(6)工务机械车分解、连挂地点应选择在平直线路上或坡度和曲线超高较小的地段,不得顺坡连挂,复线地段施工作业邻线通过列车时,停止连挂车辆作业。连挂作业应统一指挥。连挂作业前要确认各车所处的准确位置和距离,向其他车辆接近时,必须与被接近车辆不间断联系,同时加强瞭望,控制运行速度并保证安全距离。夜间作业时,车辆两端必须打开警示灯或设置防护红灯。

5. 大型养路机械作业

(1)大型养路机械作业前,车组负责人应掌握施工地段的线路设备状态,作业前对车组人员进行有针对性的安全教育。

(2)大型养路机械编组挂运或进行施工作业时,必须指派一名负责人统一指挥,并遵守下列规定:

①各机械车连挂运行前,应确认其牵引辆数不应超出大型养路机械技术性能允许的能力,并尽量将功率大、轴距大或较重的机械编排在前部。

②各机械车按规定排列顺序解体作业时,必须保持不小于10 m 的安全间距。各工作装置放下或收起必须准确到位;清筛机、配砟车、路基处理车及物料运输车在收放工作装置时,应选择线路比较平直的地段进行,在多线地段要与防护员联系,当确认邻线无列车通过时方准收起和放下工作装置。双线区段邻线未封锁,且线间距不足4. 2 m 时,配砟整形车靠邻线一侧的犁板严禁作业;线间距不足 4. 9 m 时,边坡清筛机靠邻线一侧的工作装置不得作业。

③大型养路机械停止自轮运行无动力回送时,须编挂在列车尾部,自动制动机须状态良好,按路用车办理。对有走行分动箱的捣固车、稳定车等机械,编挂列车前需拆除传动轴。严禁大型养路机械溜放、通过驼峰和作为动力对货物列车进行调车作业。

④列车运行时,押车人员一律在驾驶室内并要关好车门,身体不得探出车外。一旦发现走行系统有异常或制动缓解不良时,应立即通知押车负责人,以便采取应急措施。

⑤在电气化铁路区段,押车人员不得登上车顶,停车检查时应避免与接触网支柱及其附

近金属结构物接触。

(3)大型养路机械在施工作业中,应注意下列事项:

①大型养路机械驶入施工封锁地段时,必须严格遵守《普速铁路工务安全规则》的规定。

②各机械车在封锁区段独自运行时,续行间隔不得小于 300 m,速度不得超过 40 km/h,并应做好随时停车的准备。

③清筛机、物料车、配砟车在作业中应注意接触网支柱、信号机等障碍物,以防刮碰。

(4)大型养路机械车顶两端应安装黄色警示灯,运行和作业时应开启警示灯。在夜间施工作业时,大型养路机械及施工现场应有充足的照明。

6. 调车作业

(1)牵引车辆运行时,前方进路(调车信号和道岔开通是否正确)由司机确认。

(2)推进车辆运行时,前方进路的确认由调车指挥人负责,如调车指挥人所在位置确认前方进路有困难时,必须停车确认。

(3)调车作业要准确掌握速度及安全距离,并遵守下列规定:

①在空线上牵引运行时,不准超过 40 km/h;推进运行时,不准超过 30 km/h。

②调动乘坐作业人员或装载爆炸品、压缩气体、超限货物的车辆时,不准超过 15 km/h。

③连挂速度:距被挂车辆十车(约 110 m)时,速度不大于 17 km/h;距被挂车辆五车(约 55 m)时,速度不大于 12 km/h;距被挂车辆三车(约 33 m)时,速度不大于 7 km/h;距被挂车辆 20 ~ 10 m 范围内时,一度停车,按照连挂指挥人显示的手信号并以不大于 5 km/h 速度连挂。推进运行时,调车人员必须显示“十、五、三车”距离信号。

④在尽头线上调车时,距线路终端应有 10 m 的安全距离;遇特殊情况,必须近于 10 m 时,副司机须下车协助调车指挥人指挥,要严格控制速度。

⑤遇天气不良等非正常情况,应适当降低速度。

(4)调车作业摘车时,必须停稳,采取好防溜措施,方可摘开车钩;挂车时或没有连挂成功,不得撤除防溜措施。

(5)调车作业要求:

①司机根据调车作业计划,按照车站值班员或调车指挥人布置的作业方法、注意事项进行作业。

②调车作业时,正副司机认真执行呼唤应答制度,认真确认调车信号,运行中由近及远逐架确认调车信号。没有信号不准动车,信号不清立即停车。

③严禁工务机械车在没有调车指挥人的情况下进行推进调车作业。

④瞭望条件不良时应增加调车人员。

(6)工务机械车由车站进出专用线时,应执行一度停车确认制度,信号不清不准动车并严格遵守专用线限制速度。

7. 转线及入库

车辆到达终点,司机要加强与车站值班员联系,按照要求转线,转入段管线时,应严格限制入库速度。车辆入库后做好防溜工作,同时做好车辆防火防盗工作。

三、安全控制

1. 停留超过 20 min 的工务机械车开车前，司机必须进行制动试验，列车管压应不低于 500 kPa。

2. 司机在运行中必须精力集中，谨慎驾驶，做到“彻底瞭望、确认信号、高声呼唤、手比眼看”，认真执行车机联控及呼唤应答制度，两人确认行车凭证、发车信号，严禁超速行驶。运行中，司机要密切注意地面信号的变化，当地面信号和机车信号不一致时，必须以地面信号为准。

3. 工务机械车在通过车站、道口、桥梁、隧道、曲线、鸣笛标、减速标、注意信号、引导信号、施工地段及天气不良、视线不清、前方线路有行人的情况下，应加强瞭望，按规定鸣笛，必要时打开前灯。

4. 发现工务机械车制动、走行及与安全有关的总成、部件有故障时，应停止运行或作业。作业负责人应及时通知列车调度员（车站值班员），并采取应急措施。

5. 工务机械车在站内停车待避时，应采取保压制动；发动机熄火等待时，应做好防溜，司机不得同时离车。

6. 工务机械车组在区间停车等待时，必须采取保压制动，减压量应达到 100 kPa。发动机熄火等待时，要拧紧人力制动机，总风缸风压不得低于 600 kPa，使用铁鞋止轮，司机不得离开岗位。

7. 工务机械车在车站或施工车辆停留线停留时，应采取防溜措施，进行驻车制动，设置止轮器并加锁，并关闭电源、车窗，锁好车门后，车上人员方准离开。

8. 乘车人员在驾驶室内严禁打扰司机的正常工作，司机在工作时不得与其闲聊。运送易燃、易爆等危险品时，驾驶员与押运人员必须密切配合，了解其危险性质，严格执行运送易燃、易爆等危险品的安全规定。

9. 工务机械车在区间被迫停车不能继续运行时，应及时通知车站值班员、列车调度员，讲明情况，并迅速做好如下故障处理工作：鸣示“一长三短声”的报警信号，并报告两端车站；立即按规定设好防护，如影响邻线行车时，同时进行防护；必要时启动应急预案组织救援。

10. 工务机械车运行最高速度不能超过线路允许最高速度、车辆构造速度、调车规定速度、侧向通过道岔的最高允许速度以及运行控制设备所设定的运行速度。

11. 严禁关闭或变相关闭 GYK 运行。当 GYK 发生故障时，工务机械车司机应及时报告车站值班员（列车调度员），运行至前方站停车处理，在自动闭塞区段，列车运行速度不超过 20 km/h。

12. 工务机械车行驶在长大下坡道时，应适时使用制动机，防止超速及放飏，并不得熄灭发动机或采用空挡溜放。

13. 工务机械车检修需到车顶上部检查、保养时，应将车辆调至无电区或通知供电部门停电配合。

14. 运送散件物料的平车应有侧板和端板，插销、锁件应齐全有效，散件物料应用牢固的包装箱(袋)。

15. 轨道车运用应遵守下列规定:

(1)电气化区段任何人员及其所携带的物体与接触网设备的带电部分必须保持 2 m 以上的距离。

(2)装卸钢轨、轨枕时,应避开接触网支柱、接线及线路标志、电务、供电设备等。

(3)电气化区段起重轨道车、起重轨道平车必须安装使用起重机构高度和水平限位装置,并保持状态完好。

(4)使用伸缩式随车吊装卸车,车辆需要越过接触网立柱、信号机柱等设备设施移动时,随车吊需恢复到原位。

(5)起重装卸作业应指派专人指挥和防护。

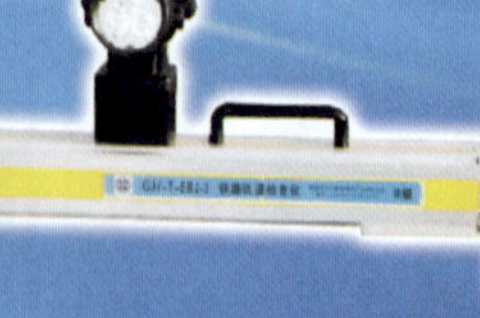

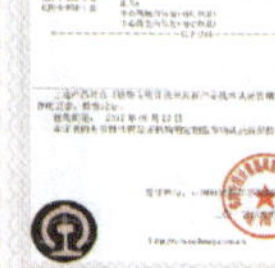

主要性能参数

总　　长：150 m
总 重 量：680 t
最大自走行速度（双向）：100 km/h
连挂最大速度：120 km/h
通过最小曲线半径：150 m
通过最大坡度：33‰
打磨电机数量：96个
打磨模式：99种
打磨速度可调范围：3～15 km/h
打磨能力：轨顶面轮廓金属磨削量不少于0.2 mm/遍

GMC-96B型钢轨打磨列车

GMC-96B型钢轨打磨列车是世界上技术先进、性能稳定、打磨头数多、作业效率和打磨精度高的钢轨打磨维护设备，也是我国目前应用较广泛的钢轨打磨列车。二七机车公司生产的GMC-96B型钢轨打磨列车适用于高速铁路、客运专线、普速铁路等我国全地形铁路线路。通过对钢轨进行修复性和周期性打磨作业，快速消除钢轨波浪型磨耗、钢轨肥边、马鞍型磨耗、焊缝凹陷及鱼鳞裂纹等危及行车安全的病害，大幅度提升线路运行的安全性、平顺性和可靠性，有效改善轮轨关系，大大延长钢轨使用寿命，为用户带来安全运行保障和经济效益的提升。二七机车公司GMC-96B型钢轨打磨列车参与并实施了京沪线、京哈线、京广线、京九线、贵广线等线路的钢轨打磨作业，效果良好。产品已配属北京局、太原局、哈尔滨局、成都局、西安局、呼和浩特局、南宁局、郑州局8个路局，累计完成打磨里程12万公里。

中车北京二七机车有限公司

北京市丰台区长辛店杨公庄1号
电话：010-83307477
传真：010-83307620

www.27rail.com

线路养护工程

北京中铁科新材料技术有限公司依托中国铁道科学研究院金属及化学研究所强大的专家团队，公司拥有铁路施工总承包资质，组建专业的线路养护施工队伍，具备轨道整体施工和维护能力。业务涵盖新线建设、运行线路换轨，轨道养护维修工程等多个业务领域。拥有多项铁路、地铁及有轨电车工程总承包及专业承包。同时提供专业的工程技术咨询和工程技术检测业务。

钢轨打磨

钢轨探伤

无砟钢轨维护

工务工程领域市场业绩

Market Performance of Engineering

区域	工程名称	业绩内容
东北	沈阳浑南有轨电车一期工程	铝焊接工程
	哈齐高速铁路	钢轨预防性打磨服务
	沈丹高速铁路	钢轨预防性打磨服务
	吉图珲高速铁路	钢轨预防性打磨服务
	哈大高速铁路	钢轨预防性打磨服务
	哈大高速铁路	轨道维修工程
	哈齐高速铁路	轨道维修工程
华北	沪宁城际铁路	轨道维修工程
	京广高速铁路京石段	轨道维修工程
	北京地铁4号线	焊接及换轨工程
	北京首都机场快轨	铝热焊工程
	京沪高速铁路	焊接及无损检测服务
	京沪高速铁路	铝热焊工程
华东	合肥地铁1号线	无损检测工程
	青岛城阳有轨电车	铝热焊工程
	南京地铁机场线	无损检测工程
	苏州高新区有轨电车1号线	焊接及无损检测服务工程
	淮安现代有轨电车1号线	焊接、测量及无损检测工程
	青荣城际铁路	钢轨预防性打磨服务
	京福高速铁路（安徽段）	钢轨预防性打磨服务
	宁安城际铁路	钢轨预防性打磨服务
西南	成都新津有轨电车示范线	铝热焊接及无损检测工程
	贵广高速铁路（贵州段）	钢轨预防性打磨服务
	贵广高速铁路（广西段）	钢轨预防性打磨服务
	成绵乐客运专线	钢轨预防性打磨服务
	沪昆高速铁路（贵州段）	钢轨预防性打磨服务
	成渝客运专线	钢轨预防性打磨服务
	成渝线枢纽工程	钢轨预防性打磨服务
	成渝客运专线	钢轨预防性打磨服务
	白龙联络线	钢轨预防性打磨服务
华南	珠海现代有轨电车1号线	无损检测工程
	广珠客运专线	轨道维修工程

北京中铁科新材料技术有限公司施工能力涵盖：

轨道施工（钢轨铺设，线路测量，钢轨精调，钢轨焊接，长钢轨放散、锁定，钢轨打磨，钢轨探伤）

无砟轨道维护（路基沉降抬升，混凝土裂纹修复，轨道板离缝充填）

闪光焊机焊接

铝热焊接头施工

钢轨焊缝打磨

长钢轨放散锁定

兰州铁路局天水工务材料段

兰州铁路局天水工务材料段是西北地区最大的铁路工务配件生产基地。始建于1956年，现有从业人员600余人，其中各类专业技术人员170人，企业具有大型数控加工、大型压力加工、精密铸造、热处理等生产设备，并通过ISO9001质量管理体系、职业健康体系认证。主要产品有各型整组道岔、高锰钢辙叉、合金钢辙叉、异型轨、AT尖轨、弹条扣配件和钢轨连接件等240多个品种。

整组单开道岔及重要组件取得了国家铁路局“铁路运输基础设备生产企业许可证”。证书编号为：整组单开道岔REAC1001-00012、道岔重要轨件REAC1002-00013、高锰钢辙叉REAC1004-00021、合金钢辙叉REAC1004-00022。整组道岔及其重要组件和弹条、挡板座均通过了中国铁路总公司“CRCC”产品认证。证书编号为：整组道岔CRCC10216P12188ROM-5、道岔基本轨CRCC10216P12188ROM-1、道岔尖轨CRCC10216P12188ROM-2、道岔护轨CRCC10216P12188ROM、高锰钢辙叉CRCC10216P12188ROM-3、合金钢辙叉CRCC10216P12188ROM-4，II型弹条CRCC10213P10738R2M-1、I型弹条CRCC10213P10738R2M-2、I型、II型挡板座CRCC10213P10738R2M。

企业一贯坚持“锻造精品、提升质量、满足用户、确保安全”的质量方针；始终恪守“用天工产品，保行车安全”的经营理念，竭诚为广大客户提供优质的产品和服务。

企业名称：兰州铁路局天水工务材料段(天水中铁天工制造有限责任公司)
企业地址：甘肃省天水市麦积区前进北路1号
联系电话：0938-4939565　0938-4922115
传　　真：0938-4939565
邮　　箱：tianshui.tg@163.com
邮　　编：741020

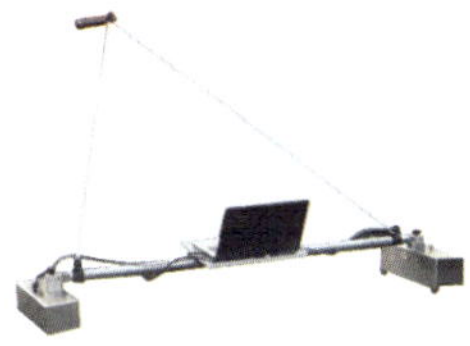

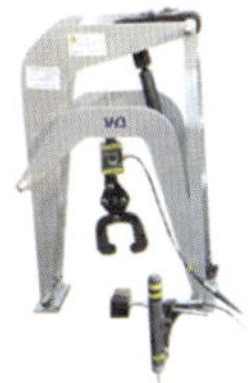

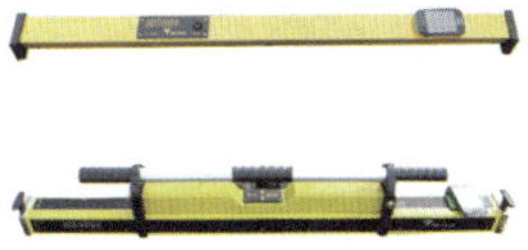

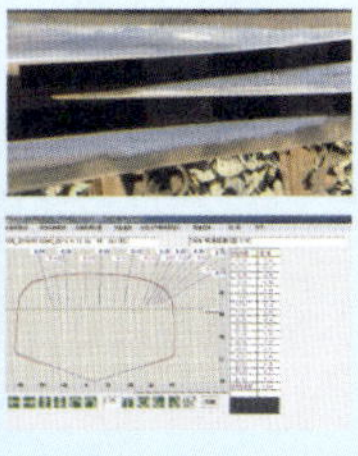